A SABEDORIA DOS SONHOS

Para desvendar o inconsciente feminino

Dados Internacionais de Catalogação na Publicação (CIP)
(Câmara Brasileira do Livro, SP, Brasil)

Signell, Karen A.
A sabedoria dos sonhos : para desvendar o inconsciente
feminino / Karen A. Signell ; ltradução Carmen Fischerl. —
São Paulo : Ágora, 1998.

Título original: Wisdom of the heart.
Bibliografia.
ISBN 85-7183-526-8

1. Arquétipo (Psicologia) 2. Mulheres – Psicologia
3. Sonhos de mulheres I. Título.

98-1739   CDD-154.63082

Índices para catálogo sistemático:

1. Mulheres : Sonhos : Psicologia   154.63082

A SABEDORIA DOS SONHOS

Para desvendar o inconsciente feminino

Karen A. Signell

Do original em língua inglesa:
Wisdom of the heart: working with women's dreams
Copyright © 1998 by Karen A. Signell

Tradução:
Carmen Fischer

Capa:
BVDA – Brasil Verde

Editoração Eletrônica:
Acqua Estúdio Gráfico

Proibida a reprodução total ou parcial
deste livro, por qualquer meio e sistema,
sem o prévio consentimento da Editora.

EDITORA AFILIADA

Todos os direitos reservados pela
     Editora Ágora Ltda.

     Rua Itapicuru, 613 - cj.82
     05006-000 - São Paulo, SP
     Telefone: (011) 3871-4569
     http://www.editoraagora.com.br
     e-mail: editora@editoraagora.com.br

Dedico este livro, com amor,
à memória de minha mãe
e de meu pai.

Ottlie Burdick Signell
1905-1987

Lloyd George Signell
1901-1979

Índice

Lista de sonhos	10
Prefácio de Riane Eisler	13
Agradecimentos	17
Um prefácio pessoal	21
Introdução: Os sonhos como fonte da sabedoria feminina	25

1. Entendendo os sonhos 35

Trabalhando com seus próprios sonhos	35
Apreendendo seus sonhos	35
Amplificação	36
Passos seguintes na análise dos sonhos	39
Temenos: criando um ambiente seguro	41
Imaginação ativa	42
A linguagem do inconsciente	44
Imagens dos sonhos como metáforas	44
História do inconsciente arquetípico	46
O que são arquétipos e de onde se originam?	48
Os arquétipos nos sonhos das mulheres	50
Figuras arquetípicas tradicionais e modernas	53
Arquétipos animais	55
O Self	57
O ego e o Self	59
Distinções úteis entre o pessoal e o arquetípico	61
Exercício: A mãe pessoal versus a Grande Mãe	63

2. Os primeiros sinais do *Self*: o tesouro interior 65
   O desenvolvimento do *Self* 65
   Símbolos do *Self* 66
   A perda do *Self* e o lado negativo do *Self* 67
   O *Self* primordial e a família 70
   O *Self* herdado da mãe e da Grande Mãe 73
   Rejeitando o *Self* 79
   Reconhecendo o lado negativo do *Self* 81
   Mantendo o *Self* feminino nas relações 83

3. Lidando com a agressividade: vulnerabilidade, autodefesa e força 89
   Respondendo à agressividade dos homens 92
      Libertando-se da negação inconsciente 92
      A leveza *versus* a agressão velada 100
      Combatendo a agressão com a autoridade própria 103
   Desembaraçando-se da raiva e da agressividade da mãe 105
      Lidando com a agressividade pessoal *versus* agressividade arquetípica 106
      Confrontando a autoridade da mãe com a própria 109
   Enfrentando as figuras interiores da agressividade feminina 111
      Confrontando a agressividade interna bruta 113
      Transformando a raiva e a agressividade no âmbito de um *temenos* seguro 115

4. A sombra: o lado oculto 119
   Sombra pessoal, cultural e arquetípica 119
      A sombra pessoal ardilosa 120
      A sombra cultural 122
      A sombra arquetípica 126
      Diferenciando as sombras: pessoal, cultural e arquetípica 126
   Sonhos expondo a sombra negativa 129
      A própria sombra 129
      A sombra dos outros 137
   Sonhos que revelam a sombra positiva 143
      Voando alto com a inspiração 144
      Uma longa e penosa busca da sombra positiva 146

5. Relações: o coração que discerne 155
   Expectativas, escolhas e armadilhas 156
   A fase inicial do amor 158
      Eros 158
      O arquétipo da sereia 160
      A polarização interna 169
      A ansiedade diante da escolha 171

O *animus* de tamanho maior que a realidade 173
O grande *Self* feminino 175
Dificuldades e escolhas nas relações 178
Padrão interior/florescência exterior 178
Demasiadamente difícil de enfrentar 183
Conhecendo os próprios instintos agressivos 185
Confiando nos próprios sentimentos mais profundos 187
As projeções da *anima* sobre as mulheres 193
A escolha: manter ou terminar uma relação 199
Instintos auxiliares e sonhos com animais 199

6. **Sexo: a outra metade do paraíso** 209
Natureza, ritmos naturais e sexualidade 210
Temas sexuais nos sonhos das mulheres 212
Nossos seios femininos 214
Fatores que inibem — ou liberam — a sexualidade feminina 217
A sexualidade feminina: a espiritualidade, a privacidade e as cores suaves do jardim 226

7. **O coração sábio** 235
Os elementos que faltam para o desenvolvimento da totalidade e da sabedoria do coração 238
Resgatando o *Self* original em idade avançada 239
Autonomia e força interiores no início da meia-idade 241
Logos e Eros: exercício de poder, de justiça e de generosidade na meia-idade 244
Encontrando a própria espiritualidade 248
Aceitando a dádiva da Velha Sábia 251
Uma versão moderna da Cinderela 252
Precavida contra o gato e a Velha Sábia 257
A coragem da Velha Sábia 263
Mudanças arquetípicas 267
O círculo da abundância 267
O homem interior com coração 270
Trevas arquetípicas: corações destroçados — e perseverantes 276
Grace 279

Notas 283
Referências 287
Serviços 290
Bibliografia recomendada 291

Lista de sonhos

Os primeiros sinais do *Self*
O percussionista 71
Correndo à vontade 71
Lado a lado 72
A donzela índia 74
Ouro do delta 78
Pérolas embaçadas 79
Perseguindo a Velha Sábia 79
A cobra olhando para mim 81
O unicórnio e a bruxa 83
Incenso e velas 85
O unicórnio 85
Mãe sibilante 85

Lidando com a agressividade
Engolindo a agulha 92
A jabebiretê 95
O pai e a torrada 100
O assaltante e o bastão 103
Flechas envenenadas 106
Não sei usar o revólver 110
O ataque de uma mulher terrível 114
A abelha da terra 115

A sombra
Um rato numa ratoeira 129
O homem se afogando 131
O aerossol 132
Estrume 133
Fantasmas 135
Minha mãe não lembra de coisas desagradáveis 135
O clérigo desconfiado 138
Um alce furioso 138
Os dois vagabundos 141
O cavalo e o elevador 144
A velha senhora com a vassoura 146
Atadura de pés 148
Reparações 151
Você sempre foi tão sábia? 152

Relações
Sereias de vidro 163
A zona do canal do Panamá 169
Vocês estão atrás, namorados 172
O homem na proa do navio 173
Colúmbia: pérola do oceano 175
Amassando camada por camada 179
Uma cascavel no aquário de vidro 183
A aranha e sua teia 185
O gigante, o caldeirão e as cobras 187
Gato e rato 191
O haxixe, a lua e o mistério 197
Dois escorpiões 200
A cabra no sofá 201
A lagarta 203
O cisne espetacular e o peixe-dinossauro 206

Sexo
Seios demasiadamente pequenos 214
Desfilando no carro alegórico de Dolly Parton 215
Devolva-me meu sutiã! 216
A mãe perturbada na porta 218
O cilindro feminino 220
Um manto marrom suave de cobra 221
O touro espiando-me 223
O sedutor com uma pedra 223
Incesto com meu irmão 224

Exibindo meu garanhão 225
A sacerdotisa druidesa 226
Mordida por um vampiro 228
Recebo um anel de ouro 229
A privacidade e as ervas curativas 230
O jardim de flores 231

O coração sábio
As jóias pretas 239
Cara a cara com o urso 241
Cobras saindo de minha manga e a pele de raposa de minha avó 245
A comunhão e a macieira 249
A velha generosa 253
Um gato extraordinário 258
A Velha Sábia acenando 262
A velha refugiada russa 264
O espelho da bisavó 265
O velho negro sábio e a divisão do bolo 268
Com setenta e tantos anos: paixão por um homem de boa forma física 272
A quarta dimensão 274
Os sonhos de Laura Montero 278
Os sonhos de Gilma Cruz 278
Os sonhos de Rosa Alvarado 279
Sobre um precipício 280
O Espírito Santo 281

Prefácio

Todos nós sonhamos e, quando despertamos, nos indagamos sobre seus significados. Dizem que antigamente as pessoas achavam que os sonhos eram presságios do futuro, portadores de mensagens dos deuses e deusas. No outro extremo encontra-se a visão dos biólogos modernos que consideram os sonhos como mera estática neurológica, destituída de qualquer significado real. A maioria de nós encontra-se em algum ponto intermediário, acreditando que os sonhos sejam muitas vezes mensagens de nossa mente inconsciente, embora normalmente não saibamos o que fazer com eles.

A dra. Karen Signell passou grande parte de sua vida profissional ouvindo sonhos, utilizando seu treinamento como psicóloga junguiana para ajudar seus pacientes a usarem seus sonhos como meio de cura. Em *A sabedoria dos sonhos* ela fala desses sonhos e das mulheres que os sonharam. Mas o que torna sua abordagem, e este livro, diferente — e o que chamou minha atenção — é que ele se propõe a fortalecer as mulheres: a ajudar-nos a utilizar nossos sonhos para encontrarmos nossas próprias fontes de sabedoria e força interior.

Confiar em nossa própria sabedoria interior não é fácil, especialmente se somos mulheres. Como podemos nos voltar para nós mesmas em busca de orientação em uma sociedade na qual, em geral, os modos de conhecimento femininos ainda são vistos como suspeitos, senão com desdém; onde — ironicamente, uma vez que tanto em hebraico quanto em grego "sabedoria" é uma palavra feminina — são homens sábios, e não mulheres sábias, que ministram conhecimento e sabedoria tanto na religião como na ciência?

Karen Signell é de opinião que uma importante fonte de orientação pode ser identificada em nossos sonhos: que à medida que a sociedade muda, nossas imagens interiores também mudam, e que muitos dos sonhos das mulheres de hoje refletem a busca de nossas próprias verdades internas em vez de "verdades" impostas de fora pelas "autoridades" masculinas.

Para mim, um dos aspectos mais fascinantes de *A sabedoria dos sonhos* é sua conexão com minha própria obra. Como os leitores de meu livro *O cálice e a espada* sabem, venho tentando nas últimas décadas reconstruir a partir das evidências da arqueologia, da mitologia, da religião, da história da arte e de outras disciplinas uma era primordial em que as mulheres não eram subordinadas aos homens; um tempo mais pacífico e harmonioso anterior à guerra e à guerra entre os sexos, um tempo em que tanto os homens quanto as mulheres reverenciavam as forças doadoras e nutridoras da vida na forma de uma Grande Deusa. Durante esse mesmo tempo, enquanto estava relacionando as descobertas daquilo que o arqueólogo britânico James Mellaart chama de uma "verdadeira revolução na arqueologia" para documentar a possibilidade de um futuro melhor cujas raízes situam-se em nosso passado pré-histórico, Karen Signell estava também coletando dados sobre a nossa herança perdida, só que de uma forma bem diferente. Seu interesse voltava-se para aquilo que os junguianos chamam de arquétipos, imagens e lendas poderosas que eles acreditam provir de nosso "inconsciente coletivo" e que têm origem não apenas em nossa história pessoal, mas também em nossa história cultural. E muitas e muitas vezes, nos sonhos das mulheres de hoje, aparecem imagens que a dra. Signell viu como o reaparecimento de arquétipos muito antigos do poder feminino, muitas vezes imagens da própria Grande Deusa.

A sabedoria dos sonhos é, portanto, em muitos sentidos um reflexo da busca do *Self* empreendida atualmente pelas mulheres: da busca de nossas próprias integridade e sabedoria interiores, à medida que nós, e a sociedade, tentamos alcançar um modo de viver, de trabalhar e de amar que respeite cada um de nossos potenciais únicos.

Conforme Signell escreve, muitos dos mitos de nossa cultura "frustram as mulheres em busca de sua própria natureza feminina, uma vez que eles normalmente apresentam personagens masculinos preocupados com a guerra, a racionalidade, o domínio da morte e a subordinação do feminino e das mulheres". Esses mitos tanto refletem quanto reforçam o que chamei de uma sociedade de dominação em vez de uma sociedade de parceria, uma vez que idealizam e, portanto, ajudam a manter a opressão não apenas das mulheres, mas também daquelas qualidades estereotipadas como "suaves" ou "femininas" — tais como cuidar, não-violência, empatia e intuição.

Digo estereotipadas, porque minha pesquisa levou-me à conclusão que a essa altura de nossa história — após cerca de cinco mil anos de mitos e realidades do dominador — é quase impossível falar de "feminino" e "masculino" em termos que não sejam estereotipados. Certamente que no esquema junguiano tradicional, os arquétipos da "*anima*" ou "feminino" nos homens e do "*animus*" ou "masculino" nas mulheres foram imbuídos nesses estereótipos, em grande parte conformados por concepções que vêem a sabedoria como sendo masculina, como na associação do *animus* com o pensamento ou a razão. Conforme Demaris Wehr escreve em *Jung & feminism: liberating archetypes*, pelos arquétipos que definem seu lado racional como sendo masculino, as mulheres são relegadas a "uma condição deficitária no que diz respeito à autoridade, à lógica e à racionalidade naturais femininas" — elas estão definitivamente alienadas de seu lado racional, exatamente como os homens estão alienados de seu lado emocional e vulnerável por sua caracterização como "feminino". Mesmo assim, diferentemente das abordagens freudianas e psicanalíticas, o trabalho de Jung com respeito aos arquétipos e sonhos permitiu que homens e mulheres reivindicassem essas qualidades através de seu lado "feminino" ou "masculino" — um primeiro passo muito importante em direção a uma psique mais integrada em ambos os sexos.

No livro de Karen Signell vemos a análise junguiana dos sonhos dar um passo adiante. Por centrar-se nos sonhos das mulheres durante o processo de fortalecimento e cura pessoal, *A sabedoria dos sonhos* nos ajuda a olhar para nossos sonhos em busca de pistas não apenas de onde estamos e estávamos, mas aonde podemos chegar.

A sabedoria dos sonhos não é um livro de auto-ajuda no sentido convencional, mas não deixa de ser um livro prático para as mulheres que procuram ajuda em um tempo de mudanças rápidas tanto na realidade pessoal quanto na social. Ele lida com muitos dos obstáculos internos que enfrentamos em nosso desenvolvimento pessoal e espiritual: o medo da agressividade (nossa própria e dos outros), nossa dificuldade de reclamar (quanto mais de proclamar) nossas qualidades e realizações positivas e nossas expectativas impossíveis com respeito a nós mesmas e a nossas mães (e, ao mesmo tempo, nossa falta de uma divindade materna e a enorme importância do resgate atual da Grande Deusa, tanto para as mulheres quanto para os homens).

É um livro sobre sereias e oceanos, princesas e dragões, jovens donzelas e anciãs, como essas imagens surgiram a mulheres reais que narraram seus sonhos para a dra. Signell durante o processo de terapia. Nesse sentido, é um livro que trata da cura pessoal e de como podemos nos conectar com nossas necessidades e aspirações inconscientes através de nossos sonhos. Mas, ainda mais importante, é um livro de uma mulher que realmente se importa — com seus pacientes, seus leitores e com o tipo de mundo que podemos criar para nós mesmas e para nossos filhos, se as mulheres, e os homens, se deixarem guiar mais por nossa sabedoria "feminina": a sabedoria do coração.

Riane Eisler

Agradecimentos

Primeiramente quero agradecer às muitas mulheres que tão generosamente compartilharam seus sonhos. Elas são as exploradoras cujo espírito e imaginação intrépidos forneceram insights e inspiração para este livro. Quatro pessoas em particular não pouparam esforços para ajudar-me nesta empreitada: Ann MacLeod com suas questões inteligentes, suas sugestões construtivas e sua generosa ajuda; Leslie Meredith com sua atenção, suas sugestões diplomáticas, seu trabalho consciente de revisão e seu forte suporte ao livro; Frances Tobriner com sua apurada clareza do feminino; e Judy Askew com seu meticuloso trabalho de edição e entendimento das palavras. Elas constituíram uma corajosa equipe de apoio, proporcionando-me um sentimento de camaradagem e apoio em todos os meus esforços e o trabalho delas fez com que este livro se tornasse melhor. Elas merecem meu reconhecimento e minha sincera gratidão.

Outras pessoas deram contribuições substanciais com suas sugestões criteriosas. Leslie Sidle doou generosamente de seu tempo e consideração e foi uma fonte constante de estímulo. Lynda Schmidt estudou diversos capítulos e enriqueceu o livro com suas observações sagazes e seu entendimento arquetípico dos sonhos. Barbara Dean editou uma versão inicial dos capítulos e ofereceu estímulo no momento em que ele se fez necessário, além de observações valiosas quanto à estruturação do livro. Sou grata por essa ajuda.

Quero expressar meu reconhecimento às pessoas que leram um ou mais capítulos e ofereceram-me generosamente suas sugestões: Sandra

Dixon, Maria Miller, Maria Nieri, Mary Ann Mattoon, Florence Grossenbacher, Madeleine Marcus, Katherine Bradway, Lila Kramer, Shirley MacIntosh, Arthur Colman, Keith Chapman, Millie Fortier, Rosemary Warden e Jamie Brodie.

Outras pessoas contribuíram nas discussões de certos sonhos ou partes do texto e de diferentes maneiras: Geraldine Spare, Florence Irvine, Betty Meador, Jane Wheelwright, Richard Schoenbrun, Sandra Lewis, Janet Tatum, Joanne Nordlie e Lani Kask.

Tenho uma dívida especial para com minhas amigas e colegas Linda Leonard, Patricia Bixby e Anne-Marie Bloch por seus afetuosos suportes, percepções criativas e sugestões.

Gostaria de agradecer a Gina Velasquez, Katinka Matson e John Brockman, Kay e John Scheuer, Jean Bolen, Lore Zeller e Sandy Boucher por terem me oferecido suporte crucial e oportuno no processo de publicação.

Quero expressar meu reconhecimento especial ao Instituto C. G. Jung de San Francisco pela concessão de ajuda financeira que reduziu o peso dos custos da elaboração deste livro em seus primeiros anos.

Por último, mas não menos importante, desejo agradecer ao rico legado de meus mentores e analistas pessoais junguianos que me passaram sua "sabedoria do coração": Joseph Wheelwright, Katherine Bradway, Elizabeth Osterman e Joseph Henderson.

O coração tem razões que a própria razão desconhece.
Pascal, *Pensamentos IV*

Não sou daqueles
Que precisam ter de tudo: no entanto preciso ter
Meus sonhos para viver, pois eles são meus.
A sabedoria não é uma palavra depois da outra.
Até que as palavras sejam como folhas secas
embaixo de uma árvore;
A sabedoria é como uma alvorada que emerge
lentamente
De um oceano desconhecido.
Edwin Arlington Robinson, *Tristram*

Pensar globalmente, atuar localmente.
Hazel Henderson, *The Politics of the Solar Age*

Um prefácio pessoal

Ainda me lembro daquele momento, em 1972, durante a entrevista para ser admitida no Instituto junguiano local, quando o entrevistador, um analista, disse-me com franqueza: "Você não parece ser uma de nós", e eu senti a dura verdade de seu comentário. Eu *era* uma mulher — e podia-se contar nos dedos das mãos o número de mulheres analistas do Instituto — e eu era uma psicóloga clínica, não uma médica-psiquiatra. Além do mais, não tinha o olhar distante de um típico sonhador. Tinha meus pés plantados firmemente no chão.

Eu tampouco vinha atendendo pacientes durante anos num tradicional consultório bem mobiliado, uma vez que eu tinha atingido a maioridade profissional na década de 60, a época exuberante dos *hippies* e da expansão dos limites para se chegar ao povo. Na efervescência daqueles anos, acreditávamos em poder "salvar o mundo" através dos grupos de auto-ajuda e da educação para o povo — oferecendo nosso conhecimento —, além de ajudar as pessoas em terapia. Eu tinha feito trabalho comunitário, atendendo nas pré-escolas de bairros populares e ensinando donas de casa a dar cursos sobre a comunicação entre pais e filhos para outros pais. Então, eu já sabia que se chegasse a me tornar analista iria querer escrever um livro que fosse acessível para as muitas pessoas que não tinham acesso à análise.

"Você não parece ser uma de nós." Aquilo era verdade no sentido de que eu não provinha das mesmas origens que a geração de analistas anterior à minha, educada em ambiente de cultura e reflexão que permitiu-lhes — os pioneiros — que se voltassem para suas vidas interiores e estudassem por anos com Carl Jung na Suíça. Meu pai, filho de imigrantes suecos, e minha mãe, filha de imigrantes alemães e escoceses-irlandeses do meio-oeste, tinham começado a vida como jovens operários, embora ambos tenham conseguido alçar-se do trabalho fabril da década de 20 para estudarem na universidade. Suas primeiras experiências os levaram a acreditar no progresso e a dedicar suas vidas a lutar contra a pobreza e outros tipos de reforma social. Minha mãe nunca se esqueceu do quanto suas mãos foram cortadas na linha de produção de latas e ambos lembravam-se das apreensões que sentiram durante a Grande Depressão. Meus irmãos e eu os ouvimos muitas vezes contar essas lembranças para que soubéssemos que, por estarmos sendo criados com regalias, teríamos que "fazer algo útil".

Minha família era muito ligada à terra. Como preservador do solo, meu pai amava a terra. Quantas vezes ele pegava um punhado de terra com a mão dizendo: "Boa terra!", ou apontava para uma racha ou erosão numa encosta e revoltava-se contra a devastação de uma terra fértil que ele sabia como preservar por ofício. Minha mãe provinha de uma família de agricultores. Ela nos ensinou a cultivar hortaliças e a cuidar de nossos animais. Vivíamos numa moderna casa de madeira, onde tudo provinha das árvores — eu tirava a casca dos cepos — de nossos bosques em Maryland. Assim, desde muito cedo, conheci a esperança e a promessa daqueles que amam, plantam e cultivam a terra com suas próprias mãos e assisti à receptividade e fecundidade da terra em resposta.

"Você tinha uma vida fantasiosa quando criança?", perguntou-me o entrevistador do Instituto Jung. Não, a possibilidade de ter fantasias jamais ocorreu-me. Se eu fosse pega sentada por um momento, minha mãe dizia: "O que está fazendo — devaneando? Há muito o que fazer!". Essa era a realidade da vida cotidiana em minha infância.

Entretanto, eu amava aqueles momentos roubados na natureza — o rio, o bosque, os animais selvagens — e ainda lembro de alguns episódios: quando segurava o frango enquanto minha mãe costurava o corte no pescoço, ajudando meu pai no parto de uma cabra enquanto ele puxava o cabrito pelas pernas, segurando um pato para ser morto, pescando uma cobra venenosa perto da lagoa dos patos. Tudo isso — os lados claros e escuros da vida — aproximou-me dos ritmos e realidades da natureza e da minha própria natureza interior — a realidade da natureza, não como a desejamos, mas como ela é.

Aos trinta anos, descobri outra fronteira da natureza — o mundo interior, o fluxo do inconsciente que corre por baixo de nosso mundo conhecido, o mundo dos sonhos. Esse mundo subterrâneo reproduzia o mundo familiar da natureza que eu conhecia, com as explosões das sementes, suas plantas crescendo e produzindo frutos e depois morrendo, jazendo e esperando, para de novo brotarem espontaneamente.

Ainda assim, eu era realista demais no mundo exterior para ser "natural" como muitas pessoas no mundo secreto dos mistérios, símbolos e crescimento psicológico espontâneo. Eu tive que aprender essa outra linguagem, tornar-me uma artesã numa terra estrangeira.

O que o analista disse no final da entrevista deu-me esperança na época. Vendo que eu não era do tipo de pessoa a quem a vida interior vinha originalmente com facilidade, ele disse: "Bem, quando o seu tipo de pessoa *tem* sonhos, eles podem ser vívidos e reais". E à medida que me conectei mais profundamente com meus sonhos, o que ele disse provou-se verdadeiro para mim.

Espero que possa ser verdadeiro também para vocês leitoras, que são sonhadoras por natureza, e para aquelas que possam aprender a arte. E para aquelas de vocês que têm os pés fincados na terra — e para aquelas que têm um olhar distante —, que este livro possa ajudá-las a descobrir a vivacidade de seus sonhos e ensiná-las como usá-los na realidade.

Introdução

Os sonhos como fonte da sabedoria feminina

A busca do feminino

Há dez anos eu comecei a escrever um livro sobre o feminino nas mulheres, porque acreditava que nossa sabedoria não se dá apenas pelo tradicional modo patriarcal — por palavras, objetividade, controle e conhecimento consciente — mas de um modo muito mais sutil. Eu acreditava, e continuo acreditando, que a fonte básica de conhecimento das mulheres provém de nossas sensações e imagens internas; e que nossa autoconfiança básica não provém da autoridade nem de teorias de outrem, mas de nossas experiências pessoais no mundo — daquilo que conhecemos de perto, do que sabemos em nossos corações. Estou convencida que esses recursos pessoais podem nos orientar para que nos mantenhamos verdadeiras para com nossos eus mais profundos e, finalmente, encontremos juntas a força das mulheres para nos opormos à violência do mundo nas suas várias manifestações, do molestamento de uma criança à guerra nuclear. Creio que especialmente nestes tempos tumultuados nossas perspectivas de preservação da vida são necessárias para melhorar a qualidade e garantir a continuação da vida na terra.

Ao escrever este livro eu própria hesitei em definir "o feminino", porque, mesmo sendo mulher, sou apenas uma mulher e, como psicóloga clínica e analista junguiana, fiquei saturada de teorias patriarcais. Decidi deixar que as mulheres falassem por si mesmas através da fonte mais pura que conheço, seus sonhos. Que sabedoria poderíamos recolher juntas enquanto viajássemos ao longo da costa e nos aventurássemos pelo oceano do inconsciente? O que poderíamos descobrir a respeito de nossas naturezas femininas e que significado isso teria para as nossas vidas cotidianas?

Durante dez anos coletei sonhos — não sonhos como exemplos para ilustrar teorias, mas sonhos que pareciam falar da natureza feminina básica. Anotei os sonhos que as mulheres me contavam e cujos significados descobríamos juntas. Escolhi aqueles que ajudassem as mulheres a compreender sua própria natureza feminina e que pudessem também proporcionar *insights* a outras mulheres.

Quatrocentos sonhos (2% de todos os que me foram narrados) "atraíram minha atenção" porque tinham uma imagem expressiva, traziam uma mensagem válida para as mulheres em geral ou eram de compreensão relativamente fácil. Uma exigência que eu impus era que o sonho tivesse sido verdadeiramente significativo para a mulher que o sonhou e útil em sua vida. Dos quatrocentos sonhos, cerca de um quarto está contido neste livro. Sem qualquer idéia preconcebida sobre o que aconteceria, classifiquei os sonhos em listas por tópicos e a metade deles tornou-se tema de capítulos deste livro.

Não observei muitos sonhos de mulheres nos papéis de esposa e mãe, mesmo das mulheres que *são* esposas e mães. A explicação pode estar no fato de que os sonhos são compensações para o que é superenfatizado em nossas vidas cotidianas, de maneira que as mulheres tendem a sonhar com aquilo que lhes é importante como pessoas e o que lhes era importante quando crianças. Na seleção do conteúdo, inclinei-me a escolher antes os sonhos que se referiam à relação com a mãe do que à relação com o pai[1],* porque notei que o feminino é melhor conhecido na continuidade — mais pela similaridade com outra pessoa do que pelo contraste — por ser diferente do outro.

Para concentrar-me no feminino, ignorei a maioria dos sonhos das mulheres com o masculino, o *"animus"*. Embora as imagens masculinas interiores sejam com freqüência guias inestimáveis para as mulheres,[2] ultimamente, parece-me que nosso aspecto masculino interior tem sido demasiadamente enfatizado; muito tem-se escrito sobre ele; e ele tem sido visto com tanto preconceito cultural que se tornou difícil escrever sobre ele sem cair nos estereótipos. Por exemplo, quando os pensamentos de uma mulher são expressos com intensidade emocional, muitas vezes eles são antes rejeitados como produto de seu *"animus* negativo" inconsciente (estereotipado como sendo o lado estridente, opinioso, e compelido pelo poder da mulher) do que vistos como uma asserção de seus próprios pensamentos e sentimentos legítimos. Por isso, as próprias mulheres têm

---

* As notas encontram-se numeradas no final do livro.

de começar a definir seu lado masculino em todas as suas formas construtivas e destrutivas conforme ele aparece em suas vidas e em seus sonhos. Necessitamos conhecer melhor tanto o masculino quanto o feminino em nós mesmas. Entretanto, como analista, sou sempre levada a perceber aquela vozinha que não está sendo devidamente escutada. Nas mulheres de hoje, aquela vozinha é com freqüência a voz feminina.

Apesar de ter sido treinada na investigação científica psicanalítica, decidi usar os sonhos e os materiais anedóticos relacionados que foram coletados na sua maioria entre mulheres que eu conheço. Acrescentei, então, comentários que me pareceram relevantes: explicações, observações gerais da experiência e opiniões pessoais. Essa não foi apenas uma decisão prática — usar as informações facilmente disponíveis — mas pareceu-me ser a mais apropriada. Pois nos encontramos nos estágios iniciais de exploração da psicologia feminina profunda: primeiro, temos que coletar muitos exemplos da experiência real de mulheres, analisar os estudos de caso em profundidade, fazer observações gerais deles e, finalmente, criar novas teorias com base na experiência das próprias mulheres. Portanto, não procurei tirar conclusões genéricas sobre o feminino, nem defini-lo neste livro, mas deixar que os sonhos nos indiquem quais os processos, atitudes e valores que o feminino compreende, para que a leitora possa fazer seus próprios julgamentos intuitivos.

Devo dizer que todos os "casos" contidos neste livro são depoimentos verídicos de mulheres reais reproduzidos aqui com a devida permissão das sonhadoras. Os sonhos são narrados nas palavras[3] das próprias mulheres que os sonharam, com pouco trabalho de edição e apenas para torná-los mais claros e manter o sigilo. Qualquer material identificável sobre as mulheres ou suas vidas foi omitido ou alterado para proteger suas identidades e, portanto, todos os nomes que aparecem no texto são fictícios.

A maioria dos sonhos provém de minhas próprias pacientes e alguns provêm de outras fontes, como de colegas e amigos em terapia. A maior parte das mulheres fez análise em busca de crescimento pessoal e algumas delas em busca de cura de antigas feridas. Uma determinada crise na vida, como o divórcio ou a doença física — e a conseqüente depressão, ansiedade ou raiva —, foi o que levou-as na maioria das vezes a procurar ajuda. Embora seus sonhos possam ser representativos dos problemas atuais de muitas mulheres, essas mulheres não constituem absolutamente uma amostra representativa da população: elas são na sua maioria mulheres·que puderam pagar uma sessão de análise por semana. Entretanto, elas vêm de condições de vida as mais diversas. Suas idades variam de vinte a setenta anos; são solteiras, casadas e divorciadas; heterossexuais, bissexuais e lésbicas. A maioria, mas nem todas, tem formação e profissão, mas provém de diferentes condições familiares em termos econômicos, culturais, religiosos e de atmosfera emocional em casa. Algumas delas jamais tinham trabalhado com sonhos e outras vinham observando-os desde a infância.

Escrevi este livro sobretudo para as mulheres que não têm condições ou disposição para fazer terapia ou análise, mas que desejam ter acesso a seus próprios recursos internos. O livro é para aquelas que desejam conhecer melhor sua própria natureza feminina e para as que estão em busca de realização pessoal e crescimento espiritual em suas vidas. Ele pode também interessar aos homens que desejam entender melhor as mulheres, bem como a entender o feminino em si mesmos. Pode ainda interessar a outras pessoas, como terapeutas e pacientes que desejam aprofundar o conhecimento da vida interior das mulheres; professores e estudantes de psicologia e de estudos do feminino; feministas, poetas e artistas, assistentes sociais, profissionais e estudiosos de literatura, arte, religião e orientação espiritual.

Como ler este livro

Ao escrever este livro, não segui a tradição de um desenvolvimento lógico de abstração teórica, conceitos refinados e alguns exemplos. Em vez disso, embarquei numa viagem de exploração, começando com vários sonhos específicos que despertaram meu interesse, para ver o que poderia ser de interesse geral; quer dizer, tomei o curso da indução. Portanto, você também poderá meandrar pelo livro, seguindo seus interesses e, aos poucos, ir formando seu próprio conhecimento.

Após o primeiro capítulo, "Entendendo os sonhos", que lhe oferece algumas bases para trabalhar com seus próprios sonhos e para entender a linguagem do inconsciente, todos os capítulos restantes usam sonhos de mulheres como ponto de partida. Segui minha disposição quanto à ordem dos capítulos e descobri que, inconscientemente, tinha seguido mais ou menos o curso que as mulheres em análise freqüentemente seguem. Primeiro, a mulher encontra um guia, alguém em quem ela confia, ou seu próprio guia interior, o *Self*. Assim, o capítulo inicial sobre os sonhos é sobre a descoberta dos "Primeiros Vislumbres do *Self*" e a esperança que resulta dessa descoberta. Senti-me compelida a escrever o capítulo seguinte "Lidando com a Agressividade". Seja em forma de ameaças ou constrangimentos impostos às mulheres, a questão de como lidar com a agressividade dos outros freqüentemente aparece já no início da análise, uma vez que normalmente temos de lidar com o medo e a opressão antes de estarmos livres para afirmarmos quem realmente somos. Isso nos leva ao tema do capítulo seguinte, "A Sombra", que lida com partes de nós mesmas que não reconhecemos, as qualidades negativas que foram atribuídas a nós e que, às vezes, assimilamos inconscientemente, bem como as qualidades positivas — a sombra positiva — que podemos reivindicar como nossa própria força e potencial.

A parte central do livro concentra-se na questão da intimidade, um tema central na análise. "Relações" é um longo capítulo representando os diversos sonhos das mulheres com respeito às pessoas a seu redor. Ele mostra como as relações são importantes em nossas vidas e o árduo trabalho necessário para satisfazermos essa necessidade. A exploração das relações íntimas prossegue no capítulo seguinte, "Sexo". Alguns sonhos retomam a infância e a juventude quando as atitudes familiares ou culturais restringiram a autonomia e a sexualidade, mas a maioria trata de problemas atuais da vida adulta, quando as mulheres estão tentando integrar a sexualidade e a espiritualidade e reivindicar a posse de seus corpos, não permitindo que sejam objetos de outros.

A parte final consiste de um longo capítulo intitulado "O Coração Sábio", que mostra a culminação do desenvolvimento gradual da harmonia interior e da sabedoria do coração. Nesse capítulo, você encontrará sonhos nos quais a velha sábia aparece sob diferentes formas para informar a mulher sobre a natureza do universo. Você também verá que à medida que as mulheres amadurecem e escutam a voz interior, seus sonhos refletem manifestações mais maduras daquele centro, o *Self*: um símbolo como um círculo de grande beleza — talvez uma rosácea — ou a experiência transcendental da graça em sonho.

Escrevi este livro supondo que você poderia querer seguir a seqüência dos capítulos, mas ele foi estruturado para que cada capítulo e sonho possam ser lidos separadamente. Portanto, se você preferir, poderá seguir sua própria disposição na aprendizagem do trabalho com o inconsciente. Como o inconsciente perambula, você também poderá fazê-lo! Por exemplo, se você examinar a Lista de Sonhos no início do livro e alguma imagem despertar sua atenção, você poderá começar por ela, uma vez que ela "tem vida" em seu inconsciente. Permita-se entrar na experiência da sonhadora, no significado que o sonho teve para ela, e procure escutar a ressonância que ele encontra em seu próprio interior. Imagine, se ele fosse seu próprio sonho, o que ele significaria para você, o que ele estaria dizendo sobre sua vida? Pois, se desejar, você poderá ver qualquer um dos sonhos como sendo seu próprio, uma vez que os sonhos provêm de camadas do inconsciente e revelam experiências humanas que são comuns a nós todas. A capacidade de analisar sonhos não é adquirida de uma forma sistemática. É importante fazer uma pausa de vez em quando para escutar os sons vindos das profundezas e descobrir quais os significados que ressoam em seu interior.

Usei poucos termos psicológicos e pouco jargão; os termos que usei são explicados no primeiro capítulo ou no próprio contexto. Os temas importantes que se repetem em diferentes capítulos e sonhos são citados no texto. Os símbolos proeminentes encontram-se relacionados no índice geral dos assuntos no final do livro. Se desejar explorar mais a psicologia junguiàna, você encontrará uma lista de referências no final do livro, com fontes de informações sobre livros e publicações.

Muitos livros apresentam conhecimentos gerais habilmente acondicionados com exemplos cotidianos. Este livro não é desse tipo. Você não poderá pegá-lo com se fosse uma caixa de sucrilhos da prateleira para uso imediato. Você terá que considerar e absorver o material do inconsciente seguindo um curso espiralado, primeiro interrogando-se, olhando rapidamente, procurando saber mais e, em seguida, perguntando-se de novo, até que o desconhecido vai tornando-se cada vez mais familiar e mais acessível. Entretanto, ele nunca chega a ser realmente conhecido. Provavelmente, você não conseguirá ler este livro no ritmo costumeiro e com a atenção concentrada da maneira que normalmente lê e assimila novas idéias.

Este livro não oferece uma trilha aberta até as profundezas da selva do inconsciente, diretamente para o lugar onde encontra-se o ouro. Sua mente consciente não pode deter o controle, nem tomar conta e nem estar orientada para algum propósito. Você não obterá as recompensas usuais e nem a sensação de conclusão desta jornada. Os capítulos seguintes não lhe fornecerão indicações óbvias ao longo da estrada sobre onde você encontra-se ou que distância você percorreu, porque esta é uma jornada interior muito pessoal. Enquanto a mente consciente gosta de contar as coisas — três aspectos de um símbolo, quatro elementos em um sonho, dez passos para o conhecimento — e a mente ocidental gosta de definições e limites, nesta selva tudo entrelaça-se por natureza. Todo sonho expande-se em muitas direções e todo sonho pode seguir outro. Por exemplo, você não encontrará tudo sobre o sexo em um único capítulo; ele pode ocorrer naturalmente em um sonho no último capítulo sobre a Mulher Sábia. Tente renunciar conscientemente a dirigir o carro por um tempo e deixe que sua menina dançarina, sua andarilha interior, que gosta de ser curiosa e surpreendida, guie seu caminho. Siga as trilhas de outras mulheres, perambule pela densa vegetação rasteira, siga seu caminho ao longo dos rios. Você poderá encontrar as grandes águas e as correntes mais profundas em sua vida.

Aprender técnicas de interpretação não é a chave para o entendimento dos sonhos. Você chega ao conhecimento de como abordar os sonhos pela experiência de muitos sonhos, pela aprendizagem de como cultivar sua imaginação e pela obtenção da confiança em sua própria intuição. Este livro ensina o *processo* de entendimento dos sonhos de uma maneira intuitiva, usando a imaginação e a experiência das sonhadoras — e sua própria — como principais recursos. Este é o modo pelo qual se aprende na análise junguiana e, em geral, na vida. Pelo "modo do pequeno", você acumula conhecimentos aos pouquinhos, não pela leitura de conceitos, não pelo entendimento intelectual, mas através de muitos pequenos exemplos pessoais, cada um mantendo intactos a tonalidade do sentimento e a verdade do caso individual e seu contexto particular. Prestando atenção em como cada mulher entende seu sonho, passo a passo por todo o livro, você poderá aprender aos poucos a fazê-lo você mesma.

Este livro tem, necessariamente, uma finalidade limitada e não pretende de maneira alguma oferecer uma exposição abrangente de símbolos, nem mesmo dos que aparecem nele. Os símbolos têm significados pessoais que você mesma terá que descobrir. Não sabemos ainda os significados gerais que os vários símbolos têm para as mulheres. O conhecimento acumulado na literatura simbólica dos últimos milênios reflete freqüentemente os significados que os símbolos tiveram nas psiques masculinas. Esses significados tradicionais às vezes não se ajustam às mulheres, especialmente ao nosso lado feminino, que este livro enfoca. Estamos apenas começando a explorar o que certos símbolos significam para as mulheres, de maneira que ler este livro é iniciar uma viagem pioneira de descoberta!

O que fazer quando quiser investigar mais profundamente algumas imagens interessantes que você encontra no livro ou em seus próprios sonhos? Mesmo sendo a sua intuição o seu melhor recurso, você poderá achar que é importante complementar seu próprio trabalho com pelo menos um dicionário de símbolos para estimular novas reflexões. Por isso, sugeri algumas referências bibliográficas que você poderá achar útil na lista de "Livros recomendados" no final do livro. Se você desejar mais informações gerais sobre padrões em sonhos e técnicas mais específicas para analisar os sonhos, você encontrará nela também obras junguianas sobre como trabalhar com os sonhos e obras contendo descrições muito claras da psicologia junguiana. Também relacionei livros sobre o feminino.

Como concentrei-me na análise de sonhos neste livro, você poderá perguntar-se se o processo analítico consiste somente de trabalho com sonhos. Na realidade, o trabalho com os sonhos foi realizado dentro do contexto de uma relação terapêutica e de exploração da história da infância de cada mulher, bem como de sua família, trabalho e relações sociais. Assim, há sempre a história de vida anterior da sonhadora como base para o entendimento do significado de um sonho, bem como uma atmosfera de receptividade e empatia dentro do receptáculo seguro da análise. Ao ler este livro, você poderá tentar recriar um ambiente similar para você mesma: um lugar tranqüilo, um ritmo lento, um espírito de receptividade que liberta a imaginação.

Ao iniciar os próximos capítulos, lembre-se que os sonhos não revelam imediatamente seus segredos. Essa é a principal razão de eles valerem a pena. Eles complementam o que já sabemos conscientemente e levam-nos a um novo e mais profundo conhecimento. Penetramos numa floresta virgem, onde não há nenhuma indicação clara de itinerário. Só a própria pessoa que sonha pode ser o árbitro decisivo do que um sonho significa para ela, embora eu tenha procurado abrir caminho através da mata para que você possa discernir alguns padrões gerais de cada sonho. Examinar um sonho é como contemplar um poema, uma imagem preciosa, uma pintura impressionista ou surrealista. Você deve olhar para ele à sua própria maneira, deixar que ele a toque, estar atenta para o que se agita em você. Eu descobri que, ao trabalhar com estes sonhos, quanto mais olhava e voltava a eles, mais eu conseguia discernir.

Convido-a a ler os sonhos deste livro devagar, com olhos que vagueiam pelas imagens e param naquelas que despertam seu interesse, para ver como você reage a elas, qual o seu significado e que comentários suscitam estas experiências. Lembre-se que uma única imagem pode evocar muitas diferentes imagens, sentimentos, idéias e lembranças — mesmo que sejam contraditórios — e que os sonhos podem ter muitos significados, dos quais apenas alguns foram abordados no texto.

Alguns sonhos tocantes

Como antecipação dos muitos sonhos que você encontrará neste livro, concluo esta introdução com alguns exemplos de sonhos que informam sobre a vida da pessoa que sonha. Primeiramente, um exemplo de como permitir que os sonhos afetem sua vida cotidiana, pois é com mais freqüência aos poucos que encontramos nosso caminho e avançamos do que nos raros momentos de iluminação. Eu fui para uma ilha distante com o propósito de escrever esta introdução. Ter uma visão panorâmica requer de mim um grande esforço e as semanas foram passando. Então uma manhã eu sonhei:

> Estava mantendo um grupo de mulheres esperando, com homens por perto que se juntariam a elas.

Eu sabia o que o sonho significava: eu devia escrever a introdução a este livro. Entretanto, desanimava diante do esforço e punha-me a editar o capítulo sobre sexo, que era muito mais fácil. Mas o imperativo ético — escutar o sonho — fez-me hesitar por um momento, e esse momento, de alguma maneira, virou o equilíbrio e vi-me escrevendo a primeira frase. À noite, o curso já tinha mudado e a energia estava, de fato, movendo-se nessa direção. Meu próprio inconsciente tinha, durante a noite, de alguma maneira me preparado; eu estava pronta, pois a energia veio.

Um sonho foi crucial para uma mulher notável na recente história mundial, Cory Aquino. Quando o povo filipino começou a voltar-se contra Ferdinando Marcos, ela foi solicitada a aceitar a nomeação para a presidência. Enquanto ela procurava chegar a uma decisão, sonhou várias vezes que estava

> indo para uma igreja e vendo um esquife que ela esperava conter o corpo de Ninoy [seu marido assassinado]. Mas o caixão estava vazio: Ninoy, ela sentiu, tinha renascido nela.

Ela lembrou-se do que ele tinha dito antes de seu retorno fatal para as Filipinas: que jamais se perdoaria se não fizesse tudo o que estivesse a seu alcance por seu povo. Ela disse: "Sinto que devo algo a meu país". Ela sentia-se despreparada para a presidência e desejava retornar à sua vida privada, mas após receber uma petição assinada por um milhão e duzentas mil pessoas e de fazer um retiro, ela tomou sua decisão.[4]

Um sonho pode nos advertir sobre algo que estamos ignorando. Por exemplo, recentemente fiz um curso de atualização em mergulho subaquático. Vinte anos antes, quando eu costumava mergulhar, orgulhava-me de ser a última a quem faltava ar embaixo d'água, de maneira que no curso de atualização eu levei comigo um reservatório de ar menor que os dos outros. Certo dia, durante um mergulho, achei que percebi um vazamento de ar, mas atribuí a percepção a minha falta de familiaridade com o equipamento moderno. Lá no fundo, no meio do mergulho, para minha surpresa, constatei que meu reservatório estava quase vazio. De olhos arregalados de susto, eu encontrei a instrutora de mergulho, que repartiu comigo seu ar para retornarmos. Quando meu equipamento foi examinado, a inspeção aprovou-o para uso futuro, de maneira que considerei o incidente como intrigante e prossegui com minha antiga confiança de mergulhadora experiente. Uma noite eu tive um sonho corretivo com a seguinte imagem:

> Uma mula mãe jaz à beira da estrada, com os flancos arfando e os olhos vitrificados pelo desamparo. Ela é velha e desistiu de viver. Olho para ela e penso: "Essa é a realidade da vida". Ao lado dela está um burrinho com as pernas cortadas nos tornozelos como lição para os outros. Sinto grande compaixão pelo burrinho e raiva por suas pernas terem sido tão cruelmente cortadas e sua vida interrompida.

Esse sonho despertou-me no meio da noite e acordou-me para a minha confiança excessiva e falta de atenção. O sonho exagerou enormemente, como os sonhos costumam fazer, e perturbou-me o bastante para alcançar seu objetivo. A velha mãe mula, meu próprio aspecto maternal que deveria cuidar de mim e de meu corpo, era de fato vinte anos mais velha e não estava muito alerta. A "realidade da vida" era que eu teria de admitir algumas fraquezas da idade e, talvez, abandonar o mergulho. O potro referia-se à juventude que ainda tenho e à realidade cruel de que se tenho tanta ousadia juvenil (para agir como um potro, ou um burro) e perco o contato com os fatos da vida (pernas não conectadas com o chão), a terrível verdade (lição) é que minha vida pode de fato ser interrompida.

Que efeito o sonho teve sobre minha vida? Ele levou-me a fazer um check-up médico e a tomar mais cuidado quando vou mergulhar: verificar o reservatório de ar, permanecer perto de meus colegas de mergulho e checar duas vezes o equipamento. Esses cuidados especiais resultaram de fato na descoberta de um pequeno vazamento de ar no meu equipamento de mergulho.

Deixar-se guiar pelo inconsciente na moderna sociedade ocidental é exceção em vez de regra, mas existiram sociedades em toda a história escrita de quatro mil anos da humanidade (e sem dúvida em mais de trinta mil anos de história não registrada) em que as pessoas confiavam nos sonhos. Nos tempos antigos, as pessoas estavam mais em contato com o inconsciente e eram capazes de mergulhar nesse reservatório de sabedoria. As grandes religiões do mundo tiraram suas revelações de sonhos e visões. As pessoas voltavam-se para os sonhos e os rituais em busca de conhecimento e cura. Na costa da Turquia, perto de um templo devotado à antiga deusa grega Deméter, uma versão da Grande Mãe, pode-se ainda hoje ficar num longo e arqueado corredor de pedra, um "túnel dos sonhos", onde as pessoas ficavam para sonhar e serem curadas.

Em séculos mais recentes, líderes, compositores, artistas e cientistas encontraram entendimento e inspiração em sonhos e imagens. Hoje — especialmente fora da influência da civilização ocidental moderna — existem pessoas que buscam nos sonhos avisos e orientações. Há alguns anos, voluntários do Corpo de Paz trabalhando entre os povos da cordilheira dos Andes foram capturados por guerrilheiros e detidos por um breve período de tempo antes de conseguirem escapar. Posteriormente, uma montanhesa perguntou a uma das mulheres voluntárias: "Mas você não sabia que isso ia acontecer? Você não estava prestando atenção em seus sonhos?". Sou grata àquela mulher dos altos Andes por sua fé em que podemos encontrar nossa herança perdida. *Podemos* estar em contato com a natureza e sua sabedoria, e podemos também observar nossos sonhos e recuperar nossa sabedoria.

1
Entendendo os sonhos

Trabalhando com seus próprios sonhos

Como você pode estar interessada em trabalhar com seus próprios sonhos — ter acesso a seus próprios recursos naturais, — mencionarei aqui algumas coisas que descobri serem úteis.

Apreendendo seus sonhos

A pesquisa científica já demonstrou que todo mundo sonha todas as noites, de maneira que a primeira medida, se você é incapaz de lembrá-los, é "pegá-los". Algumas pessoas acordam durante o estágio do sono no qual os sonhos são mais facilmente lembrados. Exige algum esforço e disciplina, mas às vezes acho que vale a pena pegar os sonhos durante a noite e, por isso, mantenho uma lanterna, um caderno de anotar sonhos e uma caneta ao lado da cama. Algumas pessoas acham mais fácil manter o caderno de anotação no banheiro.

A manhã é uma boa hora para recordar os sonhos. Descobri que se mantenho os olhos fechados quando acordo e não movo o corpo, é mais provável que permaneça no estado semiconsciente no qual posso recordar ao menos uma imagem. É como pegar um rato pela ponta da cauda quando ele tenta escapulir por um canto. Se você consegue pegar a ponta, pode "puxar" toda a seqüência do sonho de volta. Em seguida, deixo meus pensamentos e sentimentos acomodarem-se tranqüilamente.

Às vezes, nesse estado surge uma idéia do que significa o sonho. Por vezes, ocorre-me uma idéia sem absolutamente nenhuma lembrança do sonho. Permaneço um tempo em qualquer sensação vaga que percebo em meu corpo para ver se surge algum sentimento ou lembrança. Enquanto mantenho os olhos fechados ou permaneço naquele estado de despertar, mantenho-me em contato com o mundo interior. Talvez seja esse o significado do ditado popular que diz que quando o galo canta todos os fantasmas desaparecem. Depois, abro os olhos para concentrar-me mais nos pensamentos, anoto o sonho, amplio a imagem e deixo que o sonho fale comigo.

Amplificação

Ao analisar os sonhos, a maioria das pessoas tem mais familiaridade com o método freudiano de "associação livre" do que com o método junguiano de "amplificação" das imagens oníricas. Pelo método da livre associação, toma-se a imagem original do sonho e vê-se que associação — outra imagem ou pensamento — surge espontaneamente do inconsciente. Em seguida, toma-se a segunda associação e vê-se que outra imagem ou palavra ela evoca, até ter-se uma seqüência de associações que comumente retrocede a uma origem na infância. Uma seqüência freudiana típica seria uma cadeia de associações como esta: torre de igreja — pênis grande — pênis do pai — lembranças ou fantasias de infância específicas quanto ao pênis do pai — conflitos relativos ao sexo ou agressão.

No método junguiano de análise dos sonhos, a "amplificação" das imagens oníricas é semelhante ao da livre associação no sentido de que deixamos que as associações surjam espontaneamente sem censurá-las ou censurar os significados que elas contêm, e, muitas vezes, elas retrocedem a problemas da infância. O processo, entretanto, é diferente, uma vez que permanecemos com a imagem original, porque acreditamos que ela contém uma grande riqueza de significado em si mesma e tem muito a nos comunicar diretamente do outro mundo — nosso próprio mundo interior e o plano universal dos mitos e símbolos que fazem parte da herança cultural da humanidade. Ampliamos a imagem original procurando ver que outra imagem aparece e, então, voltamos à imagem original até que surja uma terceira imagem, e, novamente, voltamos à primeira e assim sucessivamente. Uma seqüência junguiana típica seria de associações irradiadas a partir de uma imagem central: torre de igreja — pênis grande — torre de igreja — apontando para o céu — torre de igreja — minhas grandes esperanças — torre de igreja — anseios espirituais — torre de igreja — pontuda e radiante etc. É semelhante à técnica de meditação oriental "O Lótus de Mil Pétalas", pela qual um símbolo central pode seguir em muitas direções em um círculo que se expande em uma multiplicidade de outras imagens.

Para ampliar uma imagem de seu próprio sonho, você deve concentrar-se levemente nela e observar que outra imagem emerge de seu inconsciente. Em seguida, retorne à imagem original e observe que imagem, pensamento, sentimento ou lembrança surge então e continue repetindo esse processo por um tempo para explorar o que a imagem original pode significar para você. Então, se você estiver especialmente fascinada pela imagem, poderá querer desenhá-la ou pintá-la, ou ainda procurar seu significado num dicionário de símbolos.

Como os sonhos provêm do inconsciente, eles têm em comum a mesma linguagem simbólica das artes, dos mitos, do folclore e dos rituais religiosos, que são todos resultantes da imaginação. Alguns desses símbolos chegam até nós através das culturas e dos tempos. Por isso, outra forma típica de amplificação da análise junguiana dos sonhos é encontrar temas universais nos mitos e no folclore que são comparáveis às imagens presentes nos sonhos. É um desafio, especialmente para as mulheres, descobrir significados verdadeiramente universais nos mitos com os quais crescemos, uma vez que eles muitas vezes proporcionam um entendimento da condição humana criada para servir a certas tendências culturais e religiosas. A cultura ocidental está fundada em grande parte nos mitos gregos, e como vivemos numa cultura patriarcal, esses mitos representam de fato nossa herança comum e condição humana. No entanto, eles muitas vezes decepcionam as mulheres que estão em busca de sua própria natureza feminina, uma vez que esses mitos normalmente apresentam protagonistas masculinos preocupados com a guerra, a racionalidade, o domínio da morte e a subordinação do feminino e das mulheres. Em geral, os mitos soam distantes e abstratos para nós e refletem muitas vezes a psicologia e a política dos que detêm o poder.

Ao contrário, os contos de fada, as lendas populares, as baladas e os rituais provêm comumente das pessoas comuns — incluindo as mulheres — tentando sondar a natureza da vida cotidiana, do amor e do desconhecido. Temos que desencavar as primeiras versões dos contos, pois quando as histórias eram finalmente escritas, freqüentemente eram alteradas pelos autores com o propósito de reforçar as normas culturais vigentes. Por exemplo, Wilhelm Grimm compilou sua coletânea de contos de fada para promover os ensinamentos morais de sua sociedade: que as meninas e as mulheres fossem passivas e conformadas e que as velhas ficassem caladas. Os estudiosos junguianos[1] e outros[2] estiveram à procura do feminino nos antigos mitos das deusas gregas e outras literaturas — por vezes retrocedendo aos tempos pré-patriarcais — para desencavar símbolos originários da natureza própria das mulheres e que continuam importantes para nós até hoje. Nós também podemos procurar mitos, contos de fada, poemas, obras de arte e histórias que nos ajudem a reencontrar nosso conhecimento feminino de como a natureza se transforma e resgatar nossa reverência à vida com todas as suas agruras, paixões e mistérios. Estamos encontrando ecos desses antigos motivos nos sonhos das mulheres de hoje.

Por vezes, neste livro, eu amplio um sonho pela narrativa de histórias semelhantes extraídas do folclore: um conto de fada como "A Cinderela", uma história para crianças como "O Patinho Feio", ou uma imagem como a da Pequena Sereia. As primeiras versões de tais histórias, ou uma interpretação feminista, hoje podem lançar luz sobre a essência do feminino em um sonho e ressaltar seus significados especiais para nós. Você poderá notar se seus próprios sonhos às vezes a lembram um mito, um conto de fada ou uma história infantil. Você poderá descobrir os mitos ou temas universais que são proeminentes também em sua vida.

A passagem da tradição oral para a escrita há alguns séculos alterou o processo geral de interpretação das histórias para que nos concentremos nas imagens, que podem ser descritas em palavras (como, também, ocorre no texto deste livro). Negligenciamos a outra metade de qualquer símbolo ou história: os sentimentos. De maneira similar, as pessoas normalmente concentram-se nas *imagens* dos sonhos e buscam o sentido nelas, mas é também importante — se não mais importante — estar consciente dos *sentimentos* trazidos à tona pelos sonhos. Às vezes os sentimentos são extremamente óbvios: você acorda assustada ou com a respiração presa pelo pressentimento. Mas freqüentemente os sentimentos são mais sutis.

Como você pode saber quais são seus sentimentos? Uma vez que seu corpo registra as mínimas nuanças dos sentimentos inconscientes, procure escutar atentamente por um instante quaisquer tensões ou sensações vagas que possa observar em seu corpo. Se você fizer uso dessa "sensação física" poderá sintonizar-se com seus sentimentos e eles lhe ficarão cada vez mais claros. Você poderá descobrir lembranças antigas, até mesmo pré-verbais que foram retidas em sua "memória corporal". Por exemplo, uma sensação de aperto na garganta ou na parte superior do tórax pode parecer um grito reprimido e trazer à tona uma vaga lembrança de estar chorando sozinha num quarto escuro quando criança.

Entrar em contato com um sentimento pode gerar um processo espontâneo de amplificação. Por vezes um sentimento libera uma explosão de outros sentimentos ou de novas imagens que interagem com o sentimento original e a informam mais sobre ele. Por exemplo, se você desperta com um nó no peito e concentra-se nessa sensação, você subitamente poderá lembrar-se do quão apavorada estava em seu sonho ao fazer um discurso e o nó poderá aliviar o suficiente para liberar lampejos de outras imagens e medos vivenciados em antigas situações similares. Outro exemplo é um sonho que deixa um resíduo de tensão em seu cotovelo. Se você exagerar essa tensão muscular, poderá ver-se erguendo o braço com raiva e perceber quanta ira você sentiu contra uma determinada figura em seu sonho ou uma determinada pessoa na vida real. Imagem e sentimento são como dois lados de uma mesma moeda. É conveniente conhecer os dois, se possível, uma vez que uma metade completa a outra. Descobrir o sentimento que acompanha a imagem (ou a imagem que acompanha o sentimento) dá profundidade e realidade à experiência do sonho.

A sensação em seu corpo também pode indicar que imagens e significados lhe são verdadeiramente importantes a partir de sua miríade de associações. Você sabe que está na pista de algo quando sente crescer uma curiosidade e uma excitação. Você sabe que tocou finalmente no que é importante quando pensa "Aha!" ou sente uma mudança no estado de ânimo. Esse é o momento em que os pensamentos, sentimentos ou significados inconscientes irrompem para a consciência. Então, você poderá sentir subitamente uma alteração no corpo: uma liberação de tensões, surpresa, deleite, riso ou pranto. A descoberta de algo que você ignorava, mesmo que de teor negativo, normalmente libera um fluxo de energia vital.

Passos seguintes na análise dos sonhos

Se você teve um "grande sonho", que conta uma história e parece especialmente vívido, poderá querer analisá-lo minuciosamente. Depois de perceber e, talvez, anotar as imagens e as sensações, você poderá também examinar a estrutura geral e o desenvolvimento da história em busca de pistas que levem ao significado. Às vezes, um sonho é como uma montagem teatral, com um cenário, um elenco, um conflito ou problema, um momento decisivo ou ação dramática e algum tipo de resolução ou término. O cenário é muitas vezes uma pista de quando e onde ocorreu pela primeira vez um problema, como à mesa de jantar em família na casa em que cresceu, um cenário de namoro no colégio, a primeira vez fora de casa, o nascimento de seu primeiro filho, uma estressante entrevista para conseguir emprego ou o primeiro ano de aposentadoria.

O inconsciente mostra-se também misterioso na sua escolha dos personagens para representar as diferentes partes de você mesmo. Um método simples e prático é que se o personagem é alguém que você conhece bem, o sonho está indicando alguma qualidade que você não percebeu muito bem na pessoa real, como uma tristeza recente que você não deu atenção em um grande amigo. Entretanto, se o personagem for alguém distante de sua vida ou algum desconhecido, então a pessoa provavelmente representa um aspecto mais remoto de você mesma que você ainda não reconheceu totalmente, como a sua própria tristeza. Em qualquer caso, seus sonhos referem-se, em última instância, a você mesma. Eles estão chamando a sua atenção para certas características que você conscientemente não conhece em si, portanto, não consegue perceber nos outros.

Um sonho pode ser entendido de duas maneiras: o que ele está dizendo sobre sua vida exterior e sobre sua vida interior. Ao analisar os sonhos neste livro, normalmente apresento primeiro suas implicações na vida cotidiana, ressaltando esse aspecto, uma vez que é o mais facilmente compreendido em nossa cultura extrovertida. Em seguida, apresento o que os sonhos significam quanto ao que está ocorrendo no interior da psique da pessoa, uma vez que os sonhos também falam dela e de sua vida interior, procurando transmitir alguma verdade a seu respeito.

Não se deixe desencorajar nessa empreitada de analisar seus próprios sonhos. É um processo difícil, seja você iniciante ou analista experiente. É como tentar decifrar hieróglifos cujos códigos estão perdidos. Mesmo que um sonho pareça referir-se a outra pessoa, na verdade ele está dizendo algo que não sabemos a respeito de nós mesmos, nossas vidas ou da vida em geral. Nossa mente consciente, arrogante e acostumada a deter o controle, costuma ouvir apenas o que quer ouvir ou apenas aquilo que confirma o que ela já sabe.

Embora seja necessário algum esforço para trabalhar com sonhos, você progride melhor com uma atitude relaxada do que com obstinada determinação. Há períodos em que é mais fácil lembrar os sonhos, como quando se está de férias. Você não tem que esforçar-se o tempo todo, ficar atenta todas as noites, nem tentar encontrar o significado de cada sonho. Os sonhos cumprem suas tarefas; os pequenos gnomos realizam seu trabalho durante a noite, quer você tome conhecimento deles ou não, embora seja agradável colher o fruto dessa atividade noturna — os resultados práticos do trabalho com sonhos em sua vida.

Apenas o fato de refletir alguns instantes a respeito de um sonho energiza a vida interior e permite que novos significados passem para a mente consciente. Anotar ou gravar um sonho também ajuda, como também trabalhar com as imagens e analisá-las. Os sonhos estão muitas vezes semanas, meses ou anos à frente de seu entendimento consciente, de maneira que se você revê seus sonhos de vez em quando, poderá às vezes perceber suas seqüências e temas. É surpreendente como um sonho anterior pode de repente tornar-se mais compreensível. Entretanto, por mais experiência que você tenha em trabalhar com sonhos, outra pessoa pode ser de grande ajuda. Só o fato de contar o sonho a um amigo, conselheiro, terapeuta ou analista pode ajudá-la a esclarecê-lo, mesmo que a outra pessoa não faça nenhum comentário. Imprime o sonho em sua psique e ele ganha vida.

Terapia, aconselhamento ou análise podem não ser acessíveis, nem mesmo uma escolha para muitas pessoas. Fiz muitos anos de análise, o que muito me ajudou, mas posso também confirmar a grande importância de se trabalhar com sonhos em pequenos grupos de amigos. Acho que um grupo de três pessoas, sem nenhuma liderança, encontrando-se por uma hora e meia por semana para discutir sonhos pode funcionar muito bem para algumas pessoas. Uma forma possível de encontro seria cada pessoa contar um sonho e, então, as outras o comentariam, uma por vez, — e isso é importante — como se fosse seu próprio sonho, falando de seu significado para ela própria. Como os sonhos muitas vezes contêm elementos universais, os outros podem ver significados e perspectivas que a pessoa que sonhou não percebeu. Além disso, desse modo as pessoas não estarão dizendo o que o sonho significa, impondo interpretações, e o sonhador fica com liberdade para ouvir e assimilar o que faz sentido para ele. Essa é uma maneira agradável de se trabalhar com os sonhos e que tem parentesco com a tradição feminina que emergiu dos grupos de conscientização.

Temenos: criando um ambiente seguro

Nos tempos mais remotos as pessoas demarcavam um círculo mágico como um espaço protegido dentro do qual realizavam rituais sagrados; elas interditavam uma área ou terreno sagrado para reverenciar uma divindade colocada no centro ou cercavam uma área especial para oração e contemplação. Jung encontrou ressonâncias desses espaços reservados nos sonhos das pessoas a respeito de recipientes internos especiais: um círculo de proteção, uma mandala, um jardim com uma fonte no centro com águas curativas jorrando de baixo. Jung usou a palavra grega *temenos* (tem'-e-nos) — os precintos de um templo sagrado — para designar o tipo de recipiente seguro e protegido necessário para a atividade interior profunda do desenvolvimento inconsciente, e os junguianos consideram hoje a análise como um recipiente especial, um "*temenos*".

Como você pode criar tal ambiente para realizar um trabalho interior, como a amplificação dos sonhos? Se possível, tente reservar tempo e espaço protegidos da intrusão de elementos externos, como, por exemplo, um tempo a mais pela manhã na cama. Você precisa também de uma atmosfera segura. Algumas pessoas precisam ficar quietas e sozinhas. Outras preferem estar em movimento, cercadas de sons familiares: em casa realizando tarefas calmamente com outras pessoas por perto, trabalhando no jardim ou dando uma caminhada. Pode acontecer de você, estando num ambiente em que haja um zumzum de distrações à volta, conseguir entrar num estado difuso de consciência e sua mente vagar ou mesmo atingir níveis profundos de contemplação. Há os que pensam que a atmosfera mais segura para entrar em contato com os sonhos e o inconsciente é na presença reconfortante de uma pessoa de confiança. Quando alguém nos ouve com empatia e reconhece a importância do que está sendo dito, pode-se sentir a vivacidade e a realidade dos nossos próprios sonhos e sentimo-nos inspirados a explorá-los além do ponto que faríamos se sozinhas. A idéia do temenos aplica-se também à situação de quando você confia seus sonhos a um amigo ou parceiro. Exatamente como os analistas mantêm estrito sigilo para proteger o processo interno da pessoa dos distúrbios externos, é aconselhável pedir a seu ouvinte que preserve seu material inconsciente no âmbito do círculo formado por ambos.

Se você não encontrar um ambiente protegido e tiver demasiado medo de ser dominada pelo inconsciente, é aconselhável que espere até sentir-se segura e ter acesso a alguém que entende de inconsciente. É sábio conhecer suas limitações e seguir o ritmo interno que a adverte. Há ocasiões na vida em que devemos hesitar à beira d'água até nos sentirmos preparados para mergulharmos mais profundamente no inconsciente, especialmente quando revolvermos em águas muito turbulentas. Por exemplo, você deverá precaver-se, interromper o trabalho com os sonhos por um tempo ou procurar ajuda, se sonhar que está descendo despreocupadamente a escada que vai dar num poço e abrindo a porta para uma enxurrada d'água, um incêndio, areia movediça ou monstros sinistros que a subjugam sem nenhuma possibilidade de fuga; se você estiver despertando de pesadelos, preocupada com temores paralisantes, pressentimentos, raiva ou tristeza; ou se você perceber que quanto mais se empenha com seus sonhos, mais confusa ou desnorteada fica.

Perceba quando uma determinada imagem ou emoção parece "quente demais" para ser lidada. Respeite a sua relutância em falar sobre ela a alguém até saber no fundo de si mesma que está preparada para encará-la por conta própria e que encontrou alguém suficientemente confiável. Você pode querer anotar um determinado sonho, mas coloque-o de lado para incubar, talvez até por uma década ou mais. Se for algo que você precisa tomar conhecimento para o seu desenvolvimento atual, provavelmente o inconsciente o repetirá nos sonhos subseqüentes até você captar a mensagem e lidar com ela em sua vida.

Imaginação ativa

No processo de trabalhar com os sonhos, a pessoa pode ocasionalmente recorrer a uma variante do método de amplificação chamada "imaginação ativa", um encontro direto com o inconsciente em estado de vigília. Através desse tipo de fantasia, você pode ampliar as imagens dos sonhos e integrá-las à consciência. Você verá que neste livro a imaginação ativa raramente é usada pelas mulheres. Por tratar-se de um método avançado e eu não poder descrevê-lo aqui de forma suficientemente detalhada para que você possa usá-lo, recomendo o livro do autor junguiano Robert Johnson,[3] que o explora mais amplamente. Entretanto, como você pode estar interessada em fazer uso de alguma forma do método, descreverei resumidamente os diferentes tipos de imaginação ativa. A imaginação ativa revela uma atitude especial para com o inconsciente, que expõe a essência do trabalho junguiano.

O tipo mais comum de imaginação ativa é a atividade imaginativa mental. Quando você permite-se conscientemente penetrar em sua paisagem interna, pode encontrar um personagem interior — manter um diálogo com o Embusteiro, o aspecto astuto de você mesma. Você pode dar uma forma física a uma emoção interna — meditar sobre sua mágoa até ela aparecer em forma de um pássaro ferido que precisa de algum cuidado. Ou você pode decidir o que fazer com um importante objeto simbólico, como um ovo de ouro, talvez guardá-lo devidamente. Outros tipos de imaginação ativa são a pintura, a escultura, o movimento, a escrita livre, a poesia, a música e a atividade na areia — em que você coloca objetos numa caixa de areia. Diferentemente do processo de criação artística, no qual a habilidade e os resultados são importantes, nessa atividade você trabalha com o inconsciente de uma maneira imaginativa apenas para você mesma.

A imaginação ativa não equivale à resolução consciente de problemas, em que sua mente consciente — que você considera como sendo "Eu", o ego — persegue uma meta com seu conhecimento, sua atenção focalizada, fluxo de pensamentos conscientes, palavras e discernimentos. Na imaginação ativa, a mente consciente colabora com o inconsciente para a resolução dos problemas mais profundos que o seu próprio desenvolvimento requer.

Posso melhor descrever a atitude que subjaz à imaginação ativa explicando o que ocorreria se você a experienciasse. Imagine-se entrando nesse tipo de fantasia e observe o que você provavelmente encontraria. Como um viajante audacioso em terra estrangeira, sua mente consciente — o ego — prepara-se para bater na porta do inconsciente para ver quem são seus habitantes e o que está ocorrendo ali. Isso exige alguma coragem, mas também um pouco de humildade. A verdadeira chave para se entrar nesta esfera da intuição, entretanto, é seu espírito jocoso que libera o fluxo da espontaneidade e da criatividade profundas. Uma vez dentro desse reino, você — a protagonista deste drama — irá encontrar algo, talvez um dragão alado, mas não terá que se ver com ele sozinha. Você poderá pedir ajuda ao soberano daquele reino, o *Self* Maior — e ver que imagens ou intuições aparecem. O ego, regente do mundo consciente, e o *Self*, regente do inconsciente,[4] cada um com sua própria autonomia e seu próprio valor, têm de trabalhar juntos, já que cada um tem conhecimento de seu próprio reino. Isto é, o ego conhece os fatos do mundo exterior, e você usa seu senso comum para avaliar as soluções, pede mais ajuda se necessária e, como um personagem heróico dos contos de fadas, concentra-se e persiste até encontrar uma solução. O guia especial, o *Self*, o centro de poder transcendente, oferece sabedoria e cura a partir do mundo interior.

A imaginação ativa de uma pessoa pode parecer um verdadeiro conto de fadas, uma vez que provém do mesmo lugar de onde originam-se os contos de fadas e os sonhos, e propõe soluções similares que emocionalmente fazem sentido. Prosseguindo nessa aventura, se você pedir ajuda ao *Self*, um pássaro mágico, um mensageiro de sua intuição mais profunda, poderá aparecer e, talvez, você decida seguir seu conselho — aliar-se ao dragão alado. Quando é realizado um trabalho simbólico profundo com um problema interno como esse, você pode sentir-se realmente "tocada" emocionalmente, como que liberta de um peso interior. Algo é resolvido no seu interior e, embora você possa sentir-se exausta pelo trabalho, provavelmente também terá uma sensação de possuir novas energias para sua vida cotidiana.

A imaginação ativa é um trabalho de autoconhecimento. O ponto crucial da atitude junguiana é respeitar o inconsciente e a orientação vinda do centro da pessoa — a fonte de sua intuição, bem como de seus sentimentos e valores mais profundos. A imaginação ativa difere, portanto, da maioria das técnicas de visualização. Na atividade de visualização, o ego parece-se mais com um herói conquistador procurando usar os recursos do inconsciente para suas próprias finalidades, mas que não se deixa afetar realmente pelo inconsciente. O trabalho junguiano requer fé no inconsciente, mas não ao ponto de o ego abandonar seu senso de propósito e empenho, pois se isso ocorresse, você vivenciaria apenas fantasias passivas — em que as imagens inconscientes passariam como num filme — ou, como um herói de conto de fadas que não consegue manter-se desperto, você correria o risco de ser subjugada pelo inconsciente.

A linguagem do inconsciente

Imagens dos sonhos como metáforas

Embora os sonhos muitas vezes resolvam problemas e nos tranqüilizem, há vezes em que eles também nos assustam e despertam. Típicas imagens de sonhos assustadores são as dos fenômenos naturais — como enchentes, marés altas, terremotos — ou as sensações de estar caindo ou espatifando-se. Muitas vezes isso é importante. Os sonhos estão tentando resolver problemas que não queremos admitir ou trazendo-os à atenção consciente para que possamos lidar objetivamente com eles. Mas a atividade onírica não é eficaz quando ela nos põe em contato com emoções tão intensas que perturbam a nossa vida diurna. Nesse caso, é melhor esperar um pouco no porto seguro da consciência e da vida cotidiana.

Um sonho pode perturbar desnecessariamente a pessoa quando a mente consciente não entende a sua linguagem. A linguagem do inconsciente é alarmista! Ela exagera para ser ouvida, como uma criança que tem que berrar para ganhar atenção. Por exemplo, matar alguém num sonho é normalmente interpretado como sentir raiva de alguém ou querer livrar-se de alguma parte de si mesmo.

Os sonhos normalmente expressam-se em imagens, mas essas devem ser interpretadas *metaforicamente* e não *concretamente*. Um ladrão entrando em sua casa ou um estranho a perseguindo pode significar que algum novo elemento de sua psique esteja tentando irromper à consciência, tentando chegar até você para ser reconhecido. Embora um sonho com intercurso possa indicar que você deseja na realidade ter relação sexual com alguém, ele também pode ser metafórico, significando que você está se aproximando, unindo-se, abraçando ou recebendo uma qualidade especial de você mesma que a pessoa no sonho representa. Sonhar com dar à luz pode expressar o desejo real de ter um bebê, mas outras vezes pode ser uma metáfora, significando um novo desenvolvimento em sua própria psique. Estar nu diante de alguém em um sonho provavelmente não quer dizer que você seja secretamente uma exibicionista ou sedutora; mais provavelmente significa que você está sendo aberta e vulnerável, sendo você mesma sem máscara, proteção ou condicionamentos culturais.

Sonhar com a morte pode ser assustador e mal entendido. Se você sonha que alguém morre, normalmente o sonho está se referindo a uma morte simbólica, como uma perda ou algo que falta em sua relação. Mas como os sonhos quase sempre referem-se a você mesma, pode significar também que você perdeu ou sente falta dessa qualidade que a pessoa representa em você mesma. Assim, um sonho em que você pranteia a morte de um exuberante artista amigo de infância (quando você na realidade é pouco empenhada) está lhe indicando a perda de seu próprio espírito artístico exuberante. Por outro lado, se você sonha com sua própria morte física, ela é sem dúvida alguma simbólica, referindo-se a uma transformação, uma grande mudança que está ocorrendo em sua vida. Os analistas em geral consideram que os sonhos não são fontes confiáveis quando se trata de previsão da morte factual. Na verdade, a morte física num sonho comumente é metafórica e prepara a pessoa para alguma grande mudança na vida, como deixar para trás uma etapa da vida e passar para outra; enquanto a morte simbólica ou cerimonial — a passagem para outro mundo em um sonho — prepara a pessoa que está de fato diante da morte, como por exemplo, um doente terminal, a compreender e aceitar internamente a morte física.

Analisar os sonhos com um espírito lúdico a ajudará, especialmente quando você estiver começando a observá-los. No início, pode ser muito difícil entender os sonhos. A voz do sonho, quando você começa a ouvi-la, parece um adolescente arrogante que só sabe dizer "Não sei", ou resmungar expressões obscuras que a frustram e confundem. Entretanto, como com um novo amigo adolescente, se você não se apressar a dizer ao sonho o que ele significa, mas o escuta pacientemente, a voz interior do sonho se tornará mais expressiva e sensível, não necessariamente dizendo o que você gostaria de ouvir, mas a verdade do que sabe. Se você aceita o inconsciente ele torna-se seu aliado.

Você descobrirá que os sonhos lhe dão informações aos poucos e, às vezes, a levam a seguir as correntes mais profundas de sua vida. Isso acontece quando certos sonhos chamam sua atenção. Você deixa de olhar para eles com distanciamento, como se fossem filmes interessantes, e passa a ser tocada por eles. Para sintonizar-se com as camadas mais profundas de sua psique, o ego arrogante, sua própria mente consciente, começa a levar em consideração esse novo amigo interior que dá informações e faz comentários sobre sua vida. De maneira similar, se você torna-se amiga de um adolescente, dificilmente deixará de ficar tocada por seus desejos intensos e percepções vivazes. À medida que sua voz interior desenvolve-se e expressa-se com maturidade e sabedoria, você poderá começar a sentir o imperativo ético de deixar que ela influencie sua vida. Assim, a mente consciente rende-se à sabedoria profunda, ao mesmo tempo que retém sua liderança na tradução do que o inconsciente diz para algo que faça sentido no mundo exterior de realidades práticas e princípios éticos.

História do inconsciente arquetípico

A maior parte dos sonhos, e muitos dos sonhos contidos neste livro, provém da camada mais acessível do inconsciente, o "inconsciente pessoal", que consiste de experiências da infância e da vida cotidiana atual. Como Freud concentrou-se no inconsciente pessoal, e sua visão é a mais conhecida para as pessoas, a descreverei resumidamente aqui tomando-a como ponto de partida. Para Freud o inconsciente pessoal era o inconsciente em toda a sua amplitude. Era o repositório dos pensamentos e lembranças "pré-conscientes" que estavam próximos da consciência ou esquecidos, e também instintos e conflitos mais reprimidos, que jamais chegavam ao conhecimento consciente. O material reprimido podia procurar encontrar expressão em fantasias e sonhos com "desejos realizados". Entretanto, ele achava que a principal função dos sonhos era disfarçar esse material reprimido e impedir que ele chegasse à consciência. Na verdade, era necessário um especialista para se entender os significados ocultos das imagens.

Jung, que originalmente colaborou com Freud, concluiu que a função dos sonhos não era obscurecer, mas trazer conteúdos inconscientes para a consciência, visão que em geral prevalece hoje. Na visão de Jung, imagens e símbolos aparecem nos sonhos porque são a linguagem natural do inconsciente e eles podem ser compreendidos pela interpretação da linguagem dos sonhos. Outrossim, ele observou que o inconsciente é mais do que o repositório de materiais rejeitados. Ele possui conteúdos que compensam qualquer parcialidade que a mente consciente possa ter. Em efeito, o inconsciente parece selecionar as mensagens que a pessoa *precisa* ouvir.

A principal divergência de Jung da visão de Freud foi sua descoberta da existência de conteúdos na psique que estão além do inconsciente pessoal — os arquétipos. De fato, as divergências sobre esse ponto precipitaram o rompimento da relação desses dois antigos aliados no estudo do inconsciente. Em 1909, quando ambos davam conferências nos Estados Unidos, Freud e Jung analisavam os sonhos um do outro. Na viagem de regresso, Jung teve um sonho com uma "casa" que lhe revelou que sob o inconsciente pessoal havia camadas mais profundas do inconsciente. Resumindo o sonho e sua interpretação a partir de suas memórias: O piso superior da casa, que era habitado, representava sua mente consciente. No sonho, ele desceu as escadas até um piso inabitado, mobiliado com móveis medievais e piso revestido de tijolos, e explorou todos os aposentos. Esse piso representava o primeiro plano do inconsciente. Quanto mais ele descia, mais escuro e mais estranho tornava-se o cenário. Ele encontrou uma porta pesada que dava para uma adega da época romana. Seu interesse intensificou-se quando deparou-se com uma escada de pedra e viu uma argola que puxou, descendo mais alguns degraus de pedra que levaram-no a uma gruta cavada na rocha. Na poeira espessa que recobria o chão havia ossadas, fragmentos de cerâmica e dois crânios humanos, provavelmente muito antigos.

Freud concentrou-se nos crânios e viu-os como desejos secretos de morte que Jung alimentava contra pessoas de suas relações pessoais, mas Jung viu neles um significado mais profundo. Ele escreveu posteriormente que o sonho "constituía uma espécie de desenho estrutural da psique humana; postulava algo de uma natureza totalmente *impessoal* subjacente à psique ... e o sonho tornou-se para mim uma imagem diretriz que, a seguir, corroborou-se a um ponto totalmente imprevisível. Foi minha primeira suspeita de um *a priori* coletivo sob o inconsciente pessoal, que considerei primeiramente como sendo os vestígios de modos funcionais anteriores. Só mais tarde, quando minhas experiências se multiplicaram e meu saber se consolidou, reconheci-os como ... arquétipos".[5] Jung denominou essa camada mais profunda de "inconsciente coletivo"[6] para expressar sua universalidade e distingui-lo do inconsciente pessoal. Ele deu início aos estudos de filosofia, arqueologia, mitologia, arte, religião e alquimia, aos quais se dedicaria por cinqüenta anos; através desses estudos, ele descobriu padrões e temas universais básicos da psique, de maneira que pode entender os significados dos símbolos arquetípicos presentes nos sonhos. Além do mais, como investigador consciencioso, Jung analisou 67 mil sonhos antes de tentar teorizar sobre eles em sua série de livros.

O que são arquétipos e de onde se originam?

Algumas vezes neste livro e em seus próprios sonhos você encontrará arquétipos (ark'-e-types) — símbolos que são fascinantes, misteriosos e normalmente carregados de muita energia. Eles são imagens e sentimentos inconscientes que formam a base de nossas experiências de vida mais significativas e tocantes. É importante reconhecer os arquétipos sempre que possível para poder descobrir seus significados mais profundos — significados que são comuns a diferentes culturas e povos — e distingui-los dos símbolos pessoais, que se referem mais à sua vida cotidiana. Tradicionalmente, os nomes dos arquétipos foram capitalizados (por exemplo, o Ceifeiro), porque representam verdades fundamentais sobre a condição humana, ou receberam nomes latinos ou gregos (por exemplo, o *puer aeternus*, o eterno menino; a *anima,* o aspecto feminino no homem; *Afrodite*, a deusa do amor), que revelam suas origens míticas e sua universalidade.

Talvez você já tenha familiaridade com certos arquétipos *tradicionais* encontrados nos sonhos, nos mitos e nas artes, os quais freqüentemente assumem as formas de figuras especiais no sonhos: a Grande Mãe, o Grande Pai, o Herói, o Velho Sábio, o Embusteiro, o Palhaço. Imagens arquetípicas podem também ser plantas e animais de importância simbólica (uma árvore, uma flor, um cisne, uma aranha); formas naturais do universo (o sol, a lua, a terra, fogo, água); objetos significativos (um tesouro escondido, uma pérola); e padrões geométricos (uma pirâmide, uma espiral). Alguns arquétipos representam processos internos importantes: passagens importantes (uma cerimônia de iniciação ou casamento); experiências emocionais intensas (espanto, angústia, júbilo, harmonia); partes da psique que participam do desenvolvimento interior (a sombra, o *Self*, o *animus* — o lado masculino interior da mulher); e os próprios processos de transformação (crescimento, decomposição, destilação alquímica, morte e renascimento). Não se preocupe se não souber quais são os arquétipos ou o que significam os diferentes nomes. Esse conhecimento vem aos poucos, através da experiência, e é sempre limitado, uma vez que não se pode nunca descrever ou mesmo ver os arquétipos de forma lógica ou rigorosa. Você pode apenas vislumbrar suas imagens nos sonhos ou nos exercícios de imaginação ativa, ou sentir a intensidade de sua energia. Você não pode defini-los assim como também não pode definir o vento, mas você pode ver seus efeitos. Entretanto, como os arquétipos são muito importantes, continuarei descrevendo diferentes visões deles, o que ajudará a ressaltar seus vários aspectos. A partir dessas definições funcionais, você poderá formar uma idéia geral das várias formas que os arquétipos podem assumir.

Uma das visões é que os arquétipos são os correspondentes psicológicos dos instintos biológicos. Assim como os instintos são universais, padrões subjacentes a padrões comportamentais complexos existentes no corpo desde o início da vida, também os arquétipos são padrões subjacentes à psique desde o início da vida. Como o comportamento instintivo dos animais (imagens impressas, migração, construção de ninhos) que se revela no devido tempo e é causado por certos estímulos do meio ambiente, os arquétipos são evocados por importantes transições, experiências humanas universais ou "eventos arquetípicos" da vida. Penso que a comparação entre arquétipo e instinto é especialmente óbvia naqueles eventos psicológicos que são também transições físicas, como a puberdade, o casamento, o parto, a amamentação de uma criança, o envelhecimento e a morte. Tais eventos oferecem oportunidades para o crescimento psicológico e espiritual e podem ser experiências emocionais profundas e significativas.

Às vezes, os junguianos parecem inferir que os arquétipos são idéias ou símbolos hereditários no inconsciente coletivo da humanidade, já que certos mitos e motivos aparecem universalmente nas diferentes culturas e períodos históricos. Em minha própria experiência clínica, fiquei surpresa ao constatar o surgimento espontâneo de símbolos arquetípicos antigos em sonhos de pessoas de hoje com os quais elas não tinham nenhuma familiaridade, que as surpreenderam e que eram estranhamente sagazes: um elaborado disco solar, uma luz dourada curativa, a Terceira Visão da transcendência, o espectro da morte e da conclusão juntando os ossos despidos, uma jornada de iniciação labiríntica, um ritual de purificação, a soberba Deusa Serpente em seu trono. Duvido que tais símbolos complexos tenham sido transmitidos geneticamente, mas podem ser produtos da atividade criativa do inconsciente arquetípico, que começa com padrões elementares e os combina através da vida em formas mais complexas. É evidente que começamos com algumas imagens e padrões inatos (como a reação do bebê recém-nascido a simples figuras de rostos humanos, a capacidade inata de formar palavras e linguagem), mas esses são padrões elementares e têm de ser elaborados por experiências externas e processos criativos internos.

É evidente que viemos para um mundo que já possui uma rica herança cultural em termos de arte, tradição e mitologia contendo símbolos e motivos arquetípicos complexos que foram formados, preservados e elaborados por muitas psiques através dos tempos. Alguns desses símbolos arquetípicos nos dizem respeito até hoje porque ressoam internamente da mesma maneira que quando surgiram — em um sonho, uma fantasia ou num processo de criação artística. Entretanto, muitos símbolos dos últimos 5 mil anos — a era patriarcal — não nos tocam mais, especialmente como mulheres; conseqüentemente, estamos nos voltando para a experiência subjetiva em busca dos universais da vida humana que foram negligenciados e que formam os arquétipos que são "vivos" para nós hoje.

Quando escuto atentamente as impressões pessoais das mulheres com respeito às experiências de infância, chego a me perguntar se muitos arquétipos não seriam de fato lembranças vagas da primeira infância. Afinal, as experiências pré-verbais só podem ser registradas em imagens e emoções, a mesma linguagem usada pelo inconsciente. Talvez, todos os pais pareçam "gigantes" e "deuses" para as crianças. Será que isso poderia constituir a universalidade de muitos arquétipos, com seu poder e sua emoção? Não acho, entretanto, que os arquétipos possam ser reduzidos a meras denominações dessas primeiras experiências. Acho que percebemos as primeiras conexões íntimas por um filtro de padrões e emoções inatos. Os tipos de experiências da vida real que temos afetam, por sua vez, o modo de evoluir dos arquétipos; as experiências e os arquétipos formam-se uns aos outros por toda a vida.

Os arquétipos nos sonhos das mulheres

A tradição junguiana colocou ênfase na primazia das *imagens* na manifestação dos arquétipos e reconheceu apenas sumariamente que elas vêm acompanhadas de emoções intensas. A função principal dos arquétipos foi considerada por muitos analistas junguianos como um dos pensamentos ou idéias aparentemente paradoxais que se combinam e integram, os opostos transcendentes como claro e escuro, negativo e positivo (o Tao é um exemplo), masculino e feminino (união macho/fêmea; deuses andróginos), vida e morte (uma cruz). Os arquétipos parecem

50

distantes ou frios uma vez que os percebemos muito grandes e nos fazem sentir pequenos. São sentidos como "numinosos", com mistério e poder espantosos, porque representam princípios importantes da vida, verdades sobre o desconhecido, da essência espiritual e do conhecimento, tais como o *Self*, Buda, ou o Grande Pai. Muitas vezes tais imagens arquetípicas provocam mudanças na forma de pensar sobre a natureza do universo ou a vida e a morte.

Assim como o lado emocional da vida humana foi denegrido por figuras reputadas que supervalorizaram o lado racional, o componente emocional dos arquétipos também foi subvalorizado. Talvez uma das razões de o lado emocional dos arquétipos ter sido muitas vezes ignorado é o fato de ser difícil expressar as emoções em palavras. Fico impressionada com a intensidade de muitos arquétipos e com a grande quantidade de energia que eles liberam nas pessoas. Creio que os arquétipos têm origem em nossas *emoções* primárias inatas, como a alegria, a tristeza, o medo, a raiva e os sentimentos de rejeição — emoções que são encontradas universalmente em crianças e adultos de todas as culturas.[7] Consigo muitas vezes identificar os arquétipos nos sonhos das mulheres pelo frescor do momento e o vigor emocional da sonhadora. Vejo um oceano arquetípico de emoções primárias — águas turbulentas, marés e águas paradas. Sob esse oceano encontra-se a topografia inconstante do fundo do mar com suas planícies, vales profundos, montanhas e grandes saliências continentais. Na vida, vemos sobretudo o que se encontra na terra, isto é, na consciência. Mas o drama da vida exterior está sempre sendo registrado no inconsciente — nas correntes alternantes, nos movimentos dos grandes peixes e no fundo do mar em mudança constante. Entretanto, essa paisagem é apenas uma parte de uma paisagem mais ampla do mundo arquetípico — a terra inteira com seu núcleo de energia fundida e seu lugar no universo. Esse núcleo fundido é a *energia psíquica*, uma energia de Eros, para amar e se relacionar, e de Logos, para explorar e conhecer.

Portanto, de maneira geral, você terá que estar alerta para o aspecto emocional de qualquer imagem arquetípica que lhe pareça ter vida e deixar que ela lhe fale diretamente. Por outro lado, alguns arquétipos têm uma força emocional tão intensa e óbvia que podemos denominá-la pelo que representa, como Grande Desespero, Grande Indiferença, Grande Negligência ou Graça, conforme poderão ser encontrados nos sonhos ou nos comentários apresentados neste livro.

Outros sonhos caracterizam de fato o lado emocional dos arquétipos, mas você precisa decifrar o código. As pistas encontram-se em certas imagens que simbolizam a emoção. Como os sentimentos são informes, muitas vezes eles são expressos através de imagens de textura, cor, fluidez e, muito raramente, de som. As texturas expressam sentimentos muito íntimos (ou distantes), como o pêlo macio de um coelho, a casca áspera de uma árvore, ou o metal duro e frio. As cores constituem o principal meio de expressão dos sentimentos em imagens, desde as intensas cores primárias até as suas variantes mais sutis. As cores arquetípicas vão do vermelho-sangue às altamente diferenciadas do arco-íris, um gradiente de cores formado de ar nebuloso. Na verdade, o arco-íris era o arquétipo simbólico da antiga deusa Íris (a predecessora de Hermes/Mercúrio), que era a mensageira do inconsciente e portadora da criatividade.[8] A água é um símbolo arquetípico antiquíssimo das forças provedoras da vida e do fluxo dos sentimentos em geral e ela aparece com freqüência nos sonhos das mulheres, em forma de mar, rio, chuva, poço profundo, queda d'água.

Também fico impressionada com os arquétipos que simbolizam a irrupção de energia nos sonhos das mulheres. Você pode perceber a energia primeva expressa nos arquétipos do fogo, do vento, das tempestades e da água fervendo. A energia pode ser expressa em motivos mais complexos de liberdade e movimento: a *puella aeterna* (a eterna menina, que está sempre dançando em nossas psiques), o Grande Gato pronto para atacar, e os movimentos não usuais — voando pelo ar, esquiando e nadando.

A combinação de liberdade, movimento e cores em uma imagem — sereias em variadas cores sutis — do sonho de uma mulher intrigou-me e é descrito no capítulo "Relações". Essa não é a sereia comum conforme vista pelos homens, mas uma Sereia arquetípica, que tem um significado vivo para a mulher de hoje com respeito à sua sensualidade e seu próprio corpo flexível sentindo-se à vontade nas águas do inconsciente, quer dizer, na fluidez de seus próprios sentimentos. Quando a emoção e a energia se tornam mais diferenciadas e integradas, elas nos trazem símbolos arquetípicos de valor, significado, cura e espiritualidade transcendente. Eles podem se apresentar em combinações intrincadas de cores ou muito especiais, como luzes douradas ou brancas.

Em nossos sentimentos encontra-se a nossa humanidade — ou desumanidade — e sou especialmente interessada pelas emoções complexas que contêm energia positiva para nos manter e curar, bem como para nos unir aos outros. Por exemplo, confiança e ousadia, que se originam em nossos primeiros momentos compartilhados de olhar, tocar e rir, tornam-se Amor e Jocosidade — fontes de energia para toda a nossa vida. Os arquétipos do *Self* e da *puella aeterna* têm suas raízes profundas nessas emoções. Embora tais imagens arquetípicas costumem aparecer com freqüência de forma mais destacada que os sentimentos nos sonhos, estes sempre estão se movendo por trás de tais imagens. Por isso, sempre que possível, é importante estar aberta para o lado emocional dos arquétipos, uma vez que sua principal função é lidar com as emoções, expressar a riqueza da experiência emocional e integrar a emoção e a imagem. Foi isso que descobri nos sonhos das mulheres deste livro.

Figuras arquetípicas tradicionais e modernas

Nos sonhos, os arquétipos mais familiares são personificações do potencial humano na forma de deuses ou deusas, reis ou rainhas, heróis ou heroínas, figuras maravilhosas ou terríveis que podemos reconhecer nos mitos, folclore, arte e religião. Você pode reconhecê-las como arquetípicas porque são de tamanho maior que a realidade e têm poder e sabedoria fora do comum. Na verdade, essas figuras têm qualidades que nos superam, nas profundezas de nosso inconsciente, as quais nos sentimos compelidos a descobrir, e são uma fonte de energia à qual podemos recorrer.

Alguns deuses e algumas deusas tradicionais da Grécia ainda são "vivos" para as mulheres de hoje, como as três antigas deusas que eram completas em si mesmas: Ártemis (Diana), deusa da lua, da selva e de todas as criaturas que representam a liberdade, a ousadia e a nossa natureza indomada; Héstia, deusa do lar e da sabedoria interior, protetora da preservação do lar e da família e guardiã do fogo sagrado em seu centro; e Atená, deusa da sabedoria, que representa nosso direito natural ao poder e autoridade no mundo. Por vezes, as figuras em nossos sonhos parecem-se com as conhecidas estátuas gregas, mas comumente elas assumem formas mais óbvias. Nos sonhos, a Ártemis pode ser uma jovem indígena americana, uma naturalista, veterinária ou guarda de zoológico, uma Líder Escoteira ou uma Anciã perambulando pela floresta; ou pode ser uma mulher independente, uma feminista, uma Mulher Maravilha, uma mãe ursa ou corça. Héstia pode ser uma mulher junto da lareira ou do forno, uma sacerdotisa acendendo uma vela ou a própria chama. Atená pode aparecer em sonhos como uma mulher ativa e confiante ou uma coruja. Também são vivas para as mulheres de hoje algumas outras deusas que foram negligenciadas pelo tempo e que agora estão retornando em sonhos: Deméter, a Mãe Terra, suplicando pelo retorno da filha e pela renovação da terra; Inanna, poderosa e sensual rainha suméria, descendo às profundezas do Inferno; Quan Yin, a deusa jocosa da compaixão do Extremo Oriente, que protege a família e seus filhos e ouve as súplicas do mundo.

Às vezes, os sonhos das mulheres apresentam o herói que enfrenta um desafio e realiza uma façanha, o Cavaleiro de Armadura Reluzente ou outros arquétipos masculinos tradicionais, ou as figuras femininas tradicionais de Maria e Joana D'Arc, ou de proeminentes personagens históricas, como Cleópatra, Madame Curie e Madre Teresa. Mas com mais freqüência, nossos sonhos atuais expressam a Mulher Interior Aprisionada ou a Menina Interior Ferida — a Criança Desaparecida, a Menina Negligenciada ou a Vítima.

Fiquei impressionada pelo número de mulheres cujos sonhos e psiques são dominados pelos arquétipos da Vítima e do Carrasco. As formas arquetípicas que as vítimas de abuso físico e sexual assumem nos sonhos confirmam os efeitos devastadores da violência e do silêncio: corpos mutilados e açoitados, um bebê vendado, um quarto trancado ou um miserável lugar escuro. A descrição do Molestador como monstruoso e sinistro, mascarado ou sem face, ou como um grupo de demônios torturadores, zombeteiros e desprezíveis ressalta a experiência de pavor, proteção desumana e desamparo da vítima. Às vezes, uma imagem complexa do Molestador expõe as muitas emoções contraditórias da experiência inconsciente da vítima, tais como a figura onírica do Molestador impecavelmente bem vestido, que parece afetuoso e bondoso, mas também estranhamente distante e sinistro. Os sonhos das mulheres apresentam por vezes figuras de um espectador desamparado ou de um observador paralisado que, em sonhos posteriores, torna-se aquele que conhece a Testemunha.

As mulheres que são vítimas de certos tipos de negligência emocional por parte de suas mães podem ter sonhos povoados por outros tipos de figuras sinistras: uma mulher com olhos vítreos e como que hipnóticos, uma bruxa extravagante, uma mulher com mãos frágeis ou figuras fantasmáticas, que expressam a reação arquetípica da filha para com a mãe que não esteve presente emocionalmente, porque estava drogada de medicamentos, era viciada ou extremamente depressiva. Essas estranhas figuras ressaltam metaforicamente aquilo que é devastador para a filha — a dissociação da mãe de uma verdadeira conexão com os sentimentos.

Várias figuras do lado aprisionado ou ferido das mulheres suplicam de suas profundezas ajuda a outras figuras arquetípicas: o Salvador que ajuda e protege, a Mulher Compassiva e o Libertador que é livre e nos liberta. Nossa experiência pessoal e nossa herança cultural não produziram muitas heroínas que sejam aceitáveis para as mulheres de hoje, de maneira que elas são representadas nos sonhos por mulheres especiais que conhecemos, como uma vizinha bondosa que era uma presença vital na infância. Por vezes, novas figuras arquetípicas e de proporções míticas emergem em um sonho: uma gigantesca velha Deusa Negra, volumosa e calorosa, com mãos fortes e calejadas, empunhando um machado como símbolo de poder, com uma armadura de ira e riso para sobreviver, pode representar um herói para a sonhadora. Os sonhos atuais também revelam outras formas da força arquetípica feminina: uma companheira fraterna arquetípica (a auxiliar do inconsciente); um grupo especial de mulheres mais velhas; e uma comunidade de mulheres, comumente em um círculo, às vezes dançando. Podemos dar nomes aos arquétipos desse tipo quando os encontramos. Chamaremos a esses três últimos de a Irmã, as Anciãs e o Círculo de Mulheres.

54

As mulheres estão expressando novas e diferentes figuras em seus sonhos. Existem aquelas que se afastam das normas e não se importam de afrontar a sociedade: a adolescente rebelde, a garota *punk*, a bravamente independente Durona (que pode também ser uma figura esquelética de desamparo, carência e insensibilidade). Muitos dos arquétipos femininos afirmam a vida, como o do bebê — anunciando nova vida em nós. As mulheres muitas vezes expressam qualidades arquetípicas não através de figuras humanas, mas de objetos ou ambientes: a cozinha — centro de nutrição; o banheiro — o lugar dos sentimentos residuais; o vaso, o cântaro de barro, caverna ou útero — o recipiente da criatividade; o rio — o curso da vida.

Apesar de este livro estar concentrado em imagens femininas, mencionarei algumas figuras arquetípicas masculinas que se destacam nos sonhos das mulheres de hoje: o *puer* masculino, o Saturno cauteloso, o poderoso mas galanteador Zeus, o Bom Pai, o Homem Sábio, a Autoridade Severa, o Homem Portador da Luz, o Homem Terreno, o Amante, o Homem com Coração, o Irmão ou o Companheiro. Algumas dessas figuras oníricas apresentam combinações de qualidades novas e complexas: Jacques Cousteau, um Anjo Demoníaco afetuoso, um polinésio grande.

Arquétipos animais

Os animais são figuras de destaque nos sonhos das mulheres, porque são nossos modelos interiores de potenciais naturais e de nossa inteireza original. Fomos instruídas com tanta freqüência através da história para o que deveríamos ser que hoje dificilmente sabemos o que sentimos e quem realmente somos. Ao contrário, os animais podem ser quem são e nós os respeitamos e apreciamos por sua autenticidade. Como são livres e vivem tão próximos de seus instintos, os animais representam muitas vezes a sabedoria que perdemos às custas de termos nos tornado demasiadamente conscientes. Eles são, portanto, importantes mensageiros do inconsciente em nossos sonhos. Mostram-nos a sabedoria que provém de nossos próprios instintos naturais, as intuições de nosso corpo, nossas energias e sentimentos espontâneos. Como sonhar com animais é muito significativo, você encontrará neste livro muitas figuras animais que têm significado pessoal e, às vezes, arquetípico.

Como saber se um animal que aparece em seus sonhos é arquetípico? O animal tem uma energia e um significado especiais quando parece ser fora do comum — excitante, intrigante, espantoso, inesquecível. Por exemplo, quando você sonha com um gato que conhece bem, ele provavelmente significa uma característica particular desse gato, que pode ser de importância simbólica e mesmo ter implicações arquetípicas.

Mas não tenho dúvidas de se tratar de uma imagem arquetípica quando o sonho é com um gato extraordinário com olhos fantásticos ou com uma coruja no centro de um círculo de mulheres! Em casos como esses, você pode achar que vale a pena refletir sobre o que o animal significa e, talvez, procurar ver num livro de símbolos o que ele significou para a humanidade através dos tempos.

Você terá sempre que procurar ver que sentimentos e significados um determinado arquétipo animal desperta em você, mas existem alguns significados genéricos que os animais adquiriram através dos tempos e que ainda fazem sentido. Certos animais transmitem poder espiritual arquetípico em função de suas características especiais. Eles foram reverenciados ou foram parceiros de deusas, conectando-nos — através da natureza — com nossa espiritualidade. Por exemplo, os animais que têm a extraordinária capacidade de enxergar no escuro, como o gato e a coruja, simbolizam para nós com freqüência a sabedoria dos mistérios e da vida após a morte. Os animais familiares ou domésticos adquiriram através dos tempos significados variados. O gato representou a sabedoria contemplativa, a mãe boa que alimenta os filhotes, a jocosidade, a crueldade e, sobretudo, o espírito feminino independente. Entre seus muitos significados o cachorro, que vigia a porta da casa com seus sentidos alertas e proteção, representa ainda hoje — como representou no Egito antigo — nosso companheiro leal que guarda o limiar da morte e nos ajuda a atravessá-lo. Desde os tempos paleolíticos, o cavalo é admirado por sua grande vitalidade, e nos sonhos das mulheres de hoje ele normalmente simboliza a energia e a sexualidade que são livres e naturais — como o cavalo selvagem — ou úteis e construtivas — como o cavalo domesticado. O cavalo pode aparecer em seu aspecto negativo como o Centauro mítico (metade homem/metade cavalo), que representa a destrutividade dos impulsos primitivos que ainda não foram integrados, ou pode aparecer como o Cavalo Branco, ou Mula Branca, que é associado com o espírito e a fonte da criatividade.

Os animais têm muitas vezes significados paradoxais, uma vez que todas as partes da natureza e todos os arquétipos têm um lado positivo e um negativo. Normalmente, quanto mais distante estiver o animal na escala filogenética de desenvolvimento do reino animal — como a lesma ou o tubarão —, mais primitivos, básicos ou indiferenciados serão os sentimentos e instintos que ele representa: por exemplo, a inércia, o fastio, a sexualidade ou a agressividade primitiva. Mas também quanto mais diferente o animal for de nós, mais distante será o significado espiritual que ele pode nos trazer. Por exemplo, a cobra, com seu corpo próximo da terra, seus olhos sempre abertos e seu veneno, é a corporificação das características terrenas básicas e de nossos medos dos poderes desconhecidos, além de um antigo símbolo de cura física e espiritual.

Os animais mais evoluídos depois dos seres humanos, os outros primatas, são de especial importância nos sonhos. Um grupo de macacos pode simbolizar uma liberdade com respeito à civilização e representar o espírito impulsivo, pernicioso, jocoso ou livre, enquanto que um macaco individualmente pode ter um significado arquetípico mais profundo. Ele nos faz recordar o que temos em comum com o reino animal e, ao mesmo tempo, o que nos torna humanos. O macaco é com freqüência um bom presságio. Ele simboliza o início da profunda evolução instintual e espiritual da pessoa que acabará sendo integrada à vida real. Da mesma maneira, se uma mulher sonha com um sapo ou uma borboleta, animais arquetípicos que mudam de forma em vida e são, portanto, símbolos de transformação, ela está atravessando uma importante fase de desenvolvimento em sua vida. Outros animais quase sempre arquetípicos são todas as criaturas aladas — o pássaro, o dragão alado, o cavalo alado. Se você for receptiva a eles, eles podem trazer-lhe esperança e inspiração.

O *Self*

O arquétipo mais central, importante e fundamental é o *Self*. Os junguianos normalmente reservam o termo *"Self"* para designar este *Self* Maior, com letras maiúsculas, para distinguir o *Self* arquetípico do *"Self"* de outras teorias psicológicas. Naquelas teorias, o *Self* em geral refere-se à identidade consciente da pessoa, a idéia de quem sou, o "Eu" (pronome pessoal) que pensa e age, o fluxo contínuo de pensamentos, o valor próprio da pessoa. Os junguianos usam o termo "ego" para esse tipo de foco da consciência pessoal. Você pode imaginar o ego como a "visão diurna", o centro da consciência, e o *Self* como a "visão noturna" ou o "olho que vê tudo", o centro do inconsciente e da personalidade total.

O *Self* tem muitos aspectos. Os junguianos enfatizaram tradicionalmente o *padrão*, e as origens do padrão, como o aspecto mais básico, porém incognoscível do *Self*. Ele é o arquétipo de todos os arquétipos, a matriz das matrizes, o mosaico além de todos os padrões. Você pode considerá-lo como a célula, ou o DNA, que contém o padrão de todas as outras células. Jung chamava o *Self* de "o Deus interior". Você pode imaginar o *Self* como a essência incognoscível que subjaz ao processo de formação de cristais. É a fonte do curso de nosso desenvolvimento mais profundo: todos os padrões que se desenvolvem a partir do centro. As imagens arquetípicas que representam esse aspecto são as da essência divina, da forma, do padrão e da ordem: a Unidade, o sopro vital ou espírito, a semente, a pirâmide, a planta de uma cidade, a mandala — um círculo quadrado. Semelhante a esse aspecto da ordem, da forma e do padrão é a ênfase junguiana no *Self* como uma *superação de opostos arquetípicos*: o Pai Céu e a Mãe Terra da criação, o Tao da luz e das trevas ou yin e yang, e o casamento real do Rei e da Rainha.

Comparáveis a essa ênfase tradicional, mas talvez mais comuns nos sonhos das mulheres, são as imagens arquetípicas da *totalidade*: um círculo, um círculo com um ponto no centro, uma esfera, a terra, uma seqüência integrada de cores (um arco-íris ou uma rosácea) e a casa, mansão ou castelo da própria sonhadora. Essas imagens refletem a natureza todo-abrangente do *Self* e a força integradora do arquétipo — sua totalidade original e a totalidade de tudo o que pode ser —, não o ideal egóico comum quanto ao tipo de pessoa que gostaria de ser. A totalidade tampouco implica perfeição, o que excluiria partes de si mesma. Ser inteiro é conhecer e integrar tudo o que faz parte de si mesmo, suas falhas bem como seus melhores potenciais. Quanto mais você conhecer cada pedaço do bolo que você realmente é, mais centrada você se sentirá. Então, seu bem-estar, seus atos e decisões provêm de sua totalidade e de seu centro.

Esse conhecimento nos dá acesso à forma mais familiar do *Self*, o *guia interior*, uma voz interior com autoridade, muitas vezes de compaixão transcendente, representada como uma Mulher Generosa, Mãe Natureza, Bisavó, a Mulher Sábia. Relacionadas a essa existem duas outras formas: *união* — a capacidade de conhecer a totalidade com outra pessoa e de conhecer a unidade essencial de todas as coisas; e *amor* — pessoal e universal.

Como você pode experienciar o *Self*? Você sabe que está na sua presença quando sente uma enorme energia e muita emoção, pois o *Self* tem *numinosidade*, uma aura de espanto e mistério. Ele é a fonte da força vital, da criatividade, do amor e da cura. Você pode experienciar esse fluxo especial de energia como o surgimento do espírito jocoso, uma sensação de segurança interior, o entusiamo criativo, o calor, a ternura e a paixão do amor, os estados de graça e harmonia que podem resultar do poder transcendente de cura. A pura força energética do *Self* e os sentimentos originais que emanam dele são, por vezes, demasiadamente intensos para serem enfrentados como forças e demasiadamente fluidos para serem apreendidos; freqüentemente eles assumem a forma de imagens, as quais podemos compreender e lidar com mais facilidade.

Nossas primeiras experiências moldam nossas emoções primárias para que elas evoluam para sentimentos mais diferenciados e adquiram imagens que as representem. O desenvolvimento do *Self* é a essência do crescimento psicológico. É por isso que este livro começa e termina com capítulos sobre o *Self*: suas formas primárias no primeiro capítulo e, depois, formas mais maduras no último capítulo sobre "O Coração Sábio". As primeiras imagens do *Self* nos sonhos sugerem que as primeiras ex-

58

periências de totalidade encontram-se na vibração e no ritmo de seu corpo, no batimento cardíaco seu e de sua mãe, e sugerem que por toda a vida você poderá ter acesso à energia básica para ser você mesma e estar com outro se estiver centrada no corpo e seguir o ritmo e o compasso naturais de seu corpo. Da mesma maneira, em sua psique você pode escutar sua própria batida interior e mover-se em seu próprio ritmo, conquistar confiança em si mesma e mesmo encontrar energia transcendente. Outras manifestações primárias do *Self* são imagens e sentimentos de proximidade da mãe pessoal e da Grande Mãe, ao mesmo tempo que de separação, como a imagem onírica de uma jovem Mulher Natureza emergindo da figura de uma madona com o filho nos braços. O tesouro arquetípico do *Self* é simbolizado no sonhos das mulheres como ouro retirado da terra ou pérolas do mar. Outra imagem onírica é o Unicórnio, figura arquetípica do *Self* feminino primitivo, livre e solitário, porém também extremamente vulnerável. Você pode experienciar o *Self* de vez em quando além dos outros arquétipos e por trás de outras imagens de seus sonhos e dos sonhos descritos neste livro, pois ele é o guia e a energia interiores, a força integradora, o diretor por trás dos bastidores de todos os sonhos.

Os símbolos mais maduros do *Self* exibem uma maior integração das emoções e qualidades femininas e masculinas mais desenvolvidas, um movimento em direção à expansividade e um sentimento de união com tudo o que é vital — mas ao mesmo tempo, também, um movimento em direção a uma maior independência. No capítulo final deste livro, você encontrará símbolos da paixão, compaixão, sabedoria, desapego e transcendência. São as figuras da avó; a ursa e o gato; o Espírito Santo e outras imagens abstratas da dimensão transpessoal. Também o símbolo da rosácea, que me parece ser o símbolo máximo do *Self* feminino: uma série de lindas cores luminosas no interior de um círculo, um símbolo da totalidade resultando da diferenciação e integração de uma miríade de sentimentos.

O ego e o *Self*

O processo de amadurecimento envolve tanto o fortalecimento do ego quanto uma aliança cada vez maior com o *Self*. O ego e o *Self* ajudam-se mutuamente. Um informa ao outro sobre seu mundo e fornece energia ao outro para continuar se desenvolvendo. O "chefe da ilha" (o ego consciente) precisa saber o que está ribombando nas profundezas da montanha para liberar sua energia fundida e fazer uso positivo de sua força vulcânica. Reciprocamente, o *Self* também necessita do ego: quando o *Self* recebe atenção consciente, a voz interior ganha força e continua a desenvolver-se.

O tipo de relação entre os dois é de importância crucial. O ego deve relacionar-se com o *Self* com deferência e respeito, ao mesmo tempo em que é ele próprio. Se o ego submerge demasiadamente no *Self* e no mundo interior, ele pode cair no centro ígneo e ser queimado, ou desprender-se da ilha e cair num oceano de emoções, ou ainda dissolver-se no *Self* Maior. Por exemplo, percebe-se que o ego de uma pessoa perdeu sua identidade e posição na realidade quando ela pensa que é Jesus Cristo ou defende fervorosamente um idealismo em sacrifício das relações pessoais.

O ego também precisa ser suficientemente independente para identificar o Falso *Self* — dependências, desejos compulsivos ou sentimentos inflados de importância que leva a pessoa a comportamentos abusivos e destrutivos. O ego tem que contrariar o Falso *Self* para ver o que você realmente quer e o que é bom para você como um todo. O ego precisa também interpretar o *Self* nos termos éticos que ele conhece. Se o *Self* parece estar propondo que você tenha um caso, corra um grande risco de vida ou mate alguém, o ego não deve tomar isso ao pé da letra, mas procurar entender seu sentido metafórico e traduzi-lo para algo que faz sentido em termos éticos e conseqüências na vida real. Pois somente numa relação o ego e o *Self* podem complementar-se, colocar suas energias e habilidades em prática e juntos alcançar o êxito. Como se faz isso? Prestando atenção nos sonhos, escutando a vozinha interior — atentamente —, mas também confiando nos julgamentos próprios dos fatos.

Para tomar as grandes decisões na vida — amor, trabalho, família e lar — você precisa consultar tanto o ego quanto o *Self*. Sua razão pode conduzi-la a uma escolha, mas você precisa também sentir o que é verdadeiramente importante para você, consultar o *Self* — um impulso ou intuição de seu centro mais profundo para *saber* qual é a decisão certa. O ego deve então checar sua escolha, confrontá-la com o senso comum e verificar sua viabilidade.

Em um momento decisivo de minha vida, recebi a proposta de um trabalho para o qual eu vinha me preparando desde garota — e não o aceitei automaticamente. Algo me fez parar para pensar. Estava intrigada por no fundo não sentir-me entusiasmada nem feliz. E apesar de uma lista de motivos pelos quais eu deveria aceitá-lo, segui minha "reação visceral" contra o emprego. Eu não podia explicar ou justificar minha escolha a mim mesma nem a qualquer outra pessoa, mas depositei toda fé na "centelha de vida" que senti profundamente com respeito a um novo campo de trabalho. Decidi confiar — embora vacilante — na vozinha que *sabia*, mas que eu mal conseguia ouvir. Essa foi uma batalha entre o ego — o que eu achava e sentia que queria — e "o Caminho" — assustador para mim assumi-lo com base na fé, mas que, embora exigisse mais treinamento, prometia e mostrou ser positivo em minha vida.

60

Como diferenciar a orientação do consciente e do inconsciente? Você pode saber que é o ego operando quando você sente uma força compulsiva de fazer as coisas "à sua própria maneira", enquanto o *Self* o leva para o Caminho. O ego o impulsiona para a sua identidade pessoal; o *Self* representa a sua essência, sua alma. Com o ego, você toma decisões e esforça-se para firmar seu papel e lugar na sociedade; o *Self* mostra-lhe sua missão na vida e provê-lhe energia para isso. Como a maior parte do trabalho exige a disciplina consciente e o esforço do ego, você acha que deve acreditar nele. Entretanto, a imaginação, a intuição, a inspiração, a criatividade e a energia especial "provêm" do *Self*, de maneira que você sente-se mais grata e feliz tendo acesso a ele.

Todos nós desejamos ser especiais, mas o *Self* sabe que você é especial — e também comum — como todo mundo. Em nossa mente consciente, nos preocupamos e nos sentimos inseguros; o *Self* é o cerne de nossa segurança interior, nosso "porto seguro". Todos nós desejamos sentir a experiência de "pertencimento" e tememos o sentimento de alienação, mas através do *Self* podemos conhecer o que temos em comum com os outros e podemos também tolerar as diferenças, uma vez que estamos sendo verdadeiros com nós mesmos. Conscientemente procuramos por nosso parceiro, mas o inconsciente conhece nossa alma gêmea, e tanto o ego como o *Self* exercem um papel importante na escolha.

Com o ego vemos o mundo através de uma lente focalizada. Vemos as coisas nitidamente e nos sentimos confiantes. Com o *Self*, enxergamos através de uma lente de abertura ampliada. Tudo fica mais nebuloso e fora de foco; não temos a confiança da definição nítida, mas uma confiança mais genérica proveniente da visão global. Prestar atenção no *Self* requer, portanto, um tipo de fé mais ampla. Temos fácil acesso à mente consciente, porque ela faz uso de palavras e razões; temos que aprender a nos conectar com o *Self*, para sabermos o que ele quer.

Distinções úteis entre o pessoal e o arquetípico

Como a Grande Mãe é um dos arquétipos mais importantes, comecemos pela diferença entre a mãe pessoal e a Grande Mãe. Do oceano do inconsciente surge o Amor primordial e sua perda, o Vazio. O bebê experimenta antes de tudo a ligação e a sensação de satisfação contemplando os olhos da mãe (ou do pai) e sentindo o calor de seu corpo. O bebê é "um" com a mãe antes de perceber-se um ser separado. Essa é a experiência primária da Grande Mãe que está sempre "ali presente". Essa capacidade inata de sentir harmonia, confiança e satisfação por estar em união com outro torna-se mais tarde a capacidade de ter empatia para com os outros e de formar vínculos profundos. Através de sua mãe, a menina pode, então, desenvolver o aspecto positivo desse arquétipo. Entretanto, se a mãe não é positiva o bastante, a menina sente-se triste e vazia, e o lado negativo do arquétipo é evocado, a Mãe Má ou o Vazio. Em sua vida, ela provavelmente se sentirá separada da corrente do amor e das forças vitais do fundo de seu interior. Então, ela terá de lutar com seus sentimentos negativos para com sua própria mãe e poderá ter de confrontar-se com a Mãe Má em seu interior. Ela também tentará recuperar o amor através de suas experiências pessoais de confiança e atenção em sua vida. Para fazer isso, ela terá de ativar o amor no fundo de si mesma. A Mãe Terra positiva, que está sempre disponível, poderá vir a ela através de seus sonhos ou fantasias. Pois se ela for receptiva ao mundo interior, ele poderá preenchê-la e inspirá-la, em vez de apenas exauri-la ou ameaçá-la. Um plano de realidade ajuda o outro: assim como as experiências pessoais ativam a Grande Mãe, também as imagens e os sentimentos arquetípicos de amor a tornam mais receptiva às experiências pessoais.

Pode ser útil em horas importantes de sua vida saber distinguir se uma determinada qualidade é pessoal ou arquetípica para não confundir uma com a outra. Por exemplo, se mais tarde você perde alguém que amou, você pode pensar equivocadamente que perdeu sua capacidade mais profunda de amar; isso não é verdade. Você poderá amar novamente, pois a fonte arquetípica existirá sempre, mesmo que você tenha perdido temporariamente o contato com ela. Outro erro seria atribuir sua tristeza pessoal ao estado do mundo exterior, como se ele contivesse apenas a total falta de amor, o Vazio arquetípico.

Outro exemplo é a diferença entre a morte e a Morte. Quando uma pessoa querida morre, você pode sentir a perda em sua ausência, mas quando se trata da primeira morte em sua vida, ou a morte de um dos pais ou do cônjuge, então você pode confrontar a Morte: uma ansiedade diante do grande desconhecido. O saber arquetípico pode ajudá-la a lidar com seus sentimentos e pensamentos sobre o Abismo. Um dos símbolos arquetípicos da Morte é a Cruz, que representa o sofrimento diante da morte, o sacrifício da vida e a esperança de transcender a morte. Outro símbolo arquetípico, de estreita relação com a natureza, é o Ceifeiro, que representa nosso terror de que a morte irá interromper nossa vida; ele também representa o confronto com a dura realidade, a inevitabilidade da morte, que pode levar a uma aceitação da natureza. Esses símbolos podem ajudar as pessoas a considerarem a morte e a reconciliarem-se com uma morte em particular, sua própria morte, a inevitabilidade da Morte.

As mulheres também estão resgatando — em seus sonhos e nos símbolos circulares e multidimensionais dos tempos pré-patriarcais — arquétipos antigos da Vida e da Morte que são especialmente importantes hoje. Um deles é a Grande Árvore da Vida, que representa a fé na natureza e na continuidade da força vital após a morte. A Grande Mãe é portadora, protetora e devoradora da vida. Outro símbolo é o do sempre fervente Caldeirão da Vida, que expressa o conhecimento sobre a transformação e continuidade da vida. Essas imagens ajudaram as pessoas a aceitar a morte em todos os tempos. Se as pessoas não encontram arquétipos que lhes pareçam vivos e as ajudem a enfrentar o medo do Abismo, existe o perigo de elas se identificarem com falsos arquétipos da Morte e do Poder, como a Bomba, que representa tanto o terror da aniquilação como o poder de atuar a destrutividade.

Exercício: a mãe pessoal *versus* a Grande Mãe

Você talvez queira praticar um exercício que usei em meu próprio treinamento para ilustrar a diferença entre o pessoal e o arquetípico. Escreva o título "mãe" numa folha de papel e, ao lado, o título "Grande Mãe" (ou Mãe Natureza, Fada-Madrinha, Bisavó). A seguir, relacione sob cada título quaisquer qualidades que lhe venham espontaneamente à mente. Você provavelmente encontrará mais características pessoais e humanas sob a rubrica "mãe", tais como "doadora", "calorosa", "sempre disponível", "crítica" e "exaurida". Essas qualidades provêm de sua experiência *consciente* — a imagem cultural da mãe, a percepção de sua própria mãe e, talvez, suas próprias experiências como mãe. Entretanto, sob a rubrica "Grande Mãe" você provavelmente encontrará características mais extremadas de grande dimensão ou intensidade, tais como "a que tudo dá", "sempre disponível", "todo-abrangente", "infinitamente sábia", "segura", "atemorizante" e "devoradora". Essas características expressam seu conhecimento *inconsciente* das qualidades da Grande Mãe — a maternidade inata, poderosa, essencial e arquetípica —, de onde deriva a maternidade mais consciente.

Alguns outros pontos interessantes podem ser discutidos com respeito às similaridades e diferenças que você encontrar ao fazer o exercício. Observe se há algum item semelhante — porém não idêntico — nas duas colunas. Digamos que você seja uma pessoa que descreveu a mãe como "doadora" e a Grande Mãe como "a que tudo dá". Isso demonstra a conseqüência natural do fato de o pessoal refletir o arquetípico de um modo modificado. A mãe "doadora" *provém* de sua fonte instintiva e arquetípica mais profunda, de maneira que a força do arquétipo da "que tudo dá" é sentido por trás de sua doação, mas ela intermedia sua força de uma maneira pessoal e é capaz apenas de uma doação limitada. Você conhece bem, e pode aceitar, aquele aspecto do arquétipo que foi passado para você em sua experiência pessoal. Você conhece a doação arquetípica, porém sabiamente apenas espera uma doação de dimensões humanas.

Por outro lado, se nunca recebeu muita "doação" de sua mãe, você poderá ter colocado apenas rejeição ou críticas na coluna "mãe" e, portanto, poderá ter visto a Grande Mãe apenas em seu aspecto mau. Ou, talvez, para compensar pela falta de cuidados maternos ordinários na vida real, você poderá ansiar pela Grande Mãe que "tudo dá". Nesse caso, você teria aperfeiçoado a generosidade da Grande Mãe e sua imagem interior teria um poder e uma força ainda maiores em seu inconsciente do que se tivesse sido intermediado pela mãe pessoal. Pode, afinal, ser positivo o fato de o inconsciente sempre reter a qualidade arquetípica em casos como esse, mas no aqui e agora isso pode criar problemas para a mulher que procura em vão pela Grande Mãe no mundo real, ou é subjugada pelo poder arquetípico interior.

Outra coisa a fazer é observar paralelos completos, nos casos em que você não distinguiu o pessoal do arquetípico. No exemplo acima, digamos que a qualidade "sempre disponível" da Grande Mãe é também atribuída à mãe. Essa qualidade jamais pode ser realizada por uma pessoa real. A mulher que tenta realizar isso espera que alguém esteja "sempre disponível", ou espera de si mesma estar "sempre disponível" para seu marido ou filhos — uma tarefa impossível!

Você poderá achar que é importante lembrar-se desse exercício quando aparecerem figuras especiais em seus sonhos ou certas pessoas surgirem em sua vida. Por exemplo, você poderá explorar os paralelos entre a figura de Pan em seus sonhos e um intrigante novo amante, ou a figura de um Avarento e um miserável chefe desajeitado, a Princesa de um conto de fadas e seus próprios sentimentos recentes com respeito ao sucesso. Se você puder distinguir entre o pessoal e o arquétipo, poderá reconhecer qualidades humanas em você mesma e nos outros, além de respeitar as dimensões arquetípicas mais profundas que reverberam no interior de você mesma e entre as pessoas.

2
Os primeiros sinais do Self: o tesouro interior

Quando você se volta para o seu interior e recorda os sonhos, pode encontrar os primeiros sinais do tesouro que jaz nas profundezas de seu inconsciente: seu guia mais profundo, o *Self*. O *Self* encerra a promessa de esperança e confiança que provém de seu centro, o Outro em seu interior. Sentir-se em harmonia com a natureza, possuir um senso de individualidade e, ao mesmo tempo, de unidade com o universo, são experiências do *Self*. Como um poço artesiano ele provê para aqueles que o procuram uma fonte de energia além deles mesmos.

O desenvolvimento do *Self*

A primeira experiência da mulher com o *Self* lhe é dada quando criança pela mãe, avó ou outra pessoa que cuida dela envolvendo-a em seus braços e proporcionando-lhe sensações de confiança e segurança. Nessa primeira fase da vida, o arquétipo mais importante — o *Self* — pode ser caracterizado como a predisposição interior da criança para receber calor e segurança da mãe, bem como para sentir a totalidade através dela. Mais tarde, quando o *Self* se desenvolve, a mulher adulta vivencia a totalidade *no interior de si mesma*. Assim como na natureza a árvore aprofunda suas raízes na terra, estende os galhos para cima e cresce em direção à luz para alcançar sua plenitude, o ser humano também pode extrair forças das regiões profundas do *Self* para abrir-se para o mundo e florescer.

Se essa primeira experiência com o *Self* — uma profunda experiência de segurança, intimidade e amor — não ocorre na primeira infância, ela ainda pode ser satisfeita na idade adulta por uma pessoa amada, terapeuta, mestre ou guia espiritual. Às vezes, o *Self* — enquanto experiência de direção e valor próprios — tem que ser arrancado à força da família. Os primeiros sonhos descritos neste capítulo mostram como você deve buscar um senso profundo de valor próprio se seus pais tornaram-se o centro de sua vida ou reconheceram o *Self* — amor e qualidades distintivas — apenas de um irmão preferido. Por vezes, o *Self* precisa ser afirmado contra uma cultura mais ampla se, por ser menina, foi-lhe negado valor ou colocado na posição de satélite dos outros. Nesse caso, sua busca é por algo mais que o eu pessoal — um sentimento consciente de identidade, pertencimento e valor próprio em termos corriqueiros. Você estará também em busca de algo de vital importância, o *Self* Maior — seu núcleo de bem-estar, integridade, poder e personalidade.

O desenvolvimento do *Self* na vida adulta é um processo que se prolonga por toda a vida. Ele pode ser vivenciado através da natureza — a própria Mãe Terra; pelas experiências espirituais; pelas artes — poesia, pintura, música, dança; ou pela dedicação a um trabalho significativo — cuidar da família ou realizar uma missão fora de casa. O *Self* também pode ser encontrado através dos sonhos, um rico manancial de imagens arquetípicas inconscientes disponível a qualquer mulher em qualquer contexto.

Símbolos do *Self*

Em seus sonhos, a mulher pode primeiro encontrar antigos símbolos do *Self* quando ele emerge do inconsciente, tais como: um tesouro escondido no fundo do mar, um ovo, uma árvore, uma linda campina florida, uma baleia prenhe, o nascimento de um bebê, a madona com o bebê, a donzela que mantém-se por si mesma, uma casa toda sua, um sacerdote-gnomo. Essas imagens refletem quão próximo o *Self* primitivo encontra-se da natureza e quão próximo ele permanece de suas origens no arquétipo da Grande Mãe que simboliza a natureza em toda a sua generosidade e destrutividade, bem como da mãe pessoal em seus aspectos positivo e negativo.

Mais tarde, como você verá no capítulo final, quando a mulher tem acesso aos recursos mais profundos de seu inconsciente, podem aparecer espontaneamente formas mais abstratas e arquetípicas do *Self*: uma jóia, uma cidade capital, uma santa, um coração sagrado, um círculo, a Deusa Cobra, uma cruz grega, Buda, um templo, uma luz dourada.

Imagens estáticas por si mesmas não expressam propriamente o

Self, porque tendem a sugerir que o *Self* é apenas uma meta ou um estado final, quando na verdade ele é também o próprio processo de desenvolvimento, o "tornar-se". De maneira que o *Self* é freqüentemente representado por símbolos de movimento: uma jornada, a busca de algo desconhecido ou especial, as estações do ano, a corrente da vida, o Caminho do Tao, a forma espiralada de uma concha marinha ou de uma escada.

Enquanto a mulher avança em sua jornada em busca do conhecimento do *Self* Maior, ela pode sentir sua energia curativa impregnando sua vida cotidiana. Ela pode perceber em si mesma uma sensação de que as coisas estão entrando nos eixos. Pode ter uma maior aceitação dos aspectos claro e escuro de sua própria natureza e de outros. Ela pode vivenciar sensações transcendentes de união com os outros, ao mesmo tempo em que mantém sua própria autonomia. Pode sentir harmonia e graça que de algum modo abarcam o desequilíbrio e a escuridão. E como mulher mais velha, ela pode conhecer a vida e a morte com o olhar firme de uma coruja.

Muitas vezes a energia do *Self* é utilizada ou conhecida quando a mulher assume o curso mais profundo de sua natureza, quando ela começa a prestar atenção em seus sonhos ou quando entra em análise. Quando isso ocorre, ela pode experimentar a reunião de suas forças internas e um grande surto de energia no interior de si mesma. Algo a impele e ela deixa-se levar. Isso também acontece em momentos de intimidade com outra pessoa ou em momentos de êxtase. Em outras ocasiões, como em seus momentos mais difíceis de solidão, o *Self* pode parecer como uma luz nas trevas. Ele é "aquilo" que ela não consegue nomear que a sustenta nos momentos da vida em que enfrenta os grandes desconhecidos, as ameaças que poderiam eliminá-la — uma cirurgia, doença ou morte.

A perda do *Self* e o lado negativo do *Self*

Você pode também tomar conhecimento do *Self* por sua aparente ausência — quando encontra-se perdida sem saber que decisões tomar diante de conflitos, da perda insuportável da pessoa que representa seu *Self* — sua mãe, avó, filho, parceiro, guia espiritual — até que ele volte e você recupera seu centro e sua alegria de viver. Você pode sentir como se tivesse perdido o *Self* quando perde o chão, perde seu modo de encontrar sentido na vida ou perde seu sentimento de lugar no mundo, como se a sua totalidade e continuidade como pessoa tivessem desaparecido no "buraco negro" da depressão e completa desesperança.

O *Self* tem potenciais positivos e negativos, exatamente como qualquer outro arquétipo — universal e profundo — da experiência da vida.

Em épocas de passagens escuras, se você não consegue aceitar conscientemente as realidades internas ou externas — em que você tem medo excessivo para render-se aos fatos negativos da vida, o novo e o desconhecido —, então o *Self* negativo pode persegui-la. Quanto mais você resiste ao lado negativo do *Self*, mais ele a persegue ou mesmo se apossa de você — até você encará-lo e reconhecê-lo.

Em períodos de estresse ou crise pessoal, os símbolos do *Self* negativo podem aparecer em sonhos em forma de arquétipos — profundos e poderosos —, como forças contrárias à totalidade dentro de você mesma, ou como forças desintegradoras e destrutivas no mundo: desmembramento, fragmentação, caos, furacão, a suástica nazista, remoinho, uma pessoa queimada pelo sol, a terra partida ao meio por um terremoto, uma explosão nuclear.

À medida que a pessoa amadurece e toma consciência dos aspectos negativos do *Self*, passando a aceitar as limitações e perdas inevitáveis da vida, a qualidade tóxica das forças negativas pode ser neutralizada. Por exemplo, quando você admite que sente medo, ansiedade, raiva e desamparo, normalmente você pode criar defesas para não entrar em pânico, sentir terror ou necessidade de vingança. Mas você não consegue lidar com os aspectos mais obscuros da vida apenas com seu ego consciente, com suas racionalizações e ideais de como as coisas "deveriam ser". A ajuda do *Self* é necessária para integrar os aspectos negativos numa experiência mais abrangente da totalidade, o que pode ser vivenciado como um alívio bem-vindo. Como isso ocorre? O compromisso consciente com o conhecimento de si mesmo e das verdades do mundo exterior é um passo importante. O processo simbólico dos sonhos, meditações e fantasias pode também guiá-la nesse caminho. Refletir sobre os símbolos do *Self* nos sonhos e na cultura pode também ajudá-la a integrar o lado negativo das coisas e a aceitar a natureza como ela é. Esses símbolos não negam o lado negativo, mas o abarcam num padrão mais amplo de positivo e negativo que transcende o que parece ser oposição incompatível, como o amor e o ódio que você pode sentir pela mesma pessoa. Uma das melhores representações de como o negativo e o positivo estão interligados é o círculo do Tao, no qual uma área escura com um pequeno centro claro se entrelaça com uma área clara com um pequeno centro escuro.

Alguns símbolos dos lados claro e escuro do *Self* dão-nos uma visão da natureza e do arquétipo da Grande Mãe. Esses símbolos — e imagens em nossas vidas — nos perturbam e tranqüilizam, uma vez que através deles podemos perceber que somos parte de ciclos e padrões mais amplos de harmonia, estabilidade, caos e mudança. Alguns dos símbolos comuns em nossos sonhos, fantasias e mitos são: a lua minguante e crescente, desabamentos de terra e explosões vulcânicas, o rompimento da casca de ovo, uma corrente subterrânea, primavera e inverno, flores recém-cortadas, uma velha árvore, uma rocha ancestral, uma estrela cadente, uma aranha tecendo sua teia, as Parcas, o caldeirão, a espiral ascendente ou descendente.

Nós mulheres temos "no sangue" a sabedoria da Mãe Natureza em nossas tensões pré-menstruais, no fluxo do sangue menstrual e nos distúrbios da menopausa. Trazemos o mistério nos fluidos de nossos corpos: nos líquidos que lubrificam a vagina, na nova vida agitando-se em nosso ventre, no rompimento da bolsa d'água durante o parto, no jorro de leite de nossos seios. Conhecemos em nossas entranhas a realidade dos símbolos dos mistérios femininos, o Grande Desconhecido, como da decomposição, da morte devoradora, da deusa cobra, do aceno da velha bruxa, das sacerdotisas, do gato, das cinzas de nossas avós, do quarto especial em uma velha mansão e da velha coruja sábia. Nós os conhecemos como partes do *Self*, o grande plano.

Ao reconhecer a realidade das forças arquetípicas negativas, pode-se ficar tentada a atribuir muito mal ao lado escuro do *Self*. Isso seria entender mal o *Self*, a meu ver um abuso da psicologia junguiana que, na realidade, deveria ajudar a pessoa a distinguir a responsabilidade individual. O que é, então, o mal? O problema está no fato de o ego voluntarioso não estar em relação apropriada com o *Self* negativo. O golpe violento da pata de um urso-pardo não é o mal, mas o estupro o é. Se tivéssemos de qualificar algo como sendo "mau", poderíamos dizer que são maus os atos humanos que desprezam, exploram, degradam, dominam ou violentam a totalidade da natureza — nossa própria natureza humana, de outras pessoas e de nosso planeta. O que instintivamente se sente como estranhas e perversas são as imagens da natureza violentada: no plano individual, o abandono de crianças, o vício, a violência física e sexual, o estupro e o sadismo; no plano social, a poluição, a tortura, a violência da guerra, o massacre de velhas consideradas bruxas, o Holocausto, Hiroxima, o espectro da extinção nuclear e a extinção de povos, culturas, animais e plantas em nossa sociedade ocidental, nas florestas do Brasil, do Vietnam ou do Afeganistão. Essas imagens não representam tanto o lado escuro do *Self* quanto o lado mais obscuro do ego arrogante da humanidade.

Quando o ego (nossa mente consciente, o "Eu" que pensa, deseja e age) não reconhece o lado negativo do *Self*, não conhece nossa natureza humana ou Mãe Natureza em seu aspecto impetuoso, frio e impessoal, o ego identifica-se muitas vezes inconscientemente com o poder. No plano individual, a pessoa pode tornar-se excessivamente controladora e agressiva em suas relações e ações, como se a natureza humana fosse controlável. No plano social, ela pode identificar-se inconscientemente com as grandes forças impessoais da natureza para reproduzir suas próprias formas arrogantes de poder, tais como armas tecnológicas destrutivas, como se fosse possível controlar a vulnerabilidade. Então, em vez de maravilhar-se diante do poder da natureza, as pessoas podem tomar em suas mãos armas aterrorizantes. Em vez de enfrentar a realidade da morte, assimilando a sabedoria da Velha Sábia sobre a sua inevitabilidade no contexto maior da vida e da morte, as pessoas recuam diante do símbolo da foice do ceifeiro, a Morte, e inconscientemente tentam evitá-la, controlá-la e vencê-la. Mas como o poder para preservar a vida é limitado, as pessoas às vezes desviam seus esforços para o poder de destruição.

Nós perdemos o conhecimento que tivemos nos tempos antigos da Grande Deusa, quando as passagens para a vida e para a morte eram igualmente respeitadas. Também perdemos a sabedoria de nossa própria Velha Sábia com respeito aos ciclos e fases da vida humana, da terra e do cosmos. Em vez de vivermos de acordo com o curso da natureza, somos ignorantes, negligentes, resistentes e, conseqüentemente, corremos perigo. Portanto, precisamos resgatar o conhecimento tanto do *Self* negativo como do positivo para nos tornarmos verdadeiros defensores de nosso planeta Terra com todas as suas formas de vida.

A seguir, apresentaremos descrições de sonhos nos quais as mulheres encontraram sinais do *Self*: O *Self* Primordial e a Família, o *Self* herdado da Mãe e da Grande Mãe, a Recusa a aceitar o *Self* Original, o Reconhecimento do Lado Negativo do *Self* e a Manutenção do *Self* Feminino nas Relações.

O *Self* primordial e a família

Desde os primeiros dias de vida, como é boa a sensação de podermos nos mover de acordo com nosso próprio ritmo e os ritmos do mundo à nossa volta e como é alienante para a nossa personalidade termos nossos movimentos restritos ou acelerados, em desacordo com nossas circunstâncias. Encontrar o seu próprio ritmo natural é uma experiência crucial do *Self* primordial: estar em harmonia com a Natureza e seus ritmos e em harmonia com sua própria natureza intrínseca. Todas essas são as primeiras manifestações do estar em concordância com o próprio centro mais profundo, seu ambiente e mesmo com o Grande Círculo da vida e da morte.

O seguinte sonho curto é de uma mulher agitada que normalmente vivia muito ocupada, mas que estivera doente com gripe por várias semanas. Ela estivera doente o tempo suficiente para sintonizar-se com uma tranqüilidade interior. Por isso, ela decidiu conscientemente tirar uma licença do trabalho para permitir que seu corpo repousasse, com a esperança de que talvez no processo conseguisse encontrar alguma ajuda de seu próprio centro de cura, o *Self*.

70

O percussionista. Olho à volta e vejo meu irmão Fred batendo num tambor. Mas, então, percebo que na realidade sou eu. Sou eu quem está tocando tambor.

Na vida real, seu irmão era literalmente um percussionista. Ele tocava percussão na banda do colégio quando eles eram adolescentes. Mas o tambor era também simbólico: desde pequena o seu irmão tinha dado o ritmo e ela tentado segui-lo. Ela mal conhecia seu próprio ritmo, pois tinha medo de ser deixada para trás, sozinha. E em casa o irmão também era "o tocador de tambor". Toda a família tinha sido encantada por ele — sua leveza, seu humor e sua ousadia. Não é de surpreender que ele tenha se tornado o percussionista de uma banda marcial, uma vez que, de alguma maneira inconsciente, a família o tinha preparado para tal posição. Ele parecia ser especial; ele "tinha o dom" — todos os sinais de quem captava as projeções do *Self* dos outros. Pelo contrário, a menina não era considerada especial nesse sentido. Ela não sentia que "tinha o dom", de maneira que esforçou-se incansavelmente para "seguir" o ritmo.

Acontece com freqüência de um membro da família tornar-se o portador do *Self*, aquele sobre o qual o sol brilha, a fonte de alegria ou bem-estar. Às vezes, ele pode ser até mesmo o cão ou o gato da família. Se ocorre a perda ou o fracasso desse membro, é como se a luz desaparecesse com ele da vida familiar.

O sonho acima foi a quebra do feitiço para a mulher. Ele a fez interromper sua vida ocupada e estressada para tentar ganhar perspectiva e encontrar seu próprio *Self*, seu próprio ritmo. No sonho, ela tornou-se a percussionista, tocando sua própria batida. Quando despertou na manhã seguinte, ela disse: "Despertei forte, como se tivesse emergido renascida de semanas de hibernação".

No sonho a seguir, outra mulher arranca de sua mãe e do inconsciente cultural — a imagem cultural estereotipada da mulher — seu próprio ritmo e *Self* com sua energia.

Correndo à vontade. Estou correndo com algumas mulheres vestidas de trajes próprios para correr — do tipo que minha mãe tenta comprar para mim, mesmo eu não gostando de usá-los. Digo: "É por isso que tive dificuldade para começar a correr, por causa dessas roupas". Na verdade, estou usando *shorts* e mini-blusa de atleta — o tipo de roupa de que realmente gosto. Estou correndo e tentando acompanhar o ritmo das outras mulheres. Sinto meus pés pisarem o chão. Estou me esforçando, mas tenho uma sensação de que não estou conseguindo.

Então, percebo uma figura atrás de mim, seguindo o meu ritmo. Por vezes, vislumbro a possibilidade de ser fácil. Subitamente, pensei no Tai-chi [uma dança meditativa] e arremeti-me para a frente. Não precisei fazer esforço, era fácil correr e eu me senti bem! Não fiz esforço para arremeter-me, apenas aconteceu. Era a diferença entre fazer com que minhas pernas se movessem e mover-me a partir do centro. Fiquei mudando de um estilo para o outro, de modo que pude perceber claramente a diferença entre os dois. Não conseguia acreditar que havia uma diferença tão grande entre os dois, mas ela era real!

Esse sonho a fez lembrar de um outro, que tivera três anos antes:

Lado a lado. Eu estava correndo na floresta. Estava anoitecendo. Havia algo de impulsivo na corrida. Não conseguia ver onde colocava meus pés. Pisava em coisas. Alguém estava correndo comigo; ela usava uma daquelas imitações de trajes de corrida. Era assustador por causa da corrida desabalada para a frente. Não sabia para onde estava indo. Estávamos uma ao lado da outra, em ritmo compassado, uma levada pela outra.

Em primeiro lugar, lhe desagradava muito "aqueles trajes de correr" que as outras mulheres estavam usando no sonho atual e "aquelas imitações de trajes" do sonho Lado a Lado. "Esse é o tipo de roupa de que minha mãe gosta", ela disse. "Elas são de cores pálidas, de bebê. Minha mãe tinha uma roupa assim e era como se ela quisesse que eu tivesse uma igual — uma das razões para eu não querer! Elas também não são de algodão como as dos homens — para serem levadas a sério como as deles —, que absorvem a transpiração."

A vestimenta é com freqüência uma questão de discórdia entre mãe e filha. Ela pode simbolizar uma escolha entre permanecer com a mãe e o inconsciente cultural ou assumir sua própria consciência individual — a liberdade de apropriar-se de seu próprio corpo e de suas preferências, a liberdade de expressar a própria individualidade no mundo e, finalmente, possuir seu próprio *Self*. O tipo de roupa que uma mãe prefere para sua filha revela a imagem que ela projeta nela. Em suas associações com "cores pálidas de bebê" no sonho, a filha percebeu que sua mãe desejava inconscientemente mantê-la próxima a ela como uma criança pequena, para continuar a "controlá-la". Na vida real, ela disse, sua mãe de fato tinha essa atitude, que a incomodava muito.

Mas a filha "protesta com demasiada ênfase". O problema não é apenas de sua mãe. É dela também. Sempre que uma mulher expressa grande contrariedade ou repugnância com respeito à mãe, normalmente é sinal de que ela inconscientemente despreza a si mesma e sua dependência. Isso é especialmente verdadeiro se ela permite que a mãe permaneça sendo o centro, isto é, se ela se centra mais no que não gosta em sua mãe do que no que ela quer para si mesma.

Atuando a questão no sonho, a mulher pode realmente perceber-se mudando do ritmo de sua mãe para o seu. Ela estava passando da posição familiar de ser o satélite de sua mãe para assumir a direção a partir de seu próprio centro de gravidade. Esse sonho ilustra vividamente a explosão de liberdade e a facilidade, a qualidade de energia pura, que ocorre quando a pessoa entra conscientemente em contato com o *Self*.

Tomados em conjunto, como os sonhos aplicam-se à sua vida? No sonho Lado a Lado de três anos atrás, ela estava correndo uma corrida cega, desabalada, assustada e desequilibrada porque seguia demasiadamente o ritmo da outra em vez de o seu próprio. O sonho mais recente, Correndo à Vontade, mostrou-lhe que ela continua demasiadamente presa às atividades externas e satisfazendo as exigências de outras pessoas, perdendo seu senso de totalidade. Ela precisa mover-se de acordo com seu próprio espírito, com seu ritmo verdadeiro, o que ocorre no final do sonho. Essa é a sabedoria do inconsciente.

O *Self* herdado da mãe e da Grande Mãe

Se você teve uma mãe suficientemente positiva e a sensação profunda de saber que alguém esteve sempre presente, provavelmente você tem experiência o bastante, passada naturalmente pelo *Self*, para saber que tem alguma flexibilidade e direção para enfrentar a vida. Se você recebeu um bocado de atenção de alguém que esteve sempre presente, você pode satisfazer-se em permanecer bastante tempo em casa ou sentir-se ansiosa por aventuras. De qualquer modo você experimentou o sentimento profundo de que alguém lhe apoiava e poderá por toda a vida manter uma conexão com sua ilha interior de segurança, o *Self*.

Entretanto, quando eventos arquetípicos ocorrem prematuramente na vida, como a morte de um familiar, este processo natural de contato com o *Self* pode ser perturbado. O contato com o *Self* pode desaparecer momentânea ou definitivamente. Ou o *Self* pode emergir — como às vezes ocorre em situações de grandes dificuldades — para suportá-la na crise e, com isso, fortalecer-se como apoio por toda a sua vida. Na verdade, se isso ocorre prematuramente, você pode parecer marcada com uma certa intensidade que resulta do fato de estar em contato intenso com o *Self* e parecer ser mais forte ou sábia que as pessoas de sua idade, o que, em certo sentido, é verdadeiro. Porém, você não pode permanecer nessa atmosfera rarefeita por todo o tempo, de maneira que terá que descer dessa inflação inevitável à terra e ser um ser humano comum com sentimentos comuns.

Uma mulher cuja mãe — e pai — foram positivos, receptivos e "sempre presentes" teve sua família destroçada na adolescência quando seu pai foi subitamente morto. Na época, sua mãe fraquejou e ela, como a mais velha, teve que suportar a família. Décadas mais tarde, na meia-idade, ela sonhou com essa ocorrência na adolescência. O sonho mostrou como ela sentira-se então, quando sua mãe fraquejou.

A donzela índia. Estou andando de bicicleta com minha mãe na garupa. É sua vez de pedalar e a minha de guiar, mas ela não o faz. Digo-lhe: "Quando é minha vez tenho que pedalar, mas quando é a sua, tenho que pedalar também?".

Tenho que conduzir a bicicleta por algumas barreiras antes que alguém bloqueie as passagens. É difícil, mas eu a manejo por aqui e por ali até que finalmente consigo. Não posso parar, pois do contrário perderíamos ambas o equilíbrio!

Então, estou com uma professora que me dá um pedaço de madeira de forma delicada e manda-me fazer algo com ele. Eu o entalho e quando acabo o objeto de arte ele tem a forma de uma madona com um bebê, mas, na verdade, é uma donzela índia. A madeira é marrom-clara. A professora examina o objeto, olha para mim e diz: "Eu esperava isso de você". Eu respondo: "Mas é a madeira, de qualquer maneira já era a sua forma". Reconheço, entretanto, que outra pessoa poderia tê-la destruído.

Esse sonho a fez lembrar da morte súbita de seu pai, anos atrás, quando sua mãe ficou imobilizada, e ela, a filha mais velha, teve de tomar todas as providências e manter o equilíbrio da família. Ela era muito jovem para tal responsabilidade e tinha de suportar sua própria dor da perda, mas sua mãe não tinha conseguido lidar com a situação. Na época, ela reuniu suas forças e representou o *Self* para toda a família. No sonho — em que protesta por sua mãe não pedalar quando é a sua vez — ela está lembrando de como lhe tinha sido difícil carregar todo o peso naquela idade precoce.

Uma pergunta importante a fazer com respeito à maioria dos sonhos é: Por que agora? O que está acontecendo na vida exterior que faz com que esses problemas apareçam em sonho? E que significado esse sonho tem na vida atual?

A mulher lembrou-se, de repente, que sua mãe tinha ficado gravemente ferida num acidente de carro uma semana antes; ela não tinha percebido o quanto aquilo a perturbara. Quando ocorre algo súbito como um acidente ou doença grave, a pessoa muitas vezes nega seu impacto e o relega ao inconsciente, que foi o que aconteceu no caso. Esse sonho, al-

74

guns dias após o acidente, reflete a reação profunda da sonhadora a ele, bem como sua reação à morte do pai, o trauma anterior que é reativado. Quando a mulher foi interrogada sobre o que o sonho dizia com relação ao significado do acidente da mãe, ela percebeu por que estava ansiosa no sonho "para conduzir a bicicleta através das barreiras antes que as passagens fossem bloqueadas". Eram "passagens importantes", o limiar entre a vida e a morte, e ela ficou ansiosa com a possibilidade de perder também sua mãe. Ela disse: "Todos os parentes de minha mãe morreram depois da morte de meu pai. Quem é o próximo?".

Como quem já perdeu o pai ou a mãe sabe, é um acontecimento profundamente perturbador. Não importa se a relação é extremamente próxima ou não, se a morte é súbita e violenta ou uma passagem natural, o fato é que a terra perde seu eixo. E a possível perda da figura parental restante tem um significado arquetípico especial. Você ficará sem mais ninguém entre você e a morte. Quando ocorrem essas mudanças importantes que fazem parte da condição humana, elas com freqüência trazem à tona os conteúdos do último evento similar ocorrido. No caso presente, a filha está enfrentando a Morte arquetípica e precisa resolver o evento antigo, a morte do pai, da melhor maneira possível antes de enfrentar a crise atual.

Além do mais, o fato que tem de enfrentar em sua vida exterior é que não poderá contar com o apoio de sua mãe, ou seja, que ela esteja presente para sempre. A filha tem medo de que as passagens (as passagens preciosas) se fechem para ela também algum dia. Como no sonho, a filha terá que em sua vida real ter forças suficientes para manter o equilíbrio e seguir em frente. Ela terá que manter-se forte porque a vida é precária e ela pode desabar — desabar na ansiedade, na depressão ou mesmo também num acidente.

Mas ela precisa de algo além de seus próprios esforços para manter a estabilidade. Seu sentimento mais profundo de segurança no mundo, sua conexão — através da mãe — com o *Self* feminino foram abalados e precisam ser recuperados. No sonho, a professora dá-lhe um material da natureza — madeira — do qual ela pode extrair um símbolo do *Self* para auxiliá-la. Ela percebe uma forma antiga do *Self* na madeira — a madona com o filho — e dessa antiga imagem sagrada da madona com o bebê ela descobre uma forma natural mais independente de ajudar-se — "a donzela índia", a jovem indígena americana que vive sozinha na natureza.

Algumas lições interessantes podem ser tiradas desse sonho explorando-se a observação da professora: "Eu esperava isso de você". Ela revela que colocar expectativas nos outros pode ser uma armadilha. Cedo na vida, essa mulher aceitou a expectativa da mãe de que ela representaria o *Self* para a família. E aquilo tinha sido uma armadilha, especialmente para uma jovem como ela. É necessário um senso da própria condição

75

sempre que outros — sejam eles pais, professores, colegas ou parceiro — têm expectativas conscientes ou façam projeções inconscientes para que você represente o *Self* também deles. No sonho, a mulher mantém uma postura própria. Ela responde que "é da madeira, que de alguma maneira já era assim". Ela sabe que a força intrínseca do *Self* está presente desde o início, na substância natural da madeira, e que ela apenas pode dar-lhe mais forma — isto é, ela pode às vezes trazer o *Self* à consciência e reconhecer sua presença, saber que pode contar consigo mesma.

PRESUNÇÃO PESSOAL. Para entendermos a parte final do sonho — "outra pessoa poderia tê-la destruído", que supõe um certo ar de superioridade sobre os outros — temos que explorar o fenômeno da presunção em termos gerais. Quando o arquétipo do *Self* entra em sua vida, como quando seus pais a vêem como representante do *Self* de toda a família, você sente-se tocada por uma sensação especial de totalidade, bem-estar e importância que de outra maneira não teria. O *Self* a eleva como um tapete mágico, animando-a, inspirando-a e sustentando-a e os outros podem responder a isso considerando-a especial porque percebem o *Self* em você. Mas é arrogante jactar-se de sua importância e achar que você é de fato destinada a responsabilidades ou privilégios especiais.

Alguma presunção ocorre inevitavelmente quando você se confronta com qualquer arquétipo, especialmente o mais poderoso e abrangente de todos, o *Self*. Você sente uma forte onda de expansividade e intensidade atingir sua vida e depois retroceder, deixando um resíduo de segurança do *Self* para sustentá-la. Na verdade, um pouco de presunção é necessário às vezes para impeli-la a rever seus potenciais como pessoa, sua missão na vida e sua capacidade de enfrentar desafios. A presunção torna-se um problema, e mesmo um perigo, apenas quando ela persiste: você pode sentir-se tão fascinada pelo entusiasmo que permanece nesse estado que perde o chão e a perspectiva de si mesma como uma pessoa comum. Você pode experienciar isso como um "vôo", uma percepção intensificada da realidade, uma sensação de enlevo. Nesse caso, o ego cometeu o erro de identificar-se excessivamente com o arquétipo, não respeitando-o devidamente. Você identifica-se com o *Self* como se ele fosse todo o seu ser, como se você *fosse* o *Self*. Então, você sente-se especial comparada a outras pessoas, talvez deixe de prestar a devida consideração aos outros e aos fatos da vida cotidiana. Você pode reconhecer a presunção — e o abuso de poder — sempre que ver uma autoridade sentindo-se no direito de ter privilégios sexuais, financeiros ou outros e, por isso, abusando daqueles que estão sob seu poder. Outro exemplo é o dos atores (ou outros artistas) que podem ficar tão viciados nas sensações de grande intensidade, criatividade e importância própria no palco que usam e abusam de drogas para persistirem com a sensação de serem maiores que a realidade de quando estão fora do palco.

Esse sonho com a Donzela Índia a adverte contra a presunção. Se a mulher que teve o sonho achasse que ela realmente possuía o *Self*, ela poderia inflar-se com seus poderes. Ela poderia pensar que tinha o poder de realizar grandes feitos apenas por seus esforços conscientes. Mas, como qualquer outro ser humano comum, ela não seria capaz de manter contato integral com o *Self* indefinidamente. Finalmente, então, a inflação a conduziria à deflação, fazendo-a sentir-se deprimida com a perda do *Self* e diminuída diante de expectativas impossíveis de serem realizadas.

No sonho, essa mulher — uma pessoa verdadeiramente humilde por natureza — percebe que o *Self* está na natureza, "na madeira". Mas ela quase escorrega no final do sonho com o aparte de que "outra pessoa poderia tê-la destruído", com sua alusão de superioridade sobre os outros. A "outra pessoa" poderia ser uma figura interior sua, um ego inflado que poderia tornar-se destrutivo ao supor que tivesse o *Self* à sua disposição. O sonho, portanto, nos mostra que qualquer pessoa pode bloquear o acesso ao *Self* por inflação ou deflação, descuido ou vacilação e, com isso, perder o contato com o *Self*, mesmo numa hora como essa em que ele mais se faz necessário.

A HUMILDE BICICLETA: SÍMBOLO PRIMÁRIO DO *SELF*. O aspecto mais notável desse sonho é o aparecimento da bicicleta como símbolo do *Self* emergente no sonho dessa mulher. Se examinarmos atentamente a imagem da bicicleta e seu significado nesse sonho, descobriremos também algo a respeito das formas do *Self*.

O círculo é o símbolo básico da totalidade, o *Self*, e o que tem um ponto no centro representa a qualidade de estar centrado. Quando esse se transforma numa roda girando, então há movimento e mudança — aspectos adicionais do *Self*. A imagem do círculo com uma cruz dentro dele simbolizava nos tempos pré-históricos a terra em movimento, a hora lunar e, muitas vezes, a hora solar: mudanças sazonais cíclicas e forças cósmicas de renovação. Através dos milênios, a roda giratória, com seu perímetro em movimento girando em torno de um eixo imóvel, passou a simbolizar o destino mutável e imutável, bem como a transformação constante. Nos tempos recentes lineares e racionais do patriarcado, o importante símbolo da roda chegou até nós como a roda da fortuna, significando simplesmente sorte ou fortuna. A roda que move-se para a frente significa progresso exterior, enquanto a que move-se no sentido contrário — voltando-se para dentro em direção ao inconsciente, um antigo símbolo das deusas lunares e de Kali representando tanto dissolução quanto transformação criadora — significa hoje para a maioria dos ocidentais apenas as forças sinistras do poder de destruição, por causa do uso pelo nazismo do símbolo da suástica.

Entretanto, os símbolos do círculo e da roda de nossos ancestrais continuam vivos nos recessos mais profundos de nosso inconsciente e nossos sonhos revelam elaborações fascinantes dos significados originais subjacentes. A conexão de duas rodas em movimento representa uma coordenação profunda entre dois centros profundos, como num vínculo interno entre pais e filhos ou entre cônjuges no casamento. Ela é às vezes representada nos sonhos atuais por uma imagem simples e corriqueira, a bicicleta!

No sonho em questão há uma variante incomum dessa imagem: uma bicicleta feita para duas pessoas. A roda de trás representa o *Self* da mãe suportando o *Self* da filha — uma imagem que apreende a situação universal de uma mãe passando seu centro, o *Self*, para a filha. Nesse caso particular, houve uma mudança e a filha carrega a mãe quando esta vacila. Assim, preparando-se interiormente para a possibilidade de perder sua mãe, ela passou do símbolo das rodas para a sua própria imagem do *Self* que emergiu da Madona com o filho — a figura da jovem índia americana. Essa mulher tinha recebido originalmente de sua mãe uma experiência de *Self* suficientemente forte, a roda de trás, para poder passar para um símbolo natural do *Self* (a Donzela Índia) que podia mantê-la por si mesma, independente de sua mãe.

Quando uma mulher sente que não recebeu o *Self* de sua própria mãe, porque a relação não existiu ou por ter sido negativa, ela pode ainda assim recuperar sua herança no inconsciente profundo, na própria fonte arquetípica, a primeira mãe, Gaia, a Mãe Terra. Depois do seguinte sonho, uma mulher expressou o sentimento de que havia recebido sua herança espiritual, como se ela lhe tivesse sido passada pelas Mulheres através dos séculos.

> **Ouro do delta**. No lugar onde um vasto rio se encontrava com o mar, eu fui até a ampla extensão do delta. Arrastei-me pela úmida e macia planície aluvial em busca de algo importante. Penetrei profundamente no solo úmido, camada sobre camada que haviam se formado através dos séculos. Encontrei figuras pré-colombianas de ouro que trouxe comigo.

Quando criança essa mulher não tinha recebido o calor e a segurança de que necessitava de sua própria mãe, nem o feminino tinha sido valorizado em sua família. Lentamente, através de anos de análise e relacionamento com outras mulheres, ela conseguiu conquistar a duras penas confiança em si mesma. Mas ela ainda não tinha acesso fácil a um sentimento forte de bem-estar que é o legado de quem teve na infância o privilégio de ser querida. Todas as suas experiências positivas dos últimos anos por fim convergiram para formar um núcleo interior de valor próprio através do mistério desse sonho. Ela teve que buscar a dádiva, a coisa de valor permanente, no grande rio da vida e tê-la em suas mãos, para acreditar que era verdade — que o ouro era seu.

É também significativo que ela não tenha simplesmente apanhado algo que encontrou no chão. Ela teve que penetrar fundo no solo fértil e úmido, camada após camada formadas pelos ritmos do rio, gerações de história das mulheres. Ela teve que retroceder aos tempos pré-colombianos, antes da invasão ocidental e do surgimento das cidades modernas, aos tempos em que prevalecia a cultura indígena nas Américas, quando as pessoas viviam mais próximas da terra, o feminino. Assim como algumas mulheres recebem de suas mães ou avós jóias especiais, nesse sonho ela encontrou sua herança das mães nas figuras de ouro pré-colombianas. Passados dez anos, "escavando na lama em busca de figuras de ouro" continuava sendo uma imagem vívida e fortalecedora para ela.

Rejeitando o *Self*

Os sonhos descritos até aqui mostraram uma filha recebendo ou tomando à força o *Self* da mãe, da família ou do inconsciente cultural. Essas mulheres foram receptivas ao *Self*. Entretanto, acontece de a mulher sentir-se em oposição ao *Self*. Isso pode ocorrer quando os pais e outras pessoas importantes na vida de uma mulher falharam com ela de tal maneira que ela passou a ter medo e desconfiar de toda autoridade externa. Normalmente ela não conheceu ninguém a quem respeitasse e amasse que tivesse um senso profundo de autoridade pessoal, de maneira que ela desenvolveu um cinismo e restringiu-se à possível tirania de sua própria voz interior. A voz interior da sabedoria só é percebida como uma voz crítica de censura e coerção. O ego consciente da mulher precisa então estabelecer sua autoridade positiva para que ela possa distinguir a autoridade arquetípica positiva. Os dois sonhos seguintes revelam essa situação na vida de uma mulher, quando ela recusa a ajuda do *Self* de seu inconsciente porque ainda não está preparada. Observe-se que o segundo sonho ocorreu mais ou menos um mês após o primeiro.

Pérolas embaçadas. Vou até o fundo do mar e encontro lindas pérolas. Trago-as para a superfície da água, mas elas estão embaçadas quando chegam ao ar livre.

Perseguindo a Velha Sábia. Estou perseguindo a Velha Sábia, ridicularizando-a, rindo dela. Sinto-me superior a ela, mais forte e mais rápida.

Essa jovem mulher "tinha tudo", mas sentia-se vazia. Ela era muito capaz e estava indo bem profissionalmente, mas ano após ano ela não conseguia ser aprovada no exame que lhe daria o diploma profissional. As imagens dos sonhos com a casa de sua infância mostravam gelo, neve, pingentes de gelo e sua mãe juntando coisas para colocar em cai-xotes empilhados ao lado da casa. Essas imagens nos indicam quão pouco afeto ela deve ter recebido de sua mãe.

Ela via sua mãe como sendo fraca. Como acontece freqüentemente com a criança quando um dos pais é visto como sendo fraco e o outro como forte, ela inconscientemente tomou partido do forte, o pai. Fazen-do isso, ela passou a desprezar a dependência e a emoção. Quando ao chegar ao consultório via lenços de papel na cesta de lixo, dizia: "Bem, estou vendo que choronas estiveram aqui hoje". Fazia observações críti-cas com respeito à terapia, à terapeuta e especialmente às suas quali-dades femininas. Mas algo em seu interior a levou por um ano a comprometer-se seriamente com a terapia e tanto ela como sua terapeu-ta sabiam que ela estava disposta a encontrar os elementos que faltavam em sua vida.

Os sonhos descritos acima mostram claramente como o feminino com sua sabedoria encontra-se a seu dispor se ela quiser. No primeiro sonho, ela vai até o fundo do mar, ao fundo do inconsciente, para encon-trar pérolas, símbolos arquetípicos do *Self* feminino. Desde os tempos mais remotos, as pérolas — redondas, brilhantes, tesouros naturais que desenvolvem-se no interior das ostras — são associadas com a Grande Mãe como a deusa da criação, com a Deusa Lua, do mar e das marés, com Maria e Ísis. A antiga Afrodite, nascida do mar, trazia na mão uma pérola sagrada como símbolo da sabedoria feminina — sabedoria prove-niente da natureza, do inconsciente, daí a expressão "pérolas de sabedo-ria". No sonho, porém, quando as pérolas chegam ao ar livre, elas estão embaçadas, como se fosse pelos pensamentos conscientes da própria so-nhadora. De maneira similar, no segundo sonho, ela persegue a Velha Sábia e sente-se superior a ela.

Por que a sonhadora rejeita conscientemente a sabedoria feminina? Ela não ousa identificar-se com o feminino por medo de cair no tipo de fraqueza da mãe. Também porque não consegue acreditar que sua fonte interior de poder feminino, o *Self*, está a seu dispor para guiá-la pelo ver-dadeiro caminho. Em vez disso, ela precisa continuar provando que é mais forte do que o que ela vê como a mãe negativa. Em sua arrogância inconsciente, ela acredita que seu ego tem de dominar o *Self*. É evidente que ela precisa fazer isso por um tempo, fortalecer seu próprio ego para que ele possa ser receptivo ao *Self*.

Não se pode saltar etapas, mesmo às custas de grandes sacrifícios na vida, quando há tarefas a serem realizadas antes. A pessoa precisa criar sua própria individualidade e força. Exatamente como nos contos de fadas em que a heroína precisa às vezes ir para longe, realizar tarefas in-termináveis e familiarizar-se com certos animais, isto é, encontrar sua própria força e voltar a confiar em seus próprios instintos, essa mulher terá que seguir a ordem natural das coisas. Ela precisa reaprender a confiar. É preciso um longo tempo para derreter o gelo, a neve e os pingentes de gelo e um longo tempo para abrir os caixotes da mãe.

Assim, no processo de provar a si mesma, a sonhadora perde o contato com o *Self* (embaça as pérolas e afugenta a Velha Sábia) e é isso exatamente o que ela faz na sua vida real: ela consegue ter as coisas, mas não desfrutá-las, ainda não pode beber do cálice da vida em sua plenitude. Mas no fundo de seu próprio inconsciente a Velha Sábia a aguarda e estará a seu dispor quando ela estiver preparada para percorrer o caminho descendente.

Reconhecendo o lado negativo do *Self*

O *Self* arquetípico pode ser vivenciado como símbolo da totalidade. Em raras ocasiões, pode aparecer outro aspecto do *Self* — o poder e a força de natureza impessoal —, uma presença assustadora para ser respeitada, mas não abraçada. Uma mulher de idade que tinha sofrido muito desde a infância de uma doença dolorosa confrontou-se com tal imagem em um sonho durante o segundo ano de sua análise:

A cobra olhando para mim. Alguém estava me chamando no porão da casa. Eu descia as escadas e não chegava nunca. Por fim, acabei chegando no porão.

Ali havia uma cobra. Uma cobra de tamanho médio, erguida como uma naja. Ela tinha a capacidade de manter-se de pé e olhar para mim. Eu olhava para ela e ela olhava para mim. Um olhar verdadeiro de uma para a outra. E eu deixei-a ali.

Quando a mulher despertou, ela teve certeza de que tinha feito a coisa certa no sonho — deixado a cobra lá. Ela disse: "Teria sido imprudente dançar com a cobra ou esmagá-la". Quer dizer, ela sabia que não devia envolver-se com uma força de tal magnitude, nem tentar livrar-se dela. Ela teve a sabedoria instintiva para olhá-la de frente, reconhecer seu lugar e mantê-la em xeque.

Essa mulher tinha adquirido sabedoria em sua vida e seu sonho nos comunica algo profundo sobre nós mesmos e nosso lugar na natureza. Por muitas décadas, por ter sofrido diariamente e suportado os traumas de uma operação após outra, ela tinha conseguido forjar um ego suficientemente forte para perseverar e capacitá-la a ter uma vida plena. Ela também tinha sido agraciada com a presença dos aspectos positivos do *Self* preenchendo-a com uma alegria de espírito. Tudo isso a tinha ajudado a conhecer as trevas do Grande Desespero sem sucumbir. Esse sonho com a cobra nos indica que algo mais a ajudou em sua vida: ela confrontou e reconciliou-se com outro aspecto do *Self* — a Grande Indiferença.

Como animal arquetípico da terra, o mais antigo símbolo da vida na terra, bem como de sua preservação, a cobra representa no caso as forças da natureza frias e impessoais. Às vezes, nós e nossos entes queridos sofremos dores sem sentido e com certeza morreremos, não por qualquer motivo particular ou intenção perversa dentro ou fora de nós mesmos, mas porque somos corpos na terra, somos parte do universo material e assumimos nosso lugar na natureza. Como outros animais, plantas e rochas na terra, fazemos parte do grande ciclo de transformação da matéria, porque somos, também, parte do ciclo maior do universo: a origem e a infinitude das estrelas.

A mulher do sonho confrontou e aceitou esse aspecto terreno do *Self*, seu destino, e foi isso que realmente a sustentou em sua vida. No sonho, ela e a cobra olham uma para a outra. Elas não são adversárias e não deve haver nenhuma outra ação. Cada uma é "exatamente assim", cada uma é uma realidade. O ego sonhador não é subjugado, destruído, rejeitado ou fascinado. Em sua vida, essa mulher aprendeu a não lutar contra ou maldizer a dor, a incapacitação ou o destino; ela não envolveu-se com a cobra, mas aprendeu a aceitar sua presença. Ela não exerce inconscientemente o papel complementar diante da cobra: o de rato hipnotizado pelos olhos da cobra, arrebatado por uma força inconsciente que o faz sentir-se impotente — ou grandioso — diante de uma grande vitimização. Tampouco ela identifica-se inconscientemente com a indiferença da natureza, torna-se inconscientemente presa da Cobra Sábia e tenta manifestar suas grandes qualidades em si mesma como as mesmas qualidades humanas da passividade, indiferença ou cinismo. Esse contato com o poder da cobra é como uma inoculação. Ela *conhece* a cobra, tem um pouco da sabedoria da cobra.

Outras pessoas menos preparadas poderiam deixar-se hipnotizar pela cobra, fascinadas pelo entusiasmo e drama de uma força arquetípica espantosa. Elas poderiam perder-se, cair e ser carregadas por uma infindável espiral descendente, como alguém pode ser atraído por forças obscuras, poderosas, proibidas ou arriscadas por curiosidade ou por desejo de excitação. Presunçosa do próprio poder consciente e da imunidade pessoal, inconsciente das compulsões e forças maiores que existem, a pessoa pode vir a ficar desamparada.

Portanto, existem aspectos terríveis do *Self* que podem fazer-se aparecer e que, como a cobra, devem ser reconhecidos, mas, se possível, deixados em paz. Ou, se tiver que confrontá-los, faça-o por seu risco, pois no mundo exterior você se defrontará apenas, se for forçada, com as forças aniquiladoras dos furacões, perseguições em massa, bombardeios, epidemias e câncer.

Mantendo o *Self* feminino nas relações

Este tópico contém quatro sonhos de uma única pessoa. O primeiro sonho é com uma imagem antiga do *Self* — um unicórnio que tinha uma presença tão deslumbrante que irrompeu do mundo dos sonhos da mulher diretamente para dentro de seu quarto. Ela sabia que ele devia trazer uma mensagem importante e, por isso, iniciou análise duas semanas depois do sonho para descobrir seu significado.

Na época, ela estava apaixonada por um homem que queria que ela se comprometesse emocionalmente com ele, mas ela conteve-se, porque queria que ele assumisse antes alguns compromissos quanto à vida que levariam juntos. Em sua vida cotidiana, ela estava cansada de dar tudo a ele, bem como de ceder a ele. "É como se ele quisesse que eu fosse uma boneca de pano", ela disse. Furiosa, ela tinha acabado atirando algo contra a parede e, em resposta, ele tinha batido a porta e ido embora.

Tais conflitos são comuns nos primeiros anos de uma relação, porque as pessoas freqüentemente escolhem para parceiro ou parceira alguém com quem têm uma profunda conexão sombria, alguém que repete os mesmos problemas que tiveram na infância, mas que oferece alguma promessa de redenção. Essa é a grande esperança e ansiedade de quem está apaixonado e, também, sua tarefa.

Em várias cenas do primeiro sonho, ela elabora seu problema com seu namorado e seu padrão similar de envolvimento em sua antiga história familiar — com a ajuda de uma imagem do *Self*, o Unicórnio. É um sonho complicado, mas não é preciso que você entenda todos os detalhes para apreender seu significado. O movimento essencial do sonho vai da "boneca de pano" — a antítese do *Self* feminino — ao *Self* arraigado na individualidade feminina.

O unicórnio e a bruxa. Meu namorado está me dizendo que ele realmente se importa comigo e quer que eu viva a minha vida. Não há nenhuma recriminação e ele apenas vagueia.

Minha mãe está chorando. Ela não sabe o que fazer. Minha irmã morreu e ela não quer que eu vá [ao funeral] com um vestido tão dramático — de crepe preto com um salpico de laranja e um quepe cônico medieval com um véu. De maneira que tiro a parte laranja. Ela se acalma. Vou colocá-lo de volta depois, pensei.

Entro no quarto com meu ex-marido. Estou nua, mas ele está vestido com roupas que são exatamente a cara dele. Fazemos sexo e depois ele comenta: "Não foi bom nem ruim... blábláblá". Eu pensei: "Que estúpido!", e fui para o meu quarto.

Estou nua na minha cama e puxo o lençol sobre mim para dormir. De repente, uma mão ergue o lençol. Viro-me para olhar. Um bebê foi jogado na cama. Eu grito. Alguém está tentando me enlouquecer!

Semidesperta. De fato, eu tinha gritado e o grito tinha me despertado do sonho. Sentei-me na cama. Nos raios de luar através da janela vi um unicórnio — no meio do quarto. Ele era do tamanho de um cavalo, como uma zebra no jogo de luz. Pensei "É uma alucinação!" e bati com a mão na cama dizendo: "Basta de símbolos por esta noite!".

A cena inicial do sonho provê o cenário onde encontra-se o problema imediato — na relação com seu namorado. No sonho, ele tem a capacidade de preocupar-se com ela e deixar que ela leve sua própria vida sem fazê-la sentir-se culpada por isso. Ela se pergunta o que isso significa, uma vez que vivia em constante conflito com ele por causa desses mesmos problemas. O sonho sugere que ele tem essa capacidade ou que, pelo menos, ela tem agora permissão interna para fazer tais coisas por conta própria.

A primeira pergunta a ser feita para se entender esse sonho — a pergunta que você deve lembrar-se de colocar quando trabalhar com a maioria de seus sonhos — é: Que qualidades os vários personagens dos sonhos têm na vida real? O namorado, a mãe, a irmã e o ex-marido, todos parecem-lhe "tomadores", especialmente sua irmã — "a ovelha negra da família, uma artista talentosa, mas uma parasita desprezível". Por tabela, então, restou-lhe o papel de "doadora", a boazinha da família, que aplacaria seus membros mais assertivos ou agressivos. Por fim, seu ressentimento pela não permissão de realizar seus interesses próprios irromperia como irrompeu na noite anterior ao sonho quando viu-se atirando algo contra a parede.

Ao falar sobre as pessoas do sonho na sessão de análise, a mulher mostrou-se verdadeiramente irada com coisas que deveriam tê-la enfurecido e feito chorar por alguém que tinha morrido. Vale lembrar que não é apenas o entendimento intelectual de um sonho que é importante. O processo de procurar entendê-lo, de confrontar as pessoas que lhe são importantes e as imagens arquetípicas que elas trazem à tona — esse processo libera seus sentimentos e a leva a uma mudança emocional, uma mudança de disposição. Com respeito a alguns sonhos, a clareza de sentimentos alcançada é maior que a de pensamentos.

Como o sonho mostra sua mudança de sentimentos e corrige sua posição de "doadora"? Enquanto "ego sonhante" (a parte ativa no sonho), ela realiza várias ações corretivas. Quando sua irmã morre no sonho, ela retira dela sua projeção de toda a maldade da família e veste ela própria o vestido da bruxa de Halloween preto e laranja. Quer dizer, ela apropria-se conscientemente de seus poderes femininos — asserção da raiva, a independência da mulher só e seu próprio talento artístico. Outra correção realizada no sonho é o fato de ela não deixar-se envolver nos interesses do homem, mas vai deitar-se nua em sua própria cama, disposta a cuidar de seus próprios interesses internos. Como ela é uma mulher introvertida, suas primeiras mudanças de atitude não provêm de passos externos, mas naturalmente de seu interior. Duas imagens lhe são apresentadas: a primeira é de um bebê, anunciador de um novo desenvolvimento em sua psique que, em seguida, surge em forma de unicórnio, símbolo primário do *Self* feminino.

Duas imagens arquetípicas que se sobressaem nesse longo e difícil sonho são a da bruxa e a do unicórnio. Você poderá refletir mais sobre símbolos como esses nas raras ocasiões em que eles aparecem em sonhos para verificar que sentimentos eles evocam em você e poderá procurar saber o que significam nos livros de referência. A bruxa e o unicórnio são imagens lunares noturnas que, de acordo com a tradição feminina de séculos atrás, simbolizam qualidades femininas importantes. Muitas vezes os sonhos se antecipam ao entendimento consciente da pessoa em semanas, meses ou mesmo anos, e isso revelou-se verdadeiro no caso dessa mulher que continuou em sua análise a explorar seus sonhos e experiências para trazer esses elementos femininos — seu direito legítimo — para sua vida.

Sua procura por saber o significado da bruxa e do unicórnio culminou uma semana depois em três sonhos que ela teve na mesma semana:

Incenso e velas. Estou parada em cima de um morro na Idade Média. As mulheres estão vestidas de preto com uma sobrepeliz branca na frente e uma cruz. Há uma guerra santa. Bárbaros armados de forcados avançam na direção das mulheres. As mulheres estão desarmadas em seus alpendres e defendem-se com incenso e velas. Elas estão calmas. Sou uma observadora desinteressada, mas oh, não posso olhar!

O unicórnio. O unicórnio está ali parado como se fosse numa figura. O plano de fundo é azul-safira escuro viçoso. O unicórnio vira-se e posso vê-lo de todos os ângulos, enquanto que há um ano ele apareceu apenas de perfil.

Mãe sibilante. Venho a meu compromisso com você (a analista). Minha mãe veio comigo, de maneira que estamos as três no consultório. Você (a analista) diz para mim: "Então você acha que a causa do problema é que as mulheres em sua família são demasiadamente submissas aos homens?". E eu respondo "Sim". Minha mãe emite um som sibilante.

Suas idéias sobre o unicórnio eram que "Ele pode permanecer na floresta, sem parceiro, sem família, e que viceja como uma eterna primavera. Ele pode viver eternamente desde que não seja capturado". É um espírito feminino jovem, inocente, puro, seguro e livre em sua floresta inconsciente em virtude de ser indefinível para os outros, mas extremamente vulnerável se capturado.

Assim, enquanto ela acha que seu namorado é o único que não vai comprometer-se, ela própria é capturada por um vínculo inconsciente com o Esplendor Solitário. Ela sente-se culpada por isso e sem direito a essa liberdade. O problema é tornar seu próprio desejo de liberdade mais consciente, para que ela possa levar sua verdadeira autonomia feminina para sua vida e relacionamentos.

O unicórnio em todo o seu esplendor veio até sua consciência, de maneira que ela pode respeitar suas qualidades e concretizá-las em sua vida, em vez de deixar-se capturar por ele e viver sua vida em um dos opostos que ele representa: na solidão ou na vulnerabilidade extrema ao outro, como o unicórnio fica vulnerável diante do caçador.

O problema dessa mulher é mais complicado do que ela podia imaginar: o conflito pessoal quanto a ser uma "boneca de pano" de um homem. O problema também encontra-se num nível arquetípico profundo. É como se sua escolha fosse entre submeter-se a seu espírito unicórnio ou entregar seu espírito e deixar que ele morra. Em vez disso, ela precisa conhecê-lo bem. E esse processo já começou a ocorrer. No último sonho ela diz: "O unicórnio vira-se e posso vê-lo de todos os ângulos, enquanto há um ano ele apareceu apenas de perfil". Ela foi inconscientemente controlada pelas vagas forças arquetípicas da jovem donzela e pelo jovem *Self* em forma de unicórnio. Ela esteve sob seu domínio, tremeluzente com seu poder e também fascinante para os homens por seu esquivamento. Assim como ela é possuída pelo unicórnio, os homens querem possuí-lo nela. Mas eles podem esmagá-la no processo, da mesma maneira que uma criança — pode esmagar um passarinho — fascinada por ter a vida em suas mãos. No nível interpessoal, talvez fosse isso a "boneca de pano" que ela tinha medo de tornar-se, que ela jogou contra a parede para que o unicórnio pudesse aparecer em seu sonho naquela noite. Ela de fato sentiu a intrusão de seu namorado em seu santuário interior. Portanto, o dilema consiste em como entregar-se na vida sem submeter-se.

Para a mulher introvertida, o unicórnio exerce um fascínio especial — solitário e livre, reservado e tímido, vivendo junto da natureza e dos mistérios da floresta — porque está próximo de sua natureza intrínseca.

Ela necessita permanecer fiel a seu cerne feminino, pois quando entrega-se numa relação, fica especialmente vulnerável ao oposto, ao caçador agressivo. Ela necessita preservar essa qualidade de liberdade interior para ser "sua própria mulher" na vida. Por exemplo, em uma discussão com um homem, quando não consegue explicar o que sente com palavras, ela pode precisar ficar calada feito uma corça, segura e forte dentro de si mesma.

Na jovem mulher mais extrovertida, o unicórnio pode estar profundamente oculto em seu interior. Comumente voltada para fora e para as relações, ela pode descobrir o tímido unicórnio em si mesma quando encontra alguém por quem fica muito interessada. O unicórnio tímido pode emergir quando a mulher sente uma súbita apreensão ao perceber que é capaz de ser profundamente tocada por outra pessoa, seu desejo de entregar-se e unir-se a outro sem perder seu senso mais profundo de identidade e integridade, o *Self*. O unicórnio é especialmente precioso para ela e pode facilmente desaparecer na floresta. Isso acontece se ela perde-se por ser excessivamente responsável, por sua capacidade de submergir nos outros e em suas realizações. Por exemplo, se ela apaixona-se por um homem e identifica-se com ele e suas realizações, ela pode ser subitamente surpreendida por seu unicórnio interior lembrando-a de seu *Self*: seu próprio "chifre", a espiral do *Self* que aponta para o mundo a sua qualidade única, sua própria cornucópia criativa, seu domínio das relações, sua própria missão na vida.

Na idade moderna, nosso espírito animal instintivo, o unicórnio com sua inocência calma e jeito sobrenatural na floresta, precisa de uma figura complementar para acompanhá-lo — a bruxa que representa mais poder, independência e astúcia. Quando a corça sai da floresta e hesita em atravessar a auto-estrada, ela precisa da bruxa que pode prever, planejar e ser ousada.

O que pode essa mulher aprender com a bruxa de seus sonhos para ajudá-la a manter o senso de si mesma no mundo exterior? Em vez de submeter-se excessivamente e depois ressentir-se e sibilar, ela precisa conhecer o arquétipo da bruxa em seus aspectos positivos e negativos. Em seu sonho de um ano antes, "O unicórnio e a bruxa", ela havia usado o vestido medieval preto e laranja de sua irmã, tirara-o quando ele mostrou-se demasiadamente incômodo para sua mãe, mas também poderia tê-lo vestido novamente depois. Quer dizer, o sonho ajudou-a a assumir seu próprio lado escuro mais conscientemente em vez de depreciar sua irmã e projetá-lo nela. No sonho de um ano depois, as mulheres de preto, as bruxas sacerdotisas, representam uma força mais positiva do poder coletivo e independente das mulheres proveniente de planos espirituais mais poderosos.

A imagem dessas bruxas sacerdotisas foi uma imagem corretiva da cultura para ela, lembrando-a de épocas históricas anteriores em que os poderes femininos eram conhecidos e respeitados. Dessa maneira, no sonho, ela retorna a uma época anterior para observar as bruxas sacerdotisas vestidas de preto e branco com incenso e velas suficientemente fortes para protegê-las dos forçados. Ela observa a calma delas em contraste com seus próprios medos. Ela está demasiadamente apavorada para observar o resultado do embate.

A sonhadora — como muitas de nós hoje — precisa do poder dessas mulheres. Ela precisa da solidariedade de sua força feminina para firmar suas bases, confiar em seus julgamentos e defender bravamente a diferença feminina como parte da relação. Essa herança antiga surge em sua psique como uma força contrária à da cultura de sua família, na qual as mulheres eram "demasiadamente submissas" aos homens. Em termos corriqueiros, se ocorrer a seu namorado de querer uma "boneca de pano", ou se ele tomar sua independência como rejeição ou desejo de controlá-lo, ela não precisará tomar essas projeções. Ela poderá perceber que elas representam de fato seu próprio desejo de controlar ou seus próprios medos de ser rejeitado ou controlado. Ao mesmo tempo, ela tem que evitar sentir-se inflada pelo arquétipo da bruxa, identificando-se inconscientemente com seu poder obscuro, deixando-se aprisionar pela potência e abuso do poder feminino. Ela terá que precaver-se do cacarejo e do sibilo da bruxa.

A tarefa da mulher com respeito aos arquétipos do *Self* feminino, tais como a imagem do unicórnio ou da bruxa, é torná-los mais conscientes: conhecer sua existência e deixar que eles tomem seu devido lugar na vida humana. Então, ela poderá realizar seu direito legítimo — sua verdadeira independência feminina — em sua vida. Ela poderá entregar-se à relação sem precisar proteger-se com um enganoso unicórnio inconsciente ou uma bruxa sibilante, mas possuindo assim mesmo sua fraqueza e poder conscientes para manter sua autonomia feminina na relação.

Quando olhamos pela janela de nossos sonhos, vemos a confirmação de nossa força mais profunda como mulheres: a percussionista batendo seu próprio ritmo, a corredora correndo de acordo com seu próprio ritmo, a donzela índia que sempre esteve ali, as mãos escavando através de séculos de gerações femininas para trazerem à superfície ouro, pérolas do mar, a mulher que consegue olhar para a cobra, bruxas sacerdotisas com incenso e velas e o Unicórnio do Esplendor Solitário. Quando a vida nos apresenta dificuldades diante das quais podemos vacilar, imagens desse tipo podem nos fortalecer; quando mergulhamos em nossas profundezas em busca de saber quem somos, elas revelam nosso cerne; quando vamos ao encontro da vida ou da morte, elas nos mostram o caminho. Tais imagens são vislumbres do *Self* feminino primordial.

3
Lidando com a agressividade: vulnerabilidade, autodefesa e força

Como as mulheres foram tradicionalmente destituídas de poder e tornaram-se objeto de agressão — do pouco-caso da sociedade e da censura, passando por práticas tão comuns como o estupro por conhecidos, até a violência fatal —, muitas vezes um dos primeiros problemas das mulheres que entram em terapia é aprender a enfrentar a realidade da agressividade alheia para poderem defender-se. Isso as leva a descobrir sua própria agressividade, bem como outros meios de auto-afirmação.

"Agressão" no sentido mais amplo pode incluir ataque, dominação e intimidação de outros sem consideração por seus sentimentos ou direitos, recorrendo-se com freqüência ao uso do poder, da autoridade e da raiva para fazer prevalecer a vontade própria.

As mulheres vivem num mundo dominado pela agressão. A assertividade instintiva dos homens tornou-se exagerada por milhares de anos de cultura patriarcal e prerrogativas masculinas. Fomos submetidas aos valores e ética patriarcais da conquista, da competição e do individualismo e às estruturas e processos de hierarquia, poder, autoridade, luta e conflito. Assim, um clima de agressividade prevalece no modo como as pessoas se tratam mutuamente em todas as situações da vida: em casa, nas ruas, nas escolas, nos locais de trabalho, na política nacional, bem como nas disputas internacionais. Uma conseqüência desse clima é o fato de muitas mulheres viverem sob a ameaça constante de intimidação, resultando em sentimentos de certa desconfiança, medo, impotência, desânimo e raiva. As prerrogativas masculinas em nossa cultura restringiram enormemente as chances das mulheres de sentirem respeito por si mesmas e procurarem viver plenamente.

Desde a década de 1930 que os analistas freudianos e alguns estudiosos de psicologia acreditam que a frustração leva à agressão, que pode então ser descarregada em outrem. Essa crença tem prevalecido na cultura em geral. Certamente que a frustração em idade precoce pode fazer com que a criança torne-se raivosa; e a frustração na idade adulta pode tornar as pessoas iradas, de maneira que elas descarregam suas frustrações umas nas outras; com os homens descarregando normalmente suas insatisfações nas mulheres e as mulheres umas nas outras e nos filhos. Estamos, porém, ampliando nosso entendimento sobre como a agressão se desenvolve. Como as crianças aprendem a descarregar seus sentimentos agressivos nos outros? Uma maneira comum é adotando o comportamento de pessoas importantes em suas vidas, bem como de outros modelos agressivos. Elas também agem agressivamente porque compensa: conseguem o que querem. A pesquisa atual sobre a violência dos homens contra as mulheres[1] atribui a violência à socialização dos homens, que os leva a acreditar que têm o direito de controlar as mulheres. As tarefas, portanto, das mulheres são conhecer seus próprios direitos, encontrar modelos alternativos de assertividade diferentes da agressividade, tanto na família como na sociedade, e, enquanto isso, não permitir que sejam os alvos de agressão, tanto pela ação individual quanto coletiva.

O efeito devastador da agressividade extrema — a violência física contra as mulheres — está finalmente chegando ao conhecimento público. Começando com a documentação de Brownmiller[2] sobre a prevalência do estupro e como o medo do estupro impregna a vida cotidiana e limita nossa liberdade de movimento, passando pela atual explosão de livros populares sobre o abuso físico e sexual por membros da família, amigos, vizinhos e grupos de adolescentes, bem como por autoridades de confiança — professores, líderes religiosos e até mesmo terapeutas[3] —, estamos todos percebendo a profundidade das feridas que essas ocorrências trágicas infligem sobre o corpo e o espírito. Muitas horas de terapia são gastas na tentativa de curar a experiência de esmagamento do *Self*, da perda de um lugar seguro no mundo, da confusão, do terror, da desconfiança, da culpa e da impotência resultantes. Nesse processo, os sonhos muitas vezes ajudam, uma vez que as vítimas podem entrar em choque emocional por ocasião do abuso físico ou sexual e o incidente pode tornar-se inacessível para a consciência. Os sonhos podem ser os primeiros indícios do trauma, revelando as circunstâncias e os sentimentos bloqueados à pessoa que os sonha. Os sonhos também podem ajudar a pessoa a elaborar o trauma, como você verá no sonho *Fantasmas* no próximo capítulo, "A Sombra".

Como muito se tem escrito sobre tais incidentes dramáticos de violência e recuperação, este capítulo se concentrará nos pequenos casos cotidianos de abuso que afetam todas as mulheres, mas que podem passar despercebidos. São formas mais brandas de intimidação psicológica que permeiam a vida e abalam a autoconfiança e a existência da mulher e cujo efeito cumulativo pode ser profundo. Outros fatos onipresentes na vida da mulher em casa ou em qualquer outro lugar são: provocações, cutucões e xingos de irmãos; depreciações, julgamentos e desconsiderações por parte dos pais e outras autoridades; e constantes culpabilizações e censuras por parte das mães que projetam sua auto-imagem negativa, vendo-se a si mesmas e a suas filhas como deficientes, com relação aos ideais culturais.

Na verdade, fomos conformadas de tal maneira pelos modos agressivos de nossa cultura que dificilmente sabemos como poderíamos lidar diferentemente com as coisas se seguíssemos nossa própria natureza feminina. Mas estamos começando a descobrir. O estudo perturbador de Carol Gilligan[4] sobre as diferenças entre o desenvolvimento ético de homens e mulheres revela que os meninos desenvolvem uma "ética de direitos" que valoriza a conquista e a separatividade, enquanto as meninas desenvolvem uma "ética de cuidados", que valoriza a intimidade e a interdependência. A ética que impediria um homem de atuar contra alguém resultaria então do respeito pelos direitos de outra pessoa, enquanto que, na mulher, o impedimento resultaria de um senso maior de responsabilidade e empatia — um desejo de não ferir os outros na realização de seu próprio desejo. Vemos exemplos disso em todas as partes a nosso redor, especialmente em reuniões de mulheres.

À medida que nós mulheres temos mais oportunidades de fazer coisas à nossa maneira, descobrimos novos modos de trabalhar em conjunto e de resolver as diferenças. Esses modos refletem nossos próprios valores e estruturas diferenciados: nossa ênfase na mutualidade e harmonia dos sentimentos, igualitarismo, cooperação, abrangência e nossa preferência por redes informais de apoio e amizade a estruturas formais de poder. Descobrimos também, entretanto, que fazer as coisas à nossa maneira pode resultar em outros tipos de problemas, como a indecisão e a parcialidade.

Um bom recurso para encontrarmos nosso próprio modo de lidar com as coisas é através de nossos sonhos. Este capítulo explora, através de uma pequena amostragem de sonhos, que soluções criativas podem advir de nossa natureza feminina mais profunda quanto a como respondermos à agressão e a como lidarmos com nossa própria agressividade.

A primeira parte deste capítulo abordará o fato de que as mulheres muitas vezes não percebem ou reconhecem a agressividade masculina. Às vezes, fingimos que ela não nos afeta. Os seguintes sonhos mostram a agressividade como ela é e oferecem algumas sugestões para mobilizar nossos recursos internos e externos para enfrentá-la mais eficazmente, para reivindicar o direito à nossa própria autoridade e assertividade, bem como para angariar a ajuda do espírito feminino.

Respondendo à agressividade dos homens

Libertando-se da negação inconsciente

Já vimos um exemplo de nossa negação da agressividade no sonho com o Unicórnio descrito no final do capítulo anterior, sonho que despertou a sonhadora para a expectativa opressiva de que seu namorado fizesse dela uma "boneca de pano". Outros sonhos a levaram a afirmar sua própria força feminina. Esta parte trata do confronto com a agressividade em nossas famílias e cultura, começando com sonhos em que as mulheres confrontaram seus verdadeiros sentimentos diante de situações envolvendo seus irmãos, pais e outras autoridades. Em conseqüência desses sonhos, elas tornaram-se mais conscientes da agressão dirigida contra elas, bem como de suas respostas habituais às intimidações. E elas passaram a lidar mais efetivamente com a agressão externa e a afirmação de si mesmas.

Um problema muito comum para as mulheres é como responder ao fogo cruzado de pequenas observações verbais cotidianas que nos "paternalizam", depreciam ou nos reduzem como pessoas. Isso começa no seio da família, onde os irmãos mais velhos e outros consideram que as meninas são alvos fáceis de agressão e as meninas aprendem a ocultar seus sentimentos magoados.

Uma mulher, a quem chamarei Sarah, teve o seguinte sonho sobre como lidar com a agressividade velada:

> **Engolindo a agulha.** Quando estou comendo, encontro uma agulha com linha na minha boca. Faço uma careta exagerada e a pessoa que está diante de mim percebe. Então encontro muitas agulhas. Espero não ter engolido nenhuma!

O sonho deixou Sarah muito intrigada até que lembrou que na noite anterior ela tivera um *insight* sobre como tinha sido dominada pela agressividade de seus irmãos quando pequena. Então ocorreu-lhe que as "agulhas" eram todas as alfinetadas que tinha recebido de seus irmãos mais velhos. Sarah disse que costumava ignorar as alfinetadas, fingindo que não a feriam e que engolia a raiva até acabar reagindo exacerbadamente.

O que esse sonho descreve sobre o que ocorre com Sarah é importante. Ele a alerta, com uma imagem que ela provavelmente não esquecerá, que, estando farta das ofensas do passado, ela engolirá mais do que é capaz se não tomar cuidado e depois explodirá de raiva. Sarah recordou que é freqüentemente criticada por suas "reações exacerbadas".

Na maioria das primeiras impressões de um sonho a mulher descobre o que até certo ponto já sabe conscientemente, como ocorreu com Sarah nesse sonho. Sua primeira interpretação a leva apenas ao problema de suas próprias reações. Sempre que uma mulher usa a expressão "reação exacerbada", isso deveria nos alertar para o fato de ela estar provavelmente aceitando uma depreciação cultural das emoções e repetindo-a como autocondenação. As mulheres freqüentemente dizem a si mesmas que não deveriam "reagir exacerbadamente" às alfinetadas ou, pelo menos, não demonstrar, que não deveriam ser tão sensíveis, que estão *apenas* reagindo contra o acúmulo de sentimentos do passado.

Entretanto, esse sonho expressa mais do que isso. Ele diz que, assim como você tem de parar quando está comendo para separar as espinhas do peixe, em vez de engoli-las inconscientemente, você também tem de parar para perceber as alfinetadas. Os sonhos muitas vezes compensam pelas atitudes pessoais ou culturais, isto é, contrabalançam a unilateralidade do pensamento consciente. Nesse caso, quando a atitude em geral é de "apenas engolir", o sonho mostra o contrário. Todas nós temos de passar por essa fase de nos tornarmos alertas e extra-sensíveis a fim de contrabalançar as reações usuais de vítima e começar a deixar de ser objeto de agressão.

A TESTEMUNHA. Por que outros meios podemos lidar com as farpas, as provocações ou as depreciações que nos são impostas? O sonho sugere uma outra postura a ser tomada diante da agressividade: a da *testemunha* que nota o que acontece conosco, a figura do sonho que observa de uma certa distância com uma atitude mais consciente e objetiva. Essa testemunha interna pode nos ajudar a perceber provocações do tipo alfinetadas pelo que elas são — não chistes ou hábitos culturais inofensivos, mas pequenas agressões fulminantes que passam despercebidas. A testemunha pode também nos ajudar a mudar nossas reações habituais para que "a nomeemos", reconheçamos a agressão quando ela ocorre. Para nos livrarmos da posição de vítimas inconscientes da agressão, temos que dar esse passo crucial — romper com a negação cultural e "dar-lhe nome". Há um poder no ato de nomear algo, neste caso, a agressão — ataque e dominação em desrespeito a nossos sentimentos e direitos.

A empatia de outras testemunhas também ajuda a nos fortalecer. Como mulheres reunimos força emocional ao falarmos com boas amigas ou outras testemunhas que nos ouvem com empatia. Aquelas dentre nós que participaram dos grupos de conscientização da década de 1970, ou dos grupos de mulheres de então, experimentaram o grande valor curativo de fazer parte de um grupo de mulheres que espelha para nós a importância de nossas experiências individuais. Quando nossos sentimentos acumulados encontram ressonância em outras pessoas, nos sentimos menos isoladas e culpadas e nossos sentimentos tornam-se menos opressivos e mais toleráveis. Essa afirmação também nos leva a esperar que nossos sentimentos e nós enquanto pessoas sejamos respeitadas no futuro e isso pode conduzir à ação individual ou coletiva.

Além do mais, como é inevitável que as vítimas às vezes reproduzam inconscientemente o papel do agressor quando as circunstâncias permitem, nossa própria testemunha interior pode estar alerta para perceber nossa própria agressividade — nossas alfinetadas nos outros sem perceber.

ALÉM DA AGRESSIVIDADE. A última questão ardilosa com respeito a esse sonho é a seguinte: Por que a agulha estava com linha? Ao respondê-la, Sarah aprendeu a superar a agressividade. Assim como uma agulha fina pode ferir, ela também pode costurar fissuras entre as pessoas. A idéia que lhe ocorreu foi que costurar é uma compensação para a própria agressão, uma afirmação dos valores femininos em sua vida contra a ênfase excessiva dos masculinos em sua família, com a preocupação de seus irmãos com a agressão e a aceitação de suas posições e dominações. Sua tarefa, portanto, não era apenas livrar-se de escaramuças no jogo da agressão e dominação, mas descobrir "seu próprio jogo". Por que jogar futebol a vida inteira?

Sarah disse que mesmo não tendo nenhuma aptidão para a costura, essa pareceu-lhe ser uma metáfora válida para o processo construtivo e contemplativo de "costurar as coisas" — reparando e criando algo pouco a pouco de acordo com seu próprio ritmo para si mesma ou para sua família. A mensagem mais profunda que ela extraiu do sonho foi, portanto, que se ela colocasse ênfase em suas próprias tarefas femininas, os aspectos importantes de sua psique, as alfinetadas e todo o jogo da agressão — algo de menor importância para ela — passariam para um plano inferior.

Uma das tarefas mais desafiantes para as mulheres cercadas de agressividade e perseguidas pelas agressões do passado é deixar de fixar-se nelas. Enquanto permitirmos que elas ocupem nossas mentes, seremos aprisionadas por elas, quer estejamos na ofensiva ou na defensiva, tenhamos ou não êxito. Em vez disso, devemos pegar os fios de nossas próprias vidas, voltar nossa atenção para o que realmente queremos, encontrar nossa própria direção e dar os primeiros passos no caminho — nosso próprio caminho feminino.

No seguinte sonho, Sarah recebe um aviso agourento com respeito à agressividade instintiva mais primitiva — do tipo extrovertido que é mais insensível e do tipo introvertido que fere sem avisar. O sonho alertou Sarah para a existência desse tipo de agressividade para que ela aprendesse a defender tanto a si mesma como aos outros.

A jabebiretê. Estou num círculo e um pesquisador dá uma palavra a cada pessoa para que a defina. A minha é "vingativa". Mudança de cenário: Um homem que conheço — muito agressivo e franco — tem um aparelho para separar o espaço através do sedimento do fundo do mar. Ele abre um canal que vai do mar alto até a costa. "Você pode ouvi-lo funcionar se escutar", ele diz, e com certeza posso ouvi-lo. Ele abre um canal, mas posso ver que também mata todos os animais marinhos, até mesmo os mais raros.

Aproximo-me para observá-lo. Então eu opero a máquina para salvar um monstro terrível — uma jabebiretê cinzenta — e alguns crustáceos. Esvazio uma caixa, depois pego cada um dos animais marinhos e solto-os. Um animal está bem se ele não toca nas laterais da caixa. Todos eles são venenosos, mas cada um é especial. Eles têm guizos sonoros distintos, como a cascavel, e irrompem em cores quando têm sensações.

Sarah tinha acabado de prestar um exame oral para a obtenção de uma promoção profissional para a qual sentia-se qualificada. Ela tinha sido tratada mal na entrevista e tinha ficado surpresa com o julgamento desfavorável no final, que ela posteriormente descobriu estar baseado em preconceito contra seu estilo e filosofia diferentes. Ela ficou deprimida e pensou em enviar uma carta protestando com veemência. O sonho está tentando comunicar-lhe algo a respeito de sua raiva inconsciente, seu medo da própria raiva — algo que muitas mulheres têm dificuldades para lidar — e sua ingenuidade diante da vida, da qual ela tinha que tomar consciência.

A RAIVA DESTRUTIVA INCONSCIENTE EM RESPOSTA À AGRESSIVIDADE. Sua primeira conclusão foi que o sonho estava lhe dizendo que "não devia ser vingativa". O sonho começava dizendo que cada pessoa tem um problema e que o seu era a índole vingativa! Ele dizia-lhe de maneira muito direta que ela precisava entender que tinha um impulso automático para a vingança. O sonho chamava a atenção dela para algo que ela até certo ponto já sabia — que apegava-se a sentimentos de vingança e achava difícil desprender-se deles, mesmo que desejasse não conseguia esquecer algo que lhe parecesse injusto. Ela às vezes sentia-se presa de algum impulso incontrolável.

A "jabebiretê" deu-lhe subitamente uma idéia do que tinha acontecido no exame oral: ela tinha esperado sair-se bem, mas, em vez disso, tinha se defrontado com entrevistadores calados, irreceptivos e impessoais que a morderam no final. A cor cinzenta da jabebiretê expressava a mordida deles, aparentemente insensível, que evocava um correspondente inconsciente nela — uma cinzenta e insensível reação depressiva com sua própria jabebiretê vingativa à espreita. Ela reconhecia a rejeição inconsciente deles e reagia com sua própria raiva inconsciente — raiva voltada para dentro como depressão e raiva voltada para fora como vingança.

MAIS RAIVA CONSCIENTE: ABERTURA DE UM CANAL. Sarah percebeu também que no fundo não era apenas depressiva e vingativa (que corresponde ao ato de engolir a agulha no sonho anterior), mas também extremamente irada. E quando extremamente irada, como ela se encontrava naquele momento, tinha medo de soltar seu lado agressivo, mecânico e lançar sobre os outros a culpa por todas as coisas "venenosas" que lhe tinham sido impostas durante toda sua vida.

No seu entendimento desse sonho, Sarah confirma a atitude da cultura em geral com respeito às mulheres e à raiva — que ela não devia ser tão vingativa, muito menos agressiva —, mas devia sim controlar sua raiva e veneno, como na caixa do sonho. Mas o sonho diz que a máquina agressiva não apenas corta um espaço, o que pode ser destrutivo, mas também abre um canal do fundo do oceano do inconsciente para a margem da consciência, algo que é construtivo.

Nós mulheres precisamos saber o que se passa no fundo do inconsciente, para que ele não fique ali apenas se sedimentando. E temos de retirar o limo de vez em quando — os sentimentos frios e lodosos da depressão formados pela raiva voltada para dentro em forma de autocondenação inconsciente. Poderemos então permitir que o fogo e a energia da raiva e da culpa expressas dissolvam o depósito depressivo de todas as coisas negativas que tendemos a ignorar para que as vejamos claramente e possamos lidar com elas.

Como detectar a raiva inconsciente, especialmente se você é uma mulher como Sarah que não sabe quando está com raiva? Quando você está com um humor pesado e espesso, é bem provável que esteja num estado "pantanoso" de ressentimento inconsciente, talvez relacionado com seus primeiros anos de vida. A raiva inconsciente assume várias formas. Quando você sente-se de repente "tomada por uma frieza", como se não se importasse com o que possa lhe acontecer, quando você evita os outros ou mostra-lhes apenas sua irritação do tipo "Não me amole!", é muito provável que você esteja se sentindo distanciada e afastada, como sentimentos substitutivos da raiva e da rejeição. Se pensamentos críticos retornam sempre à sua mente, culpando-se a si mesma ou a outros, se observações irritadas estão constantemente escapando, você está fazendo uso de julgamentos intelectuais que a impedem de sentir raiva. Às vezes você pode sentir a raiva inconsciente em seu corpo em forma de reações "agressivas" reprimidas: cerrando o punho, balançando o pé, tensionando o maxilar ou apertando a garganta. Seus sonhos podem exagerar a raiva para que você possa vê-la, mostrando-lhe animais primitivos ou cenas de violência. A primeira fase, portanto, constitui-se da tomada de consciência da raiva como um fato.

A fase seguinte pode vir lentamente — identificar a causa de sua insatisfação e sentir o verdadeiro calor de sua raiva, como ocorreu com Sarah, protestando contra a injustiça de seus examinadores. Sentir dessa maneira a raiva é uma fase importante para trazer à tona os materiais do estado frio e pantanoso da depressão e da ignorância. Quando a verdadeira raiva de Sarah por seus entrevistadores pôde ser sentida, ajudou-a a sair do pântano de sua depressão e recriminação. Quer dizer, ela deixou de voltar sua destrutividade para dentro para sentir sua força total voltada para fora em forma de vingança e culpabilização dos outros.

Nessa fase de exteriorização da raiva, você sente a força de possuir seus próprios sentimentos intensos e, colocando-se contra os outros, você impõe sua diferença e individualidade. Em conseqüência disso, você sente sua própria força e sente-se menos vulnerável à agressividade dos outros. E, na explosão de sua raiva, também irrompem todos os seus pensamentos negativos de culpabilização dos outros e você traz seu *pensamento inconsciente* à luz do dia. Nesse processo, você pode distinguir o que é justificado e o que não é. Esse confronto com a realidade é um passo necessário. Assim como os sentimentos primitivos inconscientes tornam-se mais profícuos à medida que aproximam-se da consciência pela destilação interna e pela exteriorização, isso também acontece com os pensamentos inconscientes.

EXPONDO A INOCÊNCIA DA *PUELLA*. O processo de examinar as suposições inconscientes com respeito aos outros pode levá-la também a algumas confrontações dolorosas com você mesma. O despertar pode ser abrupto, perturbador e humilhante antes de tornar-se fortalecedor. Foi o que aconteceu com Sarah quando não foi aprovada no exame. Primeiro ela sentiu-se confusa. Ela não conseguia entender o que tinha acontecido, uma vez que a realidade não se encaixava em suas idéias e expectativas do mundo. Ela sentira-se vagamente agitada e cautelosa durante o exame, mas não esperava ser reprovada!

Sempre que somos surpreendidas dessa maneira, significa que há algo com respeito à realidade que desconhecemos, e isso sugere a profunda inocência inconsciente da *puella aeterna* — a eterna menina que espera toda a bondade do universo. Todas nós precisamos desse aspecto de nós mesmas, que nos dá alegria de viver. Entretanto, se nos identificamos demais com esse arquétipo e colocamos a *puella* a cargo de nossas vidas, podemos não estar suficientemente precavidas e acabar pisando numa jabebiretê, como aconteceu com Sarah! Ela teve de admitir que como *puella* tinha desconsiderado suas diferenças com os entrevistadores em termos de filosofia, valores e estilo e que ingenuamente tinha esperado aprovação "das mães e dos pais". A *puella* precisa aprender que "não existem mães nem pais" e que ela mesma tem que tornar-se adulta e saber proteger-se.

A mulher que permanece identificada com a *puella* vive sob a proteção de um guarda-chuva mágico. Ela exerce tal atração que as pessoas naturalmente entram na dela, por ela compartilhar de seus sentimentos de bem-estar e harmonia com os outros. Mais cedo ou mais tarde, entretanto, ela atrairá o oposto — uma repreensão abrupta e áspera — em conseqüência de tentar negar a realidade e as verdadeiras diferenças que existem entre as pessoas, deixando assim que os outros a confrontem. Levianamente inconsciente, ela pode não perceber a insatisfação crescente de seu patrão, a exasperação de seu melhor amigo ou a infidelidade de seu namorado até ter de confrontar-se abruptamente com a demissão, a rejeição ou a separação. Quando ela por fim confronta-se com esses fatos, parece-lhe uma súbita — o choque causado pela surpresa, o espanto — intrusão agressiva no seu mundo maravilhoso.

No caso em questão, quando Sarah pensou no exame e bateu com a cabeça contra a dura realidade do que de fato tinha acontecido, ela foi obrigada a confrontar-se com a realidade do poder. Os juízes não são necessariamente justos ou receptivos às diferenças. O fato é que eles podem ser unilaterais e, por terem poder, podem impor seus critérios a outros, sejam eles certos ou errados.

Embora Sarah achasse que fora capaz em seu desempenho, ela acabou compreendendo que também precisava mostrar-lhes o que *eles* precisavam ver. Afinal, o jogo era deles, embora ela desejasse — e se esforçasse para ter — trocas que fossem mutuamente mais respeitosas no futuro. Isso resultou em que ela reviu criticamente a carta que tinha fantasiado e decidiu não enviá-la, mas em vez disso procurar outros meios mais eficazes de obter o reconhecimento de suas capacidades a longo prazo.

DISTINGUINDO E PRESERVANDO A AGRESSIVIDADE POSITIVA. Na cultura ocidental estamos mais acostumados a confrontar os problemas inconscientes de modo extrovertido do que introvertido. Apesar de a fase de exteriorização da raiva e do confronto com as diferenças ter sido proveitosa, o sonho em si mostrou uma outra alternativa: uma fase de integração interna do conhecimento da agressividade. No sonho, Sarah está preocupada com a total extinção dos animais marinhos pela máquina (a abordagem dos entrevistadores, bem como seu próprio jeito inflexível), e ela assume o controle consciente da máquina para preservar aqueles seres de valor inestimável. Ela olha atentamente e encontra uma caixa para colocar as criaturas agressivas. Em seguida, ela as deixa ir. Quer dizer, ela encontra uma caixa protetora — um lugar seguro — onde guardar as feridas do passado que a fase da ira trouxe à tona e onde elas possam curar-se; então, ela pode deixá-las ir.

Esse sonho sugere que o *temenos* — o recipiente seguro para incubar o material do inconsciente profundo — pode ser útil. Através da reflexão, você pode destilar os sentimentos e refinar o pensamento. Por exemplo, ao defrontar-se com a agressividade, você poderá invocar seus recursos internos para concentrar-se em ameaças circunscritas e reviver a ansiedade de uma forma mais consciente — em palavras, sentimentos, imagens ou fantasias. Desse modo, a realidade das ameaças e a ansiedade são reconhecidas, ao mesmo tempo em que elas deixam de ter uma força ilimitada e sobrepujante.

Você pode ver esse processo exemplificado no sonho de Sarah. Quando ela aproximou-se e observou, a caixa possibilitou que ela visse cada uma das criaturas terríveis mais nitidamente como sendo especial e real. Então, ela percebeu as suas diferentes qualidades. Algumas emitiam sinais (guizos) enquanto outras mostravam diferentes tonalidades sensitivas (cores). Tais sinais de alerta puderam ajudá-la a discernir a agressividade dos outros, bem como a sua própria.

O sonho diz que essas criaturas que representam nossos instintos agressivos primitivos não devem ser destruídas; elas são raras e valiosas. Somos tão excessivamente civilizados que precisamos estudar o mundo da natureza e suas criaturas para conhecermos nossas próprias formas naturais de agressão, formas que não enxergamos mais em nós mesmos e nos outros, isto é, a agressividade primitiva e bruta dos crustáceos, a irritabilidade lateral do caranguejo, as garras ameaçadoras da ostra, a incrível adaptabilidade do octópode que assume a cor exata de seu esconderijo para não ser percebido.

Todas as pessoas podem aprender através de seus sonhos com animais vivos. Podemos advertir as pessoas com sinais primitivos de agressividade ou reconhecer tais sinais de agressividade inconsciente nos outros: tossindo — como os guizos alertando sobre as diferenças; uma postura de enrijecimento — como o caranguejo erguendo-se defensivamente; ou as mudanças nas tonalidades sensoriais — como o octópode mudando de cor, retirando-se silenciosamente para o esconderijo ou usando sua cortina de fumaça. Todos esses são "sinais de alerta corporais" instintivos para nós mesmos e outras pessoas protegerem inconscientemente sua vulnerabilidade.

Esse sonho nos adverte que precisamos ser cautelosos. Existem na realidade, tanto no interior quanto no exterior, criaturas venenosas. Elas normalmente são inofensivas desde que não ignoremos sua presença. E as perniciosas podem pelo menos ser evitadas ou enfrentadas com nossa própria agressividade consciente, reduzindo a periculosidade delas.

A leveza *versus* a agressão velada

O sonho seguinte também envolve a negação da agressividade — sob a forma de dominação do pai. Os pais normalmente parecem ameaçadores a suas filhas e se a agressividade deles é aberta e severa, a violência e a impotência tornam-se as características principais dos sonhos e das vidas de suas filhas. Entretanto, às vezes a dominação ou agressividade do pai é mais moderada, velada e difícil de ser detectada. Ela pode ser vista sob formas culturalmente mais aceitáveis para o homem, tais como autoridade severa, altos padrões de exigência, julgamento crítico, incapacidade de demonstrar afeto ou tendência a ignorar a existência ou os sentimentos dos outros. A filha que cresce em tal atmosfera pesada pode tornar-se demasiadamente sensível à autoridade e pode transformar internamente os julgamentos em autocensuras, autocondenações e autodisciplina. Como seu pai, ela pode evitar sentimentos e fraquezas, tornar-se excessivamente racional e esforçar-se para ter sentimentos de sucesso e aprovação, o que provavelmente nunca alcançará, mas se os alcançar, não a satisfarão. A mulher precisa de seu cerne feminino, que viceja num clima mais favorável. Ela precisa de sua *puella* positiva, que tem generosidade de espírito, sentimentos sinceros, espontaneidade, espírito lúdico e ousadia. Ela precisa do lado narcisista de sua menina que deseja ser ela própria o centro do palco e que dança com outra pessoa ou mesmo sozinha. Ela também precisa da obstinação de sua *puella*, que pode ser voluntariosa e repelir o que realmente não quer, que é impulsiva e desregrada por natureza. Ela precisa do riso e da despreocupação que são partes de sua natureza feminina.

Este sonho traz à tona um conluio familiar inconsciente em forma de agressão velada — neste caso, a imposição do pai de padrões elevados que servem para mantê-lo no centro do palco da família. O sonho revela uma submissão inconsciente a esse tipo de agressão insidiosa e mostra como o espírito de leveza pode ajudar a filha a libertar-se de seus efeitos.

O pai e a torrada. Estamos à mesa do café da manhã lá em casa. Meu pai afasta de si sua torrada. Minha mãe pergunta: "Algo errado?". Ele responde: "Oh!, não". Mas não toca nela. Minha mãe pergunta-se: Por que ele não come sua torrada? Ela está ansiosa, sentindo-se um fracasso, como que dizendo: Eu sou a culpada.

Sinto amor por minha mãe enquanto estou sentada ali à mesa. Também sinto pena dela e acho que meu pai é cruel. Tenho vontade de xingá-lo, mas continuo comendo e simplesmente quero acabar com aquilo tudo. Gostaria de ir embora.

Quando a mulher começou a falar no sonho, parecia que todos os personagens estavam presos aos papéis que lhes cabiam representar e que ela também estava presa. Ela não podia fazer nada senão continuar sentada comendo, sentindo-se mal e com vontade de acabar com aquilo tudo. Ela descreveu a situação como uma sensação de paralisia, uma sensação de que "simplesmente não havia nada mais". Esse é um estado de inconsciência, ou "dissociação" no qual a criança pode entrar quando acha que uma situação é insuportável, porém fisicamente sem saída. Muitas vezes é difícil mesmo recordar e elaborar o que aconteceu em tais situações (como abuso da criança) a não ser através dos sonhos e fantasias.

Na sessão de terapia, essa mulher exercitou um trabalho de "imaginação ativa" atuando várias fantasias para ver o que aconteceria se o consciente e o inconsciente pudessem elaborar juntos o problema. Ela fechou os olhos e imaginou-se à mesa do café da manhã. Então (essa é a parte "ativa"), ela foi convidada a "solicitar algo diferente dessa vez, solicitar ajuda de algo ou de alguém para ver o que aconteceria. A verificar em seu centro mais profundo se aquela era a coisa certa e, se fosse, fazê-la". Essa é uma técnica que as pessoas usam ocasionalmente para trabalhar com os sonhos que lhes parecem inacabados, vagos ou não não resolvidos.

Imaginação ativa. Minha mãe acabou de perguntar: "Há algo de errado com a torrada? Quer que eu a esquente?". E meu pai está prestes a dizer: "Não, está bem".

Peço que algo seja diferente dessa vez: Se ele disser não, ela vai simplesmente esquecer. Se ele disser sim, ela vai fazê-lo, vai esquentá-la, mas não tão fora de si, não precipitando-se e deixando que sua própria torrada esfrie. Não é tão importante.

Ela está fora do julgamento dele e está livre de seu sentimento usual de fracasso — isso sempre me fez estar do lado dela e odiá-lo.

Quando solicitada a verificar em seu centro mais profundo se era a coisa certa a fazer, ela respondeu que não, de maneira que tentou de novo e pediu ajuda.

Fico furiosa. Pergunto a meu pai: "Por que não vai você mesmo esquentar sua torrada?". Ele ficaria chocado; mamãe ficaria surpresa, magoada e me mandaria para o quarto. Não posso fazer isso. [Pausa.]

Vou ver o que mais pode acontecer. [Pausa.] Noto o meu irmão. Ele está simplesmente sentado ali, como eu, mas depois me diz que sentiu da mesma maneira que eu. Isso me faz sentir mais próxima dele; estamos sofrendo da mesma maneira. E isso confirma as coisas: que meu pai julga e minha mãe se ajusta a ele.

Quando abriu os olhos e pensou no que tinha acontecido, ela concluiu que o que faltava para a situação ser corrigida — além da confirmação crucial de seu irmão — era sua mãe ser menos ansiosa por agradar, menos ansiosa por uma "migalha de aprovação", e seu pai ser mais receptivo a como "as coisas são", em vez de como "deveriam ser". E o que ela própria precisava era deixar de envolver-se na situação: manter-se a certa distância com sua nova perspectiva, mas não suspender seus sentimentos pela dissociação. Ela disse: "Preciso de mais. 'E daí?' Em meu personagem".

E no instante em que disse "E daí?", ela lembrou-se subitamente de um incidente ocorrido num Dia de Ação de Graças. Sua mãe estava atravessando a cozinha com o peru numa travessa quando ele escorregou para o chão. "Minha mãe pegou-o e colocou-o de volta na travessa, olhou para cima e disse-me: "O que os olhos não vêem o coração não sente!". Fiquei surpresa e divertida. Era algo dela que eu não conhecia. Esse era o lado criança levada de sua mãe que, em raras ocasiões, conseguia dizer: "E daí?". Agora esse capetinha tinha saído da garrafa e a filha podia tê-lo também.

Em nossa cultura, as filhas não têm muitas oportunidades de presenciar o aspecto capeta ou travesso de seus pais e mães. Pelo contrário, os pais tendem a exagerar a dramaticidade diante da filha para ensiná-la as regras aceitáveis pela sociedade ("Você não deve nunca...!"), e as meninas são com freqüência demasiadamente impressionáveis, excessivamente receptivas às nuanças dos sentimentos, aos tons impositivos. Em geral, os pais simplificam demais as regras para os filhos e os filhos ainda não percebem a relatividade das regras.

A principal influência dos pais, entretanto, não está no que eles dizem, mas no que fazem. Eles constituem os modelos de como tratar os outros. As crianças acreditam no que vêem e inconscientemente usam seus pais como modelos; elas reagem de maneiras similares aos pais quando vão para o mundo. No caso em questão, a jovem mulher tinha levado consigo os reflexos de um pai perfeccionista e de uma mãe excessivamente submissa — que também trazia em si um pouco do moleque travesso redentor.

Com a ajuda do capetinha de sua mãe, ela estava a caminho de libertar-se do perfeccionismo e do julgamento para reivindicar a jovialidade de seu espírito feminino. Isso mostra o efeito positivo da *puella* despreocupada, não da *puella* ingênua e ignorante que é dominada inconscientemente, como no sonho anterior, mas da *puella* mais consciente. Desenvolvemos esse espírito positivo através do espírito lúdico e do trabalho interior, como a arte e a fantasia, que nos proporcionam a liberdade e a intuição para adquirirmos novas perspectivas de vida e vermos novas possibilidades em situações difíceis. Através de seus sonhos e imaginação ativa, essa mulher tomou consciência da agressividade inconsciente de seu pai, como um aligátor silencioso à espera de uma falta, da qual ela podia esquivar-se com seu espírito jocoso. Sua *puella* ajudou-a a seguir seu próprio caminho e a dançar para fora da difícil armadilha da agressividade e de tirar proveito dela. O capetinha tinha lhe provido uma nova regra — e a nós também: Não deixe o aligátor capturar o seu olhar. Passe por ele dançando!

Combatendo a agressão com a autoridade própria

As mulheres estão tão acostumadas a fugir da agressão que às vezes não vemos o que acontece quando assumimos o poder. Os problemas resultantes da mulher no poder são diferentes dos do homem no poder. Se acontece de uma mulher ser grande ou alta, ela faz lembrar aos homens — e a outras mulheres — da mãe poderosa que eles conheceram quando eram pequenos e impotentes, de maneira que se ela for assertiva, poderá ser vista como dominadora. Por outro lado, se ela é pequena ou baixa, ela pode ser rebaixada ou reduzida pelos outros. Se ela é pequena e bonita, é colocada no lugar em que os homens preferem vê-la — como "objeto sexual", isto é, "Você fica tão engraçadinha quando está zangada."

As mulheres acostumam-se às vezes a usar de subterfúgios, citando autoridades externas e dando justificativas para as coisas, porque não tivemos o verdadeiro poder, ou porque não nos arriscamos a assumi-lo. É um risco, tanto como é para o homem, assumir a própria autoridade. Mas o homem tem mais chances de conseguir e de ser amado e respeitado por isso, enquanto a mulher corre um risco maior de fracassar, ou de, se conseguir, ser odiada e classificada de maneira desrespeitosa, além de ser isolada por ter poder.

Uma mulher que era muito diplomática e flexível descobriu que, embora fosse capaz de relacionar-se com seu poderoso marido e negociar com seus colegas em um ambiente competitivo, ela não estava obtendo um tratamento verdadeiramente justo a longo prazo. Vinha esforçando-se há anos no casamento e no trabalho quando teve o seguinte sonho:

O assaltante e o bastão. Minha tia e eu estamos em um túnel. Há um assaltante ali. Devemos prosseguir ou retroceder? Se retrocedemos, minha tia não consegue correr suficientemente rápido; o homem pode correr mais rapidamente. De maneira que avançamos uma pequena distância. Ambos — minha tia e o homem — têm bastões. Então, eu também tenho um bastão. Há uma briga. Minha tia e eu dizemos: "Vamos simplesmente passar!". E ele diz: "Ótimo".

Como figura que a acompanha em seu sonho, a tia representa qualidades que ela deveria tornar mais conscientes em sua vida. Ela descreveu sua tia como possuidora de "um traço de maldade". Essa é uma qualidade negativa, obscura de si mesma que ela não quer admitir. Como é inconsciente, essa figura — esse lado "malvado" dela — não pode ser mobilizado para ajudar, não consegue correr suficientemente rápido no sonho para deixar de ser perseguida pela agressividade de outrem.

Em certas situações, entretanto, tem-se que enfrentar a agressividade alheia com a própria. No sonho (e provavelmente na vida real) sua tia possuía algo útil — um bastão, símbolo arquetípico da autoridade. Quando, como a tia, a mulher pega seu bastão, assume sua autoridade e decide avançar para confrontar a autoridade com autoridade, o assaltante — que também tem um bastão — rende-se!

Esse foi um sonho importante para essa mulher. Anos de discernimento em análise não a tinham tornado capaz de expressar-se tão assertivamente. Ela era introvertida e precisava mobilizar seu mundo interior de fantasias para ajudá-la a aprimorar suas percepções conscientes. Quando ela contou esse sonho, podia-se sentir um pouco da energia e conduta de Toshiro Mifune, como o guerreiro samurai atravessando o túnel no sonho. Não há dúvida que a experiência desse sonho foi tão poderosa — ou mais poderosa — que uma experiência na vida real. No sonho — no seu ser mais profundo — ela tinha enfrentado o desafio. Ela não precisava mais projetar seu próprio lado agressivo desconhecido num homem forte e representar o papel oposto, que sempre a deixava sentindo-se vulnerável (perseguida por um assaltante).

E na realidade, o sonho, por si mesmo e como culminação de seu trabalho interior e exterior, teve um efeito profundo, como os sonhos às vezes têm. Ela estava agora a caminho de afirmar sua própria autoridade. Um breve período de tempo após o sonho ela relatou uma mudança em si mesma, especialmente no escritório. Em vez de automaticamente dizer sim, ou de inventar mentiras para não fazer algo que não queria, ela viu-se espontaneamente dizendo coisas como: "Não posso fazer isso — na vida pessoal e profissional".

No tópico seguinte, "Desembaraçando-se da raiva e da agressividade da mãe", um longo sonho revela a intensa ligação e a raiva terrível que podem existir entre mãe e filha, especialmente quando a filha é tão dominada pela mãe que identifica-se com a carência da mãe à custa de suas próprias necessidades; nesse caso, ela terá que separar devidamente a culpa da compaixão. Outro sonho expõe a agressividade reprimida de uma filha que não consegue confrontar a autoridade da mãe com sua própria.

Desembaraçando-se da raiva e da agressividade da mãe

A estreiteza do vínculo entre mãe e filha, sua identidade comum e entendimento empático levam, inevitavelmente, a seu oposto — muita decepção e raiva por suas diferenças, separação e individualidade. A mãe pode recorrer a formas inconscientes de controle e agressão para impor sua vontade ou estabelecer contato — ou distância — e a filha pode fazer uso de meios recíprocos. A mãe pode tentar angariar a simpatia natural da filha para seus desejos, como querer que a filha a defenda em alguma discussão ou guarde algum segredo. Isso pode colocar a filha no dilema entre esquecer seus próprios sentimentos para solidarizar-se com a mãe ou sentir-se culpada e insensível se não o fizer. Nesse caso, a mãe pode tentar controlar a filha com observações críticas, silêncios irados, ameaças e até mesmo agressão física ou verbal.

Como a filha identifica-se com a mãe, ela também irrita-se com as diferenças. A filha pode querer que a mãe mude: que seja para ela o modelo de como ela mesma gostaria de ser, por exemplo, não tão gorda; que se adapte a seu ideal cultural de mãe para que ela possa orgulhar-se dela, por exemplo, que não beba tanto; ou que satisfaça sua imagem interior totalmente receptiva da Grande Mãe que ela deseja que sua mãe pudesse de alguma maneira ser, isto é, sem limites em sua aceitação. Isso pode magoar muito a mãe, uma vez que ela deseja muito ser uma boa mãe, espera de si mesma que seja capaz de cumprir com essa função sem conflitos e quer fazê-lo melhor que sua própria mãe. A rejeição da filha pode também reproduzir a rejeição de sua própria mãe.

A mãe muitas vezes depende da filha — mais do que de um filho — para permanecer junto dela e dar-lhe apoio emocional. Ela pode inconscientemente esperar ou exigir, de maneiras sutis, que a filha — mesmo quando menina — esteja "sempre disponível", como se a filha fosse sua mãe, e isso pode ser especialmente verdadeiro quando a mãe fica mais velha com necessidades especiais de cuidado e atenção da família. Esse aspecto da relação mãe-filha requer visão e precaução, bem como compaixão por parte da filha. Em alguns casos, se as necessidades da mãe não são satisfeitas, ela pode explodir de raiva com a filha, excedendo-se em sua intensidade. Isso porque sua raiva é inconsciente. A filha precisa separar as necessidades legítimas das exigências ilegítimas. E mais importante: a filha tem de realizar o trabalho árduo de lidar com suas próprias mágoas ou raiva vingativa, que ela muitas vezes volta para dentro com uma culpa igualmente intensa. A filha pode achar que assim como é arriscado confrontar diretamente a agressão na vida real, também é perigoso confrontá-la diretamente na arena interior. O seguinte pesadelo descreve esse problema.

Lidando com a agressividade pessoal *versus* agressividade arquetípica

Uma mulher vinha tentando em vão há anos relacionar-se mais satisfatoriamente com sua mãe, mas na maioria das vezes os encontros entre elas a levavam a navegar por águas turbulentas, furiosa com as críticas e exigências da mãe, mas também levada ao vórtice de sentir uma enorme pena dela. Seu conflito foi se acirrando à medida que sua mãe envelhecia e necessitava mais dela. Este sonho ajudou a filha a separar as coisas. Ele também mostrou-lhe o que ela podia fazer para não perpetuar o problema na relação com seus próprios filhos.

Flechas envenenadas. Um jovem irresponsável encontra-se sobre uma plataforma acima de mim e de minha mãe. Minha mãe lê algo em voz alta para ele, acusando-o de negligência, por ter deixado minha cadela Rosie fora de casa por doze horas sem água ou atenção. Ele nega que tenha feito algo tão negligente, mas sei que ele é um pouco irresponsável.

Minha mãe está em cima de um amplo lugar alto atirando flechas envenenadas em mim. Tento tirá-las dela e atirá-las através de uma claraboia, mas assim que arremesso uma flecha, ela tem outra! De repente surge um oponente entre nós lá no vasto lugar alto. É um homem, muito maior que do tamanho natural, com cabelos avermelhados entrançados. Ele está desarrumado e sujo, como se não estivesse sendo cuidado. Ele e eu saltamos de um lado para o outro no ar; ele está bloqueando o caminho, de maneira que não consigo livrar-me das flechas e tampouco consigo descer.

Por fim, eu escapo e escondo-me entre uma turba de mulheres falando francês que me tratam bem. Puxamos nossos chapéus para baixo, para que o homem, se vier, não nos reconheça. Estamos num círculo e podemos enxergar quem quer que entre ali. As mulheres acenam: "Está bem. Fique de olho nas coisas".

O cenário muda. Há uma celebração com frutas tropicais, cantos e danças. Estamos celebrando o fato de eu ter conseguido e minha mãe também.

Ficou imediatamente evidente para a mulher que as flechas envenenadas eram as infindáveis críticas que recebia de sua mãe e que, de fato, pareciam ter veneno algumas vezes. Por que são tão raivosas e cruéis e impossíveis de lidar para ela?

O que se interpõe entre a mãe e a filha é a figura desleixada de cabelos avermelhados. A mulher teve de repente um *insight* de que ele personificava o sentimento da mãe de ser negligenciada bem como seus pensamentos coléricos de que era maltratada. Mas era de importância crucial notar que sua raiva não era uma raiva corriqueira por falta de afeto: ela era de tamanho maior que a realidade. Era de um nível arquetípico e acima das possibilidades de lidar da filha. A filha nessa situação só podia fugir.

A sonhadora compreendeu que a figura furiosa e desleixada — que se colocou entre elas — era o sofrimento terrível e a raiva da mãe pela perda de sua própria mãe quando tinha apenas dois anos de idade: a própria imagem da Grande Negligência. Por todos aqueles anos, a mãe deve ter culpado inconscientemente sua filha, às vezes com uma intensidade arquetípica, por de alguma maneira não satisfazer sua grande necessidade de cuidados maternos que, obviamente, nenhuma filha consegue satisfazer. E por todo o tempo, a filha tinha percebido a grande sensibilidade de sua mãe — vista agora na imagem da Grande Negligência — bloqueando seu caminho de maneira a fazê-la perceber que não devia lançar flechas para responder às críticas da mãe. Compreender essa imagem foi importante para ela nas suas interações com a mãe. Isso foi ainda mais importante quando ela compreendeu que a imagem era também sua própria figura interior tiranizando-a com culpa em suas relações não apenas com sua mãe, mas também com outras pessoas.

O mais difícil dos sonhos é perceber as imagens não apenas como representações das pessoas conhecidas, mas também como representações das próprias personagens internas que elas sempre são. Foi difícil, mas essa mulher tentou imaginar as figuras do sonho como aspectos de si mesma para poder enxergar seu próprio papel na luta com a agressividade. Visto dessa maneira, o sonho mostrava-lhe que ela, como sua mãe, estava presa em um vasto lugar alto do qual "também não podia descer". Sua própria figura interior desleixada a retinha ali.

A filha muitas vezes percebe inconscientemente as grandes necessidades da mãe e procura responder com toda a sua compaixão, acabando numa posição inflada (elevada) de salvadora da qual não consegue escapar. Quanto mais ela faz, mais é acusada de não fazer. Mesmo assim ela não consegue escapar. Conhece melhor as necessidades da mãe do que as suas próprias. Isso esclareceu muito do que essa mulher vinha sofrendo na relação com sua mãe e também com outras pessoas.

Como uma mulher pode saber se tem esse problema? Ele existe com muita probabilidade se sua mãe sempre se impõe como uma presença intensa em sua vida e ela sente que precisa corresponder, como, por exemplo, a suas chamadas telefônicas não importa a que hora da noite ou quão cedo pela manhã; se os problemas terríveis de sua mãe sempre a fazem sentir os seus próprios como irrisórios. Nesse caso, sua tarefa é tirar o direito a iniciativa de sua mãe e ousar ser o centro do palco de sua própria vida.

Como você pode responder na vida real se sua mãe acusa-a de negligência, como a mãe da mulher desse sonho, que afirma que a cadela Rosie foi abandonada sem água? Para avaliar o problema, você pode examinar fatos pessoais específicos em vez de ver a realidade apenas através das lentes embaçadas dos sentimentos arquetípicos da mãe e da imagem arquetípica da Grande Negligência. A mulher do sonho perguntou-se se ela era na realidade uma pessoa negligente. Deixava sua cadela Rosie por doze horas sem água — ou sua mãe sem os cuidados devidos? Não. Se o fizesse, seria uma negligência grave. Deixava ela Rosie sem cuidados por longos períodos de tempo? Sim, como sua mãe a deixava freqüentemente sem muita atenção e como ela às vezes deixava sua mãe sem muita atenção. E isso podia magoar, mas era suportável e redimível.

Se uma mãe sempre teve dificuldades para fazer tais distinções, como a mãe dessa mulher, a filha acaba ficando confusa também. Com suas imagens poéticas, o sonho descrito ajuda a diferenciar atitudes comuns de negligência humana ou faltas graves de crueldades arquetípicas ou grandes negligências. Mesmo que uma mãe possa sentir que uma determinada falha ou imperfeição da parte da filha "poderia matá-la", a filha tem a possibilidade de não acreditar nisso — que ela seja capaz de causar ou curar as velhas feridas de sua mãe.

E em sua vida, a mulher desse sonho desenvolveu uma visão baseada num sentimento similar, uma reprodução da reação de sua mãe — de que *qualquer* negligência era insuportável. Ela tinha empatia pela ferida de sua mãe, mas não era a sua. Ela tinha as suas próprias feridas, suas próprias mágoas pela Grande Negligência, como todos nós temos na vida. No entanto, ela sabia que nesse sentido era muito mais flexível que sua mãe: ela *mesma* não tinha sofrido nenhuma grande perda quando pequena.

Uma maior consciência da ferida e raiva da mãe, percepção de sua cumplicidade com as necessidades tirânicas da mãe e reconhecimento de suas próprias feridas e falta de atenção proporcionaram à mulher uma visão de que, no futuro, as flechadas poderiam ser às vezes rebatidas. Porém, o sonho mostra essencialmente que a figura furiosa é um adversário demasiadamente forte e que ela ainda precisa tomar cuidado para não provocar a mãe.

Sentimentos arquetípicos requerem cura arquetípica, e essa foi de alguma forma alcançada no sonho pelo círculo ritualístico de mulheres bondosas, com seus chapéus encobrindo as caras para ocultarem-se do tirano que poderia reconhecê-las! Escondidas, porém alertas! No sonho, ela pensa que encontra-se simplesmente perdida entre uma multidão, mas descobre-se entre esse grupo de mulheres bondosas, na verdade, um círculo sagrado, um mistério, um sentido mais profundo de proteção no interior de si mesma. Essa é a sabedoria do coração que sabe deliberar e manter-se tranqüila e alerta diante da Grande Negligência. Em termos corriqueiros, é manter respeito complacente para com as feridas graves de outrem.

Isso nos leva à conclusão do sonho de que mãe e filha estão no mesmo barco — o que lhe permite celebrar a fuga de ambas da figura desfrutando de alguma recompensa. De onde vem essa perspectiva positiva? Ela sugere que a filha pode quebrar o feitiço e conseguir livrar-se de algumas flechadas e, dentro de áreas circunscritas, iluminar toda a situação tanto para si mesma como para sua mãe. Essa mulher, entretanto, foi advertida a permanecer atenta à figura ameaçadora, que é de tamanho maior que a realidade e que pode ressurgir a qualquer hora.

Como um sonho como esse pode afetar diretamente sua vida? No dia anterior ao sonho, a filha — também mãe — tivera uma explosão de ira com seu filho de vinte e um anos e temera ter parecido "exatamente como minha mãe". Entretanto, na manhã seguinte, antes de ter refletido sobre o sonho que tivera durante a noite, a raiva dela contra o filho tinha desaparecido. Quer dizer, ela não reproduziu os pensamentos irados de sua mãe sobre como seu filho deveria tratá-la, mas em vez disso conseguiu sintonizar-se melhor com seus próprios sentimentos verdadeiros e também com os dele.

O que aconteceu foi que a própria experiência do sonho a tinha ajudado inconscientemente a separar seus sentimentos e permitido que eles mudassem. Ela tinha descido de seu lugar elevado, sua raiva justificada. O sonho tinha rompido seu padrão inconsciente de supor que o filho tinha de satisfazer uma grande necessidade dela e isso foi um alívio para ambos.

Confrontando a autoridade da mãe com a própria

Apesar de as mães tradicionalmente se sentirem com direito de exercerem algum poder em casa e especialmente com respeito aos filhos, em geral elas se mostram inseguras diante do exercício da autoridade, e sua agressividade e controle acabam manifestando-se inconscientemente. Como a mãe é um modelo para a filha, essa pode ter dificuldade de assumir sua própria autoridade de forma consciente e fica ainda mais difícil se a mãe lhe parece demasiadamente forte — ou demasiadamente fraca — para ela poder competir. O exemplo seguinte é de uma filha cuja mãe era tão forte que ela encontrava dificuldade para assumir sua própria autonomia.

Abbie, uma mulher reservada e meiga, teve um sonho na noite seguinte a uma reunião familiar perturbadora, na qual sua mãe, em um momento de ataque de ciúme, tinha batido no neto, o filho pequeno de Abbie, enquanto Abbie e seu marido tinham permanecido impotentes. Então, a avó esperou que a filha apoiasse sua atitude! Pelo menos, Abbie tinha se recusado a apoiar sua mãe, mas não tinha feito nada por seu filho, além de distraí-lo após o incidente. Ela sentira-se mal por não ter ajudado o filho a escapar da fúria da avó. O que também a perturbou foi o fato de o incidente ter deixado o filho com a impressão de que era sua avó, e não ela como sua mãe, que exercia a autoridade na casa.

Não sei usar o revólver. Estamos no campo. Um homem está fugindo de um policial. Tenho um revólver, mas não sei usá-lo. O policial pega um carro veloz para persegui-lo. Quero deixar o homem escapar e ele consegue. Nossos dois caminhões pesados seguem atrás dele. Tento tirar a munição de meu revólver, mas não sei como fazer nenhuma das coisas — nem tirar as balas e nem armar o revólver para usá-lo. Não pretendo nem fazer o homem parar e nem ajudar o policial.

Esse sonho revelou a Abbie sua reação confusa diante da agressividade de sua mãe. Ela não sabia como usar seu revólver (sua própria agressividade) para parar o policial (a autoridade/avó perseguindo o menino). Tampouco ela sabia tirar as balas (desarmar sua própria raiva). Os dois caminhões pesados (as reações inconscientes lentas, suas e de seu marido) não tinham condições de competir com o carro rápido do policial (as reações rápidas da autoridade/avó).

O sonho fez com que Abbie se tornasse mais consciente dos problemas. Ele mostra como a situação complica-se quando a autoridade na família age erroneamente — de maneira obscura, injusta ou abusiva. Hesita-se em contrariar a autoridade constituída, mesmo querendo que as vítimas escapem. Você pode acabar permanecendo um mero espectador: impotente e culpado, nem obstruindo a autoridade beligerante nem ajudando a vítima.

Abbie descobriu que tinha ficado imobilizada, como se tivesse voltado a ser criança, em vez de ser uma mãe protegendo seu filho. Quando pequena, ela não pudera exercer muito poder, tinha sido impotente e conciliadora. Tinha lidado com a autoridade negando de alguma maneira a sua raiva ou distraindo-se. Agora ela via-se entre os modos antigos e os novos; ela encontrava-se em melhores condições para reconhecer sua raiva e assumir sua autoridade (tinha um revólver), mas ainda não era capaz de usá-lo de forma assertiva (não sabia armar o revólver para atirar). Essas eram áreas que ela devia começar a explorar — suas opções como mãe de assumir seu poder para proteger seu filho.

Enquanto nos tópicos anteriores tratamos dos meios de enfrentar a agressividade alheia, neste último vamos mostrar como as mulheres podem lidar com a sua própria agressividade interior. As mulheres foram de tal maneira bombardeadas com mensagens culturais para serem bem-comportadas, passivas e conformadas que acabamos internalizando o preconceito contra a agressividade feminina e até mesmo tendo dificuldades para sermos assertivas. O primeiro passo consiste, portanto, em sentir e conhecer nossas próprias assertividade e agressividade. Dois sonhos expõem mulheres lutando com sua própria agressividade primitiva e transformando esse tipo de energia em meios de autodefesa e em formas de assertividade feminina.

Enfrentando as figuras interiores da agressividade feminina

Nossas famílias e nossa sociedade condenam as expressões da agressividade e permitem às meninas e mulheres apenas uma margem limitada de assertividade. Restam-nos muitas vezes as mesmas saídas que às nossas mães, e com as mesmas conseqüências: sermos passivamente agressivas e manipulativas, culpadas e deprimidas, perfeccionistas e críticas. Nossa raiva e nossa agressividade são empurradas para os subterrâneos, de maneira que acabamos nem sabendo se estamos com raiva ou sendo agressivas. Isso faz com que nossa própria agressividade fique extremamente obscurecida e vagamente incômoda ou, às vezes, aterrorizante, quando explode.

Apesar de figuras femininas interiores aparecerem por todo este livro, devemos ressaltar que a representação do drama da agressividade interior em nossos sonhos envolve também muitas vezes figuras masculinas, assim como o desenvolvimento do lado masculino da mulher. As imagens do *animus*, ou masculinas, podem ser agressivas e importantes. Especialmente nas mulheres que foram maltratadas, no início as figuras masculinas nos sonhos podem ser ameaçadoras — autoridades sinistras. Homens do Ku Klux Klan, nazistas, gangues de motociclistas, estupradores, assassinos, assaltantes e rufiões — mas esses podem com o passar do tempo ir mudando aos poucos e tornando-se menos ameaçadores. Imagens do *animus auxiliar* também aparecem nos sonhos das mulheres para lidarem com ameaças e agressões. Embora se pudesse supor que em sonhos as mulheres apelassem a homens fortes para lutar por elas — e, às vezes, apelam para a proteção de um policial, de um irmão mais velho, ou de algum homem do tipo John Wayne —, elas, ao contrário, mais freqüentemente buscam a ajuda de amigos, conselheiros ou terapeutas para lidarem elas próprias com a agressão. Essas figuras interiores positivas assumem uma grande variedade de formas. Algumas são de homens nos quais elas confiam na vida real: um analista, um professor ou um namorado. Outras são de personagens famosos. Uma mulher sonhou com Dom Quixote, que lhe parecia um herói da integridade, apesar de imprudente. Outra mulher, que não conseguia colocar-se diante da ira de seu marido, sonhou que ganhou o apoio exatamente do tipo de homem de que ela necessitava, um famoso batedor de beisebol, isto é, alguém que rebate a bola, conecta-se bem com sua asserção.

Às vezes, algum homem especial dá coragem à mulher em perigo. Um rabino, com poder espiritual contra captores nazistas, apareceu num sonho de uma mulher e deu-lhe coragem para livrar-se de sua sujeição na vida real. Um índio curandeiro orientou uma mulher sobre como defender-se das forças hostis. Um namorado curou os ferimentos físicos de uma mulher com sua música numinosa. Quando uma mulher em seu sonho enfrentava uma situação de perigo, seu amigo fez de repente uma piada e o riso que provocou — uma mudança de perspectiva — dissolveu o clima de perigo.

Há mulheres que foram tão maltratadas ou injuriadas por homens em suas vidas e que desconfiam tão profundamente deles que não têm ajuda de homens comuns em seus sonhos. Entretanto, em situações de perigo, elas às vezes recorrem a imagens incomuns do *animus*: uma mulher sonhou com um amigo extraterrestre que sabia como enfrentar o perigo. Outra teve vários sonhos repetidos com seu guia especial na forma de um "homem-árvore" que tinha surgido como um espírito de uma árvore; ele tinha a aparência de um homem comum, com exceção de que era verde. No início as mulheres não têm nenhuma imagem do *animus*, mas têm animais auxiliares a seu lado, como por exemplo um cão ou um tigre. As primeiras figuras masculinas podem ser ameaçadoras, ineficazes ou ambíguas em termos de auxílio, e podem evoluir muito lentamente até se tornarem verdadeiros aliados. De qualquer forma, quando uma mulher se desenvolve, seu *animus* também se desenvolve e pode tornar-se um guia especial com sabedoria, poderes espirituais ou de cura, ou pode ainda tornar-se um amigo protetor, semelhante a ela mesma, um gêmeo — que é seu próprio lado masculino.

Quando uma mulher sonha com figuras femininas envolvidas com agressão, elas podem representar conflitos no interior de si mesma ou seus conflitos com a própria agressividade, representados como imagens diferentes de si mesma. Essas muitas vezes refletem situações antigas em que se sentiu ameaçada ou segura com sua mãe, suas relações ambivalentes e identificação com vários modelos de mulheres ou amigas, bem como outras experiências de conflito ou agressão em sua vida. Essas figuras assumem muitas formas diferentes, algumas das quais você encontrará por todo este livro. Entre as figuras femininas aterrorizantes encontram-se a bruxa, a mãe furiosa e amigas sarcásticas.

É claro que a própria mulher, o "Eu" no sonho, como a principal protagonista, lida ela própria com as situações agressivas à sua própria maneira feminina e, muitas vezes, está resgatando sua própria criança interior ferida. As figuras femininas que às vezes aparecem em sonhos para ajudar a enfrentar ameaças, agressões ou perigos o fazem sob muitas diferentes formas: uma deusa ou santa poderosa cuja presença neutraliza o perigo; uma extravagante velha lasciva que acaba totalmente com uma atmosfera pesada de medo; um grupo de apoio formado por mulheres; uma vizinha italiana de quando a mulher era criança; uma menininha confiante que toma a mulher pela mão e a conduz para a segurança; uma amiga corajosa que empunha uma faca contra o agressor; uma irmã que tem a ingenuidade para escapar; uma figura gêmea cautelosa que espera a situação mudar; uma instrutora de Aikidô ao lado da sonhadora que sabe como desviar o perigo. Por fim, todas as figuras lutando no palco interior da mulher a ajudam a solucionar a questão de como lidar com sua própria agressividade.

Os dois sonhos seguintes envolvendo imagens femininas mostram-nos que novas soluções para a agressividade podem surgir do nosso lado feminino. No primeiro, a mulher confronta uma figura feminina agressiva; no segundo, a própria sonhadora é uma figura feminina primitiva cujo potencial de agressividade precisava de um tratamento especial para ser redimido.

Confrontando a agressividade interna bruta

Como não tivemos muitas oportunidades de exercer efetivamente a agressividade e de desenvolver conscientemente tipos diferenciados de respostas agressivas às várias situações, a agressividade bruta pode tomar em nossos sonhos a forma de luta física de proporções assustadoras. Quando essa luta é com uma figura feminina interior, ela pode muito bem ter suas causas nos primeiros anos com a mãe e a grande intimidade, bem como na raiva terrível que pode existir entre mãe e filha ou, às vezes, entre irmãs.

Essa mulher em particular era uma filha tímida, cuja mãe extremamente intelectualizada e centrada em si mesma atacava-a inesperadamente, como que desdenhando qualquer vulnerabilidade. Um grande ressentimento inconsciente não expresso e uma agressividade hostil foi crescendo em seu interior. Mas ela teve um sonho e uma experiência fantasiosa que ajudou-a a adquirir uma maior autoridade em sua vida para confrontar sua própria figura agressiva interior.

O sonho ocorreu quando ela encontrava-se num ambiente estranho e um pouco assustador. Pela primeira vez, ela estava acampando sozinha num bosque. Antes de adormecer, ela perguntou-se se seria capaz de defender-se se fosse atacada. Mais tarde, ela despertou de um pesadelo.

O ataque de uma mulher terrível. Uma mulher terrível com um olhar intenso me ataca subitamente. Ela me atinge no ponto em que sou mais frágil e vulnerável: está prestes a cortar minhas entranhas. Ela é tão forte e malvada que nada consegue fazê-la parar. É magra, com cabelos desalinhados e roupas escuras esvoaçantes, como a versão infantil da bruxa.

Quando ela acordou, decidiu confrontar a figura numa fantasia — confrontando ativamente o inconsciente pelo uso da imaginação ativa — com os olhos arregalados, dentro da barraca escura, ela começou:

Imaginação ativa. Vejo a mulher terrível que estava me atacando no sonho. Pela maneira que combato, sou tão terrível quanto ela. Preciso ser. Tenho pavor da figura. Portanto, parto-a ao meio. Sou malvada. Ponho as mãos em sua boca e quebro a cara dela, faço as piores coisas que posso imaginar. Tenho que fazê-las para que ela não me mate. Por fim, ela pára de me atormentar.

Depois disso, a mulher pode voltar a dormir.

Ela já tinha tido esse mesmo pesadelo; um homem tinha estado com ela nesses sonhos, mas mesmo ele não pode protegê-la. Era sua própria figura interior, representando a maldade no interior de sua mãe e também dela própria, que ela tinha que enfrentar e com a qual lutar. Ela tinha de tirar dos instintos selvagens e perversos sua força consciente para defender-se, bem como dominar sua própria maldade quando necessário.

Essa agressividade arquetípica tinha de ser enfrentada de um modo arquetípico básico. Também precisava ser curada. Na próxima noite em que esteva acampada, ela seguiu seu impulso de realizar uma dança para invocar os espíritos protetores antes de dormir — um *temenos* seguro para si mesma. Segundo seu último informe, muitos anos após o evento, o pesadelo nunca mais voltou.

Transformando a raiva e a agressividade no âmbito de um *temenos* seguro

Como somos suas vítimas, a agressividade parece-nos algo tão negativo que as primeiras imagens que surgem de nosso inconsciente — de nossa própria raiva e agressividade — tendem a ser muito primitivas, tais como insetos e cobras. Essas imagens representam a agressividade arquetípica que precisa ser transformada em formas mais humanas e apropriadas.

No final de uma noite, após um dia agradável juntos, uma mulher — Jan — "picou" inesperadamente seu parceiro com irritação por causa de um problema reprimido. O ataque súbito transformou-se numa briga desconcertante. Demasiadamente cansados para resolver o conflito naquela hora, eles decidiram discuti-lo pela manhã. Naquela noite Jan teve o seguinte sonho:

> **A abelha da terra.** Sou uma abelha da terra, pronta para pôr ovos. Estou impaciente para pôr os ovos, mas tenho de fazer um ninho antes. Percebo isso com um ar de resignação — tenho que fazer algo antes.
>
> É um processo natural: excreto uma substância da ponta da minha cauda de abelha. É uma substância esbranquiçada que sai e eu dou voltas e mais voltas, como uma espiral, construindo o ninho.

O primeiro pensamento de Jan ao despertar foi que ela tinha de fato "picado" inesperadamente seu namorado, sem preparar um tempo ou lugar para que sua raiva pudesse ser recebida no sentido de mudar efetivamente as coisas. Ela não tinha agido de maneira muito deliberada e cuidadosa, como normalmente, mas tinha sido espontânea. Jan vinha querendo reconhecer quando estava com raiva e ser mais espontânea, mas isso ainda era um problema tanto quanto contê-la!

A principal emoção presente no sonho é a impaciência — o desejo de sair — e é isso que significa chocar sobre a raiva, sentir-se como se fosse explodir e o desejo de soltar vapor. O sonho sugere, portanto, que ela tem que fazer uma pausa para preparar o ninho — um recipiente seguro primeiro, neste caso, uma espiral (símbolo do desenvolvimento do *Self*), um líquido branco transformador extraído de sua própria substância.

A mulher recordou de um incidente que ocorrera quando pequena. Ela estava falando com sua tia quando percebeu vagamente que estava brincando com algo na mão. Jan olhou e viu uma abelha viva em sua mão, mas ela não a tinha picado! Reexaminando o passado, ela perguntou-se se o motivo estava no fato de sua tia ser alguém com quem se sentia muito segura. As abelhas só picam para defender-se. Ela pensou então que talvez fosse sobretudo a ansiedade dela mesma ou de outras pessoas que fazia com que as abelhas picassem. A ansiedade, sob a forma de impaciência, faz com que a pessoa ou pique ou seja picada. Se Jan estava a fim de tornar-se mais consciente de sua raiva, ela podia ver a impaciência e a ansiedade como seus primeiros sintomas perceptíveis.

Jan percebeu que sua irritação a tinha deixado ansiosa e, portanto, impaciente e que ela devia ter parado, se pudesse, para preparar um lugar suficientemente seguro e uma hora — em que ela e seu parceiro não estivessem tão cansados — para resolver o problema e obter o que ela necessitava. Começar a lidar com a raiva e a agressividade é com freqüência muito difícil.

Uma questão com respeito ao sonho a intrigava. A abelha significava obviamente a agressividade por causa de sua picada, mas por que "pôr ovos"? Ocorreu-lhe que o sonho referia-se não apenas ao ninho seguro de que a outra pessoa precisava para receber sua raiva, mas também ao lugar seguro de que ela precisava quando criticada. Ela participava de um grupo de escritores e tinha se exposto à crítica — posto seus ovos (seus poemas) — antes de sentir-se segura. Apesar de ter se precipitado impacientemente em sua ansiedade, talvez ela precisasse de um tempo para chocar — preparação interna — bem como expressar externamente seus temores ao grupo para receber ajuda dele e sentir-se segura.

Foi preciso que uma pessoa de fora sugerisse a Jan que talvez a abelha no sonho fosse também um trocadilho do acrônimo WASP, as iniciais de *White Anglo-Saxon Protestant.** Certas pessoas sabem que fazem trocadilhos em seus sonhos, e essa mulher era uma delas. Ela riu e disse: "Talvez essa seja uma das razões por que o movimento WASP realmente pegou, porque a palavra é apropriada! Foi assim que eu fui criada: engole-se a raiva em silêncio e, de repente, dá-se uma picada com uma observação sarcástica".

Essa consciência cultural deu a Jan uma perspectiva. Ela não precisava restringir-se às maneiras com que sua própria cultura lidava com a agressividade. Alfinetar não é uma expressão eficaz da agressividade. Pode haver talvez uma certa satisfação ao se soltar um pouco da raiva, vingar-se e advertir os outros, mas normalmente apenas faz com que a outra pessoa sinta-se ferida e queira retaliar. Com isso não se consegue o que se pode conseguir com outras formas de asserção — ajudar a pessoa a abrir seu caminho no mundo — que é o propósito da agressividade. Existem formas mais eficazes de expressar a raiva e de ser assertivo, as quais podem exigir a preparação de um recipiente seguro.

---

* Protestante branco anglo-saxão, cujas iniciais em inglês formam a palavra WASP, que significa abelha. (N. T.)

116

Se examinarmos a mensagem mais profunda desse sonho, ele reproduz a lição mais ampla do sonho "Engolindo a agulha" com o qual iniciamos este capítulo. Naquele sonho, a mulher redirecionou sua atenção das qualidades agressivas das alfinetadas para o fato de a agulha estar com linha, o que sugeria que ela deveria transferir suas energias do jogo da dominação em sua vida para a realização de seus próprios potenciais femininos com propósitos construtivos. De maneira similar, neste sonho com a abelha da terra, primeiramente a mulher concentrou-se nas táticas ofensivas e defensivas da agressividade, mas cometeu o mesmo erro na vida real: concentrou-se na agressão em vez de na asserção, na sua relação amorosa, no seu trabalho, na sua poesia,

Que outras possibilidades o sonho revela? Examinando-se atentamente o sonho, vemos que trata-se de um determinado tipo de abelha, uma abelha da terra, incidentalmente capaz de agredir, mas no sonho preocupada com pôr ovos e protegê-los. A terra refere-se à raiva inconsciente e neste sonho é transformada em um líquido puro (esbranquiçado) que forma-se em volta de um centro (voltas e mais voltas como em uma espiral), símbolo do desenvolvimento do *Self* — a maior força e aliado da mulher. A simples abelha da terra é, portanto, com seu potencial de agressão, mas também com sua dedicação à criatividade, uma imagem que nos instrui a respeito do modo feminino de nos tornarmos fortes e produtivas pela dedicação àquilo que realmente é importante para nós.

4
A sombra:
o lado oculto

"Quem sabe do mal que se oculta no coração dos homens? A sombra sabe." Essa introdução ao programa radiofônico popular da década de 1940, "A Sombra", parece conter algo de verdadeiro. Às vezes vislumbramos, ao espreitarmos os cantos escuros de nossa consciência, mistérios que fazem parte da condição humana. Vemos e sentimos certas coisas socialmente inaceitáveis que preferiríamos não reconhecer ou vivenciar. O termo "sombra" refere-se comumente a essas qualidades negativas, todas as coisas ruins que não se ajustam à imagem consciente que temos de nós mesmos e que expulsamos da luz do ego consciente.

Sombra pessoal, cultural e arquetípica

Este capítulo começa com uma discussão sobre três tipos de sombra: *a sombra pessoal* — características ou fraquezas individuais que relutamos em aceitar como partes de nós mesmos e que freqüentemente projetamos injuriosamente sobre os outros; *a sombra cultural* — características ou deficiências gerais comuns a um grupo ou cultura, porém negadas consciente ou inconscientemente pelos membros do grupo e suas instituições, normalmente projetadas para outro grupo em forma de atitudes preconceituosas, de estereótipos ou de bodes expiatórios; e *a sombra arquetípica* — qualidades globais da humanidade, o obscuro desconhecido que jaz nas profundezas da psique, que percebemos apenas vagamente, quando percebemos, como forças irracionais, sobrepujantes ou destrutivas do universo.

Essas qualidades "sombrias" aparecem em nossos sonhos para que possamos reconhecê-las e assumi-las como nossas. Se não assumimos nossas sombras, elas podem atuar contra nós. A maioria das qualidades sombrias é negativa e, por isso, a maior parte dos sonhos apresentados neste capítulo lida com a exposição e o estabelecimento de um acordo com essa sombra negativa. Entretanto, muitas pessoas têm também qualidades positivas, das quais têm vaga consciência e estão impossibilitadas de aceitar ou têm medo de usar: a "sombra positiva". As mulheres, em especial, foram educadas pela cultura mais ampla no sentido de não se apropriarem de suas muitas qualidades positivas, como a assertividade, uma natureza independente ou sincera, um espírito ousado, criativo ou intrépido. Por isso, a parte final deste capítulo é dedicada ao sonhos com a sombra positiva.

A sombra pessoal ardilosa

A sua sombra pessoal consiste dos impulsos, sentimentos, pensamentos e imagens que você considera tão inaceitáveis, desagradáveis ou embaraçosos que nega totalmente a sua existência ou tem apenas uma consciência parcial deles. Essas são suas próprias fraquezas individuais. Podem incluir preocupações com questões como de inadequação social ou impulsos sexuais e agressivos que pareçam inapropriados.

Nossa sombra pessoal é exposta em nossa vida familiar e em outras relações íntimas. Em relacionamentos íntimos de anos, acabamos mostrando quem somos, com nossos aspectos positivos e negativos. Uma razão de as relações com nossa própria família serem tão dolorosas é porque ela pode enxergar nossas falhas, nossa sombra. E nós também enxergamos as sombras de nossos familiares e essa é a razão de eles nos parecerem tão imperfeitos. De maneira similar, em nossas interações diárias com as pessoas com quem trabalhamos, ano após ano, chegamos a conhecer a nós mesmos e a elas demasiadamente bem para negarmos a realidade de nossos defeitos pessoais. A necessidade de poder e a manipulação política no trabalho podem ser, por exemplo, qualidades da sombra, por mais suave que seja a sua aparência.

Como você pode conhecer a sua sombra, uma vez que por definição ela é mais ou menos inconsciente? A sombra pode tornar-se mais evidente em certas ocasiões: quando se estabelece relações íntimas ou de trabalho e, também, quando elas são rompidas com acusações mútuas ou pensamentos obscuros a respeito dos sentimentos pessoais. Você pode detectar sua sombra naquilo que você não quer revelar em um novo relacionamento ou novo trabalho. O que você deseja ocultar ou encobrir de você mesma? Quais são suas piores fantasias sobre o que alguém poderia pensar de você? Sua sombra pode também vir à luz em momentos de espontaneidade, quando você está brincando, com raiva ou bebendo.

O que acontece se não procuramos conhecer e compreender nossa sombra? Ela pode fazer-se conhecer por nós e por outros através de um constrangedor lapso verbal quando estamos relaxados; de um humor irritável quando estamos estressados; ou de uma crueldade para com outros quando estamos cansados, embriagados ou somos aguilhoados. Às vezes nos recusamos tão veementemente a reconhecer os impulsos de nossa sombra que eles surgem em forma de sintomas físicos incômodos, como a indigestão ou a tensão muscular.

Enganamos a nós mesmos por não conhecermos a nossa sombra. As pessoas que são "demasiadamente boas", que não projetam nenhuma sombra, são bidimensionais. Elas não têm substância e não parecem reais para si mesmas nem para os outros. Muitas vezes, elas esforçam-se para serem ainda melhores, de maneira a poderem sentir-se satisfeitas consigo mesmas e para que os outros gostem delas, mas isso apenas serve para aprofundar o problema. Elas ficam ainda mais culpadas no que diz respeito a si mesmas e mais exigentes com relação àqueles que não correspondem a seus níveis de exigências impossíveis.

Ficamos secretamente fascinados — ou no mínimo intrigados — pelas pessoas "malvadas". Falamos incansavelmente de um membro da família ou de um colega que é rebelde, que se safa das situações ou é repreendido merecidamente. Apreciamos livros e filmes com heróis culpados que acabam redimindo-se. Na sombra encontra-se a verdade psicológica por trás de nosso interesse pelas novelas policiais. Qualquer um pode ser o assassino; todo mundo é suspeito — mesmo aqueles que parecem ser bons. E ficamos satisfeitos apenas quando o assassino é encontrado e levado à justiça, porque a sombra tem de ser capturada.

Uma conseqüência positiva de apropriarmo-nos de nossa sombra é o fato de sermos capazes de nos desfazer da ingenuidade jovial da menina, da *puella*, bem como da desconfortável autopercepção própria da juventude. Nosso idealismo juvenil — de como nós e os outros somos bons ou deveríamos ser — é suficientemente golpeada para se render a realidades camufladas. Normalmente evitamos olhar para os nossos defeitos, mas só uma pessoa madura e realista pode chegar a dizer: É assim que eu sou!

Mas a sombra é muito traiçoeira. Está bem escondida e não queremos de maneira alguma conhecê-la. Amigos e colegas evitam falar sobre nossa sombra, a não ser que nós mesmos a tenhamos admitido; é por isso que não toleramos a idéia de os outros falarem de nós "às nossas costas".

Quais são os meios indiretos de descobrirmos a nossa sombra? Na maioria da vezes é mais fácil enxergar a sombra negativa em outras pessoas do que em nós mesmos. Na verdade, esse pode ser o primeiro passo para vermos a nossa própria. Temos freqüentemente reações negativas quando alguém espelha parte de nossa própria imagem, que não queremos admitir e que, na verdade, *não assumimos*. Podemos não gostar ou nos sentirmos extremamente suscetíveis quando alguém expõe uma quantidade exagerada de nossas próprias características ocultas: uma pessoa agressiva, por exemplo, ou a prima-dona da classe. A intensidade de nossa reação à outra pessoa — raiva, repugnância, inveja — indica a medida da força e da ocultação da sombra em nós mesmos. Se nossa sombra está reprimida ao ponto de não a reconhecermos em absoluto, achamos difícil acreditar que tal perfídia exista em alguma pessoa. *Nós* não seríamos capazes de tal coisa!

Os sonhos constituem o meio supremo para chegarmos a conhecer a sombra. Se no sonho aparece uma figura obscura do passado, ela provavelmente representa sua própria sombra. Se uma qualidade sombria aparece no sonho em alguém que você conhece bem, ela provavelmente é a sombra da própria pessoa que seu inconsciente farejador está detectando. Qualquer que seja o caso, é sempre útil "levar a sombra para casa" e ver como ela se aplica a você mesma. Às vezes, entretanto, você perceberá que a sombra é mais cultural do que pessoal, assunto que abordaremos a seguir.

A sombra cultural

Comumente, o uso do termo "cultura" refere-se em termos gerais à cultura ocidental, uma vez que ela exerce a influência mais abrangente sobre nossa sociedade. Entretanto, qualquer que seja o grupo ou sistema ao qual você pertence (família, local de trabalho, região ou país) ou qualquer que seja a sua identidade social (gênero, classe, raça, etnia, religião ou orientação sexual), cada um pode ter sua própria "cultura" sociopsicológica distinta — mitos, símbolos, lendas, histórias, crenças, costumes, estilo de relações sociais e códigos de comportamento comuns. Todas as qualidades ou comportamentos estranhos podem recair na "sombra cultural": segredos com respeito à existência de alcoolismo na família, os severos códigos não expressos de um grupo de meninas colegiais, piadas racistas, preconceito racial, homofobia, fraqueza oculta dos homens ou redes de poder informal.

Quanto mais intensa é a luz do sol, mais escura é a sombra que ela projeta. Quanto mais autênticos, poderosos, respeitáveis ou corretos são os membros de determinado grupo, maior é a parte de si mesmos que eles têm de lançar para as trevas. Essas partes sombrias operam secretamente, fora do controle consciente, até tornarem-se tão fortes que provocam a atenção de fora, como uma intervenção externa em um caso de abuso em família ou de denúncia das ações clandestinas de um "governo paralelo".

Assim como os indivíduos precisam integrar sua sombra negativa para alcançarem a totalidade, também a cultura precisa integrar sua sombra negativa para prosperar. Muitas vezes, esse processo exige a inclusão dos membros sobre os quais se projeta a sombra e se lança o preconceito.

Em um nível bastante consciente, a cultura ocidental, como muitas outras culturas, rejeita os comportamentos individuais que podem ser inconvenientes para as instituições da sociedade, tais como: o sexo e a agressividade desenfreados, a expressão livre de sentimentos intensos, rebeldia ou desconfiança da autoridade por aqueles considerados não dignos dela.

Em um nível menos consciente, nos Estados Unidos, com nossa herança puritana e ideal do herói masculino, as falhas e fraquezas humanas comuns são consideradas desvios da norma (que na realidade é um ideal) e são vistas como sujeira, preguiça, egoísmo, feiúra, estupidez, dependência e loucura. Essas qualidades da sombra cultural são com freqüência projetadas sobre alvos fáceis, muitas vezes indivíduos ou grupos que são diferentes do ideal cultural do forte homem branco, como as mulheres, as crianças, os velhos, as minorias raciais e étnicas e outros que são de alguma maneira diferentes. A cultura majoritária nega sua própria sombra coletiva, sua própria parcela das qualidades humanas que parecem negativas, projetando-as e exagerando-as.

Como você pode reconhecer sua sombra cultural? Você pode começar pelos modos com que você e sua família, ou outro grupo de identidade, consideram-se superiores aos outros; e, inevitavelmente, você projetará a contraparte inferior, da sombra, sobre os outros. Outra questão possível de se colocar é: O que você mais teme que um grupo descubra sobre você? O quanto você é gorda? Medo de expor-se publicamente ou de ser condenada por sua gordura pode ser sua própria sombra pessoal, mas é mais provável que seja sua assimilação da atitude irracional e oculta da sociedade para com a gordura, especialmente das mulheres. Por isso, é importante que as mulheres detectem as imagens femininas preconceituosas e profundamente arraigadas na sombra cultural. Uma fonte de tais informações são os sonhos.

A SOMBRA CULTURAL NOS SONHOS. Como reconhecer quando um sonho é com a sombra cultural? Qualquer *grupo* que aparece em sonhos está provavelmente referindo-se à sombra cultural, como também qualquer *membro de um grupo distintivo* que não seja o da pessoa que está sonhando, como alguém de outra raça ou nacionalidade. Tenha em mente que os sonhos, mesmo os das pessoas mais sofisticadas e tolerantes, apresentam imagens embaraçosas e estereotipadas provenientes da sombra, uma vez que o inconsciente faz uso de imagens concretas para expressar coisas. Por exemplo, na classe média branca dos Estados Unidos, a sombra cultural é com freqüência representada nos sonhos como partes da cultura mais ampla que são "estranhas" ou diferentes da sua própria experiência cultural: a parte "feia" da cidade, várias minorias, mendigas e vagabundos. Algumas dessas são, obviamente, projeções, também, da sombra da própria pessoa.

As imagens da sombra da própria cultura nos sonhos das mulheres assumem às vezes formas como de vergonha por estar nua em público, ansiedade por ter de atuar diante de uma audiência ou o terror de ser apedrejada por um grupo de pessoas. Muitas vezes tais imagens são um indício de nosso medo de rejeição, que é o resultado da internalização das projeções inconscientes da sombra cultural sobre as mulheres.

Para pintar as imagens de seus próprios sonhos, a mulher faz, então, uso do pincel e da espátula disponíveis que sua cultura lhe oferece como projeções da sombra. Mas as imagens de *si mesma* e de sua sombra que a mulher faz também precisam ser entendidas contra a cortina de fundo mais ampla das projeções da sombra da sociedade sobre as mulheres em geral. Pois a sociedade colocou suas próprias cores sobre a Mulher, camada sobre camada através dos milênios.

PROJEÇÕES DA SOMBRA CULTURAL SOBRE AS MULHERES. As mulheres, como as outras minorias, têm uma *sombra negativa* lançada sobre elas pela cultura. Os que detêm o poder projetam sobre os outros — percebem neles — o que quer que não queiram ou não possam aceitar em si mesmos. Assim, os homens projetam nas mulheres as qualidades que não lhes são permitidas: sensibilidade, fraqueza e passividade, bem como os sentimentos da sombra negativa dos próprios homens com respeito a essas qualidades humanas. Os dominadores também atribuem a outros as qualidades que lhes convêm relegar a outros, tais como a supostamente infinita capacidade da mulher de apreciar o monótono e interminável trabalho de manutenção da dona de casa, da mãe e da secretária. Ao mesmo tempo, os que estão no poder não respeitam de fato as verdadeiras habilidades que tais trabalhos requerem.

Às vezes, os homens admiram as mulheres como fascinantes objetos sexuais com desejos eróticos que correspondem aos que eles próprios desejam nas mulheres: por exemplo, eles imaginam que ela é passiva, que ela secretamente deseja ser estuprada. Ou, por outro lado, eles podem atribuir a ela seus próprios desejos proibidos e depois denegri-la por eles. Seus próprios sentimentos de atração e desejo são projetados sobre a sereia sedutora; sua luxúria sem limites é colocada na puta; sua ansiedade com o desempenho na relutância ou "frigidez" de sua parceira; seu próprio desejo de intimidade e sua própria natureza afetuosa na mulher "apaixonada", "excessivamente sentimental" e "enjoativa".

124

Sanções severas proíbem os homens de serem vulneráveis ou, pelo menos, de parecerem ser, de maneira que seus próprios sentimentos de timidez, ternura, ludicidade e criancice são projetados sobre as mulheres e, em seguida, depreciados como "infantilidades". O medo e o terror dos homens da intimidade, do amor e do compromisso podem ser projetados sobre as mulheres a quem eles invejam ou por serem ternas donzelas ardilosas a serem seduzidas ou, o contrário, mulheres casamenteiras demasiadamente precipitadas a se apaixonarem e, portanto, para serem evitadas.

Espera-se que as mulheres carreguem o fardo não apenas da projeção da sombra negativa da cultura sobre elas, mas também sua *sombra positiva*. Homens, crianças, pais idosos e também outras mulheres — todos exercem pressões inconscientes sobre as mulheres para que desempenhem as qualidades ausentes na cultura majoritária, tais como a paciência, a bondade ou a complacência. É impossível viver de acordo com tais níveis de exigência, de maneira que as mulheres — não importa o quanto se empenhem — sentem que não são suficientemente boas para corresponder à sombra positiva: a Supermulher. Esse problema da sombra positiva — tentar adequar-se à imagem da Supermulher — junta-se com o problema da sombra negativa — tentar evitar a denegação pelas características "femininas". O resultado disso é que as mulheres sentem-se muitas vezes exauridas e desvalidas.

As mulheres têm se voltado para a terapia em busca de ajuda para a depressão e sentimentos de inutilidade. Mas, como as terapeutas feministas têm observado, se o terapeuta tradicional não tem consciência das projeções culturais sobre as mulheres, a terapia pode agravar os problemas da mulher por culpá-la por sua própria falta de confiança ou realização e por promover um eterno auto-aperfeiçoamento para que ela possa sentir-se de alguma maneira feliz com sua sorte! O que parece depressão para um terapeuta pode ser simplesmente uma exaustão, como a que é comum a uma mãe exaurida de filhos pequenos.

Uma das tarefas das mulheres é, portanto, reconhecer a sombra cultural que foi projetada sobre elas por outros em suas história de vida, vida cotidiana e no mundo em geral feito pelos homens. Os grupos de mulheres podem ser de grande ajuda, porque as mulheres podem falar de sua situação comum em uma atmosfera livre das projeções usuais dos pais, maridos e filhos. Como o melhor método de elaborar um problema é em uma situação similar — porém segura —, um grupo de apoio pode ser um bom ambiente para corrigir e sanar um problema cultural.

Uma vez que a mulher descobre sua própria sombra pessoal ou cultural, ela pode emergir como uma importante fonte de energia em vez de atuar automaticamente à revelia. Por exemplo, sua raiva justificada — quando liberada — pode ser usada assertivamente em favor dela

125

mesma ou da sociedade. Além do mais, o conhecimento de sua própria sombra torna a mulher um pouco imune ao bombardeio diário de projeções da sombra cultural. Por exemplo, se uma mulher chega a um acordo consciente com sua própria "gordura", ela estará em melhores condições para lidar com a sombra da sociedade no que diz respeito às mulheres gordas.

A sombra arquetípica

Sob ambas as sombras, a pessoal e a cultural, jaz a sombra arquetípica escondida nas camadas mais profundas do inconsciente e que se refletem nos mitos e símbolos universais, bem como nos sonhos e sentimentos intensos. Essa sombra traz um pressentimento de algo sinistro, atemoriza sobre a perda de controle e provoca ansiedade pela exposição de realidades ocultas, repulsão e horror diante dos terríveis desconhecidos. A sombra arquetípica pode expressar-se em nossa cultura através de imagens como do abutre, do diabo, da criança diabólica, de um ritual sinistro, da bruxa, do grotesco, do inimigo e de arsenais nucleares; isto é, em imagens ameaçadoras e distorcidas pela falta de discernimento das verdades cruas e profundas conhecidas pelo *Self*. Tais imagens são ainda mais ameaçadoras e globais que as das sombras pessoais e culturais. A sombra arquetípica tende para a destruição do *Self;* imagens que chegam a expressar a destrutividade em dimensões cósmicas que podem fazer o indivíduo submergir ou aniquilar a sociedade humana.

Imagens como essas, raramente reconhecidas, podem ser responsáveis pela popularidade de filmes de horror, tais como *Psycho, Alien* e *Nosferatu*. Filmes recentes de ficção científica, como *Guerra nas estrelas*, apresentam complexas figuras das sombras positiva e negativa: o pai de Luke Skywalker, Darth Vader, que não é totalmente mau, e o guia sombrio de Luke, Ben Obi-wan Kenobi, uma ambígua figura positiva do *Self*. Outros filmes de ficção científica apresentam forças e imagens do *Self* desconhecidas, porém muito positivas: *E.T., Contatos imediatos do terceiro grau* e *O abismo*.

Diferenciando as sombras: pessoal, cultural e arquetípica

Examinemos como as qualidades humanas do interesse próprio, do egoísmo e da agressividade são vivenciadas nos diferentes níveis da sombra: pessoal, cultural e arquetípico. Se você nega que tem qualidades egoístas, poderá vivenciá-las no plano da *sombra pessoal* em forma de uma vaga culpa inconsciente por desejar algo para si mesma — mesmo quando lhe é de direito. Você pode estar sujeita a ataques de ciúme de seus irmãos ou sentir inveja inconsciente de seus amigos e colegas. Em seus sonhos, podem ocorrer sentimentos de suspeita e imagens como as de vazamento de gás em casa, de insetos irritantes, de rato ou ladrão. Porém, quanto mais consciência você tem das qualidades egoístas e agressivas, assume-as como aspectos de sua própria personalidade e lida conscientemente com elas, mais você será capaz de distinguir interesses próprios comuns de uma agressividade exacerbada.

Conhecendo a sua sombra pessoal, você se preocupará menos com a das outras pessoas e fará menos projeções sobre elas. Em sua própria autodefesa, você também será menos receptiva às projeções irracionais dos outros. Você perceberá melhor a verdade com respeito ao egoísmo e à agressividade dos outros ("É necessário que haja o outro para que alguém se conheça"), e isso a tornará mais imune a tais qualidades em suas formas mais ameaçadoras — ou seja, das sombras cultural e arquetípica.

No plano da *sombra cultural*, o egoísmo e a agressividade podem aparecer como sentimentos de vitimização — constrangimento, vergonha ou medo de ser caracterizada como membro de um grupo "de fora", que é visto pelo grupo majoritário como sendo demasiadamente assertivo ou sem nenhum direito à asserção. Em sua forma de projeção, a sombra cultural pode manifestar uma superioridade pretensiosa para com uma minoria — ou desdém para com a cultura majoritária — por estar excessivamente centrada nos interesses próprios. Outro exemplo seria a aversão geral de um grupo idealista a ponto de evitar um colega que viola suas regras de abnegação. Embora o colega pudesse, de fato, ser uma pessoa vivendo para si mesma, as projeções da sombra subcultural pelos membros do grupo poderiam estar distorcendo suas percepções de maneira a não ver o colega como um todo, mas sobretudo sob o prisma dessa característica, que é então exagerada. Além do mais, qualquer catalogação genérica ou transformação dos outros em bodes expiatórios por esse grupo, no que diz respeito ao egoísmo, poderia não ser correta e provavelmente recairia na sombra do grupo.

Nos sonhos, imagens típicas do egoísmo e da agressividade no âmbito da sombra cultural podem aparecer como: uma pessoa enorme comendo excessivamente, marcas no rosto de uma pessoa, um cheiro desagradável no ar, ser membro de uma minoria em geral considerada agressiva ou egoísta, ser alvo de perseguição por uma gangue ou ainda ser a pessoa que faz dos outros bodes expiatórios.

A *sombra arquetípica* aparece de forma mais inconsciente, irracional e simbólica. Os sentimentos são difusos e intensos, tais como ansiedade diante de ameaças à voracidade e ao poder da pessoa, terror de perder seu status ou bens particulares, ou ainda raiva de outros por sua avidez. As imagens que aparecem nos sonhos podem ser de um diabo tentador, um assassino brutal, de poluição, de bruxas conspiradoras, monstros, terroristas ou forças fascistas.

É importante reconhecer todos os três tipos de sombra — a pessoal, a cultural e a arquetípica —, pois elas muitas vezes se confundem. Se você fecha a porta para um tipo de sombra, ela pode entrar por outra porta. Por exemplo, se você reprime a sombra pessoal ou cultural, ela pode cair no pântano da sombra arquetípica, de maneira que as falhas de seu vizinho ou os defeitos de sua própria cultura podem ser considerados "o mal" ou um outro país visto como "o império do mal". Uma vez que algo tenha passado para o plano arquetípico, nos sentimos compulsivamente atraídos a tratá-lo por meios arquetípicos irracionais: destruição, redenção, evitação absoluta, fascínio pela identificação ou compulsão ao confronto, meios que podem ser desnecessários e até mesmo arriscados.

ASSUMINDO A SOMBRA PESSOAL PARA NEUTRALIZAR A SOMBRA CULTURAL. O conhecimento consciente de qualquer uma das sombras pode ajudá-la a lidar com as outras. O exemplo seguinte demonstra como o conhecimento da sombra pessoal protegeu uma mulher — que inadvertidamente caiu na mira do público — das projeções da sombra cultural. Uma jovem mulher, Fran, estava ansiosa e chorou por todo um fim de semana, com medo do que poderia acontecer se uma foto, tirada sem seu consentimento, fosse publicada no jornal local. Ela tinha sido fotografada numa atitude socialmente comprometedora — confrontando iradamente alguém da comunidade. Embora Fran não se sentisse pessoalmente envergonhada pelo que tinha feito, ela tinha medo do que os outros, que eram preconceituosos, poderiam pensar dela, especialmente por ser ela membro de uma minoria. Ela estava preocupada com como o fato poderia afetar sua posição na comunidade. Poderia chegar a perder seu emprego? Por fim, Fran estava tão perturbada que resolveu tentar fazer exercícios de imaginação ativa (atividade de fantasiar) por conta própria, embora achasse que nada fosse ajudar. Ela concentrou-se em seus sentimentos de medo e desespero até que apareceu uma imagem.

Imaginação ativa: um punhado de merda. Um grupo de pessoas está despejando toda a carga de um caminhão de estrume sobre mim, como se fossem deitar alcatrão quente sobre mim e cobrir-me de penas. Peço por algo que me ajude e olho para meu punho cerrado. E eis-me ali, com um punhado de merda na mão que, de alguma maneira, me salva do perigo.

Quando Fran abriu os olhos após a fantasia, ela percebeu que estava livre do pranto incontrolável. Era difícil de acreditar, mas seu trabalho interior, vivenciando tais representações simbólicas de verdades internas e externas, tinha aliviado sua ansiedade e medo, naquilo que é conhecido como "cura simbólica". Ela não precisou entendê-las de uma maneira mais intelectual. Ela tinha reconhecido a nível profundo sua própria "merda", isto é, sua própria sombra pessoal — sua própria raiva e medos de rejeição profundamente arraigados. Trazer à luz sua própria sombra tornou-a mais livre da "merda" dos outros, fez com que ela evitasse tornar-se bode expiatório recebendo a sombra cultural projetada sobre ela. É claro que essa era apenas a metade da tarefa. Fran tinha realizado o trabalho interior, mas faltava realizá-lo exteriormente. Quando a redação do jornal abriu na segunda-feira de manhã, ela estava suficientemente calma interiormente para encontrar seu editor e defender-se.

Muitas vezes os três diferentes tipos de sombra estão todos presentes e interligados. Há ocasiões, entretanto, seja na vida real ou em análise de sonhos, que você terá que tentar distingui-los. Quando você sonha com figuras femininas negativas, deve verificar se está aceitando as projeções da sombra cultural sobre as mulheres. Ao analisar sonhos com sua família, você deve perguntar-se se não está projetando medos — ou esperanças — da sombra arquetípica sobre os membros da família. Isso pode ocorrer especialmente quando aparecem imagens intensas, como as da mãe boa e da mãe má.

Os sonhos seguintes expõem todos os três tipos de sombra, às vezes no mesmo sonho, mas a maioria deles expõe a sombra pessoal.

Sonhos expondo a sombra negativa

A própria sombra

Na vida cotidiana, é possível que você perceba apenas vagamente a existência de sua própria sombra na evitação de certos tópicos ou nos sentimentos de culpa, nas indecisões pessoais, nas insatisfações ou nos conflitos. Você pode notar de repente preocupações e sentimentos vagos em um acesso de constrangimento, em uma risada nervosa numa hora imprópria, numa irrupção de lágrimas ou num ataque de raiva. Quando um sonho revela sua sombra, você precisa ter suficiente determinação mental para superar sua resistência a entender a mensagem do sonho e levá-la a sério. Isso exige humildade, mas pode também curá-la e levá-la à integridade.

O seguinte sonho mostra como descobrir a sombra pessoal pode ser útil, uma vez que admitindo o lado escuro você será capaz de cuidar melhor de si mesma e dos outros.

Um rato numa ratoeira. Sinto um cheiro desagradável. Há um rato ou um camundongo na minha cozinha, preso numa ratoeira, contorcendo-se, mas ainda vivo. Eu mato-o ou liberto-o. De alguma maneira, tomo conta dele.

Peg, a mulher do sonho, perguntou-se: O que é *meu* rato — minha sombra? Os ratos são rápidos, interesseiros e furtivos. A primeira associação que Peg fez foi com seu ex-namorado e com o alívio que sentiu por ele não estar na ocasião vindo para a cidade conforme planejara. Subitamente ela percebeu a armadilha em que havia caído. Ela estivera planejando inconscientemente fazer sexo com ele, embora estivesse no momento numa relação monogâmica com outro homem. Peg tinha descoberto a sombra que muitas pessoas têm em seus duplos padrões morais com respeito às relações ilícitas: acham tão inocente e compreensível quando se trata delas mesmas, mas tão atroz quando se trata do parceiro! O sonho corrigiu isso, comparando Peg com um "rato sujo" se fizesse tal coisa com seu parceiro. Portanto, a sensação de "cheiro de rato" normalmente indica a sombra própria ou de outrem.

Os sonhos têm vários significados, como as várias rodelas de uma cebola, todos verdadeiros. Talvez você se pergunte por que o rato estava contorcendo-se e precisava ser morto e por que foi encontrado na cozinha — o lugar da nutrição. Peg não estava conseguindo livrar-se de uma gripe prolongada; talvez, o sonho estivesse lhe dizendo que estava conduzindo mal sua vida. Poderia o sonho indicar um significado metafórico do atual relacionamento de Peg? Ocorreu-lhe que, de fato, estava contorcendo-se numa armadilha e que teria de, mais cedo ou mais tarde, desferir o golpe cruel porém misericordioso de acabar com aquele relacionamento. Ela fora inconscientemente tentada a ter um caso por causa de sua raiva e insatisfação com seu atual namorado. Isso era algo que ela já sabia, mas que ao mesmo tempo não sabia. O sonho, com suas imagens fortes, trouxe essa verdade à consciência.

Mesmo que a sombra traga percepções desagradáveis — de que não somos tão perfeitos quanto achamos que somos —, descobri-la libera muitas vezes uma grande quantidade de energia que encontrava-se bloqueada no inconsciente. Nos sonhos seguintes, Peg dançava nas campinas com lindas flores em plena floração. Sem dúvida, o trabalho com esse sonho — tornando sua sombra mais consciente — contribuiu também para curar logo sua gripe.

Quando um sonho revela a sua sombra, ou um amigo lhe aponta uma falha, o impulso natural é negá-la e defender-se, "Não sou tão má", ou dar de ombros, "É assim mesmo que eu sou", ou então dar uma respirada e tentar ser melhor do que realmente é. Todas essas são respostas equivocadas. Precisa-se reconhecer a sombra e dar a ela seu devido lugar. Você precisa sentar-se à mesa de jantar com essa convidada obscura, civilizá-la tanto quanto puder e ver o que ela tem a oferecer. Você não pode deixá-la do lado de fora da porta, causando distúrbio ou agindo às ocultas e causando preocupações.

Quando Peg teve outro sonho e descobriu que "sua sombra estava expondo-se", sua primeira reação foi achar que devia livrar-se dela o mais rápido possível. Era isso que a sociedade vinha lhe dizendo por todos aqueles anos. Foi preciso alguém de fora, como ocorre freqüentemente, para perceber a sombra e ajudar Peg a integrá-la.

O homem se afogando. Eu estava dentro d'água salvando um homem que estava se afogando. Agarrei-o e comecei a puxá-lo para a margem, mas ele era muito grande e pesado. Então, descobri o que o fazia pesar tanto: os bolsos de sua calça estavam cheios de moedas! Por fim, arrastei-o para fora da água até a praia.

Peg mencionou o sonho a sua analista, dizendo que estava se sentindo perturbada com ele, que já sabia que era ávida por dinheiro e que "provavelmente não devia ser tão mercenária". A analista, entretanto, disse que sim, que era verdade, mas que o homem esta se *afogando* e precisava ser arrastado para a praia. A natureza mercenária de Peg era inconsciente e esse era o problema! De maneira que veio à luz o fato que, apesar de Peg preocupar-se muito com a segurança e ser muito apegada ao dinheiro, em pequenas quantias, ela não estava realmente "tomando conta" conscientemente, como no sonho ela "agarrou" o homem que estava afogando-se. O sonho indicou que ela estava apta a fazê-lo. Conseqüentemente, em vez de preocupar-se com dinheiro, ao mesmo tempo em que o negligenciava, pessoalmente ela precisava "agarrá-lo".

Então, ao confrontar sua relutância para "tomar conta" de suas finanças, Peg descobriu algo mais que sua sombra pessoal — a sombra cultural, a projeção da sociedade sobre as mulheres quanto à sua incapacidade de lidar com finanças, que inconscientemente a fazia duvidar de sua capacidade de fazê-lo. Sendo solteira, Peg sempre acreditara vagamente que dependia de seu pai para orientá-la nessa área ou que um dia um homem entraria em sua vida e tomaria conta do problema para ela.

Peg decidiu lidar com suas próprias finanças, mesmo recebendo orientação, de maneira que decidiu reservar parte de seu tempo livre para aprender a lidar com dinheiro: fazer uma assinatura anual de uma publicação sobre investimentos financeiros, entrevistar alguns especialistas, escolher um plano de aposentadoria etc. Peg limitou seus estudos a um ano e procurou interessar-se apenas por investimentos a longo prazo. Ela sabia que, por sua natureza mercenária, poderia facilmente ficar viciada no controle das coisas e não queria que seu bem-estar cotidiano sofresse as conseqüências das flutuações do mercado financeiro. O dinheiro, ainda que meio inconscientemente, como era extremamente importante para Peg, poderia fazer com que ela acabasse projetando sua segurança e seu *Self* nele, como fazem muitas pessoas.

Peg ateve-se a esse esquema e aprendeu o suficiente sobre investimentos para cuidar com bom senso de seu futuro, não envolvendo-se demasiadamente nas questões financeiras, nem recaindo em sua antiga evitação.

Nossa prolongada e intensa vida em família, com todos os seus membros disputando atenção e poder, com suas alianças, segredos e ressentimentos, tem um efeito profundo sobre as expectativas que temos de nós mesmos e das outras pessoas na sociedade. Essas expectativas são na maioria das vezes inconscientes e partilhadas por toda a família; por isso, podemos falar de um "inconsciente familiar" e de uma "sombra familiar". Alguns dos nossos sentimentos ocultos mais intensos revelam-se nas relações com nossos irmãos. Por exemplo, criamos uma crença inconsciente quanto ao tipo de posição, favorável ou desfavorável, que ocupamos em nossa família e esperamos ter uma posição similar em outros contextos sociais. Caímos inconscientemente nessas expectativas porque nos são familiares.

Os sonhos podem revelar posições e atitudes inconscientes, especialmente no que diz respeito à ordem típica entre os irmãos: os mais velhos, os do meio, os mais jovens, o filho único sem irmãos ou um par de gêmeos.

Como exemplo característico, o filho mais velho está numa posição que causa muita inveja. O mundo muda para o mais velho, que tende a sentir-se injustamente substituído pelos irmãos mais novos, que a seu ver conseguem parte do que parece pertencer-lhe por direito — a torta inteira. Isso contraria a experiência dos mais novos, que nasceram num mundo onde os outros já existem — cada um deles espera ter apenas uma fatia. Normalmente exige-se dos mais velhos que reprimam seus sentimentos negativos, porque os outros são menores. Essa é a situação clássica que favorece o surgimento do problema da inveja, do qual a pessoa terá que desvencilhar-se mais tarde.

O aerossol. Eu tinha um recipiente de aerossol e devia fazer alguma coisa para que ele não poluísse a atmosfera. Não podia jogá-lo no chão, porque vazaria, nem no mar, pelo mesmo motivo.

A mulher que teve o sonho já tinha certa idade e despertou para um problema com a sombra que ela não sabia que tinha. Sua percepção imediata foi que seus sentimentos de ciúme, como irmã mais velha, eram mais tóxicos quando ocultados. Então, ela procurou visualizar o recipiente de aerossol. Nele estavam impressas as palavras: "Perfume de limão". Ela disse: "Pensava que meu ciúme fosse amável e com perfume de limão, mas devo admitir que o disfarce é mais letal e insidioso que o mau cheiro original. A raiva verdadeira pode cheirar mal, mas é mais tolerável que o disfarce tóxico".

O "disfarce", ou negação, da inveja faz com que ela seja destilada aos poucos. Os sentimentos ocultados de forma inconsciente causam incômodos a todos porque pairam no ar e ninguém sabe de onde vêm, apesar de todos sentirem seu efeito sub-reptício.

Uma pergunta que deve ser feita diante de qualquer sonho é "por que ele ocorreu agora?". Muitas vezes ele revela sua importância na vida atual. Essa mulher vinha dividindo a liderança de um grupo com um homem que falava sem parar, não deixando tempo para ela colocar seus próprios pontos de vista. Até a ocorrência do sonho, ela não tinha percebido quanta raiva e inveja sentia dele. "Simplesmente não sabia nada sobre ciúme. Como filha mais velha, ensinaram-me que não era cristão ter ciúme dos outros."

Reconhecer a inveja dos "irmãos" em seu meio não basta. Você não consegue simplesmente livrar-se dela. De alguma maneira, o filho mais velho — e todos nós — precisa lidar com a sombra pela rendição final à perspectiva mais objetiva de que os outros também têm direito a uma parcela justa de atenção ou vantagem. Sem essa compreensão, nos magoamos batendo-nos contra a dura realidade das expectativas dos outros no mundo dos semelhantes — entre os quais alguns também são irmãos mais velhos!

No presente caso, havia dois líderes no mesmo grupo, cada um desejando inconscientemente estar no centro do palco e, portanto, sentindo-se tóxico um para o outro por querer a liderança. A mulher do sonho e seu colega de liderança precisavam usar de toda sua consciência para assumirem cada um sua própria sombra em vez de ficarem ressentindo-se um com o outro. Somente dessa maneira eles poderiam compreender seu problema comum, rir de seus dilemas e avançar no sentido de competir mais abertamente pela liderança ou de partilhá-la.

Às vezes, um evento arquetípico no mundo exterior traz à tona a sombra oculta de uma pessoa. Qualquer ordem que aparece exigindo exame ou julgamento normalmente evoca algum medo relacionado com as forças da lei e da ordem — o arquétipo do Grande Pai. No caso a seguir, uma mulher, Betsy, recebeu uma carta temida pelo correio: uma convocação para uma audiência fiscal enviada pela Receita Federal. Na manhã seguinte, ela teve este sonho com as sombras pessoal e arquetípica:

Estrume. Estou abrindo um saco de vinte quilos de estrume. Mas estou abrindo-o pelo lado errado e temo que o estrume se esparrame completamente.

Quando Betsy começou a trabalhar com o sonho em sua análise, a primeira idéia que lhe veio à mente sobre o saco de estrume foi que ela "queria esvaziá-lo todo e espalhá-lo para que fertilizasse a grama". O que era o "estrume" em sua vida que ela precisava esvaziar? Pensamentos obscuros despejaram-se — todas as coisas pelas quais Betsy se sentia culpada em sua vida pessoal: negligência a um parente mais velho, raiva de seu namorado... Enquanto Betsy prosseguia em sua audiência pessoal, ela percebeu que havia algum segredo obscuro e sentiu-se apreensiva com a possibilidade de "ser descoberta". Então, ela lembrou-se que foi, muitas vezes, molestada por um parente, quando era menina, e que ele lhe dissera para não contar a ninguém. Subjacente a esse havia outro segredo ainda mais profundo — ela acreditava que não era amada por seus pais.

Entretanto, o primeiro pensamento impulsivo de Betsy sobre o saco de estrume — "esvaziá-lo todo e espalhá-lo para que fertilizasse a grama" — não funciona na vida real com relação ao estrume, tanto quanto com relação aos segredos. É apenas uma ilusão, uma solução rápida. Estrume demais despejado sobre a grama, em vez de fertilizá-la, queima-a. Assim como despejar uma torrente de ansiedade e raiva é apenas o primeiro passo em direção ao crescimento. Seus segredos obscuros precisavam ser trabalhados, um por um, com tempo, tanto com as pessoas que fizeram parte de sua vida como em análise.

E o que dizer da própria audiência fiscal? Betsy preocupava-se com todos os pequenos detalhes que eles poderiam detectar e com um detalhe em particular, algo que ela por tolice não tinha declarado. Ela disse que o sonho pareceu-lhe um aviso: não entre em pânico e despeje tudo para a Receita Federal para acabar logo com isso! Quer dizer, ela pode ter tido um impulso para deixar que a sombra viesse à tona e fosse descoberta. Pois uma carta da Receita Federal pode ter uma força arquetípica, como se fosse uma intimação imperiosa do trono impessoal do todo-poderoso Juiz Onisciente a confessar tudo ao Deus patriarcal, ou "ser descoberta" em uma inquirição. Entretanto, Betsy não se livraria da culpa que carregara por toda a sua vida confessando-se sonegadora de impostos à Receita Federal.

Esse sonho serviu como advertência para que Betsy separasse "o que era de Deus e o que era de César". Sua verdadeira culpa pessoal com as pessoas em sua vida atual tinha de ser lidada à luz de seus princípios éticos e psicológicos; sua culpa mórbida e sua ansiedade com respeito à própria infância teriam de ser trabalhadas em análise; seus medos atuais com respeito à audiência fiscal (que, em conseqüência de sua prudência, acabou bem), bem como seus planos futuros quanto à declaração de rendas teriam de ser discutidos com seu contador. Então, Betsy poderia começar de novo — cultivando a grama verde com fertilizante apropriado — nas diferentes áreas de sua vida.

* * *

Pode acontecer de a sombra estar tão distante da consciência e ser tão assustadora que a porta não possa ser aberta antes que a pessoa esteja preparada para encará-la. A pessoa pode estar abrindo a porta que dá para todo o pântano do inconsciente e submergir na ansiedade arquetípica. Numa onda de entusiasmo, como em *workshops* em grupos, a pessoa pode ser arrastada a "deixar emergir tudo", quanto mais profundamente melhor, mas a sua verdadeira vulnerabilidade precisa ser levada em conta. Mais profundo nem sempre é melhor. Afinal, as defesas têm um propósito. Em sua curiosidade, se você arranca a casca de uma ferida antes do tempo, pode deixá-la exposta. O processo natural de cura leva tempo. Uma vez que você desenvolveu uma camada protetora sobre uma ferida profunda, então estará em segurança para examiná-la.

Uma mulher, Carolyn, teve o seguinte sonho:

Fantasmas. É como estar sentada num cinema assistindo a um filme. O lugar é uma praia à noite. Há uma criança diabólica, sangue por todas as partes e corpos açoitados.

Estou sentada perto de uma porta aberta, um cubículo, e apresso-me a fechá-la e trancá-la. Mas há uma jovem de nome Verité sentada perto de mim e que quer que eu volte a abri-la. Discutimos sobre isso e tenho que lutar com ela fisicamente para manter a porta trancada por enquanto. Depois, nos reconciliamos e nos abraçamos.

Uma voz diz: "Você está lutando para manter algo de uma mulher em segredo". Pessoas vêm até a praia. Há pessoas mortas ali, zumbis, olhando para nós ameaçadoramente. Eu lanço um líquido espesso sobre elas, que anestesia algumas; mas as outras, que não consigo atingir com o líquido, ou fogem ou permanecem para nos ameaçar. Preciso de alguma outra coisa contra elas.

O primeiro pensamento de Carolyn foi o de que ela própria era a "criança diabólica". Ela lembrou-se de um sonho que tivera um mês antes.

(Sonho anterior): **Minha mãe não lembra de coisas desagradáveis.** Minha mãe está assistindo a um filme de horror e vira a cara dizendo: "Não me lembro de coisas desagradáveis", mas a filha, olhando para ela, sabe que sua mãe lembra sim! É como se ambas, mãe e filha, tivessem lembranças vagas de coisas terríveis que aconteceram nos primeiros anos de vida da filha.

É assim que a criança capta a projeção do mal arquetípico. Quando existe um segredo oculto na família, a criança sente-se má — sente como se ela própria fosse o demônio. Carolyn disse: "Quando caio no sono à noite, aparecem os fantasmas".

Qual é o segredo? O sonho com os Fantasmas apresenta algumas pistas. A luta com Verité, a Verdade — manter a porta fechada para um segredo terrível de uma mulher —, pareceu-lhe que era sua necessidade inconsciente, na época, de continuar acreditando que sua mãe era boa, para que pudesse manter a lembrança de uma "boa mãe" e sentir-se segura. Na vida real, essa crença assegurava a proibição de sua mãe de não falar sobre certas coisas, mantendo o "inconsciente familiar" intacto — no caso, a capacidade de maltratar uma criança. Verité lutava com ela para fazê-la revelar a verdade, mas ela ainda não estava preparada.

O que é o líquido que acalma? Carolyn disse que era o álcool, que ela bebe vinho ou cerveja para relaxar. Mas, como no sonho, só às vezes consegue dissipar as imagens, como fantasmas, que sempre a perseguiram. Conforme o sonho indica, nem tudo pode ser anestesiado, quer dizer, permanece no inconsciente. A verdade é incansável, os fantasmas são incansáveis e querem revelar-se para ficarem em paz.

Como Verité, a Verdade, não vence no sonho, Carolyn não procurou descobrir mais detalhes dessa vez. Ela não estava preparada. Anos mais tarde, quando ela pôde encarar a verdade, Carolyn descobriu que tinha sido maltratada fisicamente por sua mãe quando era bebê e criança pequena e depois sexualmente molestada por seu pai quando tinha por volta de quatro anos e que ela, provavelmente, tinha vivenciado tais incidentes como "num filme", num estado de transe ou de dissociação, como ocorre freqüentemente com crianças de menos de cinco anos. Os "zumbis" no sonho eram imagens que Carolyn mantinha de seus pais na época. Sua mãe vivia à base de tranqüilizantes naqueles anos e parecia estranhamente ausente, como um zumbi, embora às vezes subitamente viva quando explodia sua raiva inconsciente. Seu pai, quando abusou dela, não parecia ser ele mesmo, mas estranhamente ausente e irreal, provavelmente ele num estado de compulsão, quem sabe revivendo um abuso que ele próprio tinha sofrido quando pequeno.

De que modo o sonho se aplica à situação que Carolyn vivia na época em que o sonhou? Por que ela teve o sonho naquele momento? Carolyn perguntava-se se sua própria sombra — o que ela temia deixar sair do "cubículo" em sua vida real — era seu lesbianismo. Ela sentia-se muito ansiosa por ser lésbica. A luta de Carolyn com Verité na vida real, quanto a permitir que essa verdade chegasse ao conhecimento dos outros, fez surgir dentro dela o espectro de uma sombra arquetípica mais assustadora, que tinha sido projetada sobre ela quando fora fisicamente maltratada e sexualmente molestada na infância, bem como sua primeira imagem de si mesma como "criança má". Não é de surpreender que no sonho ela lutasse com Verité! E não é surpreendente que fosse aterrorizante para Carolyn imaginar-se saindo do cubículo como lésbica, uma vez que qualquer desaprovação cultural atingiria sua profunda ferida pessoal e arquetípica.

Carolyn respeitou o que o sonho sugeria: ela estava demasiadamente ansiosa no momento para poder explorar a verdadeira natureza de suas antigas feridas e curá-las e também estava demasiadamente ansiosa para poder aceitar sua preferência sexual. Ela precisava antes separar seus medos reais de seus medos arquetípicos. Carolyn disse que sentia uma pressão vinda de si mesma e dos outros, mas acrescentou: "Aqueles que sentem-se invulneráveis não conhecem a crueldade". Ela precisava, portanto, continuar mais um tempo com sua "boa mãe" que ainda não conseguia ouvir coisas desagradáveis, antes de poder encarar a dura verdade de seus primeiros anos de vida, bem como as diferentes reações contra a sua orientação sexual que ela podia esperar do mundo em que vivia, que iam da rejeição à aceitação.

Em todos estes sonhos, abrir a porta para sua própria sombra negativa, por mais assustador e humilhante que possa parecer — conhecer seu próprio rato furtivo, sua inveja com aroma de limão, os fantasmas de sua família e seus próprios segredos —, pode ajudar a amolecer seu coração para com você mesma e os outros, a ser mais tolerante com as fraquezas humanas e a prestar atenção na sombra para proteger tanto a si mesma como aos outros.

A sombra dos outros

Os sonhos podem apontar para a existência de alguma qualidade em outra pessoa que ainda não percebemos conscientemente, talvez porque não quiséssemos acreditar que fosse verdade, talvez porque fôssemos cegos para a existência dessa qualidade em nós mesmos. Por isso, os sonhos podem nos advertir para tomarmos cuidado com a sombra de outra pessoa e, ao mesmo tempo, alertar-nos para a nossa própria. Como na vida cotidiana, onde é mais fácil enxergar a sombra em outra pessoa do que em nós mesmos, tendemos a aceitar mais facilmente a percepção do que quando nossos sonhos nos revelam nosso próprio lado escuro. Em alguns desses sonhos, as pessoas viram as sombras de outros; em outros sonhos, descobriram também suas próprias sombras.

A SOMBRA DE OUTRA PESSOA. Uma administradora tinha concluído todas as entrevistas para um cargo de atendimento ao público e tinha tomado sua decisão quanto a quem contratar. Outros funcionários concordaram com sua escolha, um homem que era muito brilhante, ousado e considerado por todos um *superstar*. Mas ela decidiu deixar passar uma noite de sono antes de comunicar-lhe a decisão na manhã seguinte. Naquela noite ela teve o seguinte sonho:

> **O clérigo desconfiado.** Eu estava observando o candidato que andava na calçada com um clérigo. Este lhe lança um olhar suspeito e vira-se de maneira que pude ver esse olhar.

Ela ficou intrigada porque o sonho lançava uma dúvida sobre o candidato. Então ela lembrou-se que na entrevista ele tinha passado por cima de um problema que tinha surgido em seu trabalho com um grupo comunitário. Posteriormente, no escritório, ela consultou os outros administradores. Sim, eles achavam que ele era de longe a melhor escolha, mas, pensando bem, por alguma razão eles não gostariam de trabalhar realmente com ele! De maneira que o *superstar* não foi escolhido, mas em seu lugar um homem muito confiável com um currículo menos promissor, que tinha sido negligenciado e que provou ser inestimável no trabalho. Ocorrências posteriores confirmaram o que o inconsciente tinha advertido sobre o *superstar*: ele revelou-se um problema em outro emprego.

A SOMBRA DE UMA FIGURA PARENTAL: O seguinte é outro exemplo do inconsciente revelando a sombra de outra pessoa, no caso, a sombra do pai da sonhadora. Ele mostra como uma família pode ser cúmplice na ocultação da sombra de um forte e querido membro da família. Na época do sonho, ele revelou um significado à sonhadora. Mas nele ocultava-se outro significado que ela só descobriu anos depois.

> **Um alce furioso.** Estou atravessando um campo com minha mãe. De repente, vemos um alce furioso. Ele escoiceou alguém, que está no chão gemendo. Minha mãe e eu temos que fazer algo!
> Digo: "Vou chamar uma ambulância" e minha mãe diz: "Vou até o cara que está ferido". Penso que teria muito medo de me aproximar dele, porque o alce continua ali. Mas eis de novo minha mãe, com sua atitude de Poliana: Ela pode ir até o homem ferido porque é imune. Finjo também não ter medo, mas digo a ela: "Você precisa de um revólver. Não vá lá, não se arrisque a ter seus próprios pulmões rebentados!".

Concentrando-se na imagem do alce, a mulher — Tanya — fez surgir a sombra oculta nele. Ela disse: "É um macho furioso, forte, enorme, ferido e muito perigoso. Os alces são animais irados que não devem ser provocados. Ele é um macho mais velho". Então veio-lhe a intuição. "É meu pai, esta é sua sombra: irada e temível".

A contraparte do alce — o homem ferido — é a ferida do próprio pai e sua capacidade de passá-la para outros ferindo-os. O pai de Tanya, como muitos homens, ocultava sua ferida com a raiva. A ferida do pai é sua sombra mais profunda que a mãe conhecia; por isso, seus ataques de ira não a assustavam tanto quanto assustavam Tanya, que via apenas a negação por parte de sua mãe. No entanto, Tanya também sabia uma verdade — que ataques de fúria são alarmantes e possivelmente perigosos para quem está próximo.

O que pode uma filha fazer com esse tipo de conhecimento? Como podem ela e sua família lidar com a sombra do pai? Tanya disse: "Assim como nesse sonho, minha mãe normalmente é imune aos maus humores de meu pai. Ela não se preocupa, acha que tudo vai acabar bem. Ela é a Grande Absorvedora. Eu finjo-me de despreocupada também, mas comigo é diferente". Ela procurou entender a diferença entre elas, considerando as atitudes de suas respectivas gerações: como sua mãe tinha crescido em outra época, quando esperava-se que as mulheres aceitassem tudo e tomassem conta de todos os demais, cegas às agressões e suas próprias necessidades e vulnerabilidades; como, na década de 1970, as mulheres se desiludiram e, em seguida, na de 1980, começaram a defender-se, fazendo coisas por si mesmas e não simplesmente pensando nos outros e fingindo que tudo estava bem.

Quando uma mãe nega coisas ocultas na família — no caso, a agressividade do pai assim como os medos e interesses próprios da mãe —, a filha pode também fingir, mas compensar a negação tornando-se medrosa. No interior da filha, existem ambos os lados: o "lado mãe" negando as ameaças, mantendo a visão da mãe, apoiando-a na não exposição do pai; e o "lado filha", com medo, vergonha de sua preocupação com as ameaças, mas tentada a deixar de fingir e reconhecer a verdade.

No sonho de Tanya, esses dois lados assumiram a forma de mãe e filha confrontando uma situação, "colocando as coisas pra fora". A figura da filha enfrenta a figura da mãe e aparentemente prevalece em suas preocupações e advertências quanto à necessidade de ter uma arma para protegê-las do perigo real. Porém, ao mesmo tempo, a figura da filha no sonho adota apropriadamente a herança da armadura de sua mãe: "Finjo que também não tenho medo". Nesse caso, o fingimento é consciente e uma forma de adaptação. Algum nível de negação é uma defesa necessária quando alguém precisa agir numa situação de perigo.

Na ocasião, o que Tanya concluiu desse sonho foi que precisava estar alerta a suas próprias tendências inconscientes tanto de exagerar como de minimizar os perigos.

Anos mais tarde, em terapia, emergiu uma sombra arquetípica muito mais profunda oculta no sonho com o alce: o lado negativo do arquétipo do Grande Pai — para ela, o fim da ordem e da proteção do universo. Ela lembrou de quando, na infância, fora violentamente atacada na rua e mal conseguira lutar para escapar da tentativa de estupro. Tanya ficou muito apavorada com a violência do ataque e seu senso de segurança no mundo tinha sido abalado, mas seu maior problema foi a negação de sua família do impacto que ele lhe causara. Ela permaneceu confusa entre os sentimentos vagos de ter sido traída (abandonada com todos os seus medos) e os sentimentos difusos de culpa por ser tão medrosa.

Essa confusão tinha deixado Tanya com um medo desproporcional do mundo. Ela percebia inconscientemente a sombra agressiva de seu pai como um "alce enfurecido", uma imagem muito violenta, quando a sombra dele era muito menos agressiva que essa. Por fim, revivendo o ataque que sofrera na infância através da imaginação ativa e reconhecendo em análise seus antigos medos, Tanya aliviou um pouco esse substrato de ansiedade em seu inconsciente. Ela estava agora mais preparada internamente para separar o que era perigoso no mundo do que não era e para agir de acordo. Ela fez também um curso de defesa pessoal para proteger-se melhor das agressões externas.

SOMBRA FAMILIAR E CULTURAL. Quando nos deparamos com as necessidades dos menos afortunados, quer respondamos com compaixão, negação, leviandade ou insensibilidade, inevitavelmente nos confrontamos com a sombra. Isso no fundo nos perturba. Passamos apressados pelas pessoas desabrigadas ou damos uma pequena esmola com uma ponta de culpa por ser tão pouco. Somos tentados a defender-nos dos sentimentos incômodos pela atribuição — certa ou errada — de qualidades das sombras pessoal e cultural a outros: eles exigem muito de nós ou pertencem a um grupo que, por alguma razão genérica, não é tão "merecedor" como os outros. Contrariamente, quando nos encontramos na posição de quem pede, temos outro conjunto de fortes projeções da sombra sobre os possíveis benfeitores e tememos o julgamento que eles fazem de nós. Esse fato — que situações de desigualdade provocam projeções da sombra de uns sobre os outros — é uma das razões por que os grupos de auto-ajuda podem ser psicologicamente mais satisfatórios do que a interação com autoridades. Existe uma troca de experiências comuns que leva a uma maior empatia e corrige as percepções.

De maneira similar, as fortes projeções da sombra familiar podem ser trazidas à luz por uma disposição de seus membros de descobrir o aspecto comum das sombras pessoais. Como os membros de uma família normalmente têm as mesmas feridas, temos a capacidade de sentir profunda empatia um pelo outro. Além do mais, o conhecimento do estilo familiar ou herança cultural pode ajudar a descobrir as qualidades que a tradição de nossa família nos legou — a sombra familiar ou cultural. Em nossas projeções mais profundas de uns para os outros, podemos também tocar na sombra arquetípica.

Uma das fases da vida em que tendemos a confrontar todas as situações descritas acima de uma vez é a meia-idade, quando somos solicitados a cuidar dos pais velhos, ou na fragilidade da velhice, quando nós mesmos precisamos de cuidados. Tais situações podem colocar cada um de nós em contato com nossos próprios sentimentos ocultos de vulnerabilidade em todos os níveis.

Uma mulher, a quem chamamos Kathy, teve o seguinte sonho na noite em que falou por telefone com sua mãe, que tinha lhe pedido dinheiro. Kathy tinha se sentido dividida entre atender ao tom "desesperado" da voz de sua mãe e enviar-lhe o dinheiro e não atendê-lo porque sabia que sua mãe não estava tão necessitada. Ela sentiu instintivamente que, concordando ela poderia, de alguma maneira, estar prometendo muito mais que dinheiro, o que a fez ficar apreensiva.

Os dois vagabundos. Há neve na rua. Dois homens grandes — vagabundos — e eu estamos andando pelas ruas de Boston. Vemos uma velha mansão de forma arredondada e queremos entrar nela. Perguntamos ao casal do lado. Digo a eles que os vagabundos são de Harvard, de maneira que eles dão aos vagabundos a chave da mansão...

Então sinto-me culpada por tê-los enganado e temo que os vagabundos incendeiem a casa se acenderem um fogo e tentarem morar nela. De maneira que confesso ao casal do lado que eu simplesmente tinha inventado aquela de Harvard e digo-lhes que deviam se precaver e pedir de volta a chave dos vagabundos quando eles retornassem, o que eles fazem...

[A cena muda.] Ao ir embora, uma mulher dá-me um pequeno livro, uma cartilha alemã de presente.

Primeiramente, Kathy achou que o sonho referia-se à sombra pessoal de sua mãe — enganosa, desamparada, exigente — e, possivelmente, à raiva arquetípica de sua mãe (pôr fogo) se Kathy lhe prometesse segurança total (uma mansão de forma arredondada) e não cumprisse. Provavelmente havia alguma verdade nisso. Kathy achou que seu sonho lhe mostrava o quanto ela estava se sentindo má e o quanto ela inconscientemente reverberava o tom de "desespero" de sua mãe no telefone. Ela achou que o sonho exagerou sua reação para que ela pudesse enxergar a sombra de sua mãe, bem como sua culpa oculta por não ser mais generosa com ela.

Então ficou evidente para Kathy que o sonho referia-se à sua própria sombra — seus próprios vagabundos, suas tentativas inconscientes de fazer com que os outros respondessem por suas necessidades emocionais, dessem a ela a chave para a segurança e a felicidade, com o ressentimento inevitável (incêndio da casa) que isso acarreta. Ela tinha dificuldade de ser solidária — ou determinada — com os "vagabundos" de sua mãe, porque não sabia lidar com seus próprios "vagabundos"! Se você não consegue dizer nem sim nem não às suas necessidades, não conseguirá dizer nem sim nem não às necessidades de outra pessoa.

As dimensões cultural e arquetípica podem também ajudar a esclarecer como mãe e filha compartilham de uma mesma sombra cultural ou das mesmas expectativas arquetípicas. A verdade era que — na tradição germano-americana de repressão emocional e de independência no caso desta família em particular — a mãe de Kathy não tinha sido muito generosa quando Kathy necessitara; agora era a vez de Kathy não ser muito generosa. Sua mãe estava colhendo o que tinha semeado. Nem Kathy podia dar a sua mãe "a velha mansão de forma arredondada", o sentimento arquetípico de segurança profunda, o *Self* feminino básico, que sua mãe não tivera na infância como tampouco não o tinha na velhice. A realidade do lado negativo da Grande Mãe arquetípica é simbolizada pela paisagem do sonho — a "neve na rua". Uma filha não pode simplesmente representar o papel positivo ou negativo da Grande Mãe. No entanto, dentro de seus limites, ela pode dar a sua mãe um pouco de atenção e cuidados maternos. Kathy percebeu que sua mãe podia gastar *um pouco* de dinheiro e que ela podia oferecê-lo a ela. Sua mãe precisava também desse tipo tangível de apoio, e a filha podia oferecê-lo desde que conhecesse seus limites.

Muitas vezes um pequeno detalhe num sonho é de importância crucial, especialmente se for um detalhe distintivo — um sinal de que o inconsciente deseja comunicar algo muito específico. Uma pista para que Kathy entendesse esse sonho e seu impacto subjetivo sobre ela foi o "livrinho, a cartilha alemã". A cartilha, um texto elementar, significava para ela os fundamentos básicos da comunidade familiar germano-americana em particular. Os deveres e obrigações eram claros. Mesmo que as relações possam ser reservadas e "frias" emocionalmente, a filha deve prestar alguma ajuda concreta aos pais idosos que, às vezes, pedirão as coisas de uma forma agressiva, mas são em geral auto-suficientes e emocionalmente independentes, exatamente como se espera que a filha seja. Por trás desse individualismo e pragmatismo havia outra verdade fundamental: o profundo sentimento de solidariedade e vínculo com a família. Esse era manifesto apenas em tempos de necessidade premente ou no espírito de generosidade de certas atividades familiares, tais como a *gemütlichkeit* [*intimidade*] das celebrações familiares. Embora esse sentimento fosse em geral ocultado, e permanecesse inconsciente, ele de fato era muito real.

Esse é um exemplo em que o "inconsciente cultural", os costumes tácitos e as verdades subjacentes da cultura de uma família são trazidos à consciência. O inconsciente cultural contém muita sabedoria e muita tolice; é preciso que a mente consciente de um indivíduo leia o livrinho para encontrar sua sabedoria. Isso abriu o caminho para ela sentir-se bem dando de fato algum dinheiro a sua mãe.

E o mais importante é que o sonho também revelou o que a herança cultural tinha excluído: a sombra cultural — os vagabundos — os desprezados que têm que mendigar por um pouco de conforto. Não era apenas o "desespero" pessoal de sua mãe, mas também o seu. Era a tradição cultural que ambas compartilhavam: não pedir ajuda ou, se solicitada, aparentar mais frieza do que generosidade em resposta.

Essa compreensão proporcionou a ela uma mudança de atitude. Passou a sentir-se mais à vontade para seguir seus próprios impulsos maternais, os quais levaram-na para além dos confins inconscientes da forte influência do patriarcado nela. Ela descobriu em si mesma a vontade de oferecer a sua mãe um pouco de apoio emocional — resultante de seu sentimento de solidariedade para com a sombra dos vagabundos, os desabrigados que desejavam morar numa mansão e precisavam "acender um fogo" para aquecerem-se.

Sonhos que revelam a sombra positiva

As mulheres acham difícil reclamar — quanto mais proclamar — suas qualidades positivas ou conquistas. Que as mulheres tenham orgulho próprio é culturalmente inaceitável, assim como o é para os oprimidos em geral. E mesmo quando estamos entre mulheres e desejamos encontrar modelos positivos entre nós, na maioria das vezes nos relacionamos pela empatia, fraqueza e solidariedade. Somos ainda desconfiadas de nossas qualidades positivas, temerosas de quebrar o tabu e expormos nossas forças, nossas esperanças e nossas realizações.

As mães sentem-se compelidas a ensinar a suas filhas como serem "bem-sucedidas" na sociedade e, muitas vezes, o fazem dentro dos mesmos limites estreitos que conhecem e com as mesmas imagens restritas da feminilidade: ser agradável, magra, *jamais* ser egoísta e de se sentirem realizadas através dos outros ou da ilusão. De maneira que a mãe, com a melhor das intenções de tentar educar sua filha para ser aceitável, pode de fato estar fazendo com que ela se sinta criticada, desvalorizada ou, pior ainda, fracassada.

As imagens positivas da sombra que aparecem nos sonhos podem alertar-nos para os nossos potenciais inerentes, não reconhecidos por nossas mães pessoais nem por nossa cultura. A sombra pessoal positiva torna-se mais evidente quando sonhamos com pessoas que admiramos. Por exemplo, uma mulher extremamente introvertida sonhou com uma amiga "que tem uma delicadeza essencial". Ela disse: "Não gosto da delicadeza comum, mas a dela é verdadeira". Essa é a sombra positiva da mulher reservada, sua generosidade genuína, prestes a emergir agora que está com mais de sessenta anos e com confiança em si mesma, livre para assumir seu próprio lado extrovertido. A sombra cultural positiva pode aparecer em sonhos em forma de um *grupo de apoio formado por mulheres* ou de uma *mulher especial* — representando qualidades apreciáveis de uma herança étnica ou racial ou de outra origem considerada positiva ou afortunada.

Como muitas mulheres não tiveram modelos pessoais e culturais positivos, o inconsciente delas é atraído para imagens arquetípicas positivas, como figuras de deusas, para compensar o que está ausente na vida real. Raramente vislumbramos a sombra arquetípica positiva em nossos sonhos. As formas que ela pode assumir são as imagens de união, do paraíso, de Xangrilá, de um grupo religioso ideal ou de uma comunidade utópica, de um grande líder, de uma deusa de poder, serenidade ou amor. Os sentimentos arquetípicos são os de bem-estar, otimismo, idealismo, harmonia cósmica, esperança, iluminação ou inspiração. Esses opõem-se às formas negativas — caos, inferno, devastação nuclear, o Demônio, desespero.

As mulheres que têm sonhos com a sombra positiva são as que precisam de um lampejo de luz nas trevas de suas vidas. As mulheres cujos sonhos apresentamos a seguir precisavam de uma forte sacudida para despertarem para seus potenciais e esperanças. Talvez seja por isso que alguns sonhos da parte final deste capítulo apresentem imagens arquetípicas tão fortes, para que pudessem tocar verdadeiramente nas suas feridas e anseios e ajudá-las a avançar.

Voando alto com a inspiração

Uma mulher que tomou a importante decisão de embarcar numa nova carreira sonhou com a sombra positiva em forma de imagens arquetípicas.

O cavalo e o elevador. Estou andando a cavalo e entramos num prédio e vamos direto para o elevador. Um guarda reclama: "Você não pode fazer isso! Não pode entrar com o cavalo no elevador". E eu respondo: "Ó, sim, eu posso!".

O elevador vai subindo, subindo e subindo até chegarmos no topo. Continuo montada no cavalo. Saímos para um campo com uma luz dourada, como as colinas na França que são infundidas por uma luz dourada muito especial — do tipo que os impressionistas pintaram.

O que significa essa fascinante imagem de um cavalo subindo em um elevador? As mulheres entre nós que tiveram na infância ou na vida adulta a oportunidade de andar a cavalo conhecem o fluxo de energia, a vibração energética especial e a arte sutil de lidar com ela — deixando-a fluir ou retendo-a com uma rédea suave, porém firme. Conhecem sua energia animal inconsciente.

Subir num elevador leva essa imagem dinâmica um passo adiante. Este cavalo no elevador sugere Pégaso, o cavalo alado, símbolo arquetípico do voar acima de nossas energias humanas comuns, de se deixar levar pelo inconsciente. Pégaso é inspiração, imaginação, esperança. Ele aparece quando a mulher está perdida na monotonia da vida cotidiana, esquecida de seu *Self* e precisando inflar-se um pouco e insuflar-se com um pouco de ânimo. Ela pode estar demasiadamente consciente de suas limitações ou precisar romper com os limites estreitos dos conceitos sociais sobre suas limitações e não permitir que eles bloqueiem seu caminho. Ela precisa montar seu cavalo alado, convocar "todos os cavalos do rei", isto é, reunir as últimas forças do centro de seu inconsciente para empreender a jornada.

O cavalo representa para nós a força hábil — ardente, resistente e livre, ao mesmo tempo que obediente e sensível ao toque de nossa vontade, como se fôssemos um só. Ele nos faz retornar à nossa primeira experiência no ventre materno, quando éramos "um só", e à consciência primordial de união com a natureza. Pois as predecessoras de Pégaso eram a Deusa Cabeça de Mula e a Deusa Musa cujo casco em forma de lua tinha o poder de fazer jorrar fontes de água da terra.[1] Não é de surpreender que o livro de Jean Auel, *The Valley of Horses*[2] (O vale dos cavalos), tenha capturado a nossa imaginação com sua imagem de uma forte mulher pré-histórica domando e montando um cavalo, descobrindo o êxtase da exaltação das emoções, o espírito leve e ardente que conhecemos através do cavalo, e que se tornou sagrado desde os tempos pré-históricos.

Este sonho moderno com Pégaso ajudou a mulher a afirmar "*Ó sim, eu posso!*" do fundo de si mesma em um momento crucial de sua vida. Hoje, com mais idade e proprietária das terras em que escolheu viver, ela confirma: "Então eu me mudei e foi muito bom! Todo mundo na época me achava louca por deixar um bom emprego... mas depois desse sonho eu sabia que tinha as rédeas nas mãos. Que eu podia fazer isso".

Na verdade, era algo que ela precisava fazer, tinha de tentar, apesar das dúvidas e proibições representadas em seu sonho pelo guarda. Ela precisava obedecer a sua tremenda energia interior — montada a cavalo

— e subir atrás da promessa, da escolha espiritual, a luz dourada em seu sonho. Era um empreendimento arriscado. Os outros acharam que era loucura por causa dos sérios problemas físicos que ela sempre tivera, mas teria sido mais fatal permanecer em seu mundo cinzento. Assim como a sombra negativa pode drenar a energia vital de uma pessoa, também a sombra positiva o faz se não tiver o que lhe é devido. É como se algo em nós clamasse por ser quem somos, o que podemos ser e esse próprio Algo nos dá forças — ou se torna nosso inferno, quando negado.

Uma longa e penosa busca da sombra positiva

A seguinte seqüência de sonhos mostra a longa busca por sua sombra positiva empreendida por uma mulher. Kate cresceu em mundo tão terrível — privação, alcoolismo, violência e abandono — que ela mal ousava ter esperança de alguma luz. Na época do primeiro sonho, ela estava se aproximando dos quarenta anos. E estava com muito medo de envelhecer. O primeiro sonho mostra-a deixando interiormente o mundo sombrio da mãe (alcoolismo e apego à juventude) e passando para o mais claro, de sua avó e da Velha Sábia, embora numa versão negativa dela.

A velha senhora com a vassoura. Estou dirigindo meu carro morro acima, o que exige um grande esforço. Em seguida, ando na direção do prédio em que moro. O lugar é agora apenas um quarto vazio, porque mudei-me dali. Já deveria ter ido embora e estou apenas recolhendo algumas coisas.

Uma velha senhora está varrendo a calçada. Ela ergue a vassoura e empunha-a contra mim em desaprovação por eu ainda estar ali. Ela diz: "Você de novo!". Cacareja confiante como uma velha galinha doida. Eu finjo estar indignada: "Ainda estou aqui sim. Tenho o direito de buscar meu jornal e minha correspondência". A velha senhora não se convence.

De alguma forma parece que não é para eu me livrar dela ainda. Quero tornar-me amiga dela. Há três portas de entrada para o prédio. Pergunto-lhe: "Qual é a sua?".

Mas então vemos uma ruiva. É a proprietária que mora no térreo. [É a dona do apartamento em que vivi. Ela bebia. Uma verdadeira fascista vestida com roupão de banho tocando nossas campainhas, fora de controle e com uma energia irada... como minha mãe.] A velha senhora com a vassoura não quer que a proprietária ruiva nos veja conversando.

O sonho mostra uma mulher lutando com dificuldades para sair do quarto vazio — a posição da filha sob o controle da mãe e de sua própria senhoria interior, ambas dramáticas, irracionais, furiosas e poderosas. E mostra a mulher sendo atraída para uma nova figura arquetípica, uma versão um tanto quanto negativa da Velha Sábia — uma velha que varre as coisas, que tem um cacarejo confiante de bruxa, que conhece as coisas obscuras e com quem ela estabelece uma competitiva camaradagem.

No sonho, ela quer saber qual é a porta da velha senhora. Como ela pode ter acesso àquela que varre as coisas, sua própria Velha Sábia? Essa relação fora clandestina, mas ela está começando a passar em seu íntimo sua lealdade a essa nova autoridade, que até então lhe era proibida.

De que maneira as crianças aprendem a evitar as pessoas positivas ou negar as qualidades positivas em si mesmas? Uma das formas mais comuns é os pais fazerem os filhos sentirem-se culpados ou rejeitados por gostarem de uma pessoa positiva. Quando os filhos foram privados dessa maneira para não esperarem muito de ninguém, eles podem ficar com uma impressão vaga de que não *merecem* alguém positivo. Parece que foi isso o que aconteceu com Kate. Quando menina, tendo preferido sua avó, uma mulher forte que tratava-a um pouco melhor que sua mãe, ela foi acusada de traição. Assim, a avó e suas qualidades positivas — de apoio e capacidade de decisão — foram proibidas e ocultadas e essas qualidades foram suprimidas da infância de Kate.

A intuição de Kate dizia-lhe que seu sonho referia-se a seu processo de envelhecimento. "Deixei de ser jovem, mas não quero renunciar à juventude e assumir a condição de velha!" Como sua mãe, ela preocupava-se muito com o envelhecimento, com a perda de seus atrativos e com sua segurança. Mas a própria Kate contrapôs: "Minha avó era uma pessoa decidida e ela acreditava em mim. Só que depois ela ficou muito velha e decepcionada com a vida".

Era como se Kate achasse que tinha apenas duas alternativas na vida: ou ser como sua mãe, uma alcoólatra obcecada com sua aparência, ou como sua avó, que um dia fora ativa, mas que no final tornara-se deprimida. No fundo de seu inconsciente, Kate parecia ter de escolher entre permanecer sendo a garotinha impotente, a *puella* arquetípica em seu aspecto de Cinderela condenada às cinzas, sujeita aos ataques irracionais da mãe interior negativa, e aliar-se à bruxa arquetípica, sua independência interior herdada da avó, porém proibida e, portanto, confinada às camadas mais obscuras de seu inconsciente. Evidentemente que sua tarefa é confrontar os arquétipos tanto da *puella* quanto da bruxa para descobrir que valor positivo cada um deles pode lhe oferecer.

De todo modo, sempre é importante para a mulher, se possível, descobrir algo de valor que foi passado para ela de sua própria mãe. A mãe de Kate a censurava tanto que Kate, em resposta, via apenas os aspectos censuráveis de sua mãe e as qualidades comuns a ambas — um espírito temerário e livre que podia tornar-se brutal e um lado deprimido, suicida que bebia. As primeiras manifestações da sombra positiva podem surgir do confronto da realidade com as profundezas do complexo da mãe negativa e do resgate de algum aspecto positivo de tais qualidades negativas: da temeridade, talvez a capacidade de arriscar-se; do espírito livre, a ludicidade e a individualidade; da depressão, talvez a tristeza, o caminho para a suavidade feminina. Nessa altura, Kate disse que ela ainda não sabia se era capaz de assentar-se e comprometer-se com uma relação ou com um trabalho, mas desejava sentir-se "feminina" e "suave" para com seu parceiro.

O sonho seguinte mostra que para deixar de ser *puella* — passiva, ressentida e dominada pela mãe negativa — a mulher tem de ir primeiro ao mundo do pai. A *puella* precisa geralmente confrontar o "outro" masculino e adquirir qualidades como a da separação ou asserção ativa para poder lidar com a intensidade do mundo da mãe. Entretanto, no sonho seguinte de Kate, esta Cinderela não encontra um Príncipe para resgatá-la e fazê-la feliz. Em seu lugar, ela encontrou uma rígida cultura patriarcal que a manteve aprisionada. O sonho induziu-a a realizar um trabalho de imaginação ativa em que encontrou a capacidade de separar-se no interior de si mesma para libertar-se da opressão de seu passado.

Ela teve este sonho horrível na noite seguinte ao da Velha Senhora com a Vassoura. Nele, Kate *testemunhou* o que aconteceu, isto é, reconheceu o passado que ainda era parte dela. Pois, de fato, ela agitou as velhas águas escuras quando ousou buscar a luz. Na verdade, para algumas pessoas as antigas trevas são tão dolorosas que não suportam vê-las de novo e, sabiamente, decidem deixar as coisas como estão.

Atadura de pés. Estou observando. O dono de uma casa abastada coloca uma garota — viva — num freezer. É só por um tempo, como castigo, pois ele é antiquado.

Há uma lâmpada sobre o freezer. E se a lâmpada cair? Ela cai e pega fogo, uma conflagração. Será que alguém sabe? Ela vai morrer!

O homem abre o freezer como se fosse a arca de um tesouro. Onde está a garota? Embaixo dos alimentos. Um grande pé é atado. Ele reacomoda-o como se fosse um tesouro. Haverá um inspetor por perto que tentará esconder o pé?

Estou num hospital e vejo um homem jovem com os pés quebrados. Eles são um pouco menores do que deviam ter sido antes de ficarem deformados. Ele senta-se na cama e o lençol é subitamente tirado. Seus pés ficaram gravemente deformados como as ataduras japonesas (sic) de pés, não com os dedos atados, mas os pés dobrados e achatados dos lados. Ele pega sua própria perna e coloca-a sobre a orelha para mostrar como tinha sido forçado a ficar naquela posição para poder ser colocado no freezer.

Kate disse que os pés deformados referiam-se à sua *puella*, que não estava realizando seus potenciais, condição que a sociedade — o mundo patriarcal — tinha imposto brutalmente às mulheres. Ela sentiu-se compelida a mudar essa situação. (É interessante que, no sonho, a garota transforma-se num homem de pés atados, o que provavelmente serve para ressaltar o quanto seu próprio lado masculino forte também estava atado.)

Esse sonho tem muitas outras imagens importantes para as mulheres em geral, como a do gigante Procusto.

A SOLUÇÃO PROCÚSTEA. As mulheres em geral precisam estar particularmente cientes da "solução procústea" dos problemas. No mito, o gigante Procusto cortava as pernas de seus prisioneiros se eram demasiadamente longas para caber em seus leitos e espichava-as se eram curtas demais. Deitar-se no "leito de Procusto" significa, portanto, conformar-se a padrões impostos com total desconsideração pelo crescimento natural e pelas diferenças individuais.

Para a mulher moderna, o gigante Procusto representa as atitudes culturais absurdas que desconsideram e impõem às mulheres métodos que equivalem penosa e absurdamente às "ataduras de pés" e à "perna colocada sobre a orelha" do sonho. Entre os exemplos modernos de tais práticas extremadas encontram-se o espichamento da face da mulher que é "muito velha", achatamento da que é "muito alta", o uso de saltos altos desconfortáveis e a prática de toda uma série de coisas às quais as mulheres sentem-se forçadas para ajustarem-se a um modelo em lugar de aceitarem — e sentirem-se aceitas — suas qualidades únicas e seu desenvolvimento natural através dos anos.

O "dono da casa abastada" no sonho refere-se aos que detêm o poder patriarcal — o pai ou outros —, que prometem poder e recompensas, mas que, na verdade, oprimem a mulher, colocam-na no freezer e a mantêm alienada de seus sentimentos femininos afetuosos. Essa espera pela recompensa pode manter a mulher na posição de eterna menina, de filha que não consegue manter-se sobre seus próprios pés saudáveis, sua própria base na realidade. Ela permanece sendo a filha do pai que não é capaz de sair para o mundo em busca de sua própria fortuna como mulher adulta ou de suportar a realidade do envelhecimento e da morte.

A imagem de um tesouro ou da arca de um tesouro é de importância crucial nos sonhos. Ela em geral refere-se ao que é verdadeiramente precioso, o *Self*, que deve ser mantido em segurança. Nos mitos e lendas, a tarefa do herói ou da heroína é encontrar o tesouro perdido ou resgatar a jóia do gigante ou monstro terrível e trazê-la de volta. Aqui, entretanto, o sonho expõe a verdade terrível de que a mulher pode ficar aprisionada na arca do tesouro de outrem — num freezer. De algum modo, Kate tinha sido condicionada a encontrar sua realização tornando-se a imagem do que sua mãe tinha premeditado para ela, de acordo com os valores de seu pai e de outros homens — uma imagem muito tentadora para que uma mulher bonita tente satisfazê-la e, também, muito trágica, como foi o caso de Marilyn Monroe. Em última instância, para ela (como se verá em seu trabalho com o sonho), o verdadeiro tesouro é o *Self* — a verdade de seu valor próprio como pessoa, sua capacidade intrínseca de amar, que ela consegue encontrar arrancando seu próprio fogo do mundo patriarcal.

GELO E FOGO. As imagens de gelo e fogo no sonho (o freezer e o fogo) ajudam-nos a entender as pessoas que conhecemos e que são como esses extremos: gélidas e distantes ou impetuosamente iradas e apaixonadas. Somos às vezes atraídos para tais pessoas, especialmente atores ou artistas, porque esperamos acender esses sentimentos extremos em nós mesmos para podermos ter uma idéia do sofrimento terrível e da dramaticidade da vida humana, enquanto nós mesmos permanecemos o mais seguros possível em um mundo mais familiar de moderação e evitação dos extremos negativos. Como as pessoas geralmente valorizam a comodidade, a segurança e os aspectos positivos da vida, é difícil no início entender as pessoas cujas vidas são dominadas pelo gelo e pelo fogo. Tais pessoas têm mais facilidade para aceitar o lado negativo do que o positivo, por mais estranho que isso possa parecer. Elas conseguem receber facilmente uma crítica, mas recusam um elogio. O motivo é que a crítica é familiar e elas estão entorpecidas. Ela é simplesmente acrescentada ao resto de negatividade que foi relegado ao depósito gelado, de maneira que lhes é possível sobreviver sem ter que fugir o tempo todo, enquanto que algo positivo perturba-lhes por não ser familiar e fazer parte da sombra. A sombra positiva pode, por isso, abrir uma grande ferida, uma grande ira ou uma grande esperança, daí o profundo medo dela.

O sonho sugere que a verdade emergirá para Kate do choque do gelo com o fogo, com o fogo predominando sobre o gelo — a conflagração da raiva, da dor e da consciência quando ela reconhecer a opressão e começar a derreter sua frieza interior em sua busca apaixonada de algo mais para sua vida. Como qualquer pessoa que saiu do gelo e aqueceu as mãos geladas sabe, o aquecimento precisa ser aos poucos. Para uma mulher que esteve "no gelo" por muito tempo, será preciso paciência e perseverança para suportar a dor de voltar a viver. Ela precisa saber disso, bem como os outros a seu redor para que não se apressem a querer socorrê-la. Se o terapeuta ou amigo for demasiadamente caloroso, ela se retrairá, como se estivesse sendo queimada. Em pessoas com passados apagados como nesse caso, o *Self* está oculto, mas próximo das feridas mais profundas, numa posição precária como a da lâmpada no sonho.

Elas podem ser sufocadas pela conflagração da raiva e do discernimento ofuscante. "Deixe-me em paz!" pode ser então a resposta absolutamente apropriada para elas.

Em vez de *Self*, encontramos ainda no sonho, por enquanto, a *puella* — a menina — já furiosa com o benfeitor/opressor por mantê-la impotente. E furiosa por ter caído na impotência. A queda da lâmpada sugere a queda de um equilíbrio ou falso *Self* centrado não em si mesma, mas na sua identificação com o poder masculino, a paixão e o ponto de vista masculinos. Portanto, a queda pode ser uma libertação rumo à sua própria vida. Para uma *puella*, a queda brusca é inevitável. Pode livrá-la da condição de vítima no domínio de outrem e pode dar-lhe forças para erguer-se do chão e firmar-se sobre seus próprios pés, começar a mover-se por conta própria ou então retornar à condição de impotência.

Kate foi suficientemente abalada pelo sonho e ficou com raiva o bastante para poder realizar o trabalho de imaginação, concentrando-se nos sentimentos aterrorizantes do sonho. Em sua imaginação ativa, a palavra "pai" veio-lhe espontaneamente e ela viu-se colocando uma cerca ao redor dele, enquanto ela ficava do lado de fora. O que ela tinha encontrado em si mesma era o modo masculino tradicional de lidar com sentimentos intensos — traçar linhas e manter uma distância segura. Era disso que ela necessitava muito em seu repertório, não apenas de sentimentos intensos. Na verdade, os sentimentos intensos requerem pelo menos um de seus opostos complementares, a objetividade, para se poder trabalhar de uma maneira benéfica. Assim, Kate começou o movimento passo a passo em busca de seu próprio *Self* e de uma maneira de usar seu fogo como combustível para seu próprio desenvolvimento.

Na semana seguinte, Kate teve outro sonho.

Reparações. Uma mulher que conheço, com lágrimas nos olhos, pergunta: "Quando você vai acertar as contas comigo?". E eu respondi: "Reparação é o quarto passo e eu ainda nem comecei o primeiro". Eu estava com raiva dela e pensei: "Você é a última pessoa com quem me emendaria!", mas não disse.

A mulher "com lágrimas nos olhos" é uma pessoa que Kate conhece na vida real e que a afeta como a figura de um bom pai, alguém com uma característica paterna para ela. Kate disse que a mulher é uma feminista articulada que faz uso de seu intelecto. Entretanto, o sonho nos diz que Kate não está totalmente preparada para aceitar essa figura positiva, seu próprio potencial emergente de Velha Sábia que pode comover-se às lágrimas. Kate precisa dessa força para confrontar os fatos do comportamento passado, reconhecer a vulnerabilidade e obter o controle sobre a vida cotidiana.

No entanto, Kate continua rejeitando qualquer figura parental da mesma e antiga maneira hostil que serviu-lhe como proteção de seus pais na infância. Na verdade, até esse momento em sua terapia, por descrença ou, talvez, assustada, ela havia rejeitado qualquer interpretação psicanalítica, bem como os esforços para entender ela mesma e seus sonhos e qualquer empatia ou esperança. Esse sonho diz que ela terá que efetuar vários passos antes de poder reconciliar-se com sua analista e também com seu próprio guia interior.

É evidente que esse sonho significou uma pequena abertura para seu lado mais positivo, pois, ao longo da semana seguinte, Kate disse estar se sentindo bem e esboçou seu primeiro gesto afetuoso à sua analista. Meses depois ela sentiu uma onda de amor por seu parceiro, a cujo afeto ela não tinha sido capaz de responder ou apreciar da maneira que gostaria. E ela decidiu batalhar por uma formação profissional.

Para Kate, portanto, esses eram os passos intermediários que faltavam — conhecer a bruxa e a proprietária de terras, protestar por ter tido os pés atados, querer avançar sem abrir mão de seu antigo poder, abrandar sua raiva — em sua mudança interna em direção à sombra positiva.

Algum tempo depois, na noite em que Kate recebeu o diploma pelo curso que concluiu, ela sonhou com imagens de mulheres potencialmente positivas, ainda que marcadas por seu antigo medo da sombra positiva. Ela tinha consciência do quanto sua mãe lhe parecia "má" e, nessa hora de esperança e passagem para um novo papel, o sonho a deixou preocupada e desejando saber se ela própria tinha um lado positivo o bastante para poder usar sua formação para curar ou se tinha uma sombra tão negativa que seria capaz de causar danos.

Pois assim que o sonho, descrito abaixo, mostrou-lhe a figura da Velha Sábia em uma forma culturalmente religiosa, ela temeu por seu caminho individual. E no sonho, o fato de ela ter reivindicado sua própria sabedoria evocou seu medo de uma imagem arquetípica assustadora de uma iniciação religiosa coletiva que poderia destruir sua identidade. Entre outras coisas, essa imagem podia ser seu próprio terror do compromisso positivo.

O sonho tem uma significação mais ampla servindo como advertência quanto a ingressar na "arte da cura" ou numa profissão de atendimento ao público. Se você não tem base pessoal suficiente, ou se sua nova profissão não tem suficiente tradição ou princípios éticos, você poderá ter de enfrentar vários perigos: perder sua posição individual, submeter-se como peão ao poder do grupo ou deixar-se inflar pela participação no grupo e abusar de seu próprio poder.

Você sempre foi tão sábia? Estou com uma amiga minha na casa de sua mãe, que é uma pessoa religiosa. A mãe nos pergunta: "Vocês rezam?". Minha amiga responde: "Sim", mas eu não quero dizer isso, de maneira que mantenho a minha integridade e a acalmo respondendo: "Não à sua maneira". Ela diz: "Jesus pode tirar seus pecados". Estou num jantar numa sala de aula, onde estamos alinhados em fileiras de carteiras. A mulher a meu lado me pergunta: "Você sempre foi tão sábia?". É uma bajulação, mas eu a aceito! Estou disposta a mostrar do quanto sou capaz. Pelo rabo do olho, vejo uma procissão da mãe e das outras, todas ornadas com fitas brancas e com sedutora graça feminina. Há uma figura alta sobre pernas-de-pau com uma capa preta e com uma cabeça redonda feito a lua com luz translúcida. Há uma menina desamparada com três mulheres dançando à sua volta num ritual.

Sei que é um arranjo para pegar-me, uma iniciação religiosa para mim! A mãe aproxima-se de mim dizendo: "Podemos purificá-la de seus pecados". Ela se aproxima e eu caio para trás, depois corro de um lado para outro, rindo histericamente para espantá-las todas. Elas resmungam: "Ó, é claro, as pessoas são histéricas antes de serem purificadas. Já vimos pecadores assim".

Eu saio correndo pela porta da frente. A filha corre atrás de mim, gritando: "Minha mãe vai te ajudar". Viro-me e digo: "Afaste-se de mim". Deixei minha bolsa, documentos de identidade e dinheiro lá; talvez a mulher que estava a meu lado enquanto comia e estudava os traga para mim.

Kate achava que o sonho referia-se a seu medo de envelhecer, de "ser simplesmente o que você é em lugar de sua *fantasia* do que você poderia ser". Ela tinha sempre baseado sua vida nos seus fortes atrativos femininos, mas a conclusão de seu curso era uma oportunidade de passar da condição de *puella*, de "menina desamparada", para a de "mulher sábia" em seus anos futuros. E o sonho veio-lhe, como freqüentemente ocorre, num período de transição — a conclusão de seu curso — para ajudá-la a realizar o trabalho necessário para a iniciação em sua nova vida.

O sonho mostra o processo interno de uma mulher lutando com um forte complexo materno negativo. Exatamente quando está prestes a formar-se — a colocar o anel de ouro de sua vida, aceitar o reconhecimento e afirmar sua sabedoria — ela tem recaídas de desmerecimento e vê o elogio como uma mera "bajulação" em vez de uma confirmação de seu *Self* feminino. Ademais, se ela ousar aceitar seu status, poderá temer ficar inflada e vulnerável como centro de atenção de um círculo de mulheres. Poderia ela render-se ao fascínio do poder feminino, ser levada a fazer o mal ou ser privada de sua identidade? Ela perguntava-se se tinha alguma integridade, se havia possibilidades de ela própria ter um bom futuro.

Esse sonho foi de importância crucial para Kate reconhecer seu medo da sombra positiva. Na seguinte sessão de análise ocorreu-lhe uma fantasia: ela e sua avó saíam de casa, deixando sua mãe e toda a sua negatividade. Sua avó então abraçou-a e confortou-a, apesar de sua própria decepção com a vida.

Então, finalmente apareceram sonhos positivos: um sonho no qual Kate sentia uma nova compaixão por seu irmão, um sonho no qual ela sentiu uma grande alegria por ver sua avó ainda viva e um sonho no qual sua mãe finalmente a protegia. Na vida real, pela primeira vez em quase quarenta anos, Kate viu-se espontaneamente confrontando sua mãe por causa da bebida e isso levou-as a um diálogo verdadeiro e a sentirem-se melhor uma com a outra.

Esses quatro sonhos mostram, portanto, como a sombra positiva pode emergir para lidar com as forças negativas do pai e da mãe. De suas lembranças pessoais do passado, Kate resgatou alguns aspectos positivos de seu pai, de sua mãe e de sua avó, assumiu-os como seus e afirmou sua própria individualidade. Kate ainda não estava preparada para assumir sua própria sabedoria e não conseguia aceitar ser iniciada por um grupo de mulheres mais velhas. Mas esperava que a mulher a seu lado, uma figura interior próxima da consciência, a ajudasse.

É realmente uma jornada muito árdua e penosa para muitas mulheres afirmar suas qualidades positivas em nossa sociedade e é uma grande decepção quando algumas tropeçam e caem ao longo do caminho. Para Kate, que sempre tinha andado à margem de um mar turbulento, o recuo das ondas — seu medo da sombra positiva — era um puxão para trás demasiadamente forte; alguns meses depois dessa série de sonhos ela deixou a análise. Talvez ela precisasse ficar sozinha por um tempo em seu mundo familiar negativo para assimilar o que tinha acontecido antes de arriscar-se a seguir um novo caminho. Talvez ela precisasse reconhecer melhor a sua verdadeira natureza sombria, seu desejo de poder e sua preocupação com o "mal". Talvez Kate precisasse mais do lado "bruxa escarnecedora" de sua analista do que do otimismo junguiano que ela associava com o fanatismo religioso. Talvez esse não fosse afinal o "seu caminho" e ela tenha prosseguido no velho. No entanto, Kate assumiu um compromisso básico com o crescimento e é provável que seu inconsciente acabará ajudando-a a encontrar seu caminho. Podemos cair de volta nos velhos padrões até que a vida volte a nos sacudir e, então, temos que tentar novamente mobilizar nossas forças mais recônditas para retomarmos a jornada. Talvez Kate encontre outro caminho ao lado da mulher interior positiva que reconheceu sua sabedoria e que foi a primeira a perguntar-lhe: "Você sempre foi tão sábia?".

5
Relações:
o coração que discerne

Todas as relações que envolvem as mulheres lhes são importantes — relacionamentos com a família, os filhos, amigos íntimos, terapeutas, professores e, no centro do círculo, em alguns períodos de nossa vida, aquela relação de intimidade, com uma pessoa especial. A jornada heróica para as mulheres é correr o risco de amar, dia após dia.

A jornada da mulher passa por um caminho enluarado, ou uma arriscada trilha pedregosa que serpenteia a margem do oceano. Deixamo-nos ser arrastadas para o vórtice de águas escuras e turbulentas no empenho de conhecermos nossas emoções e instintos mais profundos, quer seja a paixão ou a delicadeza, a raiva ou a alegria, a doação ou o egoísmo. Viver o envolvimento com outro apresenta desafios terríveis e nenhuma garantia de recompensa a não ser o próprio envolvimento, a ousadia de sermos nós mesmas enquanto mulheres e viver verdadeiramente a vida.

O coração sagaz aprende a confiar em seus próprios sentimentos, sejam eles quais forem; conhece a si mesmo e a sua individualidade; tem senso e sensibilidade para perceber a receptividade do outro — quando e a quem expor seus sentimentos. Também respeita a individualidade do outro, seus limites, os espaços entre duas pessoas. O coração sagaz compreende também os sacrifícios necessários numa relação: suporta com paciência os períodos de ausência ou nos períodos em que uma das pessoas avança e a outra retrocede; e aceita e dá a conhecer quando vale a pena continuar.

Ao longo da jornada do coração, aprendemos a usar bem a compaixão. Primeiro precisamos sentir empatia — o instinto básico de "sentir com" outra pessoa. Esse pode levar à compaixão — a aceitação dos sentimentos profundos do outro e a disposição de ajudar. Entretanto, nosso instinto para ajudar os outros tem de ser equilibrado pela consciência: quando oferecer ajuda e quando abster-se? Precisamos aprender que a proximidade excessiva pode ser exaustiva e provocar raiva. Precisamos aprender que às vezes não podemos satisfazer as necessidades da outra pessoa: há vezes em que ela não quer isso; há outras em que ela não precisa de ajuda para lidar com suas dificuldades; e às vezes ela precisa sentir sua própria força e independência. Há pessoas que simplesmente precisam de um tempo a sós para esclarecer seus próprios pensamentos e sentimentos, seguirem o curso mais profundo de suas próprias naturezas e entrarem sozinhas nas camadas mais escuras de suas psiques. Nessas ocasiões, temos de exercitar a capacidade compassiva não para intervir, mas para ficar ao lado.

Relacionar-se envolve tanto *intimidade* — empatia, afeto, dependência, sentimento de união, sexualidade[1] e unidade — quanto *separação* — individualidade, diversidade e a percepção de que são dois seres distintos. Ao comprometermo-nos numa relação, assumimos o risco de nos importarmos com o outro e de nos permitirmos depender dele em troca. Ser "dependente" — depender emocionalmente de alguém — não é algo negativo em si, ao contrário dos valores patriarcais. É apenas um grande risco, complicado pelo fato de os homens normalmente terem sido educados para serem independentes, por isso muitas vezes temerem a dependência e, às vezes, ficarem ressentidos com a pessoa que amam porque dependem do amor dela. Algumas mulheres que saíram extremamente magoadas de seus relacionamentos ou que aprenderam a desprezar a dependência em si mesmas também temem e sofrem com a dependência.

Às vezes, estar numa relação significa ter de enfrentar o fato de a relação "não bastar" e desafiar aquilo que degrada a própria relação, como as compulsões — álcool, televisão, trabalho — quando elas assumem o centro do palco e empurram a relação para os bastidores. E, no outro extremo, a separação é, em última instância, a preservação de nós mesmos e da outra pessoa. Assim como precisamos de uma compaixão mais diferenciada, também precisamos de uma distância mais diferenciada em nossa capacidade de relacionarmo-nos (os silêncios, as ausências, os abismos, os choques, a eterna diferença e desconhecimento do outro) pela plena "sabedoria do coração".

Expectativas, escolhas e armadilhas

As mulheres em nossa cultura tradicional basearam, até muito recentemente, seu senso de valor pessoal nos relacionamentos e não nas conquistas, isto é, no marido e na família e não no trabalho fora de casa.

Hoje, entretanto, muitas mulheres escolhem ter tanto um relacionamento íntimo como a realização profissional, escolha que traz seus próprios problemas. Entretanto, qualquer que seja o aspecto que elas enfatizam, as relações são arriscadas para as mulheres de hoje.

A grande capacidade da mulher para relacionar-se pode ser uma armadilha. Relacionar-se é normalmente muito importante para a mulher por causa de sua forte identidade com a mãe e do sentimento de continuidade — ou descontinuidade — que a acompanha por toda a vida. Se teve uma relação de intimidade com sua "mãe" (seja ela mãe, irmã, avó, babá ou um pai atencioso), ela pode esperar que seu parceiro esteja sempre à disposição, numa tentativa de recriar a antiga intimidade que conheceu, o que vai trazer-lhe inevitavelmente decepções na relação com um parceiro adulto. Se sua "mãe", entretanto, foi negativa, o mesmo tom de voz em seu parceiro pode fazê-la regredir aos primeiros sentimentos lúgubres de confusão e baixa auto-estima, e ela pode tender mais a apreciar um parceiro que não reproduza a proximidade do padrão comum de relacionamento mãe-filha, ou a apreciar um parceiro que tenha a capacidade de aproximar-se delicadamente de seus vulneráveis anseios mais profundos.

Essa expectativa inconsciente de que seu parceiro seja similar à sua primeira relação íntima — que ele seja maravilhoso ou terrível — coloca um grande fardo sobre uma relação adulta. As mulheres em nossa cultura tendem em geral a uma maior disposição de sacrificarem-se pela relação do que os homens. Uma das tarefas mais importantes para muitas mulheres é como fazer com que os homens envolvam-se mais na intimidade e como fazer com que elas se sacrifiquem menos, para que não esgotem sua boa vontade. Às vezes, isso significa resgatar nossa integridade feminina mais profunda, bem como a auto-suficiência; sermos o centro de nossa própria vida, termos um senso de separatividade e termos objetivos independentes.

Contrariamente, nas relações próximas entre mulheres, sejam elas de amizade ou de amor, ambas tendem a envolver-se intensamente na relação e dispor-se ao sacrifício de si mesmas, de maneira que nessas relações há mais igualdade e reciprocidade, mas o problema é que então a relação a dois torna-se demasiadamente fechada — seja ela cômoda ou complicada. Com nossos limites menos rígidos, podemos perder o senso de separação de nós mesmas e nos isolarmos das outras pessoas fora da relação e perseguirmos objetivos independentes.

O que, então, pode a mulher fazer para proteger sua integridade numa relação e, ao mesmo tempo, manter uma verdadeira intimidade? Ela precisa passar para a sua vida o que ela sabe em seu cerne: que a intimidade é intrínseca à sua natureza mais profunda, que ela é possível e merece o grande esforço que exige. E ela tem de estar consciente das tarefas de cada fase da relação. Na fase inicial do enamoramento, a mulher explora as origens e os limites da paixão. À medida que a relação se desenvolve, ela aprende a regular o ritmo enquanto passa por decepções e reconciliações inevitáveis; ela faz escolhas difíceis para levá-la adiante ou terminá-la. Uma relação exige tempo e trabalho árduo, enquanto a mulher separa sua verdadeira natureza das imagens e papéis projetados sobre ela, bem como suas próprias projeções sobre os outros. Na realização dessas tarefas, os sonhos podem ajudá-la.

O âmbito da relação também inclui a solidão. Algumas mulheres sentem-se sozinhas nos seus relacionamentos; outras vivem toda a sua vida ou partes dela sozinhas por escolha ou circunstância; e quase todas as mulheres estão destinadas a ficar sozinhas como viúvas na velhice. O que se segue nestas páginas — sobre o sofrimento, o centrar-se basicamente em si mesma e relacionar-se com as figuras internas — refere-se, portanto, também àqueles períodos de "solidão". Como a mulher pode viver plenamente sua vida e, se necessário, superar o estigma cultural que muitas vezes vivencia por não ter um parceiro? As mulheres *podem* viver plenamente sozinhas. Muitas delas o fazem, algumas sem intimidade física, outras mantendo relações estreitas e duradouras com outros com quem não vivem necessariamente juntos. Embora o presente capítulo esteja centrado no problema da intimidade com o outro, a maioria das mulheres têm também relações vitais de amizade e laços familiares que se prolongam por toda a vida e muito do que segue aplica-se também a esses vínculos e amizades.

A fase inicial do amor

Eros

Eros é o espírito do amor. Nesse sentido mais abrangente, "Eros" refere-se ao sentimento de ligação, afeto, companheirismo e intimidade que podemos sentir constantemente por toda a nossa vida. Os sentimentos de amor surgem bem cedo na vida — nossos primeiros ímpetos de tocar, sorrir, de estar junto do outro. O padrão arquetípico do amor passa para a vida adulta, onde ele é representado por imagens como a deusa do amor, um casal em união ou a mais conhecida de todas, a antiga imagem de Eros — o cupido da Grécia ou a figura mais poderosa com arco e flecha, da Índia. Essa figura arquetípica de Eros expressa a paixão misteriosa, emocional, sensual e sexual dos amantes. Segundo a antiga narrativa mitológica, quem quer que seja atingido pela flecha de ouro de Eros é levado à loucura, ao tormento e ao êxtase do amor; quem quer que seja atingido pela flecha com ponta de chumbo fica indiferente. Há uma grande incerteza quanto a quando e o que acontecerá. Essa qualidade do amor — sendo um instinto e um arquétipo tão profundos que surgem espontaneamente — provém de nossas profundezas e está fora do nosso controle. É como se de repente fôssemos eleitos ou condenados a cairmos na graça dos deuses.

O amor, como arquétipo, permanecerá sendo sempre misterioso e incognoscível — a poderosa força emocional que inesperadamente nos atrai para alguém bem diferente de nossos ideais conscientes, ou que é responsável pela dor insuportável quando perdemos alguém a quem amamos. Além do cupido e da deusa do amor, existem outras imagens arquetípicas do amor. O grande desejo de amor — e sua realização ou grande perda — é representado pelas imagens e sentimentos arquetípicos que associamos com o símbolo do coração, das estrelas, da sereia, do amante inacessível ou de Romeu e Julieta. O laço profundo do amor maduro que pode se formar entre pessoas — especialmente através de um longo período de tempo — é vivenciado através dos sentimentos arquetípicos de imprescrutável realização, totalidade ou unidade transcendente no estar juntos, muitas vezes expressos em símbolos de união — as imagens orientais de um rei e uma rainha de mãos dadas ou a estátua de Rodin, *O Beijo*. A qualidade arquetípica profundamente inconsciente desse amor é retratada em Antônio e Cleópatra de Shakespeare e em outras imagens poéticas da união da água com a terra, o ar, o fogo e as estrelas — emoção, sexualidade, paixão e espírito —, tais como atravessando as águas, entrando e saindo das águas, a junção dos continentes, a constelação da Terra e da Lua.

Evidentemente que, às vezes, precisamos ter bastante consciência para separar as projeções inconscientes, a possessividade, as ilusões e a vontade egóica do amor — um desejo profundo pelo bem-estar da outra pessoa como ela realmente é. No entanto, ao nos permitirmos ser vulneráveis ao amor, apesar dos sofrimentos e imperfeições que ele traz consigo, abrimo-nos para uma grande quantidade de recursos energéticos e criativos do inconsciente. A maneira de conhecer o amor é não julgá-lo tanto intelectualmente, dissecando-o e colocando-o em categorias conceituais — como se "quanto mais consciente melhor" — mas respeitar sua realidade no plano fluido das emoções para o qual temos poucas palavras.

Podemos procurar em nossa história, mas não encontraremos muito a respeito da realização do amor em nossa herança patriarcal dos deuses gregos[2] do poder e da sexualidade, na Idade do Cavalheirismo e seu ideal romântico de amor e honra ou na psicologia freudiana da sexualidade infantil e inveja do pênis. A psicologia americana — tão extrovertida e pragmática — criou workshops e manuais para casais: como expressar sentimentos, como brigar corretamente, como satisfazer um ao outro sexualmente, como demonstrar afeto e amor, como ser assertivo. Tais instrumentos são muito úteis, mas falta-lhes algo sobre as sutilezas inconscientes que formam a base do amor e sustentam o vínculo entre duas pessoas, duas almas gêmeas.

Talvez as mulheres possam começar a preencher essa lacuna voltando-se para seus instintos, suas raízes arquetípicas, suas experiências subjetivas como mulheres, e irem além das camadas da cultura patriarcal que enfatiza a posse ("meu marido", "minha mulher", "meu filho") e os valores gerais vigentes na sociedade. Encontramos ecos de nós mesmas aqui e ali vindos das mulheres dos tempos antigos — nas estátuas das antigas deusas, na literatura antiga, nos rituais, contos de fadas e baladas. Podemos ouvir suas ressonâncias no interior de nós mesmas quando apreciamos a pintura, a poesia, a literatura, o teatro e a dança das mulheres contemporâneas. Podemos nos reunir e contar nossas histórias umas às outras. E podemos examinar nossos sonhos.

Para compreendermos quão profundamente emocional e inconsciente é o amor e como ele é melhor reverenciado em sua forma natural, para que continue jorrando com toda a sua abundância das profundezas de suas águas, vamos examinar a antiga imagem arquetípica da sereia. Que significado teve tradicionalmente a sereia e o que ela representa para as mulheres contemporâneas? Vamos examinar o sonho de uma mulher com sereias e, em seguida, um sonho com oceanos — ambos de mulheres que permaneceram verdadeiras para consigo mesmas e seus sentimentos.

O arquétipo da sereia

A Sereia pode, de início, nos parecer estranha, enquanto imagem arquetípica da mulher e do amor. O que ela representa, porém, é uma mulher à vontade nas grandes águas da vida, na corrente das emoções e da sexualidade. Por muito tempo nos sentimos distanciadas da antiga Sereia em nós e as imagens de sereias que chegaram até nós através dos tempos, apesar de intrigantes, nos deixam pouco à vontade. Uma das razões disso é que a Sereia, com o passar dos séculos, foi vista através dos olhos dos homens: sua imagem anímica dos impulsos emocionais, os anseios de sua alma e suas fantasias eróticas, bem como seu objeto de paixão louca e pavor. Para os homens, as sereias tomaram muitas formas: donzelas sobrenaturais que os atraem para o fundo do mar ou os salvam do naufrágio; sereias de seios fartos e caudas sinuosas reclinadas sobre os rochedos atraindo os marinheiros para a perdição; ou sereias que entoam cânticos de atração fatal a Ulisses preso ao mastro. Tais imagens não impressionam a mulher moderna.

Será que tudo o que nos restou da herança da Sereia foi uma história de dor e sacrifício, como é o caso de *A pequena sereia* de Hans Christian Andersen, que se apaixona por um príncipe, toma forma humana para ficar perto dele, sacrificando para isso a sua voz, e acaba com as pernas sangrando e o coração dilacerado quando ele se casa com uma mulher humana? Hoje, ela expressa a triste verdade do que ocorre quando perdemos a conexão com nosso inconsciente profundo; se simplesmente nos juntamos ao homem no mundo dele em vez de introduzi-lo no nosso; se nos forçamos a dar nomes às coisas; se nos obrigamos a explicar aquilo que é real, porém inefável; e se nos impomos *explicar* nossos sentimentos.

Precisamos reivindicar a verdade da Sereia para nós mesmas: isto é, passar de como ela é vista pelos homens a como ela é sentida por nós. Os sonhos mostram que a Sereia, em sua forma original, continua viva nas regiões mais profundas do inconsciente da mulher. Com sua cauda flexível, seus seios nus e sua morada no oceano, o antigo símbolo do feminino, a Sereia simboliza a relação da mulher com a Grande Mãe, o arquétipo da mutabilidade e da estabilidade, o ventre da vida e do amor, a fonte numinosa da cura, o lugar para onde se retorna com a morte. A mulher sabe disso através da experiência com sua mãe pessoal e de seu prolongamento nas primeiras lembranças de imersão na emoções da infância: nas profundezas das águas da união com a mãe e no interior de si mesma, nas águas calmas, mares turbulentos e costas rochosas da ternura e sensualidade primordiais que na vida adulta irão transformar-se em amor e sexualidade.

O símbolo da sereia significa que, por toda a vida, o amor emana sempre de sua fonte profunda, no inconsciente. Nossa capacidade de amar é inconsciente, não pode ser apreendida em palavras, explicada ou justificada. Nosso amor e nossa sexualidade são partes tão reais — ainda que desconhecidas e secretas — de nosso corpo e experiência quanto a misteriosa cauda da sereia no fundo do mar. Para permanecermos verdadeiras para com nós mesmas temos de respeitar nossa natureza inconsciente e deixar que a sereia mova-se livremente, pois se tentamos direcionar demasiadamente nossos movimentos sinuosos, perdemos o contato com nossos sentimentos mais profundos.

A Sereia como arquétipo da mulher surgiu como uma antiga deusa do mar de um misterioso reino submarino de grande esplendor. Ela era uma deusa do amor, uma antiga Afrodite nascida do mar, sentada sobre uma rocha em uma atitude de narcisismo saudável, com pente e espelho na mão, cujas origens precedem o patriarcado — antes de os gregos terem feito suas distinções entre humano e divino, mortalidade e imortalidade, a terra e o mundo ínfero —, quando as pessoas estavam mais próximas do inconsciente, da fluidez e dos ritmos da vida e da morte, do mistério do nascimento e do surgimento da alma, quando o Futuro não era um submundo separado, mas águas e ilhas por onde se viajava. O espírito da deusa do mar continua vivo nas figuras de Afrodite, Ártemis e Ariadne, assim como na jovem confiante em si e por si mesma. A antiga deusa do mar continha símbolos de poder sagrado. Esses chegaram até nós através dos tempos nas formas do espelho, que simboliza o reflexo e a absorção profunda da mulher em si mesma, e do pente, que representa sua cuidadosa discriminação dos pensamentos e sentimentos. Essa deusa do mar também representa uma outra qualidade da mulher. Com seus fartos seios nus, expostos e receptivos à atração dos outros, ela demonstra sua capacidade de amor e devoção.

A deusa do mar e a sereia são ainda mais remotas no tempo que a serpente marinha, cujos movimentos da longa cauda eram vistos como a causa das ondulações das águas. Desde os tempos mais remotos, a vida e a sabedoria foram associados com a água. Nos antigos mitos da criação do mundo, a vida tinha se originado do oceano, mãe de toda a criação. E Jung descobriu que a imagem de um peixe ou de uma serpente no oceano representa vida ativa e sabedoria agitando-se nas profundezas de nossa psique inconsciente. A deusa do mar simboliza para nós hoje nossa capacidade de estarmos à vontade no grande mar dos sentimentos arquetípicos inconscientes, para entrarmos inteiramente na vida, amarmos plenamente, com naturalidade e reverência diante da unidade da vida, da unidade intrínseca em nós mesmos e nos outros.

Se observamos o folclore mais contemporâneo, vemos que a deusa do mar tornou-se uma Sereia que veio para a terra. Ela estava sob feitiço e, por isso, não podia falar nem dormir, e continuava sintonizada com o ruído do mar em seus ouvidos. Como estava fora do mar, ela tornou-se mais consciente, mas talvez consciente demais para seu próprio bem, perdendo sua conexão com as profundezas sagradas. Em algumas lendas populares, a sereia salva o marinheiro do naufrágio, ele a segue, mas como não consegue viver em seu reino, ela o traz de volta para a terra e tenta nela viver com ele. A sereia anseia por amor e companhia humana, mas enfrenta o triste destino da perda de articulação, porque está entre os mundos da deusa e do homem. O arquétipo da Sereia representa, portanto, um dilema.

Pode a mulher conservar sua própria deusa do mar interior — permanecer sendo ela mesma e arriscar-se a amar — com êxito? Talvez o marinheiro salvo do naufrágio tenha que unir-se a ela no mundo dela. Quer dizer, assim como o marinheiro interior da mulher, o lado consciente dela, tem que saber como sobreviver no mar do amor, na vida exterior, também o homem precisa aprender a dissolver-se no mar do amor sem naufragar. O filme moderno *Splash* sugere esse processo de aprendizagem de um homem. No final surpreendente, o homem ama tanto a sereia que abandona seu chão para segui-la quando ela regressa ao mar. Entretanto, tais soluções — o mundo dele ou o dela — colocam outra questão, ou seja, como uma mulher e um homem podem viver um no mundo do outro. Tais soluções "ou...ou" são insatisfatórias, mas passos necessários do percurso. Precisamos aprender a respeitar as diferenças reais que existem entre nós: os deuses e as deusas em nós, o consciente e o inconsciente em nós. Só assim podemos ter esperança de nos movermos entre os mundos da terra e do mar, amarmos um ao outro não apenas pelo sofrimento acarretado pelo sacrifício e pelo silêncio unilaterais, mas mais na plenitude de nossa própria integridade em meio às realidades externas.

Se a sereia escolhe vir andar na terra — viver numa relação —, isso pode exigir grandes sacrifícios dela, como demonstram as histórias de sereias de nossas sociedades patriarcais. Relacionar-se exige alguns sacrifícios, mas o dilema para as mulheres modernas está em que certas relações exigem sacrifícios demasiadamente grandes. O que uma mulher busca em outra pessoa? A maneira de alguém tirar uma mulher de seu estado de sereia sonhadora encerrada em si mesma é tocá-la com a intensidade de seus próprios sentimentos de afeto e envolvimento, entrar ele mesmo no mar, juntar-se a ela, às vezes trazendo-a para fora e outras permanecendo lá com ela! É isso que os homens atuais precisam aprender a fazer.

O arquétipo da Sereia na mulher de hoje pode aprisioná-la mantendo-a escrava de um amor não correspondido; ou despertá-la para seu próprio mundo feminino interior e cerne da paixão.

UM SONHO COM SEREIAS. Uma jovem mulher, Judy, sonhou com sereias uma semana antes de encontrar o homem que se tornou seu namorado, e o primeiro homem verdadeiro em sua vida. Foi como se esse encontro com sua Sereia interior a tivesse preparado para assumir um compromisso com o amor. As sereias apareceram na última parte desta série de fragmentos de sonho:

Sereias de vidro. Estou num avião para a Índia. Quando decolamos, entro em pânico, mas uma amiga segura a minha mão e sinto-me melhor.

Uma mulher doente esteve a noite toda na cama, tremendo de frio. Será que o médico se esqueceu dela? Pergunto se o frasco de remédio está estragado, mas o médico diz: "Está bom, dê a ela". Mas eu continuo me perguntando, e se for uma solução errada? A paciente precisa ir para o hospital. Lá alguém me pergunta: "Como é o seu namorado?". Há um vestiário ou sauna com mulheres nuas e homens parecendo sexualmente excitados e eu admiro o corpo de uma mulher.

Você [a analista] está dando um seminário em uma sala com cabines trancadas por toda a volta, e você está tentando fazer terapia individual com cada um. Você quer muito falar comigo — eu sou a preferida da professora — mas é complicado com todas aquelas pessoas tentando chamar sua atenção. De maneira que desisto do seminário e deixo-a tratar deles, cada um por sua vez. Pergunto-lhe: "Posso pegar meu jornal em sua cabine trancada?". Você me dá a chave e eu vou embora.

Fora, minha amiga está junto do rio. Ela está entrando num barco inflável para navegar pelo mar por três dias. Ela não tem nenhuma provisão; está apenas vestida de shorts. Pergunto a ela: "Você estará bem?". Ela é evasiva. Ando com ela enquanto ela arrasta-se para a água.

Estou na casa de minha avó. Olho em volta e vejo uma série de estátuas de pequenas sereias, todas de vidro de diferentes cores — uma de cada cor: pink, púrpura, rosa-choque, verde-oliva, verde-esmeralda. Figuras de formas livres. Lindos vidros coloridos no quarto.

Esse sonho mostra os medos inconscientes da mulher de se apaixonar e mobilizar o âmago de seu ser. Isso não transparece do próprio sonho, mas das associações que ela própria fez com o sonho (o que vale para a maioria dos sonhos) e do conhecimento do que ocorreu em sua vida.

Voar para um lugar tão distante como a Índia num sonho sugere ir para um lugar muito estranho em sua psique, um lugar desconhecido para você. A associação de Judy foi ainda mais específica e significativa. Ela tinha ido uma vez à Índia, quando era uma jovem muito introvertida e autocontrolada e tinha ficado chocada "com o quanto uma experiência externa podia me transformar". Isso sugere que seu pânico de agora era estar diante da idéia que podia apaixonar-se e ser tão profundamente tocada por outra pessoa como tinha sido por seu primeiro amor não correspondido. Judy disse que no sonho ela entrou em pânico quando o avião decolou, mas a mão confortadora de seu próprio guia interior no sonho afirmou-lhe sua integridade para que ela pudesse prosseguir, sabendo que "a viagem pode ser feita à minha própria maneira interna".

De onde vem esse pânico? A cena seguinte — da mulher doente — dá a pista. A paciente é seu próprio corpo, abandonado por um tempo demasiadamente longo, congelado. Ela (enquanto o ego que sonha) está ansiosa por cuidar bem dele e preocupada quanto a se seu médico (sua analista extrovertida ou sua própria autoridade interior descuidada) irá lhe dar uma solução duvidosa.

Em suas associações com o médico que dá à paciente remédio estragado, Judy falou sobre médicos "que aparentam ser afetuosos, mas que tratam a gente sem nenhuma consideração pessoal". Ela recordou um evento traumático de quando era pequena, chorando de medo, enquanto um pediatra dava-lhe uma injeção e sua mãe o ajudava a contê-la, em lugar de consolá-la ou esperar que ela se acalmasse. A conseqüência foi uma aversão a injeções por toda a vida. Aquele incidente imprimira em sua psique a crença de que ela era em última instância impotente diante de alguém usando-se de força contra seu corpo e também o medo de que sua mãe a abandonaria em tais situações, para obedecer a autoridade masculina, mesmo quando estava errada. Aquele tinha sido um incidente crucial em sua vida, pois o modo com que o corpo de uma menina é tratado por sua família determina suas expectativas, medos e esperanças de como ela será tratada posteriormente como mulher.

A cena do vestiário apresenta um dilema semelhante. Judy disse: "Quando penso em sexo com um homem, quero me retirar para um lugar seguro". Essa declaração somada à imagem do sonho "admirando o corpo da mulher" sugere uma apreciação da singular energia sexual feminina; ou uma atração potencial por mulheres — que pode parecer ser mais segura do que por homens; e/ou uma afirmação de orgulho de seu próprio corpo. Ela está expressando seu instinto feminino mais profundo — proteger-se de ser abruptamente penetrada como tinha sido pela seringa do médico e pelo pênis de seus precipitados colegas de faculdade. Ela disse que a barreira mais importante à entrega sexual para ela estava "em eles não demonstrarem primeiro que se importavam com ela".

Contrariando as fantasias masculinas de violação à força, na vida real a mulher precisa encontrar sua própria maneira de entregar-se sem ser coagida. Ela precisa de um parceiro que caminhe a seu lado, às vezes um pouco à frente, persuadindo-a a saltar obstáculos para alcançá-lo, outras deixando-a passar à frente, mas sempre ligado nela como pessoa, não como um objeto.

Por que, então, as mulheres sonham que desejam ser dominadas sexualmente ou até mesmo estupradas? Essas são *imagens exageradas* — como as imagens inconscientes muitas vezes são, para irromperem à consciência — e normalmente expressam os desejos sexuais negligenciados da mulher. Ela pode desejar um parceiro relutante para ser sexualmente mais impetuosa. Ela pode ter um desejo profundo de deixar que seus próprios impulsos sexuais a dominem, irrompam e exerçam o controle sobre sua passividade, seus escrúpulos e sua relutância. Portanto, as imagens de violação nas fantasias ou sonhos das mulheres não precisam ser interpretadas *concretamente* como desejos reais de serem sexualmente violentadas, dominadas ou degradadas, mas podem comumente ser interpretadas *metaforicamente* como desejos de algo que falta na própria mulher ou em seu parceiro em seus conflitos internos quanto a entregar-se sexualmente.

Os sonhos com estupro também reproduzem, às vezes, os primeiros traumas sexuais da vida da mulher e, assim, representam a apreensão resultante com respeito à violência, medos sexuais, impotência e culpa. Assim como na vida real, onde uma sobrevivente de violência sexual pode tornar-se ou demasiadamente inibida, ou — para proteger-se dos sentimentos avassaladores de impotência — tornar-se excessivamente sedutora ou fascinada pelo sexo, também no mundo dos sonhos podem aparecer diferentes imagens de reações defensivas extremas. Elas devem ser entendidas como um esforço da psique para lidar internamente com o trauma e trazê-lo à atenção da mente consciente.

Retornando ao sonho de Judy, o episódio seguinte mostra-a competindo pela atenção da analista em um seminário e desejando saber que é especial como a "preferida da professora". Saber que você é especial — respeitada e amada como pessoa — é uma questão importante em análise, como também na vida, mas seu ego sonhante deixa essa questão (deixa a analista para que os outros tenham sua vez) para buscar algo mais importante para ela enquanto mulher sensível e introvertida: ela recebe a chave de sua própria cabine trancada — seu próprio fluxo inconsciente de sentimentos. Judy disse: "É um canal direto para o recipiente seguro, para o oceano, algo passivo muito inconsciente". Quer dizer, ela se liberta da dependência de sua analista — a figura parental positiva — para reivindicar autonomia para a sua própria jornada interior.

A seguir, o sonho chega à cena da partida "para navegar pelo mar por três dias". Sempre que você sonha com uma jornada de três dias, ele está se referindo ao tempo mítico encontrado nas lendas — dos tempos antigos ao folclore moderno — de uma jornada simbólica de transformação. Essa é uma viagem arriscada. Como é difícil para uma pessoa abrir seu próprio coração e sexualidade, perder o controle e, ainda assim, confiar em seus instintos. Às vezes é perfeitamente correto fazer algo que parece insensato. E quem ela encontrou nessa jornada ao reino da Grande Mãe foi sua avó, uma guia na tradição feminina e o arquétipo da Sereia.

Judy lembrou a história de Andersen, *A pequena sereia*, que transformou-se por causa de seu príncipe, que, embora fosse bom para ela, jamais amou-a e acabou casando-se com outra. Judy disse: "Ela era calada, dedicada, terrivelmente passiva. Isso me deixava furiosa". De maneira que a história da sereia com a qual Judy cresceu representava o medo de se apaixonar, que significava um sacrifício grande demais da própria natureza por outra pessoa, sendo silenciada e mutilada e, depois, sujeita a ser abandonada. Essa história expressava um tema importante na vida de Judy. Em suas relações, ela estivera sob o feitiço do arquétipo inconsciente da Sereia.

Um arquétipo que é muito inconsciente parece oferecer apenas duas alternativas extremas, como ocorre com o da sereia: permanecer

166

demasiadamente encerrada em si mesma sobre o rochedo, depois de ter saído do estado de unidade com o mar, ou então dedicada demais, sacrificando-se indevidamente pela relação. Essa mulher tinha se identificado demasiadamente com o arquétipo em sua história de amor não correspondido. Quando um arquétipo se apossa de seu inconsciente — e você não tem consciência —, ele não pode ajudá-la. Esse arquétipo estivera demasiadamente vinculado à inocência dos sentimentos de fusão e dedicação de uma menina com seus pais — um amor arquetípico que permitiu-a desenvolver-se como menina, mas aos quais ela teria que renunciar. Em certo sentido, ela realizou essa tarefa durante o desenrolar do sonho. Ela passou da necessidade de ser especial para a analista para o encontro de algo mais importante — sua própria chave para seu próprio fluxo de sentimentos. Esse sonho tornou-a mais consciente de sua sereia e introduziu uma nova era em sua vida, na qual ela tornou-se suficientemente segura para ser ela mesma numa relação de compromisso.

Se conseguimos desenvolver uma consciência da Sereia interior, ela pode tornar-se uma boa aliada interna. Podemos perceber a Sereia nos períodos em que estamos correndo o risco de perdê-la — perder nossa integridade, nosso contato com os sentimentos instintivos mais profundos, nosso próprio estilo livre. Preservamos a essência da Sereia quando permanecemos verdadeiras com nós mesmas e com nossos sentimentos femininos, quer estejamos sozinhas ou numa relação; então podemos ter esperanças de superar o conflito entre a auto-suficiência e o auto-sacrifício.

O sonho de Judy nutre as sereias e as redime. Ela disse: "O sonho é sobre o medo de entregar o coração". Em seguida, ela descreveu as sereias de seu sonho: "verde irreal, verde-garrafa, esmeralda, rosa... de todas as cores, tácteis, lindas". Essas lindas cores são o arco-íris de seus sentimentos quando ela ousa se interessar por outra pessoa. As sereias são figuras "sem formas", porém femininas. Ela compreendeu que precisava de todas as suas emoções e integridade para mergulhar no amor. E logo ela encontrou alguém que estava à altura de todas as suas emoções.

O fato de as sereias de seu sonho serem de vidro sugere a delicadeza do amor inocente, que lembra *The glass menageriem*,* em que a mulher tímida protege seu frágil mundo de fantasias e não ousa arriscar-se a entrar no mundo real das relações com os homens. O vidro é mágico. Ele é líquido transformado em beleza sólida. É uma imagem do sentimento introvertido, derretido por dentro e frágil por fora. Esse é o paradoxo da mulher jovem, tão próxima de seus sentimentos e, entretanto,

---

* Peça do dramaturgo Tennessee Williams, cuja tradução em português é "Zoológico de vidro". (N. T.)

tão longe de expressá-los, vendo-os através de um escudo de vidro. Desse modo introvertido, o momento do fluxo dos sentimentos é preservado e permanece, como na formação do vidro, e transforma-se em uma grande capacidade de devoção e lealdade. Na jovem mulher extrovertida, ao contrário, a sereia é percebida pelo golpe da cauda, no torvelinho e fluxo da paixão em seu corpo e alma quando ela sente-se atraída por alguém, perde-se na outra pessoa e reflui para si mesma, quando novamente é arrastada pela maré das emoções.

O sonho de Judy ressalta que há lugar e hora para o nosso lado sereia na vida moderna, pois somos mais que a simples sereia contemplativa de seios fartos. A mulher moderna tem de renunciar à sereia — às vezes em sua vida — para progredir na sociedade patriarcal. Há lugar e hora para se afastar da beira do mar, e tornar-se a mulher inteiramente "*animus*" que tem de negar suas emoções, sua coluna flexível e seus seios cheios de compaixão. Ela tem de sair para o mundo e adotar o passo largo da estudante, da dona de casa ou da mulher que trabalha fora para lidar com as palavras, exames, horários, sobrecargas e prazos. E ela precisa emergir das estratégias para silenciá-la que a sociedade lhe impõe ao longo da história e expor seus pontos de vista. Isso é tão importante quanto a sua sereia e complementa sua vulnerabilidade e impotência. Afinal, somos criaturas da terra!

Às vezes, para ter uma relação no mundo do modo que as coisas são, a mulher precisa expor a sereia perdida em si mesma e tornar-se a princesa que conquista o príncipe. Então, ela é ousada para se destacar na sociedade como aquela que ganha o prêmio. E ela é ousada para ser especial para um homem em particular, para ser a mulher "*anima*" que reflete para o homem a sua própria imagem da mulher que ele deseja, que reverbera com qualidades especiais que ele descobre e aprecia nela, tudo isso sem perder o espelho de si mesma, a substância de seu próprio tesouro do fundo do mar.

Ao negar a sua sereia, entretanto, a mulher muitas vezes assume certo risco em nossa sociedade. O perigo possível é de ela tornar-se inconscientemente a idéia que o homem faz da sereia. Se ela não tem um narcisismo que seja suficientemente saudável e não consegue diferenciar seus próprios pensamentos e sentimentos (não penteia seus longos cabelos), ela poderá perder seu papel de guia feminina independente para si mesma e seu parceiro, guia em direção ao oceano mais profundo de sentimentos que eles estariam compartilhando. Toda a sua gama de cores — sua gama de qualidades relacionais — pode facilmente concentrar-se apenas na intensidade da paixão sexual. Essa paixão parece ardente, mas pode permanecer emocionalmente desligada, fria como o vidro e estranhamente inatingível ou perigosa em relação aos outros. Nesse caso, ela tornou-se inconscientemente a irmã sombria da sereia, a sereia do mar, a sedutora que enfeitiça e impele os homens a se afogarem no mar de sua paixão sexual e em sua cabeleira selvagem.

Por que a sereia é muda no folclore? Pode ser que as deusas do mar ficaram mudas através dos tempos, assim como as heroínas dos contos de fadas foram silenciadas pelas gerações posteriores[3] — patriarcal e cristã — para negar os antigos poderes femininos reverenciados por nossos ancestrais. É também metaforicamente verdadeiro que a mudez expressa a qualidade inefável do amor, o mistério das emoções.

Esse sonho oferece uma outra pista. As sereias reluziam numa série de cores tênues e vívidas. As tonalidades tênues e suaves do arco-íris indicam a delicadeza do amor e da devoção da mulher; as cores mais vívidas expressam a energia mais intensa — a aurora boreal — de sua paixão, medo e raiva. Essas não podem ser conhecidas como pura emoção, em cores. Elas não podem ser expressas em palavras.

Na presença de um arco-íris, na presença da aurora boreal, a pessoa fica muda. Só o silêncio é capaz de expressar o que ela sente. O mesmo acontece com a devoção e o sacrifício no amor que resiste através dos anos. Os laços mais profundos de amor entre um casal são reais, apesar de não terem nenhum nome ou explicação.

A polarização interna

O sonho anterior explorava o dilema de uma mulher moderna, seus conflitos internos na luta para ser ela mesma ao entrar numa relação significativa. Este tema volta a emergir no próximo sonho, que também envolve imagens de água — um rio e dois mares —, sugerindo que também a mulher que o sonhou encontra-se no plano do inconsciente arquetípico e precisa tomar consciência de seus anseios por amor enquanto retorna ao início de sua vida. Esta mulher também tinha sofrido muitas decepções em sua procura do "homem certo".

A zona do canal do Panamá. Estou fazendo um passeio e mergulho no rio. Deixo minhas roupas para trás. Falo com Tom e acho que ele está partindo. Então um cara jovem refere-se a Mike como um ídolo...

Estou me vestindo no outro quarto e encontro as velhas roupas que tinha usado. Uma mulher afirma que eu estive na Zona do Canal do Panamá e eu respondo: "Como você soube!".

Esta é uma jornada interior: mergulhando na corrente da vida, deixando para trás velhas roupas — a antiga visão de si mesma. Nessa jornada, a mulher encontra os dois tipos de homem de sua vida. O primeiro é Tom, que é compassivo, generoso e protetor, mas lhe parece demasiadamente "tolo", enfraquecido em sua vitalidade e valor porque retrai-se excessivamente. O outro é Mike, confiante e dominante, que exerce poder sobre as mulheres. Ela sempre se perguntara por que as outras mulheres o achavam atraente, pois ela sempre sentira aversão por ele por ser um pouco metido a valentão. Ele era, no entanto, uma versão extrema do tipo de homem para o qual ela sentia-se inconscientemente atraída, a quem ela "idolatrava". Ele ousava achar-se importante para os outros, algo que ela e outras mulheres tinham dificuldades para ver em si mesmas, uma postura que lhes fora negada em suas vidas, e, portanto, achavam que só podiam tê-la através dele.

Mas essa é uma armadilha. Quanto mais uma mulher transfere sua importância para o outro, mais vazia ela se sente — e mais importante a outra pessoa tem de ser para que ela possa identificar-se com a importância dela, até ficarem extremamente polarizados. É o que acontece quando a vítima "identifica-se com o agressor", seja ela um prisioneiro na relação com o vigia ou uma criança com o malfeitor. A vítima sente-se cada vez mais desvalida e impotente e a outra pessoa excede justamente naquelas qualidades que faltam à vítima — poder e controle —, podendo tornar-se para a vítima importantíssima, irresistível e até mesmo amada com uma impetuosa tenacidade!

A Zona do Canal do Panamá é uma imagem notável da polarização entre pessoas e, especialmente, das projeções da dona do sonho nos homens. Ela imaginava o Istmo do Panamá como sendo uma faixa estreita de terra que ligava as duas grandes massas de terra — a separação em sua mente dos dois tipos de homem, um que é demasiadamente retraído e outro presunçoso demais. O istmo é o vínculo crucial de dois hemisférios, simbolizando a junção das duas grandes metades da totalidade, isto é, a possibilidade de essas qualidades polarizadas existirem numa mesma pessoa. Mas o significado simbólico mais profundo da Zona do Canal não poderia ficar claro para si se ela apenas concebesse as massas de terra, se ela apenas observasse o que se encontrava no horizonte consciente: os homens e suas qualidades.

Quando ela desviou sua atenção para as águas, o mundo emocional, o símbolo mais sutil e inconsciente do Canal do Panamá evidenciou-se como o canal que liga dois grandes volumes d'água, as quentes do Atlântico com as frias do Pacífico. Em sua intimidade profunda com outra pessoa, as águas primordiais da Grande Mãe agitavam-se nela. Ela desejava entregar-se e ser recebida com segurança pelas águas cálidas da ternura, ao mesmo tempo que temia afogar-se nas águas frias da indiferença. Assim, a intimidade não era apenas algo que ela desejava, mas também continha alguns antigos perigos. Na procura de sua "outra metade", seu parceiro, ela tinha ficado suspensa entre esses dois mundos. Quando encontrava alguém que era extremamente cálido e afetuoso como Tom, ela ficava indiferente. Quando encontrava alguém como Mike, sofria pela indiferença *dele*.

Não foi difícil para ela perceber, na ocasião, que tinha um Tom dentro de si, mas foi mais difícil perceber o Mike em si mesma. Ela tinha uma vaga imagem da terrível deusa hindu Kali e reconheceu-a em si mesma: uma centelha de crueldade que certos homens conseguiam despertar nela. Se o homem era demasiadamente metido a valentão, despertava nela mais cedo ou mais tarde sua raiva em defesa própria; se era capacho demais, ela sentia uma ponta de crueldade em si mesma como agressora. Incidentalmente, quando ela começou a refletir sobre o sonho em sua sessão de terapia, começou a sentir uma contração no cotovelo que não passava. O que a perturbava tão profundamente nesse sonho? A contração no cotovelo pareceu-lhe que era algo que a impedia de erguer o braço com o punho cerrado, seu conhecimento instintivo de sua própria Kali.

Portanto, a verdadeira revelação desse sonho foi que nos recessos mais profundos de seu ser, ela era retraída demais, compassiva demais, "tola" demais ou ainda presunçosa demais, indiferente demais e agressiva demais. O "canal" significava a esperança de superar essa polarização interna. Era a construção de uma passagem segura de um lado para outro de si mesma, o primeiro passo na cura de seu complexo psicológico.

As intensas atrações magnéticas e repulsões entre as pessoas, que as unem e separam, refletem o encontro de seus complexos arquetípicos internos, seus hemisférios e oceanos. Os complexos mais conscientes refletem as grandes polaridades entre as pessoas que atraem ou repelem seus hemisférios, como o masculino e o feminino. As polaridades inconscientes mais profundas representam os grandes volumes d'água, os canais profundos no interior de cada uma e entre elas na delicada esfera da intimidade e da distância. Pela percepção de seus próprios complexos e pelo mergulho em seu próprio mundo interior em busca do reconhecimento dessas polaridades em si mesma e nos outros, essa mulher viu-as aos poucos tornarem-se menos extremas, menos polarizadas; e por fim, após um longo tempo, ela sentiu-se atraída para alguém que era menos extremado, o homem que se tornou seu parceiro.

A ansiedade diante da escolha

No sonho anterior, vimos a topografia das relações na configuração dos grandes continentes e oceanos. Naquele sonho, bem como no anterior a ele, vimos uma imagem que aparece freqüentemente em sonhos, o rio, que comumente representa o curso que você toma na vida — entrando no seu fluxo natural e fazendo escolhas nas devidas horas. Às vezes, as camadas mais profundas do inconsciente mostram o curso que a vida está tomando, sulcado profundamente na psique, como um rio percorrendo seu curso e cavando as camadas de uma garganta sinuosa e profunda. Semelhante a esse tipo de imagem é a "carta" do seguinte sonho, provavelmente a carta hidrográfica do comandante de navio, para que a mulher do sonho encontre o curso de suas próprias escolhas na vida através das águas.

Vocês estão atrás, namorados. Há duas mulheres deitadas numa grande cama e eu escolho o quarto delas. Número 202. O homem depois de mim faz o mesmo, mas eu levanto a mão para pará-lo. Abro a porta do quarto e digo a ele. "Estamos querendo a mesma coisa, mas você está atrás". Há uma mulher com cartas. Não quero a carta comum. Quero a "outra carta". Há cartões de Dia dos Namorados sobre uma mesa próxima com corações para serem recortados e enviados. Enquanto faço cartões, penso: "Agora sou experiente o bastante para saber quem vai me enganar no amor e quem pode me beneficiar". Mas não consigo decidir-me pela escolha de um namorado. E penso com tristeza: "Ainda não tenho um namorado. É isso que faria a diferença".

Nesse sonho, uma mulher escolhia uma relação com outra mulher, "desejando a mesma coisa" que os homens desejam das mulheres — parceiras amorosas —, o que a maioria dos homens parece estar "muito atrás" (longe) de ser. É como se ela estivesse perguntando à Sorte (a mulher com as cartas) pela "outra carta" — a escolha diferente na vida. Os namorados a lembravam do entusiasmo que sentira nos tempos de escola em que recortava corações de papel vermelho para seus namorados e que teria de deixar "bem para trás" todos eles — as esperanças que sempre tivera de unir-se a um homem e adaptar-se à sociedade — em troca de uma vida que parecia ser-lhe mais benéfica.

O sonho era, portanto, a vivência de seu sentimento de perda, enquanto mantinha firmemente sua escolha em mente. Qualquer escolha de parceiro, qualquer compromisso na vida, traz ansiedade no início, não a felicidade esperada. As grandes escolhas na vida são angustiantes porque tem-se que deixar para trás todas as outras espectativas, todas as outras coisas que se ama. Deixa-se para trás todos os namorados.

Mas é evidente que ela não podia decidir-se pela escolha de uma parceira mulher em termos abstratos. Era demasiadamente difícil. Embora sua antiga identidade não lhe servisse mais, sua nova ainda não tinha se concretizado, mas teria de acontecer no seu devido tempo, com o estímulo vindo do fato de amar uma pessoa real.

Antes do surgimento de uma nova realidade, não é possível sentir o impulso vital que um novo compromisso provoca — seja com uma pessoa, um grupo ou um trabalho. Fica-se por um tempo apenas com a perda. É por isso que a maioria das pessoas acha difícil, se não impossível, abandonar o antigo estilo de vida: parece-lhes ser demasiadamente penoso. Nesse caso, o sonho revela uma verdade arquetípica sobre o processo de escolha — que envolve perdas — para preparar a pessoa no sentido de seguir seu verdadeiro curso.

O *animus* de tamanho maior que a realidade

Uma mulher, Eva, tinha trabalhado por muitos anos com um colega, John, e a relação deles foi se tornando mais profunda com o passar do tempo, mas as limitações dele (era separado mas não divorciado) impediam que a paixão deles irrompesse. Ele parecia ser para Eva "o homem certo" dentre os homens que conhecia. Ele era o "grande homem" de sua vida e ela sentia-se igualmente respeitada como mulher. Então, depois de muitos anos, eles programaram um fim de semana prolongado juntos. Quando finalmente estavam juntos, a sensação confortável por se conhecerem tão bem e a subcorrente elétrica que os atraía um para o outro subitamente deram lugar a uma tensão de alta voltagem. Era como se ela fosse o Egito para ele, e ele, Roma para ela. Pelo menos, foi o que Eva imaginou que ele sentiu, o mesmo que ela.

Mas para a surpresa de Eva, eles de repente tornaram-se duas pessoas comuns, centradas em si mesmas, inábeis e estranhamente despidas de emoções. Não era nada do que ela tinha esperado. Talvez, desfeitas as barreiras, a relutância interna deles tivesse emergido. Naquela noite ela teve o seguinte sonho:

O homem na proa do navio. Um homem jovem e de físico bem desenvolvido, como John, tenta fugir com outros escravos, mas é capturado e amarrado à proa de um navio indo para o mar, uma figura de proa que é uma mistura de John com cavalo e homem mais velho. Como se fosse nos velhos tempos, John tinha sido capturado e forçado a prestar serviço para um capitão perverso. Esse capitão vai para o mar por três anos de cada vez; ele não tem muita convivência com a mulher.

Há um outro capitão que aventura-se em viagens mais curtas pelo mar. Isso sugere que ele tem uma vida melhor em casa. Depois, esse segundo capitão vem libertar o homem jovem. Enquanto o capitão malvado tinha batido nele e dado pontapés em sua cara, o capitão bondoso tinha ficado assistindo, incapaz de pará-lo ou de expor sua indignação. Ele tinha se mostrado indiferente e esperado sua vez para libertá-lo depois.

Esse sonho adverte sobre as forças arquetípicas que estão por detrás dos sentimentos de alta voltagem. Você pode ser possuída pelos deuses. A razão por que John tinha significado tanto para Eva por todos aqueles anos era que ele lhe parecia estar acima dos homens. Ele parecia ser de tamanho maior que a realidade. Através dele, ela conheceu seu "outro lado", seu lado masculino profundo, seu *animus*, e ficou encantada! Ele era a proa do navio, seu guia para explorar o desconhecido — Sagitário com a energia ígnea do cavalo e a sabedoria dos mais velhos.

Esse tinha sido o papel arquetípico que John exercera para ela como figura de proa de exploração, paixão e sabedoria. E esse era o papel no qual inconscientemente ela queria que ele permanecesse, por isso, o capitão malvado no sonho amarrou-o e manteve o homem real aprisionado a um papel arquetípico.

Mas não servimos para ser deuses por muito tempo. Isso provocou a tensão entre eles. Do encantamento eles tropeçaram e caíram na realidade. O encontro deles tinha trazido à tona o melhor deles, seus aspectos mais profundos. Mas eles eram, também, pessoas comuns. Apenas às vezes John conseguia realmente acender faíscas nela, e essas viravam cinzas. Ele a excitava intelectualmente — suas idéias fluíam e eles muitas vezes chegavam à sabedoria juntos —, mas tropeçavam em terreno estéril quando falavam do relacionamento deles. Seria ele como o capitão malvado que tinha pouco tempo livre para sua mulher deixada em terra firme? Talvez Eva tivesse afinal se enganado quanto à capacidade real de John de se envolver emocionalmente numa relação. Ou, talvez, suas expectativas fossem irrealistas e apenas um deus poderia satisfazê-las. Essa era a verdadeira situação deles.

O sonho mostra que Eva era suscetível de deixar-se fascinar por um arquétipo: desejar um amor perfeito que era impossível no mundo real. Ela se aprisionaria a um *animus* inatingível, aquela figura de proa que a conduz em uma eterna busca através das águas em um navio fantasma condenado a navegar eternamente sem jamais chegar à terra firme.

Algumas mulheres são especialmente vulneráveis a esse arquétipo do navio fantasma, o amante fantasma. As mulheres que foram especialmente fascinadas pelo pai ou irmão mais velho inatingível, ou que sofreram muito cedo a perda de um pai, irmão, ou outra figura masculina muito querida, tendem naturalmente a cultivar a imagem idealizada de um homem especial e podem prosseguir nesse padrão ideal até a vida adulta. Para elas, amar é sentir saudades. Elas anseiam por um amante fantasma, alguém que represente sua imagem de tamanho maior que a realidade, em lugar de alguém comum (ou mesmo incomum) que elas possam conhecer como pessoa real. Elas afastam-se da vida, mesmo que a vida interior delas pareça intensificada por um amor profundamente sentido e, muitas vezes, por um anseio espiritual. Pois há uma qualidade espiritual triste como a morte nesse amor, como se pode ver nas muitas histórias de navios fantasmas que jamais aportam, navios que navegam para o Grande Além e amantes que podem se unir apenas na morte, podem se encontrar somente nas águas sepulcrais do inconsciente.[4] A tarefa dessas mulheres é, portanto, procurar essas profundezas emocionais e espirituais em si mesmas e num relacionamento na vida real.

Um sonho como esse pode ter um efeito positivo. Ele fez com que Eva despertasse para a realidade de sua verdadeira relação com John. Ao mesmo tempo, também revelou-lhe o significado interno que ele tinha para ela. John mostrou-lhe o quanto ele realmente significava para ela, não apenas como o John familiar, forte e sábio, mas como alguém que representava para ela algo almiscarado e másculo — a força e os instintos do cavalo. Ele colocou-a em contato com outras figuras internas que no fundo sabiam de sua própria sabedoria e insensatez, sua obstinação e ilusão.

Assim, o sonho ressaltou a experiência desalentadora de Eva naquele primeiro fim de semana com John — que grandes expectativas e paixão provavelmente não bastavam para que eles superassem as limitações e dificuldades que tinham como pessoas comuns. Isso era doloroso. Será que o capitão bondoso conseguiria avançar o suficiente? As figuras no sonho eram todas masculinas. Onde estava o lado feminino compassivo na relação deles? Levaria tempo. Era difícil prever como as coisas se desenvolveriam. As figuras interiores teriam de "sair para fora", como eles fizeram na vida real.

O grande *Self* feminino

Uma outra mulher, que também precisava manter um forte senso de si mesma numa nova relação, teve um sonho que proveu-a de uma forte figura feminina interior. Essa figura iria ajudá-la a manter seu próprio centro e abrir espaço para um novo amor em sua vida, ao mesmo tempo que lhe assegurava uma postura mais consciente na relação com sua mãe dominadora e seu próprio instinto materno. Essa foi uma exploração profunda do *Self* arquetípico e de sua relação com Eros.

Colúmbia: pérola do oceano. Há uma imensa estátua de uma mulher no topo do Edifício Columbiano, maior do que o prédio podia suportar. Ela está com um vestido esvoaçante. Uma postura de estátua!

Três esferas — arcos-íris incandescentes — a circundam. Eu perguntei por quê. Alguém respondeu: "O sol, a terra e Vênus, todos unem-se aqui num mesmo lugar". É um diagrama estelar, como o sistema de tráfego de Nova York, com uma estação sobre outra. Pode-se arremeter no ar. É importante saber em que nível se está e não ficar desorientada.

Essa Grande Fêmea é uma forma antiga do *Self*, emergindo do poder terrível da Grande Mãe. As qualidades universais são freqüentemente representadas por figuras femininas colossais, como a Estátua da Liberdade ou as figuras imponentes e confiantes das deusas. No caso, a figura, em estátua esvoaçante, mostra a grande importância e o poder de comoção do *Self*. Como devemos nos relacionar com ele? Ele é a matriz de todos nós, a grande permanência que é o princípio e o fim de toda vida. É a grande inspiração. Todos os outros arquétipos emergem dele e giram em torno dele; no caso, as grandes forças do sol, da terra e de Vênus.

Essa é, portanto, uma imagem da constelação interior de arquétipos da mulher que teve o sonho, representados, como freqüentemente são, na configuração das estrelas e planetas. O sonho contém uma grande verdade: o *Self* fundamental é central e os outros — mesmo Vênus/amor — são subordinados a ele.

O sonho explora uma relação apropriada com esse arquétipo e seus satélites. Como seres humanos, temos de "trazê-los para a terra" (o sistema subterrâneo da Grande Cidade — Nova York), e também permitir que eles nos inspirem, como quando, pela imaginação, ousamos "nos arremeter no ar" na direção deles. Então, a presença deles pode inspirar-nos, apesar do risco de identificarmo-nos com seu poder e perdermos nossa orientação humana. O sonho diz claramente: "É importante saber em que nível você se encontra".

Esse sonho ocorreu depois de um outro em que a mulher foi carregada pelas ondas. Nele ela está emergindo das águas da passividade e ansiedade da criança diante das grandes forças da emoção — amor — para chegar a si mesma como uma mulher madura. Ela sabia que a imagem do sonho significava muito para ela, mas cometeu um erro, no início, não diferenciando-a de Vênus. Ela disse: "Colúmbia é a Pérola do Oceano, um lugar ideal ou idéia, e ela é uma deusa, uma mulher madura, a Vênus do amor, emergindo das águas, circundada pelos elementos, em meio a um mapa de tudo". Isso omite o que o sonho está tentando lhe dizer — o que ele diz é "importante conhecer".

Primeiro, uma perspectiva faz-se necessária. Ao interpretarmos nossos próprios sonhos, vemos muitas vezes apenas o que o ego já sabe, reforçando com isso nosso erro e não nos beneficiando com aquilo que o inconsciente está querendo nos dizer. Esse é o problema universal do

176

"ego arrogante". É por isso que é preciso observar os detalhes precisos de um sonho ou pedir ajuda a uma outra pessoa para interpretar o sonho. Qualquer sonho é, por sua própria natureza, uma *compensação* à postura do ego, informando-nos sobre algo que o ego não sabe, ou não valoriza o bastante, mas deveria saber.

Nesse sonho, a figura da grande deusa não é, como ela pensou, a própria Vênus nem uma mulher madura — ambas encontram-se em outros níveis. O *Self* é fundamental e central: a Vênus do amor é diferente e subordinada a ele; e uma mulher madura é apenas um ser humano, apesar de poder sentir a força da deusa quando se arremete por perto.

A pérola, o tesouro, emergindo das águas do inconsciente é, portanto, a tomada de consciência e o espanto da mulher do sonho diante do *Self*, refletido em seu próprio centro interior que deve suportar, não ser deslocado pelas forças do céu, da terra e do Amor, mas antes manter sua independência e emprestar-lhes poder. A mulher do sonho precisa desse profundo sentimento de confiança, tranqüilidade e segurança para resistir em meio ao sol fulgurante da nova força masculina em sua vida e firmar-se na sua conexão com a terra — em meio à força do amor por seu novo homem.

Esse símbolo surgiu na hora certa para ela, na hora em que o amor desabrochava. Ele lhe seria útil na sua relação com as forças do sol, da terra e de Vênus. Nesse momento crucial, era importante para ela manter seu próprio centro feminino em relação com o sol — entregando-se ao calor e poder deslumbrantes do homem que ela tinha em tão alto apreço. Seu novo parceiro a amava verdadeiramente e era bom para ela, mas ela não devia perder-se demais, como tinha ocorrido quando criança em seu amor pelo pai.

Nesse momento ela também precisava de toda a sua integridade para relacionar-se devidamente com a "terra" de seu sonho — o grande valor que ela atribuía à sua própria casa, à sua mãe e sua sexualidade. Sua mãe era uma Grande Matriarca que esperava sobretudo obediência de seus filhos. Casados ou não, todos compareciam ao almoço de domingo. De maneira que a filha precisava de todas as suas forças terrenas para ser fiel à sua própria sexualidade, seu novo lar e sua própria maternidade em lugar de permanecer sob o domínio da autoridade da mãe, intimando-a "a ficar em casa". Ela precisava da coragem do *Self*, estreitamente relacionado com a origem do próprio Eros, mas ainda mais potente.

Ela tinha precisado de muita coragem para deixar seu primeiro marido, alguém que sua mãe tinha mais ou menos escolhido, e precisaria de ainda mais coragem para sustentar sua própria escolha do novo parceiro — ao qual sua mãe se opunha ferozmente. Para ajudá-la nessa tarefa, ela precisava especialmente de Vênus a seu lado. Mas era a figura da grande estátua, movendo-se para a frente, inspirando-a, que podia assisti-la nesse período de desabrochamento e amadurecimento do amor.

Como pessoa, essa mulher corporificava especialmente a afeição, a generosidade e a sensualidade femininas. Ela tinha tido o grande privilégio na vida de estar próxima de suas próprias forças magnéticas da Grande Mãe, a fonte originária do *Self* e de Eros. Por essa razão, era de vital importância que ela distinguisse as forças da Grande Mãe das de Vênus. Como uma mulher capaz de muito amor, estreitamente relacionada à sua mãe que era uma grande matriarca, ela precisava conhecer *conscientemente* a independência e a importância fundamental do *Self* para que Vênus pudesse separar-se dele. Isso a impediria de entregar-se totalmente ao homem, ou de esperar o mesmo dele, o que seria reproduzir exatamente a sua mãe como outra matriarca. É disso que trata o sonho: diferenciar conscientemente os tipos de Eros e dar a cada um seu devido lugar — sua própria matriarca, sua Vênus do amor, o sol de seu *animus*/amante e, além deles, o permanente Grande *Self* Feminino — Colúmbia, Pérola do Oceano.

Dificuldades e escolhas nas relações

Com que problemas as mulheres se defrontam quando enfrentam as realidades cotidianas das relações enquanto tentam permanecer fiéis a seu próprio modo individual feminino de amar? Muitos dos sonhos deste tópico lançam luz sobre os problemas e as opções das mulheres quando entram em relações e têm de escolher se prosseguem ou não. Alguns outro sonhos referem-se a temas mais abrangentes com os quais as mulheres têm de lidar ao longo de toda relação, como as projeções culturais ou da *anima* sobre elas.

Padrão interior/florescência exterior

O florescimento de uma nova relação promete a plenitude futura da relação. O despertar de todas as nossas esperanças para a relação nos impele a realizá-las e fazemos arranjos importantes em nossa vida exterior para nos adaptarmos à relação. Mas dificilmente percebemos que precisamos fazer um arranjo igualmente profundo das coisas em nossa vida interior. Não podemos simplesmente esperar colher os frutos da relação sem que tenhamos nos preparado interiormente. Temos de esperar que o fruto interior amadureça no seu devido tempo.

Nossa cultura extrovertida nos leva a acreditar que se entendemos uma idéia, ou apreendemos algo e o retemos em nossas mãos, nós o possuímos como nosso. Esperamos que, se aprendemos a nos comunicar ou se alcançamos algumas metas, estaremos satisfeitos, mas, em vez disso, *nos sentimos* no final muitas vezes vazios e nos perguntamos o que aconteceu com a promessa. Isso acontece quando nos precipitamos na frente de nossos eus internos. Pois precisamos cuidar de nossa grande árvore interior: da procriação de vegetação rasteira e galhos secos, das raízes, dos botões, dos galhos para que possamos ver a verdadeira forma da árvore. Como toda árvore tem círculos concêntricos de crescimento a partir de seu padrão intrínseco e respondendo ao mundo exterior do sol, da terra e da chuva, o inconsciente individual também apresenta variações em seu padrão de círculos de crescimento, vislumbrados, às vezes, em nossos sonhos.

O seguinte sonho é de uma mulher solteira, Sylvia, após um rápido jogo de aproximação que correspondia às imagens culturais da seqüência de sedução, conquista, posse e sexualidade intensa. Após a atração inicial, o suspense e alívio de escolher e ser escolhida, a relação precipitou-se para um vínculo intenso e apaixonado. Sylvia tinha sido bastante passiva por natureza, obedecendo ao comando do homem. Eles tinham acabado de assumir um padrão estável de encontros quando ela teve o seguinte sonho.

Amassando camada por camada. Há duas mulheres num quarto. Uma está fazendo uma massagem na outra. Eu recebi uma massagem e ofereço-me para fazer uma na massagista em retribuição, mas o que na verdade dou-lhe é um abraço na rua.

Noto seu carro nas proximidades. Ela equipou o carro para uma viagem, mas irrito-me porque ela não providenciou ninguém para cuidar de seus animais — suas tartarugas e outros animais.

Preciso entrar na casa para tomar conta das coisas. Estou nos fundos da casa num amplo corredor de tijolos. Tem que haver uma escadaria de tijolos similar também dentro da casa, mas não consigo entrar pela porta dos fundos para chegar à ampla escadaria. Por fim, consigo entrar, mas tenho de utilizar uma escada de madeira em estado precário para passar de um piso para outro.

Subo de "camada em camada", na verdade de um piso a outro. Algumas mulheres estão amassando cada "camada" ou piso. Digo-lhes que sou a dona e elas me deixam passar. Ocorre-me que é importante manter cada camada assim separada. Entretanto, eu poderia usar a ampla escadaria de tijolos entre as "camadas" se conseguisse permissão de Helen [a gerente severa e manipuladora de onde eu trabalhava].

Na última cena do sonho eu digo às outras: "Agora eu tenho uma mansão e ela tem um salão de pelúcia vermelha e lugar para um cozinheiro!".

A cena inicial, enquanto cenário de todo o sonho, lembra a sonhadora de sua própria natureza feminina e apresenta-lhe imagens femininas do que está faltando em sua nova relação. Uma mulher massageando a outra é uma imagem de sensualidade e intimidade — suave, silenciosa, atenciosa e sensível — que lembra as carícias suaves e a ternura delicada recebidas quando criança. Esse é provavelmente o carinho que ela deseja como mulher, não apenas como prelúdio do sexo, mas por si mesmo. Na verdade, como retorno pela massagem no sonho, ela dá um abraço na rua, trazendo assim para a vida cotidiana o abraço que ela conhece desde a infância: aquela sensação de calor e intimidade, aquela pequena confirmação diária de gostar e desfrutar um do outro. Esse é o cerne delicado do amor que as mulheres geralmente conhecem, mas que a maioria dos homens esqueceu.

Ao contrário, se a cena inicial fosse um jogo de futebol ou uma discussão à mesa do jantar, significaria que Sylvia precisava se entender com a competitividade e a agressividade em sua atual relação. Em vez disso, ela está sendo lembrada de sua própria natureza feminina.

Como na maioria dos sonhos, os diferentes personagens representam diferentes partes da pessoa. O ego observador, o "Eu" neste sonho, precisa reagir a esses "personagens" e resolver o problema colocado pela peça encenada.

O "Eu" no sonho fica "irritado por ela não ter providenciado ninguém para cuidar das tartarugas e outros animais". Sylvia procurou entender por que ela ficaria irritada com seu lado suave (a massagista) equipando o carro para a viagem e esquecendo-se das tartarugas. Ocorreu-lhe que sua habitual suavidade tinha quase desaparecido quando ela precipitou-se a entrar na relação. Ela tinha abandonado suas tartarugas: seus instintos introvertidos comumente lentos. Ao contemplar a tartaruga — com seus passos lentos, seu casco protetor, sua casa nas costas para onde quer que vá e sua longevidade — ela compreendeu a importância que dava a longo prazo a um lar tranqüilo, ao sentimento de segurança e obediência a seu próprio ritmo interno.

Sylvia tomou consciência de que tinha começado a ressentir-se com a "pressão" de seu namorado. Ela disse: "É como se o sexo fosse mais importante para ele do que a pessoa. No início tudo funcionou mecanicamente. Agradava-me sua assertividade e sua possessividade, mas agora vejo-me retraindo-me para dentro de minha concha e isso o torna pior. É como se não servíssemos mais um para o outro". Suas barreiras externas habituais, que tinham se desfeito com a paixão, foram substituídas por uma relutância interna.

O sonho despertou Sylvia para o fato de que ela tinha seguido o comando de seu parceiro na relação e agora estava decepcionada com a limitação da relação que eles tinham criado com base no sexo. Era como se eles tivessem ficado viciados em fazer sexo, que era bom entre eles, mas esse, como os outros vícios, criava um problema, uma vez que eclipsava todo o resto por ser rápido e fácil. Era, portanto, hora de ela trazer para a relação sua sabedoria feminina — a de que uma relação necessita desenvolver-se na atmosfera da vida cotidiana.

Essa mulher tinha deixado-se levar, como acontece com muitas mulheres em nossa cultura, pelo comando do homem na relação. A mulher é condicionada por nossa cultura e por sua própria natureza a ser responsiva, enquanto o homem tende a ser sexualmente agressivo. E por força das desigualdades, o número muito maior de mulheres desimpedidas do que de homens, ela tende para essa postura no começo de uma relação. Mas quando falta ao convívio aquilo que a mulher tem para oferecer, tanto o homem como a mulher ficam diminuídos e o crescimento da relação é bloqueado.

As mulheres precisam, então, de outros meios para compensar esse sentimento de submissão à cultura masculina. Um desses meios é ela conversar com outras mulheres sobre a relação — coisa que realmente apreciamos; um outro meio é consultar nossa mulher interior, como ocorre nesse sonho.

O restante do sonho é atividade interna arquetípica, a procura da entrada pela porta dos fundos e da passagem entre as camadas. Para Sylvia, a atmosfera do sonho parecia "sombria". O que era sombrio? Sem querer admitir, o casal tinha ficado cauteloso um com o outro. Sylvia tinha começado a considerá-lo manipulador e ele a ter dúvidas sobre ela. O sonho levou-os da florescência da primavera para os primeiros ventos frios do outono, a cor cinzenta de suas sombras. Ao falar sobre o sonho, ela viu primeiro a sombra dele. "Talvez, ele só me queira sexualmente, não como pessoa inteira. Talvez seja seu jeito de amar; não tenho certeza."

O sonho levou Sylvia a confrontar sua própria sombra na figura de Helen, a gerente severa e manipuladora nela mesma. Ao refletir séria e sinceramente sobre como ela mesma podia ser manipuladora numa relação, ela descobriu que também não estava querendo seu namorado como uma pessoa inteira. Sua própria Helen astuta estava querendo agarrá-lo para marido e pai. Sylvia estava com trinta e tantos anos e queria ter um filho. Ela não conseguia responder à agressividade dele porque seu próprio lado agressivo era muito inconsciente. Por isso, sua própria agressividade chocava-se com a dele e a relação deles passou a ser sentida como sombria.

O problema era que sua própria Helen interior estava dando as cartas. Ela oferecia apenas uma escada precária como passagem para as outras camadas, para alcançar os outros níveis internos e significados de sua relação. No sonho, Helen tem de ceder, dar permissão a Sylvia para subir pela ampla escadaria de tijolos — o caminho espaçoso, construído solidamente tijolo por tijolo. Com toda a honestidade, Sylvia teria de chegar a alguma conclusão quanto a se seu namorado era realmente a pessoa certa para ser seu marido e pai de seu filho. Ela fracassaria se continuasse seguindo-o, com seu lado astuto oculto tentando agarrá-lo sem levar em consideração a verdadeira natureza dele e de sua relação. O sonho deixa a escolha em aberto. Talvez houvesse uma ampla escadaria para eles, e tijolo por tijolo, aos pouquinhos, eles pudessem descobrir o que podiam e não podiam ter juntos.

A imagem contida nesse sonho que mais chamou a atenção da mulher e que permaneceu com ela foi a das mulheres amassando algo "camada por camada". Isso lhe falava de uma camada arquetípica mais instintiva da sabedoria feminina com respeito à alquimia das relações e ao lento desenvolvimento de Eros. No nível mais profundo, fazer pão ou bolo simboliza o processo misterioso de nascimento e crescimento que já era reverenciado seis mil anos a. C., quando existiam fornos sagrados nos templos.[5] Aquela arte antiga tinha sido passada para Sylvia por sua mãe: dissolver o fermento em água morna, dar forma à massa grudenta, amassá-la apenas o necessário, esperar que ela crescesse num lugar quente, sová-la novamente, esperar que crescesse novamente e depois colocá-la no forno quente e esperar que assasse e resultasse num pão ou bolo fofo, ou chato e pastoso. Cada estágio tinha sua própria ascensão ou queda. Requeria paciência e atenção, mas o fermento — o ingrediente ativo — operava sua mágica em cada estágio se as condições fossem favoráveis. O fermento, como todas as coisas vivas, tem seu próprio tempo. Como observadores, não podemos planejar seu desempenho, mas podemos estar preparados para fazer a nossa parte no processo inefável que, também, dirige nossa própria natureza.

Sylvia relembrou como rapazes cortejavam moças nos tempos de colégio e faculdade, de maneira lenta e sistematizada, impedindo que ela se precipitasse mais do que podia. Cada passo era marcado por uma certa conclusão, e todos os rapazes e moças sabiam seu significado. Cada avanço de intimidade representava uma lenta progressão e cada um deles envolvia uma decisão consciente de avançar, ou não, para o próximo estágio de intimidade e compromisso de uma vida em comum: primeiro, chamando a atenção um do outro, pegando na mão (ou não) após certo tempo, o primeiro beijo (ou não) após outro período de tempo... construindo a relação camada por camada. Ela perguntava-se se esse padrão tinha se formado de acordo com o ritmo feminino e sentia-se perdida.

A metáfora do fazer pão (ou bolo) pode parecer uma imagem feminina antiquada, mas é provavelmente muito verdadeira quanto à natureza e desenvolvimento dos relacionamentos autênticos. Em nossa cultura, somos bombardeadas com imagens masculinas extrovertidas dos encon-

182

tros dos casais. Nos filmes, as pessoas sentem-se sexualmente atraídas, apaixonam-se à primeira vista e voam juntas para o futuro ou caem na infidelidade. Não há praticamente nenhum filme ou musical que apresente um romance desenvolvido lentamente, porque as pessoas não acreditam mais nas antigas imagens: o ardente pretendente e a donzela relutante, ou a conquista e o "felizes para sempre". Quem sabe roteiristas e diretoras mulheres nos proverão novas imagens femininas, plenas de vida em fermentação, a substância temida do romance na vida real.

Demasiadamente difícil de enfrentar

Às vezes os sonhos nos advertem para não entrarmos numa determinada relação ou prosseguirmos nela. Às vezes, temos de realizar um trabalho interior antes. Em nossa sociedade voltada para o desenvolvimento externo, acredita-se que se pode "trabalhar os problemas" na relação, ou que, mesmo que a relação não seja bem-sucedida, pelo menos pode-se aprender e crescer com a experiência. Embora isso seja até certo ponto válido, significa na verdade estar usando alguém como instrumento, o que pode magoar e até ser perigoso. O caso seguinte é o de uma mulher cujo sonho advertiu-a vividamente que não atuasse seus conflitos entrando numa relação destrutiva.

A mulher, Wendy, sentiu-se de repente fortemente atraída por um homem com quem trabalhava há anos. Por causa de uma experiência passada, Wendy não queria mais envolver-se com ninguém no trabalho. Além disso, ela não confiava naquele homem em particular. Ele era mundano, cheio de vida, mas também de energia bruta. Ele fazia o que queria, era franco, colérico e — o que surpreendeu-a nas histórias que ele contou — não tinha escrúpulos para usar as pessoas. Por mais que ela se sentisse atraída por seu calor e espontaneidade, não podia deixar de se perguntar se ele não seria diferente demais dela, se suas regras não seriam outras, se não era demasiadamente arriscado para ela, talvez demasiadamente insensível ou cruel.

Wendy teve o seguinte sonho:

Uma cascavel no aquário de vidro. Estamos sobre uma pequena bóia que flutua levemente sobre a água, mas a bóia sabe que deve permanecer na baía, não ir para o alto-mar...

Tomamos um quarto juntos num hotel. Pergunto-me se os outros sabem. É uma tremeda complicação preencher as fichas do hotel. Então, decido que não é necessário. Troco-me e visto roupas mais leves...

Ele deixou algo em meu quarto. Há uma cascavel no aquário de vidro sobre o casaco. Ela silva e move-se quando eu passo. Há também um molusco ressecado no aquário com muito pouca água. Eu não cuidei deles, não lhes dei nenhum alimento. Devia devolvê-los ou fazer algo com eles.

Wendy imediatamente viu no sonho uma advertência clara para não adentrar no oceano dos níveis arquetípicos ou instintivos com esse homem, mas permanecer na baía segura de uma relação limitada ao local de trabalho. O sonho revela alguma preocupação inconsciente quanto a entrar numa relação com alguém do trabalho (complicação para preencher as fichas, como se alguém soubesse), mas ela no início desconsidera esses temores (não é necessário; roupas mais leves).

A conseqüência, exposta pelo inconsciente, é uma forte imagem: a perigosa cascavel. O inconsciente dramatiza e exagera para chocar a pessoa de maneira a obrigá-la a prestar atenção em algo. A imagem da cascavel que ele deixou no quarto, sibilando e revolvendo-se no aquário, chocou Wendy ao ponto de fazê-la reconhecer quão perigoso ele poderia ser para ela. Ela poderia acabar com uma hostilidade primitiva e insensível no término de uma tal relação no trabalho. Por enquanto ela estava sob controle, dentro do aquário de vidro, mas como o sonho diz, ela teria de devolvê-la ou fazer algo com ela.

Assim como uma cobra na vida real não deve ser confinada num aquário, mas deve permanecer livre num meio mais selvagem, também era improvável que a relação deles — pelas características dele — pudesse desenvolver-se com ambos trabalhando no aquário de vidro do mesmo local de trabalho tranqüilo e convencional.

O sonho também advertiu Wendy de que ele provocava medos terríveis em seu inconsciente. Ela percebeu imediatamente que não se tratava apenas do lado escuro dele, mas também de seu lado profundamente reprimido que ela projetava nele: sua própria cobra — seu instinto bruto, suas próprias forças inconscientes que ela mantinha confinadas no aquário de vidro. O vidro representa o distaciamento intelectual atrás do qual a pessoa se protege do impacto emocional. Wendy percebeu sua própria força bruta e primitiva como sendo cruel e até mortífera.

Na imagem do molusco ressecado ao qual Wendy não tinha dado água, o sonho a advertia que, na relação, ela poderia negligenciar seu próprio sentimento interno de segurança. O que ela deveria fazer? Em vez de uma abordagem exterior — entrar numa relação que provavelmente soçobraria e então ter de elaborar o problema da cobra entre eles de uma maneira exterior —, Wendy preferiu voltar à análise para elaborar o problema da cobra. Ela foi atraída pela cobra dele, porque não conhecia a sua própria — seu próprio lado sociopata — que acabaria sabendo como lutar com a dele. Em vez de tentar entrar em contato com sua natureza instintiva profunda através de outra pessoa, que provavelmente destruiria sua vida exterior, Wendy preferiu trabalhar com o problema interiormente.

Esse foi o imperativo ético do sonho: "Eu devia devolvê-las (as criaturas) ou fazer algo com elas". E Wendy cuidou de suas criaturas submarinas. Ela foi fundo nos seus sonhos e na relação com sua analista nos anos seguintes para tornar-se mais consciente de sua espontaneidade e afetividade, bem como de sua própria agressividade. Isso acabou trazendo à sua vida um pouco do calor e do entusiasmo que ela buscava nos outros e que condenavam-na ao fracasso.

Conhecendo os próprios instintos agressivos

Os períodos de mudanças e crises são oportunidades de discernimento e crescimento, tanto na vida exterior como na interior. Os sonhos podem ser de uma importância crucial nesses períodos para mostrar-nos o que está ocorrendo no inconsciente. Neste caso, um sonho ajudou uma mulher a tomar consciência de novas formas de lidar com a agressividade primitiva, de maneira que ela pode evitar cair na posição de vítima quando terminou seu antigo relacionamento, ou — sem que tivesse consciência — transformar-se no carrasco do outro em sua nova relação.

A aranha e sua teia. Uma mosca está presa numa teia de aranha. É uma mosca grande que tinha estado zumbindo de um lado para outro na lavanderia. Ela entrou na teia e ficou se debatendo para desvencilhar-se dela. Vejo uma enorme aranha negra se arrastando para aproximar-se da mosca.

A mulher que teve o sonho, Maria, tinha demorado a defender-se durante o processo do divórcio, e o mesmo tinha acontecido durante todo o tempo em que vivera numa relação emocionalmente abusiva. Durante a semana do sonho, ela tinha por fim ficado com raiva, realmente enfurecida com a última proposta enganosa de seu marido de um acordo e com o fato de ela vir acompanhada de ameaças de aborrecimentos se ele não conseguisse o que queria. Maria foi suficientemente persistente para conseguir encontrar imediatamente sua advogada muito ocupada — uma tarefa nada fácil porque aquela advogada era a mais agressiva que ela podia ter encontrado! A advogada tinha instruído Maria sobre como ser apropriadamente agressiva: barganhar e tomar iniciativas a seu favor para opor-se aos planos de seu marido; e deu-lhe bons conselhos sobre como lidar com as últimas ameaças.

À primeira vista poderia parecer que o sonho está recontando a história do casamento abusivo e do processo de divórcio: Maria está sendo aprisionada como vítima na teia dos planos agressivos de seu marido.

Nesse caso, o sonho expressaria o medo de Maria de que quanto mais lutasse mais ficaria enredada. E esse era um medo que ela tinha, baseada em experiências passadas. O sonho aponta para a terrível impotência quando se enfrenta a agressividade bruta que não pode ser evitada.

Entretanto, os sonhos normalmente têm outros significados além do óbvio. Os sonhos, com animais especialmente, anunciam mudanças. A mulher está entrando em contato com os instintos básicos os quais está preparada para trazer à consciência. O que tinha mudado recentemente nos instintos da mulher? Em lugar de reagir com mais impotência na semana anterior, Maria tinha se tornado mais agressiva. Ela achou que o sonho poderia estar expressando sua agressividade e vingatividade recém-descobertas. *Ela* era a aranha virando a mesa sobre seu marido. Para opor-se a uma aranha, a mulher tem de conhecer sua própria aranha. Maria tinha encontrado um meio culturalmente aceitável de fazer isso, através de sua advogada que conseguia ser uma maquinadora agressiva e que tinha ensinado suas habilidades para sua cliente.

Passar de um instinto primitivo para outro, virar o jogo, não tira a pessoa do plano dos instintos primitivos e do aprisionamento da mesma velha polaridade da agressão-vitimização. Vale a pena notar que no sonho Maria ainda identifica-se muito com a mosca presa na teia. Mas o que ela faz com sua compaixão pela vítima? É o que com freqüência impede que a mulher volte-se contra seu agressor por mais insultada que tenha sido. Ela tem medo de prejudicar a outra pessoa. Ela identifica-se com o outro, não apenas como agressor, mas também como vítima. Maria disse: "Ele ficaria tão desamparado sem mim".

Quando você se livra da agressão, você confronta-se com um outro conjunto de problemas: diferenciar sua própria agressividade sem imitar simplesmente seu vitimizador; e diferenciar sua própria compaixão pela vítima. As vítimas não são totalmente impotentes; elas têm uma série de opções, com diferentes níveis de impotência e força.

Maria colocou o problema de lado, lembrando-se que seu marido também tinha um advogado: eles atuariam dentro dos limites da lei e não como insetos primitivos. O sistema legal, com seus procedimentos e leis para deter os adversários, era uma estrutura apropriada.

Como os sonhos com animais são importantes e esse sonho era tão primitivo, a analista perguntou se ele poderia ter algum outro significado. Havia algum outro tipo de trama ou possibilidade de cair em alguma armadilha? O sonho referia-se especialmente à vítima. Como Maria não tinha que se preocupar com os participantes dos procedimentos legais, estaria ela preocupada com ser vítima em alguma outra área de sua vida? Maria estava separada há vários anos e estava esperando para casar-se com o homem com quem estava vivendo. Naquela semana, entretanto, ele tinha demonstrado alguma relutância em levar adiante os planos de casamento. Na realidade, ele tinha saído fora naquela semana, deixando-a deprimida. Quando Maria explorou como ela tinha reagido à retirada dele, e encarou honestamente o que estava acontecendo naquela relação, ela encontrou a vítima — e o significado mais profundo da advertência do sonho com a aranha e a teia.

No seu inconsciente profundo, Maria estava tramando "agarrá-lo" e estava com razão preocupada com isso. Ela esperava, inconscientemente, ficar grávida. O sonho despertou-a para o fato de ela não querer isso. Eles queriam ter filhos algum dia, mas ela não queria prendê-lo dessa maneira! Ou prender a si mesma. Maria decidiu usar contraceptivos, permitindo-lhe encontrar seu próprio ritmo na tessitura de suas vidas e planos juntos, em que nenhum deles seria nem predador nem vítima.

Confiando nos próprios sentimentos mais profundos

Na fase inicial da paixão num relacionamento, nossos sentimentos mais profundos podem ser verdadeiros guias se prestarmos atenção a eles. Na atmosfera reservada e intensa de uma conferência de fim de semana, uma mulher viu-se impelida pela atração por um homem, embora ambos fossem casados. Na manhã seguinte, ela despertou do seguinte sonho:

O gigante, o caldeirão e as cobras. Cobras negras pegajosas estão entrelaçadas.

Minha mãe, uma menina e eu estamos num caminho. Encontramos uma mulher cozinhando algo num caldeirão ao ar livre: uma lâmina de madeira macia petrificada com desenhos nela. Ela mexe e remexe o caldeirão para fazer remédios. Então, vemos duas cobras no caldeirão com desenhos nelas semelhantes a trigonocéfalos ou outras serpentes venenosas. A menina aproxima-se para olhar, mas eu desvio sua cara do caldeirão; a cobra, que parece adormecida, já está quase branca, mas ainda não deixou de ser perigosa.

De volta ao caminho, vemos abaixo um vale e um dirigível no ar, como uma corda lançada ao vale abaixo. Acima da encosta do desfiladeiro, há um braço de madeira balançando-se de um lado para outro num movimento mecânico. O braço de madeira fica batendo num suporte de madeira na parede rochosa do desfiladeiro que o arremete de volta. Ele acaba quebrando o suporte de madeira e batendo na rocha. De repente, lá embaixo no vale, a palha de dentro de uma cabana irrompe em chamas e uma família sai debatendo-se dela.

Um homem jovem, um gigante, aparece a nosso lado. Ele encarrega-se imediatamente do problema soltando um jato interminável de urina sobre toda a palha em chamas até tudo ficar bem. O jovem e eu conversamos intimamente. Eu digo que estive interessada em outra pessoa por um tempo, mas ele me quer de volta.

O GIGANTE. A mulher sabia intimamente ao despertar que o gigante fez a coisa certa no sonho (espalhou urina) e que ela e seu amante precisavam "apagar o fogo" de sua relação. O enorme dirigível inflado — suas grandes expectativas, suas emoções intensas quando juntos, o gostar imensamente um do outro — só causaria danos a suas respectivas famílias (a cabana irrompendo em chamas e a família debatendo-se para fora dela no sonho).

A presença de um gigante em sonhos, como nos contos de fadas, representa sentimentos ou idéias de tamanho maior que a realidade, que são inflados porque são inconscientes. Por isso, nos contos de fadas, o herói ou a heroína tem de ludibriar o gigante, mantê-lo sob controle, vencê-lo ou ganhar sua cooperação. Você precisa fazer com que o gigante atue em seu favor, em vez de deixar que ele caia numa enrascada ou vingue-se. Os gigantes podem ser estúpidos, impulsivos ou temperamentais, como o inconsciente. Mas eles também têm sentimentos puros e podem apresentar soluções simples e diretas, como faz o inconsciente. Eles podem ser destrutivos ou benevolentes. No caso, ele ajuda apagando com altruísmo consciente o fogo com seu interminável jato de urina.

Urinar em sonhos significa normalmente expressar sentimentos puros. A pessoa por fim "alivia-se" e sente-se bem. Pode-se fazer uma interessante distinção: defecar num sonho tem um significado um pouco diferente. Normalmente, esse ato refere-se a uma culpabilização ou sentimento de culpa. Defecar por si mesmo é livrar-se de algo fétido e é um ato mais consciente, que exige esforço, de maneira que ele naturalmente evoca sentimentos de orgulho, vergonha ou repulsa. Encerra mais e, portanto, no sonho a pessoa freqüentemente fica suja ou suja as outras, conforme o caso. Às vezes, entretanto, ele pode ter um significado positivo: livrar-se finalmente da própria raiva ou das proibições da sociedade.

No sonho acima descrito, o gigante, com seus sentimentos puros, abriu o caminho, de maneira que a mulher pode despertar com o pensamento de que um tal jato de sentimentos puros podia "apagar o fogo". A experiência vivida no sonho tinha mudado algo dentro dela. Ela pode perceber a plenitude de seus sentimentos, mas também a aceitação da realidade de suas vidas. Na manhã seguinte, ela foi capaz de abster-se de atiçar as chamas daquela paixão. Em vez disso, ela "aliviou-se" falando abertamente de seus sentimentos puros para com ele, sem constrangimento ou culpa. Felizmente, ele respondeu à altura e eles puderam ficar juntos tranqüilamente com seu sentimento mútuo de apreciação do que significavam um para o outro em seus mundos interiores, a sabedoria do coração, depois de terem estabelecido suas determinações para o futuro. Aqueles momentos em que conheceram tão plenamente seus sentimentos — sem atuarem sobre eles — provaram ser de grande apoio com o passar do tempo. Eles sabiam o que significavam um para o outro. Se você conhece bem algo, se você percebe que tesouro tem nas mãos, você pode renunciar a ele e ainda assim tê-lo — pelo menos, interiormente. Mas se ele permanece perdido nas brumas, você terá de buscá-lo infinitamente.

Ao contrário desse, a maioria dos casos acaba num deserto de embaraços, negações e verdadeiras — ou falsas — promessas de alguma forma de continuidade da relação. Isto é, os sentimentos ficam desarranjados como os lençóis de uma cama em desordem. Pois se você não consegue ser verdadeira com seus sentimentos, não poderá reconhecer o que aconteceu (ou não aconteceu), se você não consegue respeitar o que houve ou poderia haver, se você não reconhece o puxão do dirigível planando, permanecerá com a inquietação: sentimentos primitivos, divididos e expressos pela metade. Não tendo reconhecido ou aceito a torrente de sentimentos puros em você mesma ou no outro, você acabará com um amor duvidoso, não correspondido ou com ressentimentos. Evitando um ao outro ou forçando a barra compulsivamente para ficarem juntos e provarem que "ele" é autêntico. A verdadeira qualidade dos sentimentos nunca é expressa, nunca é realmente conhecida, quando precisa ser reconhecida.

Pois a paixão dificilmente é uma questão de menor importância para a mulher, apesar de ela poder enganar a si mesma ou tornar-se insensível a seu poder ou seu abuso. Seu leão pode ser enjaulado, mas continuará irrequieto. Ele merece ser apreendido — como qualquer outro momento de grande beleza — enquanto move-se espontaneamente, mesmo que seja fugaz, antes que ele volte a desaparecer entre a vegetação rasteira.

O CALDEIRÃO E AS COBRAS. O que significam o caldeirão e as cobras do início do sonho? As conclusões da mulher de todo o sonho só foram tiradas depois de ter encontrado o significado dessas duas imagens. Mas antes disso, há uma pista importante num detalhe estranho — o braço de madeira — de um incidente sexual que ocorrera em sua infância e que a tinha deixado com sentimento de culpa, de um modo suspeito — como se ela não tivesse direito à sua própria sexualidade na vida. A parte inconsciente da psique tende a ter medos supersticiosos, como se pode constatar nas barganhas infelizes, nas maldições e redenções dos contos de fadas. Por causa dessa qualidade supersticiosa, esse tipo de culpa pode requerer uma cura arquetípica. Nesse sonho, os meios de redimir sua sexualidade proibida era o cozimento arquetípico num recipiente adequado: o caldeirão.

Nos tempos modernos, o caldeirão comumente evoca a imagem das três feiticeiras de *Macbeth* planejando o mal: "Abracadabra, intriga e desgraça;/O fogo queima e o caldeirão ferve" (Ato 4, Cena 1). Mas essa é uma deformação diabólica do símbolo feminino da transformação, da cura e da nutrição da vida. A Deusa Tripla, as Três Parcas, as Musas presidiam esse símbolo da mulher e do útero da vida, esse vaso da criação, fervendo ininterruptamente como os processos misteriosos e eternamente mutáveis da vida e da morte. Esse é o modo de operar da natureza: incubação e transformação. Esse é o modo de operar do inconsciente: a lenta destilação dos sentimentos, a fermentação de idéias, o cozimento de pensamentos obscuros, a espera pela inspiração.

Como a panela de sopa (ou o bule de café) no fogão de nossas mães, o caldeirão ficava no centro do lar nos primórdios da civilização. Era um símbolo das habilidades e cuidados femininos: cozinhar raízes duras, lavar roupas, cozinhar sopa e preparar remédios. Como vaso sagrado das antigas sacerdotisas da transformação — rituais de cura, de transe e de sangue —, ele era o vaso alquímico originário, o Cálice perdido, a taça da comunhão do sangue e do vinho. Embora o caldeirão simbolizasse a vida — e a continuidade da vida e da morte — por milhares de anos em todo o mundo, esse significado ficou esquecido e era lembrado apenas como receptáculo daninho de agouros e sacrifícios encontrados nos remanescentes do caldeirão nos cultos posteriores de morte e renascimento e em nossas projeções sobre as bruxas.

Entretanto, a psique conhece a natureza e redescobre as antigas verdades. A mulher do sonho não conhecia o caldeirão como símbolo positivo, mas mesmo assim ele irrompeu vigoroso de seu inconsciente como uma feitiçaria ou arte xamânica: uma mulher transformando madeira petrificada em remédio e tornando as cobras venenosas inofensivas.

A imagem de "cobras negras pegajosas entrelaçadas", indistinguíveis umas das outras, sugere uma relação simbiótica primária com a mãe, que pode ser maravilhosa, mas também terrível. A parte terrível requer precaução humana e, às vezes, neutralização especial do veneno. O sonho, portanto, começa com a relação emaranhada da mulher com sua mãe e seu desejo de permanecer criança. É evidente que seu primeiro envolvimento com a mãe está reverberando profundamente em seu inconsciente na sua situação atual, estimulado pela intensa atração por seu amante e sua paixão sexual. Entretanto, podemos notar que no sonho ela também age como adulta ao prevenir a menina que vai olhar dentro do caldeirão. Isso quer dizer que ela já está mais alerta à inocência fora de lugar! Como as antigas sacerdotisas que lidavam com o poder terrível das cobras, ela também tem de conhecer as cobras e não deixar-se levar pelo fascínio inconsciente precipitando-se a unir-se com a cobra de seu amante. Ela tem de esperar. Os processos internos — distúrbios e mudanças em relações simbióticas e sexuais — levam tempo. As cobras precisam passar por uma transformação alquímica para ficarem brancas, símbolo do propósito mais profundo da cura e da sabedoria.

Quando a paixão e os instintos interrompem o padrão normal de vida, a mulher é abalada em suas bases e isso provoca mudanças nela posteriormente. O fogo da paixão tinha de ser contido nessa situação específica, mas mesmo assim causou profundas mudanças internas. As cobras e o caldeirão no sonho significavam uma grande mobilização de energia em seu cerne e anunciavam que ela própria seria transformada no vaso da vida. Sua sexualidade tinha sido despertada, transformada e canalizada para que ela pudesse sofrer uma transformação no plano das emoções. Então, conforme o sonho mostrou, ela poderia ter uma visão do alto do desfiladeiro: uma visão transcendente, mas também mais clara do que era importante em sua vida.

PROJEÇÕES CULTURAIS. No começo e término de uma relação, ocasiões em que temos grandes expectativas e decepções, tendemos a encontrar as projeções culturais: imagens colocadas inconscientemente sobre as mulheres ou os homens como grupo. Elas são reveladas em nossos sonhos e proporcionam-nos uma nova maneira de olhar para as velhas meias verdades ou construções inteiras que foram aceitas pela cultura majoritária. O entendimento dessas projeções liberta a mulher para procurar ter uma relação sem, pelo menos, a complicação *desnecessária* dessas projeções que, permanecendo inconscientes, a perseguem. A mulher já tem o bastante para fazer tomando conta de seus próprios problemas reais nas relações, sem precisar tomar conta também das projeções da sociedade sobre ela, especialmente com respeito às coisas sobre as quais ela não pode fazer nada.

Uma jovem mulher, Robin, teve o seguinte sonho que revelou uma dessas projeções da sociedade que ela carregava inconscientemente.

Gato e rato. Estou num enorme quartel do exército. É um prédio verde-oliva, deprimente. Estou numa importante missão quando vejo um gato e uma rata. É um grande gato cor de laranja sem cauda. Eu gritei quando o vi. Ele era aterrorizante ou assustador e anormal.

Esse sonho ocorreu em conseqüência do divórcio, ressaltando o fato de que a "missão importante" de Robin era sair daquela relação, exatamente como no sonho a rata precisava escapar do gato. Como ela já estava em segurança, seus sentimentos se manifestaram sobre o quanto seu casamento tinha sido ruim. Ela sentia-se sobretudo aliviada, mas também deprimida.

O sonho apresentava um "prédio verde-oliva pardo deprimente". Por que ela estava deprimida? Ao refletir sobre o sonho e sua situação, Robin percebeu que ela sentia-se culpada e atormentada pelo pensamento mais ou menos consciente de que "uma mulher deveria assegurar o bem-estar do marido". Em geral, Robin tinha sido afetuosa e atenciosa para com os outros; entretanto, durante os procedimentos do divórcio ela se concentrou em suas próprias necessidades e foi assertiva e firme em defesa de um acordo justo.

Mais precisamente, o problema era este: a qualidade maternal usual e a recente assertividade de Robin eram ambas instintivas e apenas parcialmente conscientes. O sonho parecia indicar que ela precisava tornar-se mais consciente e seletiva em seus impulsos instintivos para ajudar se não quisesse acabar sendo uma rata. Seus recentes instintos assertivos tinham sido corretos? Examinando sua assertividade à luz do dia, ela entendeu que tinham sido apropriados. A essa altura, era importante para ela proteger-se e não continuar cuidando mais de seu marido que não era capaz de lhe retribuir.

Como em outros sonhos, o local é uma pista para o significado do sonho. O "quartel verde-oliva pardo do exército" era evidentemente um mundo masculino, não o seu, onde ela viu um gato que tinha sido castrado (sua cauda cortada). Aquilo pareceu-lhe ser algo tão terrível que ela acordou gritando. A associação de Robin com respeito ao quartel do exército sugeria-lhe que o medo da castração podia ser um problema para os *homens* e referia-se às posições hierárquicas deles entre outros homens. Robin vinha se sentindo culpada porque o divórcio poderia envergonhar seu marido diante dos outros homens em seu ambiente de trabalho tipicamente masculino. O sonho ajudou-a a compreender que tratava-se do medo da castração dele em seu próprio mundo. Não era problema dela. Robin tomou consciência de que ela não tinha tido a intenção de "trapaceá-lo". Ela podia ter tido alguma raiva e algum sentimento de vingança inconscientes, mas seu principal motivo tinha sido escapar.

A principal idéia que esse sonho revelou, importante também para outras mulheres, é que não temos necessariamente que assumir as preocupações e projeções dos homens no que diz respeito ao medo da castração. A castração não é um problema das mulheres. Apesar de sermos acusadas de querer castrar os homens sempre que ficamos com raiva, nos afirmamos ou exigimos eqüidade, comumente não estamos querendo castrá-los — privá-los de direitos *instintivos* básicos enquanto homens. A não ser que uma mulher seja muito irada e dominadora, a verdade mais provável é que ela queira sobretudo ter seus próprios direitos como pessoa.

A preocupação do homem com sua posição diante de outros homens é basicamente um problema com os outros homens, não necessariamente um problema com sua mulher, a não ser que ela seja demasiadamente negligente, desnecessariamente insensível para colocá-lo numa posição de perda de seu orgulho ou de ficar com vergonha diante de outros homens. De maneira similar, a preocupação do homem quanto a se seu pênis é suficientemente grande para uma mulher é basicamente problema seu quanto ao desempenho e comparação com outros homens, embora ele possa *achar* que seja muito importante para a mulher. Esse é um outro exemplo em que o homem "põe a culpa na mulher" em vez de confrontar seus próprios sentimentos de vulnerabilidade. No mundo masculino de relações hierárquicas, o homem necessita saber sua posição na competição hierárquica, agressividade e assertividade sexual. Ele pode atuar o problema de sua posição entre outros homens pela dominação de "sua mulher" ou pela busca de reafirmação, mas ele acabará tendo que lidar com o problema nas suas relações com os outros homens. O sonho ressaltou isso, mostrando a Robin que o fato de dar demasiada importância a seu ex-marido estava desviando-a de sua própria missão.

As projeções da *anima* sobre as mulheres

Ao relacionar-se com o homem, um problema comum, embora sutil para a mulher é a projeção que ele coloca sobre ela de seu lado feminino, sua imagem interior da mulher — a *"anima"*. A mulher sente essa projeção quando pensa: "Apesar de me amar, ele não ama a *mim* — ele não sabe quem eu sou realmente!".

Mais cedo ou mais tarde numa relação com um homem, a mulher tem de confrontar a *anima* do homem, uma vez que essa representa realmente um dilema para ela. Ela tem de encontrar uma forma de respeitar a imagem interior dele como algo vital para ele e, ao mesmo tempo, ser autêntica e descobrir onde ela entra como pessoa real. Porque se for inconscientemente conivente com a imagem dele, ela deixa-se reduzir ou inflar.

Quando apaixonada, a mulher responde e sintoniza-se com os desejos mais íntimos do homem. Ela é muito naturalmente levada a refletir para ele as qualidades que ele deseja ver nela, como ele, por sua vez, também muitas vezes reflete para ela sua imagem do masculino — o *"animus"*. Entretanto, se a mulher tem mais consciência da projeção da *anima*, ela está mais capacitada para manter sua individualidade e manifestar sua verdadeira natureza feminina e não basear-se tanto na imagem interior que ele faz dela e de sua feminilidade.

Quando um homem está muito interessado numa mulher, ela pode inspirá-lo a procurar a fascinante e inapreensível *anima* em seu mundo interior, ou pode incentivá-lo a procurar conhecê-la como uma mulher real em seu mundo exterior. Entretanto, apenas através de uma mulher real, o homem pode chegar à verdadeira singularidade que está além do que está em sua imaginação, pode afirmar quem ele é como homem e quem ela é, bem como afirmar seu ponto em comum como pessoas. Procurar sua própria *anima* é importante, mas não basta. Se ele for afortunado, ele poderá conhecer a outra em momentos de transcendência: no amor, na união sexual, na paternidade e no processo gradual de envelhecimento juntos. Durante esse processo, sua *anima* deixa de ser uma imagem interior de fantasia sexual ou de romantismo para tornar-se sua guia para os sentimentos, os relacionamentos, a criatividade, a espiritualidade, a sabedoria ou o que quer que seu lado feminino represente, para completá-lo como pessoa. São raros os casos de homens que conseguem a verdadeira plenitude interior, como pode ser vista na face andrógina do xamã.

Uma diferença fundamental entre as psicologias masculina e feminina ajuda-nos a compreender o lugar da *anima*. O homem tradicional normalmente identifica-se tão intensamente com a consciência que a *anima* chega às vezes a representar o inconsciente. Quer dizer, grande parte daquilo que não é pensado conscientemente é considerado como "feminino" — na verdade, uma expectativa impossível de uma figura de *anima* ou de uma mulher real. Os homens têm uma necessidade básica de serem conscientes, de serem diferentes, de não se identificarem muito com suas mães. Assim, o homem precisa afirmar sua diferença antes de poder sentir sua "semelhança". Depois, ele precisa sentir a semelhança com os outros homens, um homem entre os homens, antes de poder relacionar-se com uma mulher. Primeiro, ele relaciona-se com a mulher como alguém diferente antes de descobrir suas semelhanças. Isto é, ele tende a ver a mulher antes de ver a pessoa.

Por outro lado, as mulheres não têm uma necessidade tão premente de identificarem-se com a consciência e de serem diferentes de suas mães; por isso, elas podem sentir a semelhança antes, podem ver primeiro o homem como pessoa e depois como alguém que é diferente. Além do mais, como a mulher é mais livre para manter alguma identificação com a mãe e o inconsciente, seu *animus* não precisa carregar o fardo de representar todo o inconsciente. Nem é o *animus*, como a psicologia junguiana tradicional leva a pensar, a contraparte ou imagem refletida da *anima* dos homens. Às vezes, existem várias figuras de *animus* e elas não representam necessariamente o inconsciente nem tampouco o consciente. Muitas vezes elas referem-se às "outras" qualidades diferentes da atitude consciente de uma determinada mulher, com freqüência qualidades vistas como masculinas pela cultura, e essas figuras tomam seu lugar, não necessariamente o mais proeminente, entre outras outras figuras interiores importantes no inconsciente da mulher.

Voltando ao dilema da mulher: a maneira usual de ela sentir a projeção da *anima* do homem é ficar excitada quando percebe o olhar dele

194

e estimulada quando o encontra em suas profundezas. Mas então ela começa a sentir-se inadequada em comparação com a imagem dele de como ela deveria ser ou sente-se limitada a um certo papel: parceira sexual, confortadora e ouvinte, criança inocente, colega intelectual, musa inspiradora ou guia espiritual. Além do mais, como a *anima* do homem é grandemente influenciada por sua mãe, a mulher pode sentir que ele a vê apenas como dona de casa e mãe que está sempre disponível, adivinhando seus desejos, fazendo as coisas para ele ou, ao contrário, restringindo-o, abandonando-o ou criticando-o.

Na verdade, uma dificuldade comum, que a mulher encontra no pensamento do homem sobre ela, é a separação de suas qualidades sexual e materna, como se ela tivesse apenas uma ou outra e não ambas. Conseqüentemente, o homem pode achar que precisa buscar essas qualidades em duas mulheres distintas — a amante e a esposa. A mulher irrita-se com tais percepções limitadas dela, que constituem uma violência silenciosa contra a sua totalidade como mulher. Além do mais, essas duas percepções da mulher estão baseadas na visão masculina do que o homem quer da mulher, como se ela não tivesse uma existência independente fora do domínio dele, uma direção própria. Ela não é aquela única fatia do bolo que ele quer que ela seja; é o bolo inteiro, e o bolo inteiro é ela!

As mulheres sentem-se muitas vezes incomodadas com as imagens que o cinema e a televisão apresentam dela, porque exageram e perpetuam as imagens subjacentes da *anima* dos homens e que, de fato, são apresentadas como modelos aos quais devemos nos adaptar. Por que não podemos ser mais como Marilyn Monroe? Entretanto, ultimamente, isso vem intrigando novamente tanto os homens quanto as mulheres, na medida em que procuramos descobrir a pessoa real por trás da imagem. Um grande número de mulheres aprecia os filmes e programas de televisão em que os papéis tradicionais são invertidos: *A Captain in Paradise, Some Like It Hot, All That Glitters, Tootsie*. Novas imagens revigorantes estão emergindo em filmes em que o tipo comum de *anima* tem também outras qualidades: Goldie Hawn faz o papel da despreocupada jovem loira sexy que é também surpreendentemente ousada, inteligente, maternal e compassiva. Meryl Streep representa uma mulher fria e simulada, mas também com as qualidades de uma personagem da vida real.

Como as imagens da *anima* são por sua natureza parte do inconsciente masculino, do inconsciente cultural e encontram ressonância no inconsciente da mulher, elas são difíceis de discernir. Por isso, os sonhos que derivam diretamente do inconsciente podem ajudar a mulher a perceber mais claramente a *anima*.

O seguinte sonho é de uma mulher, Lori, que finalmente ficou farta dos papéis restritos relegados a ela pelos homens — na sua vida pessoal, no seu trabalho acadêmico e mesmo na literatura científico-social pelos autores masculinos. Como figura auxiliar em seu ambiente acadêmico, sua percepção e seus ressentimentos aumentaran quando ela percebeu o sentimento de frustração pelo esforço inútil de tentar ser cooperativa. Dois incidentes tinham precipitado a ocorrência do sonho. Alguns dias antes, Lori tinha lido um artigo importante de um psicólogo sobre as relações das mulheres com os homens e tinha ficado decepcionada. Apesar de o autor considerar-se feminista, seus pontos de vista pareceram-lhe equivocados e preocupantes, ela disse, como se ele estivesse apropriando-se do ponto de vista feminino em um emaranhado de teorias e palavras, como se o masculino ainda pudesse dominar e subjugar a experiência das mulheres, colocando em palavras e compartimentos algo que só pode ser conhecido pela experiência da empatia e da solidariedade. Ela sentiu-se bombardeada por suas palavras, como se para aquele homem as catalogações pudessem substituir os sentimentos reais. Elas assumiam o lugar de ouvir as mulheres e deixar-se influenciar por elas. Outra vez, inconscientemente, um homem estava dizendo para as mulheres como deviam relacionar-se com os homens a partir da visão masculina.

O que aconteceu em seguida foi que Lori passou a tarde anterior à noite do sonho com um acadêmico que ela considerava esclarecido e simpatizante com os problemas das mulheres. Mas no decorrer da tarde, ele irrompeu dizendo-lhe com aparente empatia e simpatia: "Sei exatamente como se sente uma mulher — voltar para casa à noite percorrendo uma rua escura... Sei exatamente como se sente uma mulher parindo um filho; eu senti isso em meu próprio corpo".

Ele era um homem forte que não tinha passado pelas dificuldades e precauções que Lori tinha vivido como mulher e, com certeza, não sabia o que era a gravidez e as verdadeiras dores do parto. Pareceu a ela que ele não queria ouvir sua experiência; em sua imaginação, ele sabia! Ele queria *dizer* a ela o que era ser mulher. Lori ficou furiosa. Ele, por sua vez, primeiro mostrou-se desanimado e, em seguida, furioso com a reação dela. Mais tarde, ela perguntou-se o que tinha acontecido. Ele tinha boas intenções e não conseguia entender por que ela não era grata, mas a ela pareceu que ele havia criado uma nova forma de arrogância masculina.

Só a empatia *verdadeira* proporciona bem-estar a outra pessoa e, para isso, é necessário uma atitude receptiva, não uma arrogante. Não é nenhum consolo para a outra pessoa ouvir: "Sei como você se sente mal", a não ser que venha de alguém que tenha tido a mesma experiência ou que admite aquela ser apenas uma experiência similar.

Quando os homens, juntamente com as mulheres, entram no plano da troca emocional e da comunicação profunda, procurando aprender a linguagem do mundo interior e dos sentimentos, as mulheres sentem-se pressionadas a dar nomes a coisas que escorrem de nossas mãos como a água e que são, se é que são, apreendidas apenas sutilmente. Tais coisas são melhor captadas em suas próprias formas, vivenciadas subjetivamente, reconhecidas e simplesmente apreciadas ou compartilhadas com uma sensibilidade tácita. Isso é algo que a maioria dos homens precisa aprender. As emoções não podem ser tiradas de seu plano mais natural que é o da experiência pessoal e interpessoal para tornarem-se objetos: examinadas, julgadas e racionalizadas em palavras estéreis. Como se fosse possível subjugar a água!

A questão, portanto, nesse tipo de desentendimento é procurar ter clareza e compaixão. O fogo da ira durante o confronto deu a Lori uma percepção do que era a *anima* inconsciente do homem pelo sonho que teve na manhã seguinte. Surpreendentemente, o sonho também revelou-lhe outro problema de grande relevância para ela.

O haxixe, a lua e o mistério. Estou num país estrangeiro. Um jovem homem local, que é atraente, porém desdenhoso, "acusa-me" porque acidentalmente estou perto de uma traficante de haxixe. É um caso de confusão de identidade. Penso: "Ó, não, era isso que eu temia. O que posso fazer? Tenho de permanecer alerta!".

Vou para casa de ônibus e ele desce no mesmo ponto que eu, exatamente como eu tinha temido. Digo a ele: "Não tenho nenhum haxixe". Mas ele não quer acreditar em mim e tenho medo de que ele vá acabar comigo. Então, digo: "Posso mostrar-lhe que não tenho nenhum haxixe comigo: posso despir-me aqui mesmo à luz do luar". Mas penso: "Não, isso não é necessário".

Em vez disso, tramo um plano. Procuro enrolá-lo, dizendo que estou interessada nele. Ele pode muito bem acreditar em mim, já que é um mulherengo interessado nas turistas, com um ego inflado pelas turistas ávidas por um homem. Chego mesmo a engendrar alguns agrados para atraí-lo. Meu plano é ganhar a confiança dele e, depois, talvez, levá-lo para algum lugar onde eu possa empurrá-lo de uma rocha ou fazê-lo tropeçar em seu próprio egoísmo.

O problema real, que vejo, é ele estar interessado apenas na ilusão, no haxixe, e ele seria capaz de, por engano, tirar minha vida — a única coisa de que necessito — para satisfazer sua ilusão. A única coisa que tenho na vida real é o acesso ao mistério. Eu não sou ele — o mistério; apenas o contenho.

Nesse sonho, Lori está discriminando como relacionar-se com as ilusões masculinas, com sua natureza feminina e com os mistérios femininos. No sonho ela tem medo de que ele possa "acabar com ela". Na vida real, a mulher freqüentemente vivencia essa "eliminação" através da desconsideração do homem, como se ela não existisse quando não se ajusta à sua imagem interior, sua *anima*. Essa é uma experiência recorrente na vida de uma mulher mais velha ou considerada não atraente e que pode exercer um efeito fatal sobre ela, solapando seus sentimentos de auto-estima.

Voltando ao sonho, Lori não pode dar o que o homem quer — o haxixe. Ela não o tem e, assim, para sobreviver, ela finge estar interessada em sexo; quer dizer, ela deliberadamente reflete para ele uma imagem comum da *anima* — a mulher sedenta por sexo. Não é por coincidência que o cenário do sonho seja um país estrangeiro. É em contextos estrangeiros que as mulheres e os homens atuam suas fantasias. As ilusões da *anima* (e do *animus*) existem num lugar remoto, o inconsciente. Na realidade, quando as pessoas encontram-se de férias em contextos estrangeiros e sentem-se livres para atuar suas fantasias, pode-se vislumbrar o que ocorre nos seus inconscientes quando encontram-se em seus cotidianos. As férias são oportunidades especiais para se observar os sonhos, uma vez que eles tendem a ser incomuns e vívidos.

Lori desiste da idéia de "despir-se" no sonho, para revelar sua verdadeira feminilidade à luz do luar, na suave claridade onde ela pode ser vista. Isso poderia convencê-lo de que ela não porta haxixe — ela não pode dar a ele a ilusão na qual está viciado — mas sim mostrar-lhe seu verdadeiro *Self*. Entretanto, ficar nua teria sido arriscado, tornando-a vulnerável, como na vida real, onde tal ato seria provavelmente mal-entendido e perigoso. Talvez, no sonho, ela (o eu no sonho) deveria ter assumido o risco; é difícil saber. Talvez, essa figura feminina interior não consiga afirmar com suficiente ênfase sua própria feminilidade, ou, talvez, ela não consiga expor seu *Self* feminino mais profundo a alguém em quem não pode confiar. Pois no sonho o homem parece atraente, mas também desdenhoso. Ele representa a experiência de Lori com homens possuídos pela *anima*. É óbvio que, como qualquer outra figura que aparece nos sonhos, ele também é parte de Lori — seu próprio "*animus*", seu "outro lado", que pode desdenhar seu verdadeiro *Self* feminino.

De que maneira então esse sonho se relaciona com os eventos da tarde anterior? Na vida real, Lori também tinha sido insultada em seu orgulho, em sua *hubris*. Nela, ela e o acadêmico tinham sido coniventes e ao mesmo tempo discordantes em suas atitudes inflexíveis diante da afirmação dele de que sabia o que era parir. No sonho, a única solução era o homem desdenhoso acabar com Lori ou ela acabar com ele, o que equivale ao que aconteceu na vida real, onde os dois não queriam mais ver a cara um do outro. A associação que Lori fez foi que o homem desdenhoso do sonho "ia matar a galinha dos ovos de ouro"! Essa associação foi muito estranha e intrigante. Ela a fez perceber que, inconscientemente, ela se equiparava à Galinha dos Ovos de Ouro, como se ela, uma mulher real, fosse realmente sagrada! Portanto, a sua cólera da noite anterior tinha sido a de uma Galinha Sagrada: ela identifica-se com o poder e o mistério do nascimento, a Grande Mãe, e com o ovo de ouro — o *Self*. Esse orgulho diferia do genuíno orgulho e respeito por si mesma de uma mulher; era a *hubris*, o descomedimento dos deuses. Era como se Lori tivesse pensado: "Sou sagrada", em vez de mais apropriadamente: "Não sou ele — o mistério — apenas o contenho", como ocorreu no sonho.

Assim, a mulher diferenciava e apreciava realmente a sua feminilidade humana — pela experiência física de gerar nova vida e trazê-la à luz — que a aproximava do divino sem necessariamente reivindicá-lo como seu próprio. Reivindicá-lo como seu era sua *hubris*; e sua raiva do homem sugere que ela estava projetando inconscientemente nele sua *hubris*, em vez de sentir uma raiva justificada contra a presunção dele de saber o que era o fardo, a dor e a alegria do parto. A experiência dela do divino não era maior que a dele com respeito às dores de parto das mulheres. A sua fúria, portanto, era porque ele tinha pisado em terreno sagrado, que Lori tinha inconscientemente reservado apenas para si mesma, como se fosse uma deusa! A verdade é que homens e mulheres são iguais na esfera do espírito — quando ficam maravilhados diante dos grandes mistérios do nascimento, da morte e do amor.

A escolha: manter ou terminar uma relação

Manter uma relação é um trabalho extremamente árduo. A decisão de manter ou terminar uma relação é muito difícil. E o longo processo de terminar uma relação é uma das coisas mais difíceis de se suportar. Estamos pouco preparados para tomar qualquer uma dessas decisões. No campo tempestuoso das relações, somos todos pioneiros — não importando quantos anos de análise possamos ter feito nem o quanto maduros somos. Estamos diante de forças tremendas e, de fato, sabemos muito pouco sobre as relações interpessoais. Grande parte das dificuldades encontra-se na esfera inconsciente, de maneira que nossos sonhos, especialmente aqueles que referem-se a nossos instintos — com seus mensageiros especiais, os animais —, podem ajudar a nos dizer o que está ocorrendo.

Instintos auxiliares e sonhos com animais

Conforme vimos no primeiro capítulo, sempre que um animal aparece num sonho, ele traz uma importante mensagem sobre nossa natureza instintiva profunda. As mulheres tiveram que controlar tanto seus impulsos para adaptarem-se à sociedade que precisamos retornar a nossos instintos para nos conhecermos. O problema é que quando nossos instintos foram reprimidos ou negligenciados por um tempo longo demais, eles não obedecem mais a nossas ordens: mesmo quando queremos, não conseguimos mais fazer com que eles se manifestem e tampouco podemos impedi-los quando se manifestam por vontade própria. Como o leão ou o bicho preguiça, nossa natureza animal subitamente assume o controle de maneira bruta e selvagem e tem de ser novamente domada, dessa vez com a esperança de que conserve um pouco de sua energia necessária. Para que então, respeitando nossa natureza instintiva, possamos nos tornar mais verdadeiramente humanas. Nos contos de fadas, os animais auxiliares — se tratados com respeito e bondade — ajudam a heroína. Também nos sonhos os animais podem ser de grande ajuda, se pararmos para conhecê-los.

Na época deste sonho, o casamento da mulher estava em sérias dificuldades e ela tinha providenciado uma terapia matrimonial para ver se podia salvar o casamento e, se isso não fosse possível, pelo menos terminá-lo da melhor maneira possível para eles. Ela tinha consciência apenas de sua grande tristeza até que o sonho informou-a sobre a raiva que ela e seu marido estavam sentindo.

Dois escorpiões. Dois escorpiões estão tentando matar um ao outro. Era como se eles tivessem sido dominados pela hostilidade, pela intenção máxima de baterem-se em vez de protegerem-se. Eles me fazem lembrar daqueles brinquedos mecânicos que, quando se dá corda e eles começam a movimentar-se, têm de girar até acabar a corda, como ocorre finalmente com a hostilidade. Eles correm atrás um do outro, cercando um ao outro, para matar ou ser morto. Finalmente um agarra o outro e estão prestes a se matarem.

Esse sonho dramatiza o fato de que juntamente com a tristeza pode haver também uma destrutividade muito primitiva! Pensando nas pontas venenosas do escorpião, a mulher disse: "Devo admitir que nos encontramos no ponto mais baixo de nossa relação. Inconscientemente, suponho que devemos estar 'dominados pela hostilidade' e não conseguimos deixar de tentar destruir um ao outro. São muito primitivos — tais elementos destrutivos da natureza — como os escorpiões. Acho que é nossa capacidade de ferir profundamente um ao outro". As pessoas que a conhecem bem, como os casais, sabem inconscientemente exatamente onde dói mais e podem acertar o golpe — e devolver o golpe — instintivamente bem no alvo.

A mulher lembrou-se de seu primeiro casamento que tivera um final doloroso. Ela disse: "Nossas últimas energias foram usadas para magoarmos um ao outro, não para nos preservarmos". Ela não queria repetir aquilo — permanecer em tal estado de destrutividade. Como ela poderia fazer isso? Consciente de seu próprio escorpião, bem como do de seu marido, ela procurou evitar tais picadas sutis de hostilidade. Ela deu passos para reverter a escalada do conflito. Sempre que possível, sem causar maiores sofrimentos para ela ou para seu marido, ela passou a buscar algum alívio para si mesma fora de casa. Essa medida ajudou a ambos enquanto esperavam pela terapia de casal — um lugar seguro para trabalharem seus problemas.

Quando uma relação foi íntima e afetuosa ao mesmo tempo, como tinha sido para esse casal, pode ser uma grande queda do paraíso de todas as suas antigas esperanças. Mas não se pode permanecer para sempre no paraíso. Perder-se num extremo, negando as realidades duras da vida, inevitavelmente acaba se transformando em seu oposto — de forma igualmente extrema. (O termo que Jung usa para denominar esse fenômeno é *"enanciodromia"*.) Com isso, a conseqüência natural do falso sentimento de afeto, confiança e bem-estar contínuos se transforma no seu oposto — decepção, suspeita, hostilidade e destrutividade.

À medida que o casamento deles prosseguia, eles continuaram negando suas diferenças, centrando-se apenas nos aspectos positivos do casamento, como se ele pudesse ser bom se eles se esforçassem bastante, e parece que isso funcionou por um bom tempo. Mas, finalmente, todas as irritações ignoradas por tempo demasiadamente longo, toda a verdadeira vulnerabilidade deles a serem magoados acumularam-se e acabaram voltando para atormentá-los.

Enquanto a mulher refletia sobre esse sonho, ela lembrou-se de outro sonho com animal algumas noites antes. Dessa vez não era com um animal mortífero, mas com uma cabra — um animal que poderia ajudá-la!

A cabra no sofá. Estou indo encontrar alguém para irmos para Bianca, uma fascinante cidade do interior. Mas antes preciso encontrar um banheiro.

Atravesso um prédio grande e majestoso com tabuletas de metal nas portas, porém sem banheiros. As paredes são de um lindo mármore — mármores verde e dourado tênues e semi-escuros. Há uma reunião da diretoria do hospital com homens elegantemente vestidos de coletes e mulheres de chapéus de feltro. Vejo uma longa fila e pergunto: "Esta é a fila para o banheiro?". Eles respondem: "Não, é para ver a visão da clarabóia".

No meio do salão com pessoas elegantes está uma cabra branca! Uma pessoa está batendo na cabra com uma cadeira para que ela se exiba para as pessoas erguendo-se sobre o sofá. Digo à pessoa que não é preciso bater nela. As cabras são perspicazes, será que ela não percebe? Eu incito a cabra a colocar-se de pé sobre o sofá. Ela dá um salto e eu afago seu pescoço. Ela balança a cauda, ronrona, sorri e ri comigo. As cabras fazem parte dos móveis e utensílios. A mulher diz que elas adoram entrar ali e fazer parte das coisas. Finalmente, encontro o banheiro e marco o encontro para ir a Bianca.

Se examinamos esse sonho à luz do sonho posterior do escorpião, podemos perceber que as coisas tinham ficado tão difíceis porque a mulher não conseguia "encontrar o banheiro", isto é, não conseguia expressar seus sentimentos negativos na relação por causa das paredes de mármore de suas inibições e pretensões civilizadas.

O que estava faltando naquela relação era a cabra — o espírito instável. Como a mulher disse no sonho, "as cabras adoram entrar aqui e fazer parte das coisas". De fato, as cabras são sociáveis por natureza. Com efeito, as fêmeas cabras são para nós símbolos da nutrição porque nos dão leite, e os machos são vistos como perseguidores de prazer e desordeiros. O sonho mostra também outras qualidades proeminentes nas cabras. Elas são amantes da liberdade e astuciosas: tornam-se desenfreadas quando lhes agrada. Elas aliviam a atmosfera com sua atitude de "como o diabo gosta". As cabras têm um brilho nos olhos e gostam de provocar. São ágeis e podem saltar sobre alguma base instável só pelo prazer e para fazer uma provocação. Elas nos fazem rir. Esse é o lado positivo do malandro.

Entretanto, se o (lado) malandro é reprimido por muito tempo, ele pode causar problemas. Se seu espírito de cabra é demasiadamente reprimido, ele pode ser facilmente provocado. É quando alguém pode "enfurecê-la",* torná-la odiosa e cruel. É melhor deixar a sua cabra solta de vez em quando; ela será travessa e leviana, mas provocará apenas um pouco de desordem. Isso é muito diferente da compulsividade mecânica dos escorpiões do sonho anterior.

Esse casal tinha sucumbido a um estado de espírito invariavelmente opressivo. Tinha deixado de rir e de permitir que as coisas rolassem. Provavelmente era tarde demais, mas faltava naquele casamento o espírito da cabra: esquecerem-se de como as coisas ficariam e viverem os altos e baixos, brigarem, fazerem coisas absurdas e entrarem em apuros.

---

* Em inglês, a expressão é "*get your goat*", fazer alguém manifestar sua "cabra". (N. T.)

Isso os ajudaria a renovar a relação e mantê-la viva. E, se eles chegassem a dispor-se (o que parecia pouco provável dado o estado da relação), poderiam correr o risco de soltarem-se afetiva e sexualmente.

A conclusão que a mulher tirou, então, do sonho foi soltar o espírito caprichoso — sacudir as coisas, permitir um pouco de desordem, obter alguma perspectiva e permitir um pouco de humor. Talvez ela e seu marido devessem apelar para a cabra um do outro se não quisessem acabar ficando apenas com a capacidade mortífera do escorpião. Não há como ser "amável" numa relação o tempo todo. E esse espírito ajudou muitos casais a aliviarem o peso e a hostilidade desnecessários durante o período anterior à separação final.

Os dois sonhos seguintes são de outra mulher, Jill, cujo casamento estava abalado. Seus sonhos previram um caminho muito diferente dos da outra mulher — uma jornada profunda em seu próprio interior. O primeiro sonho ocorreu um pouco antes de seu marido de muitos anos, Ed, soltar repentinamente a bomba de que estava indo embora e o sonho indicou-lhe um curso de ação a ser tomado — trabalhar sua própria psique.

Este sonho tem paralelos interessantes com o da "Cabra no sofá" da mulher acima: a necessidade de ir ao banheiro (permitir que os sentimentos saíssem), a dificuldade de encontrar um lugar adequado e o aparecimento de um animal auxiliar, neste caso, uma lagarta, que no início a fez encolher-se de medo — diante dessa parte muito diferente de si mesma.

Nem todos os animais são vistos como auxiliares no início. Quando um instinto é uma sombra de nós mesmos ou jaz no fundo do inconsciente, ele pode parecer vagamente perturbador ou assustador — exatamente como um animal estranho na floresta, que aparece subitamente dentre as árvores, nos assustaria. No entanto, um animal como este num sonho pode trazer-lhe uma mensagem especial, algum saber profundo sobre sua natureza.

A lagarta. Estou com meu marido, Ed, na sala de espera de nosso terapeuta de casal. Ed vai fazer exercícios de aquecimento.

Eu vou ao banheiro. Ele tem velhas paredes rosadas. Escolho uma cabine. Esforço-me para evacuar, mas não sai nada. Ouço uma pessoa entrar no banheiro e ela senta numa cadeira e lê. Fico irritada com a falta de privacidade.

Uma lagarta de pêlos marrons, rosada com pintas cor-de-laranja, move-se em minha direção para subir no meu braço. Eu grito. Quero que ela caia no chão. Abro os olhos. Ela está novamente vindo em minha direção.

Enquanto Jill falava sobre a lagarta no consultório de análise, ocorreu algo "sincrônico" — uma coincidência significativa para ela. Uma borboleta entrou esvoaçante pela janela do consultório. Ela olhou, viu-a e soube de imediato, intuitivamente, que teria que entrar na fase escura e introvertida do "casulo" para ver o que encontraria. E foi isso que aconteceu.

Como o sonho sugerira, o que Ed precisava era fazer "aquecimentos" — aprender a ser mais caloroso com ela. Jill era naturalmente calorosa, mas tinha começado a sentir que sua fonte estava secando depois de anos de pouco retorno dele. De acordo com os valores dele, os sentimentos e a intimidade eram superficiais comparados ao que era importante para ele: o encontro intelectual. Isso também era importante para Jill. Na verdade, ela tinha sido atraída para Ed — um homem extremamente introvertido — por causa de seus talentos para a filosofia profunda e a espiritualidade. Com o passar dos anos juntos, entretanto, eles tinham ficado polarizados, ela respondendo pelas manifestações de afeto e sociabilidade e ele pelas verdades intelectuais e profundas.

Esse é um caso típico de polarização, em que cada um concentra-se na sua esfera de talentos naturais ("Por que você não faz, você sabe fazer tão bem") às custas da omissão dos talentos menos desenvolvidos, que são relegados à outra pessoa. Conseqüentemente, cada um sente-se muito mais inferior em certos aspectos do que é na realidade. Pode-se perceber como isso é verdade quando o outro não está presente e a pessoa descobre-se de repente mais capaz numa área que normalmente é atribuída ao parceiro. Ironicamente, a dinâmica que no início atraiu-os como casal — a atração de qualidades opostas — acaba tornando-se o problema que pode separá-los. Cada um pode sentir-se parcial, diminuído e traído naquilo que constituíra a promessa original — aprender um com o outro. Esse é um problema que tende a se manifestar com o tempo no casamento, quando aos poucos, pela preguiça natural, o casal criou uma separação maior na divisão das tarefas. O remédio é realizar o trabalho árduo de desenvolver o outro lado, mesmo que a pessoa seja um pouco desajeitada no início.

Sendo extrovertida, a tendência natural de Jill sempre fora a de querer trabalhar os problemas na interação e a terapia de casal tinha sido proveitosa para ambos no passado, mas ela não achava que essa era a coisa certa a ser feita dessa vez. Embora no sonho Jill e Ed estivessem "esperando pela sessão de terapia", essa provavelmente era uma referência metafórica a alguma ocasião posterior de reparação e saneamento do casamento juntos. Enquanto eles esperam, chega a lagarta. Primeiro é preciso lidar com ela.

Apesar de no início parecer assustadora — Jill ficou de fato aterrorizada no sonho —, a lagarta continuou movendo-se implacavelmente em sua direção. Ela tem de aceitar a humilde lagarta — uma criatura que se arrasta para dentro do casulo desconhecido. Ela teria que empreender sua própria jornada para encontrar a natureza profunda que tinha projetado sobre seu marido — e voltar a emergir sendo mais sua borboleta. A borboleta é o símbolo universal do desenvolvimento e da mudança na natureza, símbolo da mais profunda transformação arquetípica, símbolo do aspecto espiritual da vida que remonta aos tempos pré-históricos. Essa era a dádiva que o *Self* estava lhe prometendo — se ela começasse como a lagarta, que move-se inexoravelmente para a frente.

No sonho, Jill ficou irritada com a falta de privacidade, o que sugeria que ela precisava ficar sozinha para poder liberar seus sentimentos reprimidos sem ser perturbada por nenhum intruso: seu marido ou, às vezes, seu analista. Ao contrário da mulher dos sonhos que vimos anteriormente, que era correta e reservada, Jill mostrava-se muitas vezes franca, raivosa e provocativa com seu marido. Sua tarefa seria, portanto, ir para o pólo oposto — retrair-se e conter-se.

Os casais não podem dar-se ao luxo de ficarem ferindo-se demasiadamente. Chegam a um ponto de onde não há retorno. Fica tão insuportável estar na presença um do outro e eles ficam tão desesperados que não há nenhuma receptividade para perceber a boa vontade ou qualquer outra mudança positiva que possa estar ocorrendo no outro. Essa é a hora de afastarem-se: para reverter a escalada do conflito, lamber as feridas e empreender um auto-exame. Como fez Ed, e como o sonho sugeria que Jill devia fazer, cada um tinha de fazer seu próprio trabalho.

Jill tinha de encontrar sua própria natureza feminina mais introvertida — entrar no casulo desconhecido e submeter-se a seu desenvolvimento interior. Isso significava que ela tinha de voltar a seu passado e, também, enfrentar suas figuras mais profundas em seu trabalho de análise. Jill estava assustada com essa perspectiva, mas iniciou a jornada, tendo seus sonhos como guia.

Os casais que sintonizam-se profundamente um com o outro através dos anos coincidem muitas vezes em seus movimentos internos. É evidente que o tempo tinha chegado para Ed também, pois logo após esse sonho, eles decidiram separar-se por um tempo em vez de tentarem trabalhar as coisas juntos. Apesar do medo da lagarta, o inconsciente mais profundo, Jill viu-se seguindo o caminho que o sonho tinha anunciado. Ela encontrou seu rumo, realizou seu trabalho árduo de análise e retirou-se sozinha para a selva. Após a separação, eles voltariam a se unir, mais sábios, mais receptivos e valorizando mais um ao outro, num casamento que se tornaria muito mais sólido.

Como que para examinar o curso que o trabalho interior tomaria, duas semanas após o descrito acima, Jill teve um sonho em que estava parada à beira-mar olhando através das águas. Ela contemplava — com grande curiosidade e medo — as criaturas do ar e da água, isto é, as imagens de seus pensamentos mais secretos e o conhecimento emergindo das esferas inconscientes.

Primeiramente, vamos ver o que os pássaros e os peixes significam em geral nos sonhos. Pássaros voando representam o que está além do conhecimento consciente: pensamentos autônomos que chegam até nós em forma de inspirações criativas ou de verdades espirituais, daí a expressão "um passarinho me contou" e, também, o significado transformador das penas e asas nos contos de fadas, mitos e religiões. Os pássaros que voam expressam a alegria e o entusiasmo de nossas primeiras idéias criativas ou experiências espirituais, que surgem súbita e misteriosamente, mas, como os pássaros, voam com o vento e desaparecem, tão subitamente quanto apareceram, da consciência, deixando-nos talvez tão insensíveis e ignorantes quanto éramos antes da experiência. Os pássaros são, portanto, mensageiros dos recomeços e prometem nos guiar — se estivermos dispostos como essa mulher — para uma nova etapa de nossa evolução e com o tempo uma realização mais sólida.

Os peixes encontram-se mais afastados do conhecimento consciente, representam o fluxo da vida, muito primitivo ou muito sábio, nas profundezas das águas de nosso inconsciente. O peixe monstruoso deste sonho exigiu da sonhadora um intenso trabalho no fundo do mar nos meses seguintes.

O cisne espetacular e o peixe-dinossauro. Estou parada à beira do mar com um grupo de pessoas. Olho através da água e vejo um pássaro fazendo rasante sobre a superfície. Ele tem um longo pescoço. É negro, branco e cinzento. Pergunto-me: "Que tipo de pássaro é este?". Um *cisne*! Vejo-o voar. Fascinada. Num remoinho de penas, ele vira de cabeça para baixo. Que acrobacia!

Uso os binóculos para vê-lo de perto. Algo está nadando dentro da água; vejo uma sombra. É enorme, com barbatanas. Tem uma imensa cabeça taciturna. Pergunto-me o que será. Os outros dizem que é uma baleia. Digo: "Não, não é. É um dinossauro". Vejo-o mergulhar. Ele é perigoso. Perto da margem, alguns peixes vêm à superfície e as pessoas dizem que são grandes, mas não perigosos. Eu digo: "Não, esses não são como o que eu vi — a sombra dentro d'água. Aquele era um peixe-dinossauro".

Jill admirava muito os cisnes. "Quando estão nadando são imponentes e voando são espetaculares", ela disse. De suas associações posteriores, revelou-se que o cisne, com seu vôo e acrobacias espetaculares no sonho, representava para ela as circunvoluções do pensamento intricado e sofisticado e o vôo do pensamento espiritual verdadeiramente mercurial. Ela lembrou-se que desde a infância admirava o pensamento intuitivo e a visão espiritualista de seu pai, assim como depois de adulta passou a admirar as qualidades "de cisne" em seu marido, Ed. Inconscientemente, ela achava que se pudesse estar perto de pessoas com tais qualidades, por identificação, de alguma maneira ela também poderia adquirir tais qualidades e, com isso, se transformaria.

Jill tinha ficado encantada. Isso transparece na imagem do cisne de seu sonho — o enorme pássaro régio do amor da donzela encantada e da transformação. Embora Jill admirasse muito as qualidades de Ed, elas ficavam empalidecidas quando comparadas com as especiais de seu pai. De qualquer maneira, Ed já não discutia mais as coisas com ela. Eles tinham se polarizado em posições opostas: ele exasperava-se facilmente por ela não acompanhá-lo em seus argumentos profundos, fazendo-a sentir-se "estúpida", até que acabou desistindo de fazer qualquer esforço até mesmo para discutir assuntos que a interessavam e sobre os quais estava bem informada. Ela abandonou-se às lembranças saudosas dos tempos passados quando aquecia-se na luz dourada das conversas do pai. Nesse estado de espírito, a pessoa tem mais satisfação em admirar o cisne do que experimentar suas próprias asas.

Enquanto Jill refletia sobre esse sonho, a história do Patinho Feio veio-lhe à mente — uma das histórias preferidas de sua infância. Quando uma história remonta à história de infância da própria pessoa e ela a tem como algo muito especial, seu tema pode exercer um papel central em sua vida. Apesar de Jill saber que era inteligente, ter-se saído bem nos estudos e na sua profissão, de alguma maneira ela sempre se sentira "estúpida" em comparação com outros e gostava especialmente daquele conto porque "a vítima acaba se saindo bem". Isso é uma promessa de que ela ainda pode encontrar seu próprio cisne.

A maioria das histórias, especialmente as de animais, contém um lado escuro além do claro. A sonhadora considerava os cisnes "demasiadamente perfeitos e estonteantes". De que maneira isso pode ser parte de sua própria sombra? O significado grandioso e nobre dos cisnes, como se pousassem serenamente "acima de tudo", refletia-se em seu ar discreto de superioridade quando descrevia sua admiração pelo pai, com quem ela se identificava em seus grandes vôos imaginários e raciocínios eloquentes. O lado "inverso" do cisne é sua imperfeição. Ela disse: "Os cisnes são sórdidos e possessivos". Se observamos o sonho, podemos ver que ele é representado pelo grande peixe assustador, a sombra do cisne nas profundezas do mar: seus próprios pensamentos primitivos e negativos.

O que Jill tinha de fazer era tomar conhecimento desse monstro amorfo de cabeça enorme, que representa os pensamentos e os impulsos primitivos. Ele também sugere a figura paternal devoradora. O custo de aquecer-se ao sol, admirando o brilho dourado de seu pai ou marido, é o sentimento de impotência e inveja. Jill teria de desenvolver sua própria profundidade interior nas sessões de análise e em seu próprio isolamento durante o tempo em que estaria separada do marido. Ela teria que abdicar de sua projeções no pai e no marido, bem como em todos aqueles que possuíam o poder secreto do cisne. Ela teria que separar-se do pai e do mundo dos contos de fadas para conhecer seu próprio peixe nadando em suas profundezas, procurar seu próprio *Self* primitivo e seu próprio espírito. Finalmente, uma vez que Jill dispôs-se a abdicar de seu status especial de filha encantada e ela e seu marido puderam abandonar a polarização, eles refizeram o casamento sobre bases mais sólidas.

6
Sexo:
a outra metade do paraíso

O sexo tem vários significados para muitas mulheres. Ele pode ser de importância vital ou acidental. A antecipação do sexo pode provocar calor, calma, excitação, pânico, relutância ou indiferença. Às vezes, o sexo é mecânico, outras simuladamente lúdico e outras, ainda, vigoroso e apaixonado. A estimulação pode ser hábil e o orgasmo perfeito, ou a experiência pode ser estranha, dolorosa, frustrante e problemática. Pode ser emocionalmente estéril ou a expressão de um amor profundo e da comunhão de almas.

Para algumas mulheres, o sexo traz lembranças de intimidade e reciprocidade; para outras lembranças de terem sido usadas — submissão involuntária a um conhecido ou namorado, violação por um molestador ou humilhação e brutalidade por um estuprador.

Algumas mulheres fantasiam durante o ato sexual com o parceiro ou na ausência dele, enquanto outras não fantasiam absolutamente. As fantasias que satisfazem a mulher tendem a ser com segurança, mas contêm um elemento desconhecido. Às vezes, elas são surpreendentemente diferentes das idéias pessoais e culturais mais conscientes que as mulheres permitem-se ter na vida real. As fantasias podem ser etéreas e românticas ou francamente eróticas, grotescas ou sublimemente poéticas, motivo de orgulho ou de vergonha, de dominação ou de submissão, com um homem ou com outra mulher. Algumas pessoas só conseguem imaginar-se fazendo sexo com um estranho em um contexto exótico, enquanto que outras, apenas em casa e com a pessoa que amam. Acontece também de as fantasias serem imagens abstratas, às vezes, sem forma, mais como um estado de espírito ou uma sensação do que como imagem. Em todo caso, as fantasias às vezes revelam vários sentimentos inconscientes por trás da sexualidade.

O inconsciente é em parte responsável pela forte atração que sentimos por alguém, especialmente quando essa é constrangedora e surpreendente para nós mesmos e nossos amigos. Muitas vezes somos atraídos para alguém com qualidades opostas às nossas: características obscuras e sombrias que tememos, ou qualidades positivas que admiramos — extroversão ou introversão, razão ou emoção.

O sexo une os opostos aparentes do animal e do humano, do sagrado e do profano, do egoísmo e da doação, da ternura e do desejo, da asserção e da submissão, além de vários outros tipos de semelhanças e diferenças em nós mesmos e entre parceiros. Quando nos relacionamos sexualmente com outra pessoa, podemos ter a experiência numinosa de transcender os opostos arquetípicos: consciente e inconsciente, união e separação, masculino e feminino. E especialmente para as mulheres, que sabem que são portadoras da vida, o sexo envolve o mistério da força nutridora da vida, o arquétipo da Grande Mãe.

Natureza, ritmos naturais e sexualidade

A sexualidade das mulheres tem sido de tal maneira definida por outros — pelas culturas dos jovens e dos pais, dos homens de todos os tempos, dos teólogos homens, dos escritores e autores de psicologia que não conhecem a experiência das mulheres — que precisamos começar do zero a partir de nossas próprias experiências e até mesmo voltar a olhar para a própria natureza para descobrirmos o que é a nossa sexualidade em sua totalidade.

Quando estamos junto da natureza — em férias, trabalhando no jardim, passeando ao ar livre ou mesmo olhando para fora em um momento de lazer — tendemos a relaxar, encontrar nosso próprio ritmo e sentir que estamos em harmonia com o mundo, assim como podemos encontrar nosso ritmo em nossos corpos, na graça de nossos movimentos, na nossa sexualidade, quando estamos confortáveis em nós mesmas, próximas da nossa própria natureza. Podemos nos harmonizar com o aumento e a diminuição de nossas energias e emoções para que possamos estar em uma disposição verdadeira para nós mesmas, sem fingir que estamos nos sentindo como *deveríamos*, mas sendo o que somos, e sem fingir que nos adaptamos a nossos parceiros, como poderíamos desejar, mas sendo autênticas com os padrões de mutação de nossas aproximações e distanciamentos. Quando estamos harmonizadas com a natureza, quando tudo parece um pouco arrítmico, um pouco fortuito, onde não existem linhas retas tecnologicamente planejadas, somos capazes de assimilar pequenas diferenças e transcendê-las para encontrar um maior senso de ritmo subjacente e uma unidade em nós mesmas e na relação com o parceiro. Em nossa cultura, entretanto, parece que perdemos a tradição herdada de estarmos em contato com a natureza. Nos tempos antigos, as mulheres reverenciavam profundamente a natureza e tinham orgulho de seus corpos femininos. Próximas das forças da terra, as mulheres primitivas com seus oráculos podiam submergir no reservatório do conhecimento inconsciente. Nessas antigas culturas da deusa, as mulheres buscavam conhecimento e cura nos sonhos e rituais. Hoje, nós também podemos recorrer a nossos sonhos, a nosso inconsciente, em busca de orientação. E confiando em nossas experiências com a sensualidade e a sexualidade, podemos recuperar nosso senso telúrico, um pouco da sabedoria instintiva que um dia possuímos. Não é de surpreender que, às vezes, figuras de animais aparecem para as mulheres em seus sonhos para ajudá-las a reconhecer seus instintos sexuais básicos por baixo das camadas de civilização, das atitudes e padrões culturais.

Como a natureza, a nossa natureza também nem sempre é harmonia ou puro caos e destrutividade: é o movimento de todos os seres vivos, o fluxo e refluxo das marés, a estabilidade e os movimentos do sol, das estrelas e do vento. Se vamos às profundezas de nossa natureza, descobrimo-nos seguindo um rio subterrâneo quase sempre calmo, mas, às vezes, turbulento e sempre em movimento. Ísis, a deusa egípcia da lua, é um símbolo do feminino arquetípico que podemos utilizar como guia para a observação das profundezas de nossa natureza inconsciente e de nossa sexualidade. Ísis balança um chocalho musical, *um sistrum*, uma esfera oca contendo os quatro elementos, que são a terra, o ar, o fogo e a água. Acreditava-se que Ísis e seu chocalho fossem responsáveis pela turbulência, os movimentos da natureza.

Assim como na natureza encontramos as enchentes naturais do Nilo e o fogo devastando as florestas, encontramos nas relações ou na sexualidade uma desarmonia inesperada. Não somos máquinas capazes de produzir sempre orgasmos perfeitos. E assim como o barro é levado do Nilo muito freqüentemente pelas enchentes e a espessa vegetação rasteira é devastada pelos incêndios florestais, também as relações e o sexo precisam da incerteza e dos distúrbios de vez em quando. Quando uma relação estagna, quando o sexo torna-se enfadonho, devemos nos lembrar de Ísis. Quando nos sentimos distantes de nosso parceiro, afastadas de nossos instintos, irritáveis, interiormente insatisfeitas e quando a frustração bloqueia o fluxo das emoções, Ísis nos faz lembrar das leis da Natureza. Então, ela precisa sacudir seu chocalho!

Quando nos sentimos estagnadas, precisamos chacoalhar o barro de nossos pensamentos obscuros — de que realmente não nos importamos ou que nosso parceiro não se importa. Quando nos sentimos sexualmente indiferentes, precisamos transpor as margens do rio e descer até as camadas mais profundas de nossos medos e insatisfações, onde encontram-se os bloqueios a nossos sentimentos reais, a nossa intimidade, sensualidade e sexualidade.

O ciclo mensal das mulheres, com seu ritmo natural de emoções, ajuda-nos a manter contato com as emoções inconscientes às quais, sem ele, não teríamos acesso. Quando liberamos aquele fluxo — aquela explosão de choro, o fogo da raiva —, então tomamos conhecimento de nossos pensamentos mais obscuros e também de nossos verdadeiros desejos. Depois, surpreendentemente, nos sentimos muitas vezes possuídas de uma nova força e energia sexual. Então, somos novamente nós mesmas e renovadas para nosso parceiro — após o parceiro ter se recuperado do dilúvio e do fogo do dragão.

A deusa da lua Ísis e a própria lua nos fazem lembrar da existência de ciclos e ritmos na natureza e em nós mesmas. O bom relacionamento e o sexo prazeroso nem sempre predominam. Não podemos impor nossa vontade sobre a natureza: como queremos que nosso corpo reaja e como queremos que a outra pessoa seja. O processo da vida segue a sabedoria de Ísis, das coisas como elas são e como vêm a ser. É a sabedoria de seguir nossos instintos mais profundos e o curso mais profundo da natureza.

Temas sexuais nos sonhos das mulheres

Os sonhos das mulheres atuais referem-se a uma grande variedade de problemas sexuais. Uma parte substancial dos sonhos tem suas origens em experiências de infância e procuram resolver a ansiedade e os conflitos oriundos de incidentes traumáticos e confusos. Alguns sonhos abordados neste capítulo remontam a incidentes ocorridos na infância, como o molestamento ou a atitude dos pais diante do sexo, especialmente as atitudes repressivas, mas o foco central será nos problemas sexuais da vida adulta, cuja questão central é: O que impede as mulheres de viverem plenamente sua sexualidade?

Ao trabalhar com seus próprios sonhos, é importante que você esteja alerta para os problemas atuais que encobrem os antigos. Mesmo os sonhos que tratam especificamente da sexualidade infantil — que muitas vezes indicam que a libido ou energia continua aprisionada no passado e precisa ser liberada — comumente indicam novas esperanças de preencher a lacuna existente na atual vida adulta. Por exemplo, alguns sonhos referem-se aos primeiros ou últimos anos da adolescência das mulheres, o tempo de um lento desabrochar — ou de uma explosão de agitação e excitação — para a paixão emocional, a sexualidade e a feminilidade.

Esses sonhos muitas vezes resgatam o que era importante ou impróprio na vida das meninas de então: algumas estavam sexualmente adormecidas e adormecidas como pessoas também, como se fossem sonâmbulas percorrendo obedientemente os degraus colocados diante delas pelos pais ou pela escola. Outras explodiam de energia, emoção e paixão, à procura de um lugar para colocá-las: grande preocupação com roupas, paixão pelos esportes como menina levada, paixão súbita por um menino, por outra menina, por um cavalo ou por um roqueiro, dedicação à poesia, à medicina, ao serviço religioso ou público e demonstração em favor de uma causa. Em sua adolescência muitas meninas apaixonam-se profundamente pela primeira vez. Muitas mulheres retornam, em seus sonhos, àqueles tempos, para verem não apenas o que eram então, mas também o que podem ser na vida atual — quando lhes é dada uma nova oportunidade de resgatar a promessa original.

As mulheres que seguiram o curso tradicional de casa-escola-casamento-filhos-trabalho fora de casa-netos podem voltar-se para a única época em que foram livres e independentes e a vida cheia de promessas. Pode ser que elas tenham tido empregos temporários e dinheiro próprio e o mundo lhes parecesse então repleto de opções. Tais mulheres na meia-idade ou mais velhas podem querer reencontrar certas paixões e forças que um dia lhes foram importantes e que perderam com o passar dos anos — o vigor e a força de seus corpos quando adolescentes, a intensidade de seus primeiros amores, o despertar espiritual, a exploração do mundo fora de casa com liberdade e confiança. Tais desejos podem aparecer em forma de símbolos em seus sonhos.

De maneira similar, as mulheres que seguiram rumos menos tradicionais em suas vidas (por exemplo, casa-escola-carreira profissional e casamento-divórcio) e que encontram-se sozinhas na meia-idade têm o problema oposto. Elas podem ter liberdade e confiança no mundo fora de casa, mas voltam-se para os tempos em que achavam que podiam "ter tudo": segurança, relação, filhos e profissão. Elas podem perguntar-se: Onde está o companheiro que gostariam de ter agora? Onde foram parar todas as esperanças românticas?

É especialmente difícil para uma mulher, qualquer que tenha sido a sua escolha de vida, "ter tudo", especialmente a realização amorosa e sexual de que é capaz. No entanto, apesar dos obstáculos reais, tentamos preencher essas lacunas importantes em nossa vida, e nossos sonhos, às vezes, nos mostram o caminho. Da vasta série de problemas sexuais que emergem dos sonhos das mulheres, foram selecionados alguns para ressaltar a sexualidade das mulheres e qual é a natureza da sexualidade feminina. Por exemplo, alguns sonhos descrevem as atitudes culturais diante dos seios das mulheres, nos quais as sonhadoras procuram apropriar-se da parte erótica e nutritiva de seus corpos, enquanto outros sonhos expõem aqueles problemas que inibem ou limitam a plena expressão da sexualidade, como problemas de dependência e conflitos quanto à assertividade. A parte final apresenta sonhos que, segundo as próprias sonhadoras, tocaram no cerne de sua sexualidade feminina. Uma mulher, em seus sonhos, procurava unir duas paixões que estiveram separadas em sua formação — sexualidade e espiritualidade. Nos últimos sonhos, as mulheres revelam sua profunda necessidade de privacidade, carinho e espontaneidade no ato sexual.

Os sonhos das mulheres com a sexualidade abrangem do erótico ao místico, além de uma grande variedade de preocupações e desejos. Entre eles, sonhos com os seios das mulheres aparecem com muita freqüência; eles fazem parte da herança sexual feminina e expressam princípios femininos profundos. Como as mulheres em geral são vistas como objetos sexuais, a mulher precisa superar os preconceitos culturais para com os seios — e seu corpo em geral —, uma vez que são problemas onipresentes em sua vida cotidiana, que podem afetar sua vida pessoal íntima e sua auto-imagem como ser sexual.

Nossos seios femininos

Nós mulheres somos tão bombardeadas com idéias sobre como nossos seios são vistos pelos homens que muitas vezes nos esquecemos do que eles significam para nós, que são eróticos e nutritivos, sejam eles grandes ou pequenos. Os seios podem ser uma fonte de prazer erótico para as mulheres. Algumas mulheres alcançam o orgasmo apenas pela estimulação dos seios e algumas mães acham que amamentar é uma experiência extremamente erótica. E, como símbolo de nossa profunda natureza feminina, todas nós sabemos que é de nossos seios que provém o misterioso fluido que nutre a vida dos bebês.

Como nossos seios parecem eróticos e belos para os homens, tornaram-se *objetos* para eles, avaliados de acordo com certos padrões e, por vezes, considerados tão importantes que o resto da mulher torna-se um mero apêndice de seus seios. As mulheres tiveram que encontrar meios de sobreviver a tal objetificação, julgamento cultural e estereotipificação. Na realidade, os seios tornaram-se um problema de tal monta para as mulheres (como definição de feminilidade, motivo de orgulho, vergonha, consciência de si ou possível perigo — tê-los agarrados por estranhos) que seus sonhos apresentam alguns comentários sobre a questão.

Uma mulher de meia-idade teve o seguinte sonho:

Seios demasiadamente pequenos. Estou num lugar romântico com dois homens: um é atraente e sensual, porém o outro é indiferente e parece não estar sexualmente à vontade comigo.

Depois, estou num vestiário de colégio, constrangida diante das outras pessoas, porque meus seios são muito pequenos. Quero encontrar meu carro para ir para casa.

A mulher achou que os dois homens representavam sua diferenciação dos homens entre os que a consideram atraente e os que não. Sua preocupação com sua atratividade vinha desde a adolescência. Ela confessou: "Odiava os banhos coletivos. Em vez de me sentir assegurada, eu ficava constrangida. Não queria ser diferente. Como eu era alta e tinha seios pequenos — os homens naquela época achavam que você tinha que ser pequena e ter boas formas para ser romântica —, era eliminada pela maioria dos homens. Com os anos, entretanto, comecei a me sentir melhor comigo mesma. É assim que eu sou! É como se pudesse ouvir meus instintos irromperem como uma semente, brotando do solo".

* * *

Outra mulher, Teresa, tinha o problema oposto com seus seios, que eram "demasiadamente grandes".

Desfilando no carro alegórico de Dolly Parton.* Estou no carro de Dolly Parton num desfile de carnaval. Há alguns gays parados em volta da entrada criticando o desfile de carnaval — tirando sarro dele. Tenho medo de descer a rampa onde se vê todas aquelas figuras hollywoodianas brilhando. Depois, já estou fora do desfile, usando meus sapatos brancos de salto alto. Alguns gays estão também aguardando na saída.

Esse sonho mostra o dilema de Teresa sobre como lidar com o problema de seus seios que todos acham muito grandes. Ela recebeu muito bem as figuras dos gays no sonho que, segundo ela, tiraram sarro das imagens hollywoodianas e da importância que se dá comumente aos seios sexys. Eles pareceram ser seus aliados, testemunhas alegres de seu dilema. "Que alívio seria poder ser assexuada às vezes neste mundo", Teresa disse. "Gostaria de poder me submeter a um exame ginecológico sem receber uma proposta indecorosa ou temer que poderia recebê-la."

Qual o significado dos sapatos de salto alto no sonho? Os sapatos brancos de salto alto eram os que ela tinha usado quando fora ao primeiro encontro com um namorado. "Todo mundo usava aqueles saltos na

---

* Atriz e cantora americana que tem seios notoriamente grandes. (N. T.)

época, mas eu fui criticada por parecer "adulta demais". Teresa era de natureza um pouco reservada, não provocativa sexualmente; entretanto, ela sentia que mesmo as coisas corriqueiras que fazia eram consideradas agressivas demais sexualmente, pela maneira como ela parecia ser. Os homens ou reagiam exageradamente a ela, como se fosse uma sedutora, ou a "excluíam", como sendo ameaçadora demais e ignorando-a sexualmente (uma variante mais neutra da dos gays alegres do sonho). Ela sentia-se aprisionada entre essas duas reações extremas.

Por fim, a própria Dolly Parton ajudou Teresa a sair desse dilema. Um pouco antes do sonho, Teresa tinha assistido Dolly Parton dar uma entrevista a Barbara Walters na televisão. Teresa comentou: "Dolly Parton estava ultrajante — estourando em seu vestido curtíssimo, pavoneando-se com sua peruca loira. Ela era sexy e aceitava isso. Era uma *pessoa real* com que Barbara Walters pode se relacionar". Esse fato de alguma maneira revelou-lhe o estereótipo pelo qual tinha se deixado aprisionar — ser considerada sexy demais ou negar totalmente que era sexy por medo das reações exageradas dos outros. Como Dolly Parton, ela podia usar uma *máscara* (*persona*) — uma forma consciente de apresentar-se — dependendo das circunstâncias. Algum dia ela poderia até mesmo participar de um desfile carnavalesco como Dolly Parton, sem temer as imagens hollywoodianas, mas levada pela sua própria leveza que a faria desfrutar da alegria e do prazer de sua própria sexualidade.

Um sonho ajudou outra mulher a elaborar um problema semelhante ao da mulher acima e afirmar o significado que os seios tinham para ela independentemente da importância que os outros lhes atribuíam. Ela recordou este sonho que teve na época em que fazia terapia com um homem.

Devolva-me meu sutiã! Eu estava vestida, mas dei-me conta de que, por baixo, estava sem sutiã e calcinha! Então, subitamente percebi o que tinha acontecido: meu analista os tinha tirado sem o meu consentimento. Fiquei furiosa e agarrei seu braço, torcendo-o para trás e exigindo que ele me dissesse onde estavam. "Você tem que me dizer! Onde está meu sutiã? Como tirou-o de mim?" Olhei em volta e vi galhos de uva-ursina como um elemento da decoração — dentro do consultório, com diferentes sutiãs pendurados. Quero o meu!

A cena mudou para minha irmã me contando com muita tristeza que não tinha capacidade para ser uma boa mãe; que não tinha nascido com essa capacidade. Precisava aprendê-la...

Em sua sabedoria, o inconsciente estava protestando contra o fato de os seios dessa mulher terem se tornado posse de um homem e objeto decorativo de seu consultório. Isso é redimido na segunda parte do sonho, quando a irmã apontou para o importante significado simbólico dos seios para ela como mulher, ou seja, a amamentação. A mulher sentiu uma ponta de remorso, como sua irmã, por não conseguir ser naturalmente uma mãe melhor, que precisava aprender.

Se examinamos objetivamente esse sonho, vemos que ele pode significar o medo (ou desejo) da própria mulher projetado para o terapeuta — de que ele valorize sua sexualidade e desvalorize sua qualidade materna. Essa mulher, entretanto, era bem consciente de sua sexualidade e, também, da importância que ser mãe e avó tinha para ela. Portanto, o problema devia estar no seu terapeuta.

A mulher estava provavelmente tendo com o terapeuta o mesmo problema que ocorre em qualquer outra situação com as mulheres extremamente bonitas, com corpos sensuais e atraentes — e essas qualidades não são para serem vistas como sendo de uma pessoa (e de uma paciente), mas de uma mulher atraente e desejável. Ser muito bonita pode parecer ser um grande recurso na vida e, de fato, pode ser, mas é também um problema. "Um dos problemas", como explicou uma mulher de mais idade — uma grande beldade ao longo de sua vida — "é que a mulher bonita pode ser estereotipada, até mesmo pelos terapeutas, e vista como alguém que tem tudo e com quem é um prazer conversar — ou demasiadamente poderosa." Os terapeutas podem desconsiderar as vulnerabilidades, as dúvidas e as dores de uma mulher bonita e tratá-la sobretudo como um objeto de amor. Mas o ser feminino mais profundo dessa mulher protestou iradamente contra essa atitude reducionista e exigiu: "Devolva-me meu sutiã!".

Fatores que inibem — ou liberam — a sexualidade feminina

Muitos dos problemas das mulheres com a sexualidade estão relacionados com a qualidade da relação com seus parceiros como um todo e, especificamente, com a intimidade emocional, tema do capítulo anterior. Aqui, portanto, vamos focalizar os fatores que favorecem ou dificultam a intimidade sexual. Algumas mulheres acham o sexo muito impessoal e querem que ele seja mais pessoal. Outras precisam superar as inibições e tornar-se mais desejosas. Outras ainda anseiam por uma dimensão mais espiritual no ato sexual. Os sonhos revelam muitos problemas que interferem na plena sexualidade das mulheres e sugerem meios para elas se realizarem mais plenamente.

SEXUALIDADE E COMPORTAMENTO COMPULSIVO. Tende-se a atribuir os problemas sexuais às origens familiares, mas as dificuldades antigas muitas vezes encontram-se presentes na vida adulta. Por exemplo, uma mulher que torna-se esposa e mãe está apta a encontrar os mesmos problemas e dilemas que sua mãe teve como adulta. Em vez de culpar sua mãe por não tê-los resolvido, seria melhor que ela resolvesse seu passado da melhor maneira possível e enfrentasse seus dilemas atuais como adulta — com um pouco de ajuda de seu inconsciente.

A mãe perturbada na porta. Estou na cama com meu marido. Ele está excitado, tem uma ereção. Essa é a nossa oportunidade!

Mas percebo que minha mãe está do lado de fora da porta, costurando na sua máquina de costura. De maneira que digo: "Espera. Tenho que dizer a ela para não entrar".

Saio para falar com ela. Mas ela parece tão perturbada e desalinhada que não me sinto em condições de voltar para o quarto e fazer sexo.

A mulher, Sue, confessou: "É como sinto às vezes. Estou com disposição de fazer sexo, mas, de repente, perco a vontade. É como se algo interferisse". É possível que seja a sua mãe intrusiva?

Pequenos detalhes metafóricos — como a máquina de costura — muitas vezes dão uma pista do significado específico de um sonho. "Em meus tempos de colégio, minha mãe estava sempre exaurindo-se na máquina de costura. Ela sacrificou tudo — sua beleza, sua saúde, sua vida sexual — para trabalhar o tempo todo." Revelou-se que a mãe de Sue tinha se mantido ocupada como modo de defender-se da depressão pelas perdas familiares que sofrera naqueles anos.

A compulsão a trabalhar de uma mãe pode restringir tanto sua vida que ela tende a invejar e intrometer-se na vida mais ativa da filha. Sue disse: "Minha mãe não tinha nenhuma vida própria e não tinha uma imagem muito positiva de si mesma, de maneira que quando eu chegava da escola, mesmo quando eu própria estava me sentindo péssima, ela fazia-me perguntas constantes sobre sexo. Ela não me deixava em paz". Então, Sue teve um *insight*: "Quando me sinto um pouco sobrecarregada e estressada, não tenho disposição para fazer sexo nem para ser carinhosa com meu marido — não tanto por estar cansada, mas por sentir que não *mereço*. Não sinto nada. Em tais situações sinto-me pobre. Não tenho o bastante para dar, portanto, afasto-me dele. Não me ocorre que talvez ele queira dar-me algo. Acho que sempre tenho que excitar a bomba de todo mundo". Quando começou a entender o sonho, Sue percebeu que os sentimentos que tinha quando adolescente persistiam. Ou ela identificava-se com a depressão de sua mãe ou passava inconscientemente para o papel de adolescente, rechaçando o interesse sexual como algo intrusivo. Uma

218

das tarefas de Sue era, portanto, diferenciar sua sensação de cansaço, exaustão ou depressão do sentimento de "desalinho" de sua mãe — desvalida, sacrificada e triste.

Sue também culpava-se por rechaçar seu marido e atribuía isso a seus antigos medos da intrusão de sua mãe. Entretanto, um detalhe particular do sonho sugeria uma outra pista — que sua mãe era desgrenhada. Sue confirmou: "Era assim que ela parecia quando bebia: desgrenhada e descabelada. Era quando ela se tornava *sexualmente provocante* — deixava o vestido desabotoado e contava piadas indecentes —, o que com certeza não fazia com que eu tivesse uma idéia positiva do sexo".

Sue não via de que maneira aquela atitude devassa de sua mãe tinha afetado sua vida atual antes de considerar a questão de como ela podia sentir-se "desgrenhada" ou de como seu marido podia parecer "desgrenhado" com respeito ao sexo. Ela percebeu que quando seu marido se aproximava dela sob efeito de maconha, ela sempre sentia "uma torrente de sensações negativas me inundar. Ele ficava animado quando sob o efeito da droga, mas minha atitude era *Não me toque*". É evidente que Sue sentia-se automaticamente com medo e repulsa — como tinha se sentido com respeito à postura desgrenhada da mãe.

Quando Sue tomou consciência de toda a raiva que sentira da mãe, passou a ter mais controle sobre seus sentimentos irracionais. Ela pôde perceber que seu marido era bem diferente de sua mãe e que não tinha que afastar-se dele para proteger-se. Então, o que teve de enfrentar nos meses seguintes foi o verdadeiro problema — o uso da droga. Seu marido não fumava muita maconha na época do sonho, mas mesmo assim ela interferia na sua vida sexual. Ele achava que ela ajudava-os a sentirem-se mais próximos, mas ela sentia que ele "não estava presente".

Esse é um problema comum. As pessoas estimuladas pelos efeitos das drogas podem ter a forte impressão de que tudo está bem e podem estar convencidas de que o resto do mundo compartilha de seus sentimentos. Mas isso não passa de uma ilusão. Na realidade, elas não estão respondendo à outra pessoa, que se ressente disso. É claro que é por isso que os usuários de drogas desejam que todos os presentes também estejam sob seu efeito, para que a ilusão seja compartilhada!

Sue queria algo mais que uma ilusão. Ela e seu marido se amavam e viviam juntos há muitos anos. Por fim, ela conseguiu comunicar a ele o quanto desejava uma verdadeira intimidade com ele e persuadi-lo a não fumar antes da relação sexual. Mais tarde, por conta própria, ele decidiu abandonar completamente a droga.

No processo de enfrentamento dos hábitos, atitudes ou comportamento do parceiro, você tende, em resposta, a encontrar sua própria sombra. O marido de Sue, por sua vez, observou que ela tampouco "estava presente" quando exauria-se tomando conta de tudo e de todos. Ela tinha

219

uma tendência a esfalfar-se como sua mãe. Será que eles não poderiam reservar tempo para o sexo? Haveria maneiras de ela — ou eles — reduzir sua sobrecarga?

Assim como os seres vivos precisam de cuidados especiais, também as relações precisam de tempo para o diálogo íntimo e o sexo, tempo que esse casal procurou ter e encontrou nos próximos anos. Às vezes, a mulher precisa lutar contra tais problemas que dificultam a intimidade, após ter acalmado os conflitos no interior de si mesma.

EXPLORANDO A SEXUALIDADE FEMININA. Enquanto os homens em geral dedicam-se ao mundo do trabalho, as mulheres, mesmo as que trabalham fora, dedicam-se sobretudo às relações. Elas têm superado a maioria dos homens nesta área, em termos de consciência pessoal e interpessoal, e inclusive em termos de descobertas do que querem sexualmente. Embora alguns homens estejam acompanhando-as, a distância parece estar aumentando, deixando muitas mulheres insatisfeitas.

Margaret estava casada havia muitos anos sem muita satisfação emocional ou sexual — ele era um homem distante e um amante indiferente — quando teve o seguinte sonho:

> **O cilindro feminino**. Duas pessoas estão paradas em cima de diferentes jarros gigantescos. É uma acrobacia saltar para dentro de um jarro, dando cambalhotas no ar, descendo vários andares e acabar caindo sobre os próprios pés. Meu marido não quer saltar, mas eu então dou o salto.
>
> Mas não sou eu quem está saltando — é uma mulher flexível vestida como uma malha de finos fios de ouro. É um lindo cilindro para dentro do qual ela deve saltar e o salto é dado de maneira primorosa. Ela cai de pé e fica parada no fundo dele aguardando a próxima pessoa.
>
> Então, eu mesma estou esperando. Estou presa numa cinta metálica que dá voltas e mais voltas ao redor de mim, mas é macia como uma chapa metálica fina e apenas um pouco incômoda. Salto para uma borda, e dali para outra e assim vou descendo até o fundo.

A Margaret pareceu que a mulher de malha dourada era sua imagem arquetípica interior de Eros, aquela que sabe como expressar o amor físico. A figura dourada era ágil e abriu caminho para ela, dando-lhe esperança de que ela também conseguiria saltar para dentro do vaso enorme da sexualidade feminina. A figura dourada mostrou-lhe uma verdade a respeito da sexualidade das mulheres — que é complicado ir até suas profundezas. Ela própria teve de saltar de borda em borda — passo a passo, o que é verdadeiro na aprendizagem do sexo.

O marido de Margaret não saltou no sonho, e isso ele também não fazia na vida real. Ele era muito intelectual e comparava o sexo com a estética. Margaret também era bastante intelectual, mas mais emocional e tinha um forte sentido do tato. Na relação deles, era ela que tinha de mover-se na direção dele — sempre — porque ele era um homem de hábitos, e, conseqüentemente, ela acabou sentindo-se presa na armadilha dele. Sem que nenhum deles quisesse, pelas limitações dele e pela incapacidade dela de fazê-lo conhecer seu lado feminino, a relação foi aos poucos se definhando. Na realidade, ela acabou se sentindo tão aprisionada emocional e sexualmente que deixou-o por outro homem — afetuoso e interessante, que não tinha medo de dar grandes saltos com uma mulher.

Entretanto, o sonho sugeria que não seria apenas uma questão de troca de parceiro. Ela própria teria de aprender passo a passo a livrar-se muitas vezes da cinta metálica. Ela achou que a cinta simbolizava seu envolvimento com o mundo dos homens e suas definições, bem como seu aprisionamento no próprio intelecto, que tendia a conduzir — em vez de seguir — suas emoções e instintos, seu toque de ouro. O sonho sugere que ela poderia trocá-lo pelo tecido com fios de ouro.

* * *

O sonho seguinte de Margaret um mês depois mostrou seu progresso no trabalho interior com suas atitudes diante do sexo que, no caso, diziam respeito a ela sentir-se com direito a ter uma sexualidade. Ela achou que esse direito tinha provido de sua analista e de sua própria figura dourada interna que afirmaram sua sexualidade com toda a sua paixão e ludicidade, em oposição às atitudes constrangedoras de seu marido, família e formação religiosa.

Um manto marrom suave de cobra. Há duas cobras mudando de pele, enroscadas num gancho na parede e penduradas como se fossem pneus. Com manchas vermelhas, rosadas, brancas, pretas e marrons... Estou parada perto delas. Uma outra mulher, uma loira, lança uma para mim. É uma marrom que se torna um manto sobre mim, cuja pele causa uma leve perturbação. Suas várias tonalidades de marrom suave são como a lã natural de lhama, ou penas. Então, acaba. Deixo o manto de cobra cair e olho mais para o alto da parede para ver a exibição de cobras. Olho para a cobra vermelha e penso: "Essa não é nada má!".

Nesse sonho, Margaret está assumindo seu manto feminino — que ela tem direito à sexualidade — e usando-o com leveza e facilidade, essa misteriosa e terrena sabedoria da cobra, um animal próximo de seus instintos e com a capacidade de mudar de pele e renovar-se muitas vezes. Essa é sua própria capacidade de conhecer e renovar sua sexualidade. Ela disse que sentia como se a cobra tivesse sido lançada sobre ela mais do que abruptamente, como se tivesse suposto que ela podia agarrá-la e ela estava decidida a fazê-lo. Além do mais, pareceu-lhe que a figura da mulher de malha dourada do sonho anterior tivesse se transformado numa loira terrena que, como sua analista, assumia seu direito a uma sexualidade plena. Primeiro, ela poderia ter uma qualidade terrena marrom-suave, uma sexualidade calorosa e, depois, talvez, conforme previa o sonho, a vermelha — emoção e paixão intensas.

A sensação de estar *determinada* no sonho fez Margaret lembrar-se de uma época em que tinha onze ou doze anos, em que, no início, teve medo de acariciar uma iguana. Ela tinha crescido com a impressão de que em sua casa, cheia de restrições, coisas como cobra e sexo eram estranhas e escorregadias que deviam ser ignoradas ou evitadas. No início, ela tinha sentido repulsa pela iguana, mas decidiu que se acostumaria com ela. Por fim, conseguiu acariciá-la e descobriu que tinha uma pele macia e era quente! Era desse espírito que Margaret estava precisando de novo nessa época de sua vida — da ousadia e da curiosidade da menina de onze ou doze anos. Ela precisava brincar até que o sexo viesse mais naturalmente — tocar e ser tocada, explorar com curiosidade a "cobra" de seu parceiro. O primeiro sonho com a malha de fios de ouro e o segundo com o manto de cobras de cores suaves e suas associações com a surpreendentemente quente e macia iguana — tudo isso confirma a importância que tem para ela, e para muitas outras mulheres, tocar e acariciar na relação sexual.

SEXUALIDADE E AGRESSIVIDADE. Sexo e agressividade (no sentido de asserção, dominação e desejo sexuais) têm mais probabilidade de estarem interligados nos homens, assim como sexo e Eros (afeição, intimidade emocional e entrega aos sentimentos e instintos) têm mais probabilidade de estarem inteligados nas mulheres. Precisamos aprender uns com os outros: as mulheres quanto a atitudes agressivas de expressar desejos no sexo — nossos próprios e os dos homens; e os homens sobre a entrega à intimidade e ao afeto no sexo — seus próprios sentimentos de amor e o amor da mulher. Então, poderemos tecer padrões mutáveis de relacionamento que sejam tanto delicados como intensos.

As mulheres precisam de assertividade suficiente para que os homens saibam do que elas gostam — e não gostam — no sexo; e necessitam de poder suficiente para negociarem o sexo seguro, para que não fiquem vulneráveis à AIDS, às doenças venéreas e à gravidez indesejada.

A agressividade que beira o abuso físico ou verbal, seja do homem ou da mulher, pode tornar as relações sexuais atemorizantes, aviltantes ou perigosas. Na verdade, as pessoas que sofreram abusos ou maus-tratos no passado podem tornar-se hipersensíveis a qualquer sinal de agressão ou coerção — mesmo a uma provocação leve ou a um estilo mais combativo que poderia parecer natural ou jocoso ao parceiro. O sonho seguinte nos mostra como uma mulher retraiu-se alarmada da excessiva agressividade sexual de um homem e nesse processo descobriu a sua própria.

O touro espiando-me. Vejo um grande touro embaixo da varanda de minha casa. Ele está espiando-me e começa a vir em minha direção, decidido. Aperto-me contra a parede do outro lado da mesa, mas ele alcança-me assim mesmo. Ele pressiona-se contra mim, cutuca-me com sua cabeça e lambe-me. Eu empurro-o firmemente com a mão, mas com um leve toque de carícia, e consigo mantê-lo afastado.

Esse sonho ocorreu após um encontro com um homem sexualmente assertivo a quem ela tinha aplacado e com quem tinha ficado ressentida na noite anterior e revela seus sentimentos confusos para com ele. Ela teve de admitir que o touro era também sua própria sexualidade, que ele tinha despertado e que ela tinha mantido sob controle. Esse sonho revela de forma metafórica a agressividade sexual: o despertar inevitável do desejo sexual da própria mulher como resposta ao touro do homem, que cresce e intensifica-se para chegar à consumação. Porém, essa mulher tinha instintivamente escolhido lutar contra a maré. No sonho, ela também teve suficiente agressividade para opor-se e manter o sexo em xeque para quando desejasse, ao mesmo tempo em que escolheu — com um gesto, um leve toque de carícia — fazê-lo de uma maneira que expressava seus desejos, sua atração sexual e sua suscetibilidade à virilidade dele.

SEXO DEMAIS OU DE MENOS. Sexo demais ou de menos são problemas comuns em nossos encontros e desencontros. Uma mulher e um homem que combinavam-se muito bem, eram sexualmente compatíveis e também muito amigos, tinham estado bem casados havia alguns anos. Entretanto, por ocasião dos dois sonhos seguintes, os dois tinham ficado inexplicavelmente irritados um com o outro, com explosões de mau humor de ambas as partes. Esses sonhos revelaram o motivo: tinha havido sexo de menos nos últimos tempos. Além disso, os sonhos indicavam duas conseqüências muito diferentes que esse problema pode ter sobre o casamento. Um sonho foi seguido imediatamente do outro:

O sedutor com uma pedra. Estou numa nova casa que tem vários planos. No quarto há um homem que me atrai fisicamente. Sinto-me excitada e desejo fazer amor. Meus seios estão nus e eu olho para ele parado ali, como se estivesse disposto a me estuprar.

Então, vejo que ele está com uma pedra na mão. Ele é muito perigoso, agachado com a pedra de modo tão ameaçador. Não o quero assim! Ele pode me machucar ou matar. Decido que não quero absolutamente isso e, então, consigo fechar a porta e sair para fora. Ele não me segue; não é agressivo. Diante disso, sinto-me estranha.

Incesto com meu irmão. Estou numa casa espaçosa e muitas coisas estão acontecendo no porão. Estou ali com meu irmão e somos amantes. No meio do ato sexual, eu paro e digo: "Isto é incesto!". Mas, então, como já somos amantes há anos, digo-lhe: "De qualquer maneira, vamos prosseguir". E ele diz: "Não, porque somos irmão e irmã!". Eu respondo: "Mas já fizemos isso antes". E, então, compreendo que não podemos.

Esses sonhos manifestaram as vagas insatisfações do casal de uma forma que a mulher pudesse perceber. Enquanto refletia sobre como o sedutor do primeiro sonho era sexualmente excitante, ela percebeu que nos últimos tempos tinha perdido o entusiamo do início do casamento — a atração e a paixão. Eles tinham tido boas relações sexuais durante as férias recentes e depois sentido que fora ainda pior o retorno à maçada cotidiana. Talvez tivesse sido então que tinham começado as explosões de irritação um com o outro. Era como se a "maçada" em cada um deles, ocupado com o trabalho, tinha acabado com o lado sexual lúdico de cada um. O sedutor era, portanto, a figura deixada de lado na vida do casal, deixando um com raiva do outro por não ser mais assertivo sexualmente, um jogando pedras no outro. O primeiro sonho mostra o que pode acontecer quando o impulso sexual não é realizado: torna-se agressão furiosa.

O segundo sonho, incesto com o irmão, mostra como um casal pode inconscientemente deixar que as faíscas da excitação se apaguem. Por que o tabu do incesto manifestava-se entre eles no "porão", no inconsciente? Por que eles deviam sentir-se como irmão e irmã?

Revelou-se que a mulher e o marido estavam juntos naquela época vinte e quatro horas por dia, desde que tinham começado a trabalhar no mesmo escritório. Eles eram parceiros compatíveis no trabalho e também o melhor amigo um do outro. Estavam tão juntos nesses outros papéis, sem um bom equilíbrio sexual, que tornaram-se como irmão e irmã, criando o tabu do incesto.

Não havia nenhuma ameaça do "outro", nenhum arejamento da relação, nenhum afastamento e retorno, nenhuma novidade, nenhuma saudade entre eles. Com isso, as faíscas sexuais tornaram-se faíscas de irritabilidade por não terem intimidade sexual. Outro motivo de suas explosões era a necessidade de manterem alguma distância entre eles como "irmão e irmã"! Eles ficaram com o pior de cada um dos mundos: trabalhando demasiadamente juntos, não tinham suficiente afastamento, mas, como casal, tampouco tinham suficiente intimidade verdadeira — o relacionamento sexual que afirmasse o vínculo especial entre eles. Esse sonho alertou-os para o problema e indicou de que eles estavam precisando.

A intimidade excessiva — sem a necessária separação, asserção ou sexualidade — é um problema mais comum entre os casais de lésbicas, em que as mulheres são muitas vezes grandes amigas, mais facilmente íntimas e compatíveis, freqüentemente passando tanto tempo juntas que o aspecto sexual fica ofuscado em outra relação incestuosa, a de irmãs ou mãe e filha. Muitas vezes, especialmente no início, o casal pode encontrar na relação toda a satisfação que deseja, de maneira que os outros amigos desaparecem e a relação fica sem nenhuma possibilidade de novo arejamento.

Uma lésbica vivia com sua parceira havia alguns anos quando teve o seguinte sonho:

Exibindo meu garanhão. Uma amiga antropóloga diz-me muito naturalmente que eu não tenho nem tentado mostrar meu cavalo, como fazem os outros. O meu é um grande garanhão, como aqueles cavalos enormes dos comerciais de cerveja. Eu penso: "Sim, é verdade. Não tenho feito nenhum esforço".

O problema que esse casal tinha era que ambas eram passivas e precisavam mobilizar sua assertividade sexual, seus cavalos enormes. Especialmente a sonhadora era por natureza mais consciente de sua vida interior e tinha um senso estético mais desenvolvido do que de seu corpo e suas sensações. Para mulheres como ela, a consciência do corpo, da sexualidade e dos esportes não vinha naturalmente; não tinha consciência nem desenvolvido nenhum desses aspectos. (Por outro lado, as pessoas voltadas para o corpo podem achar que precisam desenvolver o senso estético ou voltar-se para dentro de si mesmas, o que para elas exige um esforço.) Esse sonho a fez lembrar do fato de que, na verdade, tinha em seu inconsciente um aspecto físico, um grande garanhão, sua energia sexual subdesenvolvida.

A mulher teve uma imagem de como seria mobilizar suas energias para satisfazer sua parceira sexualmente: "Seria como puxar um balde pesado do fundo de um poço — um grande esforço". Exige um grande esforço por parte do ego consciente, de vontade, para trazer à tona algo do *inconsciente*. Mas o sonho prometia que não seria sempre assim entre ela e sua parceira, que haveria cavalos tremendamente vigorosos se ela os soltasse do estábulo.

A sexualidade feminina: a espiritualidade, a privacidade e as cores suaves do jardim

SEXUALIDADE E ESPIRITUALIDADE. Quando o mais forte dos sentimentos — o amor — é despertado numa mulher, seu instinto mais profundo, o instinto maternal, pode surgir em forma de ternura, de proteção e posse da pessoa amada, bem como de um desejo de estar "sempre" junto dela. O amor também faz estremecer as bases de seu ser sexual e espiritual. Porque comumente para a mulher o sexo é uma forma de dar e receber amor e, nesse ato de confiança e entrega, o sexual e o sagrado se entrelaçam — apesar de a religião e a cultura tê-los separado, como se o primeiro fosse sujo e o segundo puro. Entretanto, a mulher que conhece seu coração, que conhece as profundezas de seu ser, sabe que a ternura, a sexualidade e a espiritualidade são todos aspectos do amor.

No seguinte sonho, a mulher reivindica tanto sua sexualidade como sua espiritualidade. Maureen era solteira e esforçava-se para seguir os princípios restritivos de sua religião, mas também sentia a imensa força do amor e de sua natureza apaixonada. Ela iniciou terapia porque estava sofrendo de graves ataques de ansiedade à noite, que ela considerava ser algo "tanto espiritual como sexual". Revelou-se que ela estava certa; ela precisava encontrar um meio de unir esses dois aspectos muitos importantes de sua vida.

A sacerdotisa druidesa. Estou em outro plano. Caminho ao longo da costa do mar perto de um muro de pedra com meu nome impresso nele, o que significa que é o muro de minha antiga propriedade. Dentro do castelo, encontro uma capela e entro nela. Uma garota de dezessete anos vem a mim do outro lado do altar e nos ajoelhamos juntas na grade do altar. A garota parece uma mística do século XIII. Ela está usando a coroa de ouro da Virgem Santa e na coroa há olhos que movem-se! Os olhos são azuis, claros, reais e vívidos. Estão observando-me. Sinto-me estranha! Então, a garota tira a coroa de ouro e coloca uma simples de madeira.

Então, é como se eu estivesse ajoelhada ao lado de um homem. Ergo-me e decido representar a coroação diante do lado direito do altar. Subitamente, ele transforma-se em rei e eu estou benzendo-o com as mãos. Tornei-me uma sacerdotisa druida. Há raios e trovões, forças explosivas. Estou em contato com algum tipo de forças, talvez as ocultas; estou com raiva e medo. Então compreendo, no sonho, que devo ter um ancestral que foi druida.

Saio correndo do castelo para chegar a meu carro. Um cão dinamarquês salta em minha direção — como se fosse a Morte — e derruba-me. Estou deitada na calçada perto de cocô de cachorro, mas estou bem. Corro atrás dele. Não vou feri-lo; é uma luta de vontades, aberta.

Quando salto para o banco da frente do carro, penso: "Agora entendo o segredo de mim mesma".

Em resposta ao sonho, Maureen confessou: "Passei por uma conversão religiosa aos dezessete anos, época do meu primeiro despertar sexual e espiritual, mas devo ter considerado toda aquela energia sexual — aquela força explosiva — como sendo apenas espiritual então. A Virgem Santa — para a qual fui atraída — tinha um amor puro que ainda me envolve. Mas o outro lado disso, vejo agora, é o moralista, puritano — os olhos observadores que me deixam constrangida".

O sonho ajudou Maureen a corrigir essa separação entre sexualidade e religião. O sonho levou-a de volta aos tempos dos druidas, quando a religião abarcava a natureza terrena das mulheres, quando a sensualidade e a sexualidade faziam parte do mistério do amor e das forças propulsoras da vida, quando, como ela imaginava, "as sacerdotisas não tinham medo da sensualidade". Esse sonho vívido proporcionou-lhe confiança em suas próprias crenças profundas, enraizadas no feminino e, também, deu-lhe confiança na sensualidade, enraizada na autoridade espiritual. Então, sua própria autoridade espiritual feminina — a sacerdotisa no sonho — pode reconhecer devidamente a autoridade masculina, coroar o rei. O sonho também registrou seu alarme — ou espanto — ao assumir tal poder. Talvez ela tivesse medo de que isso fosse proibido pela igreja, mas mais provavelmente seu medo era de ter também de lidar com as forças ocultas. De qualquer modo, o sonho sugere merecimento e confiança através da realização de que deve ter tido antepassados druidas.

O cão dinamarquês pareceu-lhe representar tanto a Morte quanto não ter medo da Morte. O cão também representava a sexualidade masculina — uma grande ameaça que poderia derrubá-la e jogá-la na lama. Ela lembrou-se que no início de sua adolescência, quando começou a perceber sua sexualidade, mas também a negá-la, torceu muitas vezes os tornozelos. Esse sonho era, portanto, uma forma de ajudá-la a resgatar sua relação com o chão sob seus pés — a boa terra druida.

As mulheres estão hoje reivindicando uma herança espiritual que foi encoberta por séculos de autoridade religiosa masculina, que tendia a separar a sexualidade da espiritualidade na cultura ocidental. Estamos procurando através da história e da imaginação as antigas verdades contidas nos fragmentos recuperados da antiga sabedoria feminina: antigas estátuas de corpo inteiro de deusas, histórias de fadas — as últimas sacerdotisas — em *As brumas de Avalon*,[1] a menina das ervas curativas em *The Clan of the Cave Bear*,[2] dos rituais das bruxas e do trabalho das modernas curandeiras e videntes. Imaginamos um tempo em que a sexualidade tinha um lugar definido como parte de nossa totalidade: a sexualidade como um prazer e uma energia fluindo natural e livremente; a sexualidade como um envolvimento emocional, uma experiência espiritual, o mistério do estar juntos que era uma consagração do amor; a sexualidade como um ato sagrado ao receber o mistério da semente plantada. Tudo isso era a sexualidade.

Alguns meses depois, Maureen teve outro sonho no qual ela foi lançada em outro plano:

Mordida por um vampiro. Uma pessoa é mordida por um vampiro. Se alguém me morder, me tornarei um vampiro!

Esse sonho sugere um dos significados que o vampiro tem para a psique feminina. O vampiro pode representar o medo da mulher da mordida do amor, medo do sexo, particularmente de ser seduzida para a sexualidade, ficar aprisionada nela, obcecada por ela. O sexo pode satisfazer tanto — como os amantes sabem — que pode tornar-se uma compulsão e obscurecer tudo o mais. O medo que acompanha o erotismo intenso é que você pode ficar tão arrebatada pela sexualidade que ficará aprisionada ao outro, sucumbirá diante da força masculina exterior e, talvez, perderá sua vontade própria e se tornará demasiadamente passiva, acomodada ou permitirá transformar-se numa vítima. Sob esse medo, muito abaixo dos níveis arquetípicos da psique, encontra-se o medo da morte devoradora, simbolizada pela imagem do cão dinamarquês do sonho anterior, remanescente do cão da mitologia grega Cérbero ou do deus egípcio com cabeça de cão Anúbis que guiava as pessoas para o mundo ínfero e guardava a entrada para aquele lugar sem retorno. Pois no ponto imóvel do sexo pode-se tocar o finito e o infinito, abraçar a vida e a morte, experienciar a plenitude e o vazio.

Um ano depois Maureen teve outro sonho que deu continuidade à reconciliação de seus lados espiritual e sexual.

Recebo um anel de ouro. Estou sendo transportada através do ar — como a sensação de meus ataques de ansiedade —, mas não é mais assustador, porque existe um outro poder ali. Sou levada para uma escola, onde há um mestre espiritual. Espera-se que eu ore. Os espíritos guiam-me para que eu encontre o lugar certo, e há algo místico na minha oração. Então, a cena muda. Estou no banheiro com minha irmã — minha irmã real — que diz, no sonho, que ela é "Maggie", minha irmã que perdi há muito tempo e amiga de uma vida passada. Ela conta-me que fora uma prostituta que quase morrera afogada uma vez, de maneira que agora ela ajuda as outras pessoas à beira d'água. Ela me oferece um anel de ouro — e eu o aceito. Eu peço a Jesus: "Se isso é verdade, leve-me para casa". Então, no sonho, eu recordo que fui druida numa vida passada. Uma voz masculina diz: "O druida e a sacerdotisa se unirão", e eu sou transportada para casa.

O que vale para muitas pessoas e seus sonhos, o que importa não é tanto entender o sonho posteriormente, mas a própria vivência dele. O sonho realizou o verdadeiro trabalho de reconciliar a sexualidade com a espiritualidade e ajudou Maureen a curar-se de seus terríveis ataques de ansiedade. Ela disse que o que ocorreu no sonho era incomum. "Nunca consegui falar sobre sexo com minha irmã — somos tão diferentes — e no início eu relutei para aceitar o anel de ouro. Mas o anel era brilhante, um laço sagrado, como um elo há muito tempo perdido entre a religião e eu."

Esse sonho mostra a interação da atividade onírica com o que acontece no mundo exterior. Pois o inconsciente consegue resolver problemas que a mente ou as ações conscientes não conseguem, mesmo com respeito a algo aparentemente tão concreto como o sexo. Todos nós sabemos que os cientistas ao investigarem uma nova idéia descobrem que uma nova idéia lhes ocorre depois de terem dormido com a questão. A mente consciente, mesmo com a ajuda do computador, é limitada, e nossos pensamentos muitas vezes percorrem uma estrada de ferro de maneira linear. O inconsciente consegue ser mais criativo porque é fluido. Ele é mais como uma poça d'água onde cada gota é parte da poça inteira, agitada e acalmada novamente. Dessa capacidade surge a cristalização do todo. Não se pode descrever esse processo com palavras (embora no pensamento linear as palavras sirvam muito bem como postes itinerários ao longo da estrada de ferro). Os símbolos, entretanto, como o anel de ouro, conseguem fazer isso.

Esse sonho não foi resultado apenas do trabalho interior que a mulher tinha realizado em terapia, mas também do exterior que acompanhou-o, porque o inconsciente registra o que ocorre exteriormente da mesma maneira que nossa mente consciente recebe informações do inconsciente. Após os primeiros sonhos, Maureen criou coragem para falar com sua irmã sobre sexo — parece que era a primeira vez que se fazia isso em sua família! Sua irmã sempre fora a "maluca" e ela a "melindrosa da família". Apesar disso, elas conseguiram conversar um pouco e sentir algo tácito em comum e houve um entendimento entre elas enquanto mulheres. Era esse elo — cada uma conhecendo a metade da verdade — que formava o anel de ouro, sua própria totalidade. Maureen tinha estado no plano arquetípico da sacerdotisa e do vampiro e precisava da ajuda de uma irmã pessoal para trazê-la de volta à terra e dissipar os terrores.

O FEMININO E A PRIVACIDADE. A privacidade é algo de especial importância para muitas mulheres, uma vez que nossa sexualidade é um dos aspectos mais ocultos de nós mesmas, um tesouro secreto, um cerne vulnerável. A maioria dos homens não entende esse aspecto da natureza feminina. O seguinte sonho trouxe esse problema à luz. Ele foi precipitado pela sugestão de um terapeuta sexual de que o casal se comprometesse como lição de casa a masturbar-se um diante do outro. Para alguns casais, esse pode ser o tipo de exercício necessário — para se tornarem receptivos à dinâmica do sexo —, mas não para esta mulher. Em seu sonho, ela protesta.

A privacidade e as ervas curativas. Estou atravessando uma pequena cidade. Encontro um prédio numa rua residencial e entro para procurar um banheiro. Há algumas pessoas na fila à minha frente. Quando está chegando a minha vez, aparece um policial à paisana e começa a arrancar a porta do banheiro. Eu grito: "Espera! Não vou ter nenhuma privacidade". Ele diz que tem que arrancá-la, mas que ela pode ser parcialmente fechada.

Vem-me em flashback a lembrança de que, na noite anterior, a polícia tinha ocupado a região e tirado uma mulher louca de um prédio do outro lado da rua. Eles tinham colocado equipamentos de escuta em sua janela para escutar suas conversas. Quanto mais ela sabia que estava sendo observada, mais paranóica ela ficava. Eles a agarraram e levaram-na para a prisão.

A cena muda. Estou andando por uma estrada de terra à margem do oceano. Acabei de atravessar uma ponte quando ouço uma voz. É de um pescador. Examino seu rosto e vejo que é japonês. Ele é um pouco atrevido e me acompanha ao nível inferior, o nível do rio, onde há um japonês mais tranqüilo, espalhando ervas. As ervas são de algas marinhas frescas, da cor rosa-alaranjada dos camarões ou dos ovos de salmão. Se os dois homens conseguirem colocar as ervas em minha mão, elas me curarão. Apesar de os homens parecerem um pouco grotescos, eles me inspiram confiança, de maneira que fecho os olhos e um deles coloca algumas ervas na palma de minha mão e eu deixo. Pude aprender a sabedoria deles.

Esse sonho mostra o quanto a mulher estava revoltada contra a prescrição do terapeuta sexual de que o casal fizesse uso de um método de exposição sexual. No sonho, a mulher está chocada pela idéia da porta entreaberta e vê como uma mulher louca fica cada vez mais apavorada pelo fato de estar sendo observada.

O sonho desafia o preconceito masculino com respeito à exposição sexual como forma de cura e sugere que, talvez, a mulher precise de outro tipo de cura proveniente de seu inconsciente, tipo que ela pode aceitar com muita confiança no sonho, de olhos fechados e mão aberta. A mulher não sabia o que significavam as algas marinhas, mas essa dádiva do mar da cor do salmão sugere algo que tem vida e que cresce nas profundezas das águas do inconsciente feminino, algo que seus pescadores japoneses interiores — grotesco e atrevido, seguro e tranqüilo — podiam lhe oferecer. Eles mostraram-lhe sua sabedoria proveniente do mar, como ela podia entregar-se confiante à natureza e aos mistérios da sexualidade. Isso ela teria que descobrir com o tempo. Por enquanto, o sonho lhe mostrava sua profunda recusa interna a ser excessivamente mecânica ou aberta com respeito ao sexo e apontava-lhe claramente a profunda importância da privacidade na sexualidade.

A ESSÊNCIA DA SEXUALIDADE FEMININA. O último sonho deste capítulo é de uma mulher que desejava que seu marido fosse mais atento a suas necessidades sexuais como mulher. Esse sonho revelou a ela a essência de sua própria sexualidade em seus diferentes aspectos naturais, do selvagem, do terno, sincero e — como ela descobriria — também de outras qualidades espantosas.

O jardim de flores. É um lindo jardim, um jardim inglês agreste com diferentes tonalidades de azul, cor de laranja e amarelo — todas misturadas. As cores são suaves. Ele é lindo e é meu! Eu tinha plantado as sementes no jardim fazia dois ou três anos e não tinha dado muita atenção a ele. Agora estou levando as pessoas para vê-lo — meu marido e amigos. Penso: "Este é meu jardim, mesmo que esteja coberto de vegetação, ele é meu". Pergunto-me por que o acho tão bonito. E concluo que é pelo formato das flores: como a sexualidade feminina. É por isso que estou tão enamorada dele.

Em suas associações, ela disse que as flores tinham pétalas, vincos e eram macias. O que de fato tornava as flores belas era a sua variedade. Ela havia apenas jogado as sementes — todas juntas — e elas tinham crescido conforme tinham caído na terra.

Isso se aplicava ao sexo para ela? Ela disse que a essência do sexo para ela era uma disposição para a fantasia e o romantismo que vinham do coração. As flores pareciam uma chita estampada — um arranjo de cores suaves — que lhe pareciam muito feminina, "como o sexo quando é uma mistura de toques leves, sensações suaves, palavras ternas de amor". As pétalas lembravam-na da exposição de trabalhos artísticos femininos de Judy Chicago celebrando a história das mulheres.

As flores também significavam para ela a qualidade sempre renovada e efêmera do sexo. "As flores são viçosas, por um tempo, depois murcham. Elas vivem apenas para si mesmas." Para ela, o sexo significava mais o momento, a espontaneidade e a rápida regeneração, ao contrário de trabalho e esforço:

> **As flores fecham-se e abrem-se**. É o contrário de cortar a grama todas as manhãs de sábado ou fazer sexo todas as manhãs de domingo. Minhas fantasias sexuais são indômitas e ansiosas por toques, não por arroubos sexuais. Faço para ele diferentes coisas no ato sexual e gostaria que ele as retribuísse. Mas simplesmente não lhe ocorre fazer isso. Há coisas que aprecio muito, coisas que nosso bebê aprecia — toques suaves por todo o corpo, aquela conexão gostosa. Algumas de suas carícias são fortes e até mesmo dolorosas.

O que o sonho fez foi ressaltar sua sexualidade feminina. Ela sabia o que queria, o que podia oferecer à vida sexual deles, mas tinha caído na armadilha do jogo dele, o que significava passividade e ser objeto de arroubos. Ela tinha muitas vezes naqueles anos todos de casamento dado a ele pistas de como gostaria que fosse, mas não tinha encontrado muita receptividade por parte de seu marido, de maneira que tinha recuado para o seu papel cultural de fêmea passiva e submissa, enquanto ele ocupava a função de definir a sexualidade deles. O sonho era uma compensação por seus papéis conscientes. Exigiria deles muito mais trabalho para poderem começar a sair de sua letargia sexual, uma vez que ela tinha várias origens.

Um mês depois ela sonhou com uma elaborada exposição de comidas, que a levou a perguntar-se por que não estava dando ao sexo a mesma atenção que sempre dera à comida! Também chamou a sua atenção para a questão de como fazer sexo era *diferente* de comer — mais do que o simples prazer, mas, na verdade, um elo profundo entre eles, terrível, encoberto, tabu — tão importante que ela devia pensar em reservar um lugar especial para ele.

Entretanto, persistia a questão de por que esse casal tinha negligenciado o sexo. Finalmente, emergiram alguns motivos mais profundos. O sexo era algo tão acessível, instintivo e intenso para ela, disse, que "temia a fome intensa por ele". É provável que existia algo mais do que o medo de seu forte desejo sexual ou o medo de não ser satisfeita sexualmente. Ela devia ter medo de algo subjacente a seu desejo sexual — possessividade primitiva e devoradora — que ela precisa conhecer e transformar para poder ter uma relação sexual realmente amorosa. Seu marido sem dúvida temia essa intensidade. Aparentemente, ele também era relutante com respeito ao sexo por motivos próprios. Ela disse: "O sexo parece-lhe algo distante e arquetípico, algo fora do controle. Ele é tomado por sensações terríveis, como se fossem do plano extraterrestre". Tendo medo do sexo, ela própria não tinha conseguido liberar sua sexualidade no casamento, e, portanto, tinha inconscientemente compactuado para mantê-lo insatisfatório. Ambos temiam o lado indômito dela, bem como a profundidade do vínculo emocional e espiritual entre eles. Esses sonhos contribuíram para ajudá-los a percorrer o caminho do banquete — e do buquê — da vida amorosa e sexual do casal.

7
O coração sábio

Minha mente não sabe dizer a meu coração que idade eu tenho.

Evelyn Hickey[1]

Quando a mulher chega à meia-idade e velhice, ela espera poder desenvolver uma maior harmonia interna e externa. Torna-se seletiva em suas escolhas e mais efetiva em suas ações. Seus conhecimentos do mundo ajudaram-na a desenvolver a arte de aceitar o que a vida oferece. Na fase da meia-idade, ela colhe os frutos maduros de sua criatividade, sua "fertilidade" — passando seus conhecimentos a outros para garantir sua continuidade — e realiza a tarefa de conclusão de sua jornada espiritual. A mulher mais velha sabe que seu tempo de vida é limitado, como também podem ser suas energias e recursos, de maneira que ela aprecia aquilo que realmente é importante para ela na vida e que vem do coração.

O símbolo da rosácea, que apareceu nos sonhos de uma mulher de idade, epitomiza a harmonia dos sentimentos que pode ser alcançada na segunda metade da vida. Se você contempla a rosácea da catedral de Notre-Dame de Paris, poderá apreciar um grande círculo de beleza contendo uma multiplicidade de cores vibrantes que formam uma unidade. Assim também a mulher madura abarca uma ampla diversidade de valores e tem uma discriminação apurada dos sentimentos, colocando-os nos seus devidos lugares e irradiando-os do centro de si mesma. A rosácea é, por isso, um símbolo arquetípico que evoca particularmente o centro integrador e harmonizador, o *Self*, da Mulher de Coração Sábio.

À medida que a mulher envelhece, a estrutura externa de sua vida em geral acomoda-se a padrões de satisfação (ou pelo menos de rotina), que permitem a continuidade de seu desenvolvimento interior. Quando é abalada pelas perdas inevitáveis, como pelo divórcio, pela separação dos filhos, doenças, incapacitação, mortes ou outras limitações (por poucos recursos financeiros, de mobilidade ou de vida social), ela precisa de uma estrutura interna ainda mais forte para manter-se, uma vez que a sociedade na maioria das vezes não oferece nenhuma garantia. Alguns dos sonhos deste capítulo são testemunhas de como as mulheres conseguem aquilo de que necessitam e as experiências dessas mulheres sábias podem ajudar outras mulheres de diferentes idades, especialmente as mais jovens que podem estar aprisionadas a seus papéis de dona de casa e profissional com pouco tempo ou sem nenhuma energia de sobra para dedicarem-se à vida interior.

Instintivamente procuramos estar perto de uma mulher que tenha vida interior plena. Na esfera interpessoal, ela reflete para os outros as qualidades do amor maduro: integridade, autenticidade, compromisso e aceitação dos aspectos claros e escuros da sombra dela mesma e dos outros. A mulher sábia conhece o percurso do amor: a ternura da jovem mãe pelo seu bebê, a defesa feroz da mulher madura de sua própria integridade e a proteção daqueles que fazem parte de seu círculo afetivo, a paixão dos amantes, a solidariedade e a espiritualidade. Seu amor é mais consciente, abrangente e profundo. Ela pode não dar mais tanta importância ao fogo da paixão, à fusão e ao fascínio pelo seu oposto, ao passo que valoriza o amor sereno que resulta do verdadeiro conhecimento do outro e da convivência a partir de uma postura individualizada.

À medida que a mulher envelhece, ela também colhe os frutos de sua experiência de vida com os outros. Ela destilou em si mesma a essência de seu lado masculino através de todos os anos que passou com os homens que amou, envolveu-se e conheceu; e também conformou-se profundamente com a sua própria feminilidade com base em toda uma vida de relações familiares, lutas e empatia com outras mulheres. Em silêncio e tranqüilidade, ela pode sentir-se em harmonia consigo mesma, com seu parceiro e seu espírito. Ela pode experienciar, às vezes, um amor que está além do ordinário, um amor transpessoal em instantes de graça e ter uma experiência reveladora ou mística.

Todas nós podemos experienciar Eros em nosso interior como uma energia curativa, o Coração que Cura, uma sensação de bem-estar, harmonia e unidade com nós mesmas e com o universo. Podemos experienciar uma aceitação que está além das palavras e da filosofia, além de nossa capacidade humana comum para aceitar a indiferença e o desígnio da Natureza, nosso lugar nela, nossa participação nela. Esse sentimento de aceitação que vem de Eros ajuda-nos a entrar em acordo com a vida que tivemos, que não tivemos e com o que ela ainda pode nos oferecer.

Quando cultivamos a sabedoria interior no plano arquetípico de Eros e temos acesso aos conhecimentos e energias do amor além do plano interpessoal — da dimensão transpessoal —, nossos sonhos podem nos revelar as imagens arquetípicas da Velha (ou Velho) de Coração Sábio, da Sábia, ou da divindade, ou ainda imagens de antigas pessoas de grande devoção que conhecemos ou que temos referências, tais como Madre Teresa, Kwan Yin, Maria ou Cristo. Como vimos nos sonhos com o *Self*, um perigo nesse estágio é identificar-se demais, e inconscientemente demais, com um sábio ou líder religioso, ou por achar que você é um ou por estar com algum. Isso é sentido como expor-se ao sol da Grande Mãe, do Grande Pai ou do *Self*, mas na verdade não passa de presunção, de queimar-se no calor intenso do Falso *Self*, negando a sombra e isolando-se do mundo, em vez de integrar a espiritualidade na vida cotidiana.

A mulher sábia conhece as agruras da vida. Sua confiança interior resultou da descida às suas próprias profundezas escuras. Diferentemente do herói que mata o dragão para resgatar seu lado feminino, a mulher precisa conhecer o dragão em toda a sua bestialidade, curar-se pelo contato com ele, absorver suas energias e trazê-lo de volta, juntamente com o tesouro. Embora os homens e a mitologia patriarcal descrevam a mulher como um ser passivo a ser resgatado por um herói ou conduzido por um sábio, tais imagens pertencem ao feminino dos próprios homens. A mulher empreende sua própria jornada, especialmente quando em idade avançada. Ela pode ser auxiliada por um *animus* dotado de sentimentos e pensamentos positivos, por uma figura fraterna, por uma mulher sábia ou um homem sábio, mas só ela pode tomar a iniciativa.[2]

A mulher sábia está enraizada no mundo real. Suas convicções são fortes — resultantes de seus muitos anos de experiência, bem como de sua intuição[3] — e de maneira alguma cordata com tudo. Os outros sabem disso e temem sua visão crítica. Na realidade, esse temor, assim como a inveja e o respeito, pode ser em parte responsável pela despotencialização sistemática e demonização através da história da mulher velha — e da Velha Sábia — nos contos de fadas e na sociedade.

Podemos supor que antigamente as mulheres mais velhas eram muito respeitadas. Ultimamente, as *mulheres* pesquisadoras têm apresentado suas próprias interpretações dos símbolos, mitos e da arqueologia, e, apoiadas em métodos como o carbono 14 para a determinação de datas, determinaram a existência de sociedades pré-históricas que reverenciavam os valores femininos, tinham sacerdotisas e idolatravam deusas, inclusive a Anciã. Essas sociedades não eram matriarcais, imagens espelhadas das patriarcais, mas sociedades igualitárias e pacíficas.[4] Todas as fases da vida da mulher eram respeitadas, especialmente a da mulher mais velha. As mulheres que sobreviviam à menopausa, em vez de serem desconsideradas como se sua idade fosse um motivo de constrangimento ou de fraqueza, tinham sem dúvida um status elevado. As pessoas acreditavam que o sangue sagrado da menstruação que as mulheres tinham tido era retido no interior delas e transformado em "sangue sábio" da sabedoria e da vidência. Essa é uma verdade metafórica: o grande acúmulo de experiências das mulheres produz *insights* sobre a vida e, voltado para dentro, proporciona um saber intuitivo que "vai além" do que em geral se conhece. Essas são as verdades metafóricas reveladas nos sonhos das mulheres de hoje.

Alguns dos sonhos que aparecem neste capítulo são de pessoas mais velhas, mas a maioria é de mulheres que estão ingressando na meia-idade e que cultivam a Velha Sábia em si mesmas e de mulheres que estão no final da meia-idade antecipando a velhice. Aqui, os sonhos das mulheres são classificados de acordo com os seguintes três tópicos. O primeiro, Os Elementos que Faltam para o Desenvolvimento da Totalidade e da Sabedoria do Coração, mostra os passos importantes que a mulher dá ao longo da vida na evolução gradual de sua sabedoria interior. O tópico seguinte, Aceitando a Dádiva da Velha Sábia, demonstra como a sabedoria é, às vezes, oferecida à mulher, que terá de decidir se aceita suas responsabilidades. O tópico final, Mudanças Arquetípicas, revela imagens de poder transcendental que aparecem espontaneamente em sonhos em períodos de grande dificuldade. Elas podem ajudar a curar feridas, proporcionar à mulher uma "mudança de atitude" ou causar uma mudança de perspectiva sobre as dimensões universais da experiência humana.

Os elementos que faltam para o desenvolvimento da totalidade e da sabedoria do coração

Pode-se ver o desenvolvimento psicológico como uma escada espiralada ascendente girando em torno de um centro. A pessoa encontra-se muitas vezes diante do mesmo problema, mas cada vez num nível mais alto — na medida em que cada uma refere-se a uma nova fase da vida. À medida que progride, a pessoa também pode descer, às vezes, às profundezas da espiral, para trazer dali algo de importância. Por exemplo, você pode achar que acomodou seu "problema com a mãe" e a Grande Mãe quando encontrava-se na casa dos trinta anos no "terceiro andar", mas pode voltar a encontrá-lo na casa dos setenta, no "sétimo andar", onde ele tem significados bem diferentes a serem integrados na sua vida atual.

Os sonhos, às vezes, revelam para a mulher os elementos que estão faltando em sua vida, para que ela possa identificar tais lacunas, sentir sua falta ou, finalmente, preenchê-las até certo ponto em seu movimento em direção à totalidade. Os sonhos podem ajudá-la de várias maneiras. Um sonho pode proporcionar discriminações sutis de sentimentos que permitem que ela mude a visão que tem de si mesma, dos outros ou de sua situação. Ou ela pode perceber algo a respeito de si mesma que a prendeu por toda a vida e que é essencial que seja aceito ou transformado quando passa para uma nova etapa. Ao reunir suas forças para enfrentar o desafio da meia-idade, ela pode ser capaz de afirmar com mais determinação seus plenos potenciais instintivos ou intelectuais, talvez desempenhando a função de uma ponte de ligação entre as gerações. À medida que envelhece, ela pode reivindicar sua espiritualidade, caso ela tenha sido perdida por sentimentos de alienação resultantes de uma determinada formação religiosa, de influências rígidas dos pais ou de outros que não a aprovaram no início de seu desenvolvimento espiritual. Os sonhos seguintes são exemplos corriqueiros dos pequenos passos que as mulheres dão na subida da escada espiralada em direção à sua força total, seus sentimentos comunitário e humanitário, bem como sua espiritualidade.

Resgatando o *Self* original em idade avançada

Às vezes, tem-se que voltar à infância para resgatar a primeira experiência com o *Self*. O *Self* original aparece muitas vezes em sonhos em imagens de nascimento ou de encontro da menina interior — ferida ou exultante — trazendo-a de volta à vida. Esse reavivamento do *Self* original ocorre por toda a vida até a velhice e, nessa evolução, retorna-se muitas vezes ao início da vida, descobrindo-se os elos fracos ou os episódios traumáticos do desenvolvimento pessoal, curando-os da melhor forma possível. Ao recuperar o *Self* original, a mulher chega inevitavelmente a um acordo com seu oposto — a Anciã, guardiã do limiar dos mistérios ocultos da vida e da morte. A tarefa da mulher mais velha é ficar "grávida de si mesma". Ela tem de ser criativa, parir a si mesma sozinha, sofrer e suportar com coragem sua própria deterioração, a morte e o desconhecido.[5]

No seguinte caso, a mulher retorna a seu *Self* original. Sendo uma mulher mais velha, Evelyn sentiu como se tivesse perdido seu centro quando seu marido morreu. Ela estava sentindo a perda dele há muito tempo e não conseguia sair da depressão, quando começou a sentir que por trás dessa perda devia ter havido uma grande perda no início de sua vida. O seguinte sonho deu a pista.

As jóias pretas. Estou em um trem. Uma menina está sentada atrás de mim, segurando um porta-jóias. Ele é meu — o estojo preto esculpido no qual minha mãe guardava suas jóias, e eu me pergunto como ele foi parar nas mãos da menina. Ela é evasiva, mas não nega que foi roubado.

Sinto-me pouco à vontade ao acusar a mãe da menina, que está sentada a seu lado, mas ela é descarada. Ela desafia-me a identificar o conteúdo do estojo diante de uma testemunha. A testemunha é um homem jovem e bonito, todo vestido de branco.

Conto mentalmente as jóias guardadas no cofre de minha mãe lá em casa. Lembro-me de um colar de pedras pretas e lágrimas, belo e brilhante. Penso em como descrevê-lo. É uma peça antiga que ela usou por muitos anos — com um peixe grosseiramente esculpido. Então, constato que o peixe é de outro colar, que está em outro cofre em casa. Eu não usava nenhum dos colares há anos, mas eles tinham valor sentimental e eu entro em pânico por não conseguir lembrar deles.

Essas eram as jóias que Evelyn tinha de fato herdado da mãe. Sua principal tarefa era esclarecer o que tinha herdado — do *Self* feminino — de sua mãe para poder discriminar o que era seu e o que era de sua mãe, as dores de sua mãe e as suas próprias. Quando considerou o colar preto — pedras pretas e lágrimas — ela recordou o fato ocorrido, e que estava quase esquecido, quando era pequena e sua mãe, uma mulher muito jovem, perdeu sua mãe e uma irmã em um mesmo ano. Desde quando Evelyn podia lembrar, sua mãe sempre tivera uma tendência oculta para a depressão.

Sendo agora ela própria viúva, Evelyn sabia o que tinha sido a grande perda de sua mãe e compreendeu que, em todos aqueles anos, tinha se sentido mais próxima de sua mãe nas circunstâncias das mortes. A jóia preta representava o sentimento obscuro de conexão dela com a mãe, bem como a experiência dolorosa da morte, através dela.

Evelyn achou que o homem jovem vestido de branco representava "um obstáculo" para o conhecimento de seu próprio valor mais profundo, o *Self* original. Em suas associações, Evelyn recordou que durante sua juventude ela se achava baixa, gorda e repulsiva. "Eu era insignificante comparada a meu lindo irmão mais velho, que era o preferido de minha mãe." Mas agora, olhando de novo para o seu passado, Evelyn lembrou-se que ele tinha nascido nos anos felizes em que sua mãe ainda era alegre, enquanto que ela nascera no período tumultuado de sua vida. "*Eu sei que* minha mãe no fundo se importava comigo, mas só conseguia *demonstrar* isso a meu irmão." Evelyn teve ainda um outro *insight*. Sua mãe — e ela também — tinha se sentido livre para amar o irmão e outros homens, mas não as mulheres, acreditando inconscientemente que os homens não corriam o risco de morrer como era o caso aparentemente das mulheres na família! Perdas extraordinariamente precoces podem resultar em superstições e crenças irracionais como essa, que permanecem no inconsciente e nos levam a ter expectativas equivocadas da vida. Então, precisamos encontrá-las — às vezes através dos sonhos —, elaborar os pensamentos e sentimentos inconscientes e, também, adequá-las aos fatos e perspectivas da realidade exterior.

Evelyn entrou em pânico no sonho quando confundiu os diferentes tipos de jóias. Elas tinham de ser enumeradas. Os pingentes pretos, ela sabia, representavam suas primeiras experiências obscuras de si mesma com a mãe deprimida e seu primeiro encontro com a morte. Eles eram diferentes do peixe, que representa o movimento da vida no fundo das águas de seu inconsciente, símbolos de seu primeiro *Self* individual que tinha condições de resistir. Portanto, Evelyn tinha de voltar atrás e encontrar sua própria menina interior: a menina triste e abandonada que tinha vindo ao mundo sob a sombra pesada das lágrimas escuras de sua mãe, da grande dor de sua mãe, e sua própria perda precoce. Foram necessários anos de elaboração da perda além de outros tipos de trabalho interior para que ela pudesse curar-se desse abandono precoce e, finalmente, encontrar o peixe arquetípico — sua própria sabedoria viva da vida e do sofrimento que emana das águas.

Autonomia e força interiores no início da meia-idade

Ao longo da vida as mulheres se comparam com suas mães para determinar as semelhanças e as diferenças. Elas voltam-se muitas vezes ao modelo original da feminilidade, a mãe, em busca de força e confiança em si mesmas. Através dos sonhos, e subseqüente trabalho interior e exterior, elas têm a oportunidade de resgatar o que perderam no início de seu desenvolvimento.

Bonnie foi designada para ser a testamenteira dos bens de seus pais quando eles morreram. Ela estava entrando na meia-idade e não sentia-se preparada para assumir tal responsabilidade. Sua poderosa mãe sempre tinha administrado tudo, além de ter tido um temperamento difícil. Sua mãe lhe parecia tão forte que, em comparação, ela sempre sentira-se pequena. Em parte como reação à mãe, Bonnie era de temperamento dócil e calmo, como um ursinho de pelúcia ou filhote da ursa parda que era sua mãe. Bonnie perguntava-se como poderia tomar o lugar de sua mãe. Ela estava preparando-se para assumir a autoridade diante de todos os familiares quando teve o seguinte sonho, que ajudou-a a reunir suas forças femininas para prosseguir e enfrentar o futuro.

Cara a cara com o urso. Vejo vários ursos enormes atravessando o vale. Eles estão subindo a colina em direção à casa de meus pais. Não sei bem quais são as intenções dos ursos, mas tenho certeza de que eles pretendem subir a colina e entrar diretamente na casa. Corro para alertar a todos e fazer com que se protejam.

Então vejo os ursos começando a entrar na casa, um atrás do outro. Lenta e deliberadamente — como eles — dirijo-me diretamente ao primeiro urso. Ele é enorme. E enfrento-o cara a cara.

Esse foi um ato de coragem: confrontar diretamente o urso. Bonnie percebeu imediatamente que esse sonho era importante, como é qualquer outro sonho em que se confronta um animal, confrontando com isso um aspecto importante da natureza em sua forma pura e ousando apropriar-se dele.

Bonnie tinha visto ursos negros na selva e disse que eles lhe pareciam imensamente grandes. "São compactos, de andar seguro e conhecem o caminho. São fortes, mas não impulsivos — não fazem movimentos súbitos sem pensar. São seguros de si mesmos, centrados e sabem onde pisam."

Essas eram as qualidades de que Bonnie necessitava: deliberação lenta e confiança, um tipo introvertido de força interior, diferente do temperamento forte ou autoritário de sua mãe (ou de seu próprio inconsciente) e diferente de sua calma habitual. Ela não podia mais esconder-se no papel de filha, mas tinha de assumir sua própria força interior como mulher de meia-idade, pronta para assumir seu papel na família.

Esse sonho proporcionou-lhe também uma experiência iniciática: criar coragem para enfrentar a violência potencial do urso. Na atual situação, a adversidade que tinha de enfrentar era a raiva e a oposição que esperava encontrar por parte de seus irmãos e irmãs quando tentasse assumir a autoridade. Bonnie tinha também adversários em sua psique. Entre esses, encontrava-se especialmente a figura interior da mãe, cuja força opressiva sempre a intimidara. Entretanto, o inimigo no mais recôndito de seu inconsciente era seu próprio temperamento autoritário, igual ao da mãe. O sonho ajudou-a a confrontar essas forças insubordinadas com outro tipo de força: seu urso natural, que conhece sua própria capacidade de manter a calma. Foi como se Bonnie tivesse encontrado seu animal totêmico na selva e dali em diante poderia, se ousasse, trazer seu poder para sua vida.

Qual é a força interior de seu urso? Bonnie sempre tivera uma afinidade com o simbolismo animal dos indígenas americanos e dava alguns significados ao urso que tinha extraído de um dicionário indígena americano:[6]

Simboliza força e introspecção. Não se precipita, mas toma decisões sensatas depois de fazer um exame interior. Conhece seu caminho e alcança sua força e maturidade. A ursa preside o conselho dos animais e assume a liderança. E como conhece seu próprio coração, ela consegue enxergar o coração dos outros e ajudá-los a discernir.

Os ursos são sacralizados desde os tempos pré-históricos. Arranjos cerimoniais de caveiras de ursos foram encontrados em cavernas e suas origens datadas pelo método carbono 14 como sendo de cerca de 50 mil anos a. C.; os desenhos de mais de 10 mil anos a. C. e esculturas de ursos de milhares de anos antes da era patriarcal — e prosseguindo até o presente.[7] Os ursos conquistaram a imaginação humana como animais muito potentes, místicos e também como símbolo arquetípico daquela que dá a vida, a Grande Mãe — temível, calorosa e independente. Os ursos nos têm fascinado por suas qualidades que assemelham-se às dos seres humanos: seu pêlo, sua postura ocasional sobre duas pernas, o ensinamento prolongado aos filhotes e o fato de enfurecerem-se e serem capazes de grande violência.

A fêmea ursa apresenta uma forte imagem de independência. Fora do período de acasalamento, ela vive sozinha e cria seus filhotes sem nenhuma ajuda — como mãe solteira. As imagens que temos da ursa com seus filhotes nas diferentes fases da vida expressam as qualidades básicas do instinto materno: a mãe peluda com seus filhotes agarrados, a ursa mãe superprotetora, a mãe severa que para ensinar seus filhotes, se for preciso, bate neles, a mãe ursa que abandona abruptamente os filhotes quando já estão preparados para tomarem conta de si mesmos. Não é por nenhuma coincidência que as meninas adolescentes da Grécia antiga eram chamadas de "jovens ursas" em homenagem à sua condição independente. A ursa madura é, portanto, símbolo de independência e poder materno. É um símbolo apropriado para a mulher quando ela é obrigada a assumir responsabilidades.

Ela representa a sabedoria interior e a maturidade. Através da história, o passo lento do urso, sua visão fraca, sua vida solitária, bem como seus preparativos para o inverno, sua longa hibernação — tudo isso sugere para os humanos uma força instintiva e uma calma introspecção. Os índios americanos denominam "tempo do urso" a fase em que a pessoa concluiu seu crescimento e assume a responsabilidade por outras gerações. Eles associam o urso às diferentes fases da maturidade: crepúsculo, outono — tempo da colheita e preparativos para o inverno — e os anos intermediários da vida humana.

A fêmea ursa emerge na primavera — a cada dois anos com seus filhotes. Assim, a ursa, com seu misterioso "ir e vir", como a lua, e com suas evidentes qualidades maternais, é considerada um animal lunar desde os tempos mais remotos. Na astrologia, a Grande Ursa, ou Ártemis, é a constelação mais importante do hemisfério norte, com sua cauda indicando a direção em que surge cada estação.

O símbolo arquetípico da ursa sugere que nós também, em certas épocas, respondemos ao ritmo da natureza e nos retiramos para nossa própria caverna, nosso mundo interior, e voltamos renascidos após uma longa gestação, com nossa criatividade e saber. Não é nada surpreendente que o xamã use a pele de urso com grande respeito, que a menina em *The Clan of the Cave Bear*[8] tinha o urso da caverna como seu totem de força temível para sobreviver sozinha e que nos tempos atuais essa mulher calma, Bonnie, tenha se confrontado cara a cara com um urso em busca de sua própria força e de assumir seu lugar como chefe da família.

Logos e Eros: exercício de poder, de justiça e de generosidade na meia-idade

Muitas vezes, a mulher que vive na sociedade ocidental, com sua alienação do feminino, precisa desenvolver de alguma forma seu sentimento de conexão com os outros e com os processos vitais. Os valores e as leis não foram feitos para ela. Simula-se dar importância aos valores femininos da vida e a Eros, mas a conquista e o pensamento racional, Logos, parecem ser em geral mais valorizados. Como seria diferente para a mulher se ela pudesse crescer num mundo que respeitasse realmente os valores femininos da vida e do amor! A mulher leva, portanto, muito tempo para encontrar sua força e autoconfiança, o que, muitas vezes, só acontece depois de certa idade.

Para algumas mulheres, pode ser mais difícil alcançar sua sabedoria intuitiva do que para outras. A mulher que supervaloriza sua capacidade racional e crítica terá que desenvolver seus sentimentos e sua capacidade de relacionar-se se não quiser alienar-se cada vez mais de sua base feminina, especialmente no que diz respeito aos assuntos do coração. À medida que ela envelhece e é mais bem-sucedida, sua ênfase no racional pode prevalecer tanto no trabalho quanto em casa e ter menos possibilidade de ser corrigida. Ela pode tipicamente dispor de argumentos rápidos ou planos de ação em circunstâncias emocionais cruciais quando seria melhor ela parar para considerar seus sentimentos e descobrir o que é realmente importante para ela e para os outros. Contrariamente, é claro, a mulher que supervaloriza as emoções terá que amadurecer seu lado racional para poder defender-se, ser verdadeira consigo mesma e não deixar-se dissuadir de suas opiniões criativas, intuitivas e bem elaboradas pelos argumentos patriarcais dos outros. Uma combinação dos aspectos racional e emocional é necessária para haver um bom equilíbrio de generosidade e autoproteção, de compaixão e justiça.

As mulheres associam os modos patriarcais de pensamento com o princípio masculino, de maneira que em nossos sonhos os vários aspectos do Logos — clareza de pensamento, capacidade de abstração, objetividade, lógica e discriminação — são muitas vezes representados pelo arquétipo do Grande Pai ou por figuras masculinas. Nos sonhos, essas figuras masculinas podem aparecer sob a forma de um acadêmico ou professor, do Homem com a Lanterna, de um Mestre, um Sábio chinês ou ainda de um homem desafiador e argumentativo, um Sêneca — um velho cínico ou um Saturno —, um velho cauteloso, controlador e de coração empedernido. Também aparecem nos sonhos das mulheres figuras femininas de razão e sabedoria, notavelmente sob a forma de avó, professora, terapeuta e algumas variantes da Velha Sábia, como a coruja, o gato, um oráculo, uma deusa ou santa. Em nossos sonhos encontramos ecos das deusas mitológicas: Sofia, a deusa da sabedoria, calma e desapaixonada; Kali, impiedosa em sua busca da verdade; Íris, a deusa da imaginação criativa; Athena com sua clareza de pensamento e franqueza; Hécate, que esquadrinha as fissuras secretas do conhecimento em busca das duras verdades, da decomposição e da morte.

O exemplo seguinte é o de uma mulher em conflito entre pensar e sentir, ter sucesso e compartilhar justiça e generosidade. Jennifer era uma pessoa cautelosa que dava duro, tinha os pés no chão e que havia se tornado bem-sucedida quando chegou à meia-idade. Na época do sonho, ela tinha acabado de obter uma boa posição no trabalho e tinha recebido uma herança de um parente. Ela ficara agradavelmente surpresa por ter recebido sozinha toda a herança. Essa sorte inesperada, além de seu novo salário, garantiu-lhe, pela primeira vez em sua vida, uma segurança financeira acima de suas necessidades. Ela indagava-se se deveria mantê-la toda para si ou dividi-la com outros membros da família. Jennifer sabia que os outros continuavam lutando, como ela lutara até recentemente, mas também achava que merecia aquilo. Os outros não estavam esperando nada. Jennifer era conhecida por ser muito meticulosa com respeito a dinheiro — na verdade, egoísta, o que a chateava um pouco.

O sucesso no mundo exterior provoca muitas vezes novos problemas no mundo interior. Os sonhos de Jennifer revelavam a falta de alguns elementos em seu caráter que precisava de ajustes. O seguinte sonho em particular ajudou Jennifer a separar seus sentimentos e encontrar um meio de agir.

Cobras saindo de minha manga e a pele de raposa de minha avó. Estou subindo de carro por uma estrada íngreme. O acostamento da estrada é precário, de maneira que um senhor e eu temos que nos inclinar para fora o tempo todo para mantermos o equilíbrio nas curvas. É muito instável. Por fim, alcançamos o topo. Uma vez ali, vemos que alguém começa a abrir uma descida melhor, um caminho mais aplainado. Vemos que uma grande pedra é removida do caminho com facilidade.

[Muda a cena.] Há uma cobra não venenosa e, em seguida, aparecem cobras por todos os galhos de árvore a apenas algumas polegadas do meu rosto. Eu encaro o fato sem maiores dificuldades. Vejo uma cobra engolindo a si mesma. Em seguida, sinto uma cobra começando a sair de minha manga! Ela está entrelaçada a uma outra que vai na direção oposta. Mesmo assim não entro em pânico — apenas sinto-me pouco à vontade. Sei que deveria esperar que elas saíssem. Pode ser qualquer coisa, menos fácil!

[Muda a cena.] Minha avó quer que eu vista seu casaco de pele, dizendo: "Posso muito bem passá-lo para você agora". Não seu casaco longo de pele, mas um que é de pele de raposa avermelhada do lado de dentro com mangas de lã verde. Ela faz-me prová-lo e ele fica bem, com exceção da manga esquerda que fica repuxada para o lado. Tiro-o para ver qual é o problema. Ele é demasiadamente estreito em volta do tórax, mas irá servir se bem consertado.

Neste sonho Jennifer passou da identificação inconsciente com o Velho na luta pelo sucesso para um envolvimento ainda mais inconsciente com as cobras — seus instintos básicos — e para um presente mais consciente e compensador da figura da Avó.

Ao atingir o topo do sucesso, aparentemente ela tinha quase perdido o equilíbrio. A subida cheia de curvas pela encosta parecia uma espiral (símbolo do desenvolvimento natural de centralização no *Self*), mas no caminho ela inclinou-se para trás, quase perdendo seu verdadeiro centro de gravidade na Terra por alinhar-se com o Velho. Jennifer perguntou-se se o sonho representava todo o empenho laborioso e o esforço mental que tinha feito no trabalho e que resultara em sua nova posição. O Velho, entretanto, parecia ser um falso guia no sonho. Ele lembrava seu pai, que "inclinava-se para trás" para ser justo de uma maneira muito racional, ou então era excessivamente piegas em seu Eros, demasiadamente sentimental, de coração mole e tolo.

Entretanto, ao alcançar o topo da montanha no sonho, Jennifer parou para recuperar sua perspectiva. Ela encontrou a descida do topo da espiral, o caminho para o centro, que de alguma maneira removia os impedimentos sombrios (como a grande pedra) com aparente facilidade.

Então, o sonho mostrou-lhe o que lhe estava reservado: cobras em cima das árvores diante de seus olhos. Eram cobras não venenosas que, por isso, lhe pareceram relativamente inofensivas, mas de qualquer modo um sinal de que seu inconsciente poderia emergir subitamente e imiscuir-se em seus negócios. As cobras pareceram-lhe representar um símbolo arquetípico da tentação, especialmente da tentação por bens materiais. Ela perguntou-se se o sonho estava advertindo-a de que seu novo cargo e sua herança poderiam levá-la a uma postura que a eximisse do bem e do mal ou de ficar ressentida. Talvez ela devesse ser mais consciente de suas próprias cobras — suas tramas secretas em defesa de seus interesses materiais — e estar atenta às cobras dos outros, para não ser nem excessivamente crédula nem excessivamente desconfiada, mas recorrer à sabedoria da cobra, sua intuição, de forma consciente.

A cobra engolindo a si própria é o *uroboros* arquetípico — simbolizando a Grande Mãe e a auto-suficiência da natureza, a continuação da vida e a infinitude do tempo. O símbolo sugeria uma identificação inconsciente com a Grande Mãe. Quer dizer, o instinto materno de Jennifer podia ser inconsciente e, por isso, extremado — ou sacrificava-se demais e era generosa demais para com os outros, ou continha-se demais numa atitude egoísta e autopreservadora — em vez de mais consciente, equilibrado e de acordo com a natureza e o bom senso. A conclusão era que ela devia ser seletiva em sua doação e ater-se ao contexto global de sua situação. A cena dramática seguinte mostra como ela faz isso.

Numa prova crucial de coragem e resistência, a sonhadora permite que as cobras entrelaçadas subam e desçam por dentro de sua manga. Essas são as duas cobras entrelaçadas do caduceu — símbolo do poder de cura ou de dano da medicina — que veio até nós através da deusa grega Higia e do deus Esculápio. Apesar de estar pouco à vontade no sonho, a sonhadora esperou que elas se desenroscassem naturalmente e aparecessem, isto é, que seus sentimentos confusos se ordenassem para ela ver o que faria e, de fato, ela "arregaçou a manga". Jennifer lembrou-se de repente de Hermes/Mercúrio, o deus flexível que sabia livrar-se das confusões, mas que também roubou o que pertencia por direito à Mãe Natureza; e essa imagem mítica proporcionou a ela novos *insights* que levaram-na a uma mudança de atitude interior.

Jennifer percebeu que após as cobras terem se desenroscado ela recebeu o presente da autoridade matriarcal mais consciente, como se tivesse abdicado das maquinações engenhosas e do sangue frio típicos das cobras para receber a pele de raposa da Avó, de sangue mais quente. A pele quente no lado de dentro do casaco sugeria-lhe que ela deveria tomar conta de seus sentimentos mais profundos, isto é, de si mesma; e a pele de fora parecia indicar seus próprios sentimentos afetuosos ou humanitários. O casaco era um presente, mas tinha um defeito. Precisava ser consertado — liberar seu lado esquerdo inconsciente para a ação e expandir o peito, isto é, liberar sua generosidade inconsciente que tinha sido artificialmente contida.

Parece que a mensagem do sonho vazou para a consciência de Jennifer, pois ela deixou de separar seus sentimentos e adquiriu uma perspectiva mais abrangente. Tornou-se extremamente consciente do quanto ela desejava poder — poder em seu novo cargo e poder para dar (ou não) dinheiro a seus parentes. A consciência disso libertou suas próprias "mangas verdes", sua capacidade para fazê-lo de um outro jeito. Ela arranjou um advogado para fazer uma partilha modesta entre seus parentes e ficou com uma boa parte para si e suas emergências.

O mais importante nesse processo foi o fato de Jennifer ter seguido seu centro feminino mais profundo. Ela suportou o incômodo da espera e procurou, em vez de agir, desvendar seus sentimentos inconscientes, enfrentar o conflito entre seu desejo de poder e seu generoso instinto materno e integrá-los de maneira a alcançar um maior equilíbrio e flexibilidade. Em vez de inclinar-se para trás com o velho ou de roubar como Mercúrio, ela relacionou-se conscientemente com a Grande Mãe e sua sombra materialista para que sua astúcia pudesse atuar em favor — e não contra — dela mesma e dos outros.

Encontrando a própria espiritualidade

O último sonho deste tópico representa um símbolo impressionante do desenvolvimento gradual da totalidade e da sabedoria do coração. O sonho ajudou a preencher o elemento que faltava na vida da sonhadora: a conexão com seu lado espiritual.

O movimento em direção à dimensão espiritual da vida pode assumir a forma de um compromisso religioso mais profundo, uma prática espiritual ou meditativa, uma busca filosófica, um sentimento humano mais abrangente ou um sentimento de comunhão com os outros. Desse desenvolvimento interno e externo pode surgir algum símbolo numinoso em sonho ou experiência espiritual. Esse pode evoluir para uma forma muito pessoal de espiritualidade ou redescoberta das raízes espirituais e alguma forma renovada de reconciliação com a religião.

Entretanto, algumas pessoas ficaram tão decepcionadas com a religião de suas famílias que evitam toda religião institucionalizada e tudo que diz respeito à espiritualidade. Como a sociedade secularizou-se tanto, a religião traiu a confiança de seus fiéis e suas mensagens e símbolos não têm mais significado nos tempos atuais, as pessoas deixaram de sentir o calor humano e o vínculo comunitário que representam a força vital da religião, bem como os momentos de encantamento, mistério e comunhão — a essência da espiritualidade.

Uma mulher que fazia análise há muitos anos, e comumente adotava uma atitude cínica diante das questões espirituais, disse certa vez que não tivera nenhuma "experiência espiritual" e perguntou-se se podia estar faltando algo em sua vida. Ela era filha de um pregador e ressentia-se pelo fato de os discursos de seu pai não corresponderem a suas atitudes práticas para com a família. Como reação, ela tornou-se especialmente atenta para a hipocrisia. Ela também irritava-se com a maneira absoluta com que a religião sempre lhe fora apresentada — sem relação com a realidade mutável e misteriosa de sua própria experiência. Ela lembrava-se da pergunta colocada repetidamente: "Você está salva?". Ela não *se sentia* salva. Ser religioso significava, portanto, para ela a pressão para fingir algo, o que a fazia sentir-se pessoalmente fracassada e revoltada. Esses sentimentos complicaram-se ainda mais em sua adolescência quando seus amigos, um por um, foram levados ao altar e consideraram-se "salvos". Ela sentia-se cética e ficou perguntando-se se eles sentiam algo especial ou se eram apenas hipócritas — o que ela achava que seria se declarasse estar "salva".

Mais tarde, quando instituiu seu próprio lar, ela muito naturalmente dedicou-se a cuidar de seus familiares e parentes e realizou trabalhos voluntários. Ao chegar ao fim da meia-idade, ela imaginava — intelectualmente — que as outras pessoas poderiam ter tido alguma experiência espiritual ou um encontro com o transcendente, mas ela não. "Amor" tinha se tornado uma palavra gasta para ela. Ela achava que suas filhas adultas eram pessoas afetuosas e generosas, mas não ela. Certo dia, quando dizia como não poderia nunca ter tido uma experiência "numinosa", ela lembrou-se subitamente de um sonho que tivera há muitos anos e que tinha desconsiderado na época.

A comunhão e a macieira. Minha sobrinha vem me buscar para me levar à igreja para ser batizada e comungar. Ela leva-me a uma antiga igreja, mas vamos para o pátio da igreja, onde encontramos uma macieira, perto do prédio onde freqüentei a escola dominical. A macieira cresceu de tal maneira que ela e o prédio da escola dominical confundiram-se formando um único telhado. A macieira esteve ali o tempo todo! Ela continuou crescendo ali o tempo todo enquanto eu estive fora.

Esse sonho sugeria alguma alienação de seu lado religioso, mas também sua permanência com ele. No sonho, sua sobrinha — o espírito de sua menina interior — levou-a à igreja. Mas não foi nos rituais do batismo ou da comunhão na velha igreja que ela encontrou algo especial, mas no pátio dos fundos. Talvez suas expectativas com a antiga igreja tivessem sempre sido demasiadamente grandes e ela tivesse ficado presa entre os sentimentos de inflação e deflação. "Ser salva" sempre lhe parecera algo distante, de maneira que ela tinha medo de virar chamas ou, ao contrário, de ser abandonada entre as cinzas. Ela não percebia outras possibilidades: que a pessoa pode voltar-se para o espiritual, que pode tocá-lo verdadeiramente, por instantes, mas que uma pessoa comum não pode esperar manter-se em estado de bem-aventurança. Mesmo que uma pessoa chegue a alcançar a dimensão numinosa da vida, ela provavelmente terá altos e baixos em seus momentos de dúvida e de fé. Mesmo que uma experiência espiritual possa nos afetar profundamente, podemos continuar achando difícil integrá-la em nossas vidas — como era o caso do pai da sonhadora com respeito à sua vida em família.

O sonho surpreendeu-a. Ele mostrou que, dando continuidade à sua fé infantil da escola dominical, sua espiritualidade tinha de alguma maneira crescido interiormente de forma tão natural e lenta quanto a macieira. Os símbolos do sonho lhe indicavam sua própria forma de espiritualidade. A macieira é símbolo da abundância simples e natural, da fecundidade e do amor. Ela não representa uma súbita revelação especial, o mistério e a comunhão, mas a preferência da sonhadora pelo amor direto, despretencioso, estável, comum e natural. Ela descrevia apropriadamente sua fé comum, manifestada sobretudo em seu sentimento comunitário, sua ajuda a outros e sua grande atenção para com a família.

O aspecto mais fascinante desse sonho é que ele redime um antigo símbolo religioso: a maçã e a macieira. A maçã, se tomada simples e naturalmente, é uma esfera vermelha ou dourada saborosa, bela e obviamente positiva. Desde os tempos mais remotos, ela tornou-se um poderoso símbolo de amor, nutrição, cura, poderes mágicos, sexualidade, imortalidade e dádiva da vida no âmbito da religião, do mito e do folclore. Nas antigas lendas, a macieira era sagrada e cortá-la significava a morte. Os pomares de macieiras eram também sagrados; a Ilha de Avalon e os Campos Elísios eram ilhas de macieiras. De acordo com a lenda, quando o rei Artur foi ferido ele se dirigiu para a ilha secreta das macieiras para se curar. Continua existindo um vestígio do método céltico de adivinhação através de maçãs no costume de "destilar maçãs" (*dipping for apples*) no Halloween. A maçã era sagrada para Vênus e havia lendas populares em todo o mundo sobre as maçãs vermelhas do amor e as mágicas maçãs douradas.[9]

Entretanto, a maçã chegou até nós na simbologia cristã como "má": ou como sendo venenosa ou simbolizando as tentações terrenas do prazer, da sexualidade, do materialismo ou do conhecimento. Isso realça o fato de que a maçã tem, na realidade, um lado escuro: desfrutar da maçã suculenta da sexualidade pode levar a uma gravidez indesejada. Também, por vantagem imediata, a humanidade pode faltar com a responsa-

250

bilidade de administrar nossa boa terra e todas as suas criaturas. Danificamos nosso meio ambiente e, conseqüentemente, somos danificados por ele — por gerações futuras.

O aspecto negativo da maçã foi exagerado nos tempos patriarcais como reação ao apreço que lhe era dado na religião da deusa. As pessoas interpretaram mal as antigas representações da Árvore da Vida e da Deusa ofertando a vida e a imortalidade a alguém a caminho do paraíso. Elas projetaram para as imagens suas próprias preocupações com a tentação, a sexualidade, o feminino, o conhecimento proibido, a perda da inocência e a inevitabilidade da morte.[10] Na época atual, a maçã — em seu aspecto negativo — simboliza nossa dificuldade de integrar as realidades escuras: reconhecer as imperfeições humanas e reconciliar-se com a morte.

Nesse sonho simples o símbolo da macieira resgata um antigo saber arquetípico sobre a força da vida e do amor que a sonhadora não encontrara na religião. A jovem sobrinha, uma guia interior juvenil, levou a sonhadora — não de volta à igreja com suas palavras e rituais que eram sentidos como vazios por ela — para a natureza com sua macieira viva e nutridora da vida, para sua meia-idade e para a velhice, sua promessa de imortalidade. O sonho também sugere que em seu inconsciente essa mulher guardava interiormente algo positivo de sua antiga experiência religiosa. A imagem do arco ou "telhado" formado pelo prédio da escola dominical e a macieira representa sua própria fé de quando era jovem desenvolvendo-se naturalmente através dos anos.

Aceitando a dádiva da Velha Sábia

A Velha Sábia aparece às vezes em sonhos e a mulher pode vivenciar o poder de cura de sua presença. Ela personifica o *Self* feminino maduro e positivo e proporciona à mulher um profundo sentido simbólico da totalidade. A decisão crucial que a mulher precisa tomar é se aceita "o caminho". Esse difere dos problemas e tarefas mais familiares à psique masculina: separar-se da mãe e da Grande Mãe para tornar-se mais consciente, desafiar o pai em façanhas heróicas para testar sua própria força, encontrar seu lado feminino, vencer o medo da morte e aliar-se aos ideais do Grande Pai. Uma questão de grande importância que emerge dos sonhos das mulheres é quanto a aceitar a Velha Sábia. É possível para a mulher ousar aceitar a grande dádiva — e responsabilidade — do *Self* vinda da Grande Mãe? Pode ela aceitar seu lugar de direito na Natureza, na cadeia da vida e da morte, da avó para a mãe e para a filha? Pode ela lançar-se na vida: ser ela mesma — boa e má, amar e ser amada, ser criativa, trabalhar, criar filhos, enfrentar a perda e a morte? Pois para conhecer as falhas e os limites pessoais, as perdas e a morte inevitável — e mesmo assim abraçar a vida na sua totalidade —, a mulher precisa reunir toda a sua coragem, resistência, força e humildade. Se a mulher consegue confiar nela, a Velha Sábia pode vir em seu socorro.

Há mulheres que nunca deixaram de se sentir conectadas com a força vital e essas, quando amadurecem, também demonstram claramente, em seus sonhos e em suas vidas, o poder e a orientação da Velha Sábia emanando das profundezas delas mesmas. No entanto, existem outras mulheres que precisam vencer enormes obstáculos para poderem encontrar seu centro vital.

Um problema comum para muitas mulheres é entrar em acordo com a mãe negativa interior, vivenciada em forma de sentimentos difusos de pessimismo, medo, indecisão, raiva e depressão. Tais sentimentos aprisionam a mulher que foi muito criticada por sua mãe pessoal, limitada por sua cultura ou frustrada em sua vida, e que não espera ter experiências positivas ou satisfação interna. Se a mulher sentiu que não era amada, é difícil para ela receber a dádiva do *Self* proveniente do inconsciente. Talvez ela nem ouse esperar mais por causa do medo de decepcionar-se novamente. Às vezes, a mente consciente da mulher é tão fortemente mobilizada contra a adversidade que ela rejeita qualquer coisa desconhecida, mesmo que envolva uma promessa. Entretanto, pela tentativa de dominar a mãe negativa interior, pela oposição cega ou pelo desprezo dela, a mulher acaba normalmente ainda mais enredada. Esse conflito é intensificado se a mulher alia-se com a negatividade patriarcal dominante contra a natureza, as mulheres velhas e a sabedoria feminina. De preferência, a mulher precisa cultivar suficientemente as experiências com a "mãe positiva" para aproximar-se e ouvir com respeito e esperança a Velha Sábia, que sabe como abarcar os aspectos positivos e negativos da natureza.

O próprio inconsciente pode ajudá-la nos conflitos internos com a mãe negativa. Assim como os símbolos do *Self* feminino original aparecem durante toda a vida — mas especialmente quando a mulher é mais jovem —, os símbolos da Velha Sábia também aparecem durante toda a vida — mas especialmente quando a mulher envelhece. Se a negatividade predominou em sua vida, a mulher pode ter sonhos compensatórios com o lado positivo da mãe sob a forma da Velha Sábia. A mãe interior positiva vai ajudá-la a enfrentar a mãe interior negativa, bem como conhecer seu lado escuro, para neutralizar seus efeitos.

Uma versão moderna da Cinderela

Uma mulher entrando na meia-idade, cuja psique era dominada pela mãe interior negativa, mostra-nos o processo de luta que teve de enfrentar para aceitar a Velha Sábia. Lorraine iniciou terapia por causa de seus medos de tornar-se "uma velha bruxa" ou "mendiga". Na sociedade de hoje, tais medos podem ter fundamento, especialmente para a mulher, mas no caso dela eram irracionais, porque Lorraine estava assegurada econômica e socialmente. No entanto, essas imagens expressavam seu estado interior. Lorraine tinha sido negligenciada quando menina e sempre sentira-se uma criança abandonada, uma Cinderela moderna. A mãe dela não a tinha querido e tornara-se alcoólatra quando o marido a abandonou. O primeiro sonho que Lorraine lembrava-se de ter tido em sua vida fora um que procurava oferecer-lhe uma experiência compensatória pela negligência que sofria:

A velha generosa. Eu estava com uma velha — grisalha, desleixada e desmazelada. Ela abriu seu armário e mostrou-me seus belos tecidos e contas. Eram todos de diferentes cores e matizes. Eram lindos! Perguntei-lhe por que não os usava. E ela respondeu, "Porque vou dá-los a você". Perguntei-lhe: "Tem certeza de que quer dá-los a mim?". Ela respondeu: "Sim, quero dá-los a você". Mas eu não tinha certeza se os receberia. Eu não tinha certeza se saberia como usá-los.

O inconsciente estava tentando corrigir a atitude usual de Lorraine — de que ela não merecia amor e segurança. No sonho, ela fica surpresa, uma vez que o abandono precoce a tinha deixado com tais sentimentos de dúvida e desmerecimento que não conseguia acreditar na boa sorte. Lorraine esperava automaticamente que a velha ficasse com tudo para si mesma! Essa pode ter sido a experiência comum com sua própria mãe que, abandonada pelo marido e, talvez, por não ter recebido ela própria cuidados maternos, podia não ter muita generosidade para com a filha. O sonho tem um final um pouco duvidoso. Embora Lorraine estivesse convencida de que a velha queria de fato dar-lhe aquelas coisas lindas, ela não estava preparada para recebê-las e não sabia bem como dar o primeiro passo para usá-las.

A velha fez Lorraine lembrar-se da empregada de sua mãe — a única pessoa positiva da infância de Lorraine. Para sentir-se merecedora de participar do fluxo da vida e do amor, é importante que haja pelo menos uma pessoa que tenha representado a mãe positiva. A psique de Lorraine tinha procurado em sua infância e encontrado alguém que tinha de fato lhe dado amor. No sonho, a velha deu-lhe belos tecidos e contas de diferentes cores e tonalidades. Isso deve ser entendido simbolicamente. Permitir que uma menina — especialmente alguém que sente-se abandonada — adorne-se com belas roupas é torná-la merecedora das lindas texturas da vida, é endossar sua feminilidade e permitir que ela brilhe e sinta-se atraente para alguém que possa amá-la.

253

Há uma qualidade mágica nesse sonho e algo extraordinário na velha, bem como um padrão arquetípico mais profundo na história dessa mulher, uma menina abandonada com medo da velha bruxa. Ela ressoa o conto da Cinderela: a filha borralheira que é negligenciada pela madrasta, mas que ganha lindas roupas da fada-madrinha, quer dizer, é redimida pela mãe positiva. A popularidade da estória comprova o quanto muitas mulheres sentem-se como Cinderela, apartadas da mãe boa, sem pai presente, sofrendo em silenciosa submissão à mãe e irmãs invejosas, mas com expectativas românticas de serem escolhidas por príncipes. Como é difícil para uma mulher estar aprisionada entre esses dois extremos: na realidade, sentindo-se uma gata borralheira oprimida, porém, nas suas expectativas, desejando ser uma princesa encantada.

A versão mais popular, entre as milhares de variantes do conto da Cinderela, ressalta a donzela escolhida pelo príncipe. Na verdade, ela coloca a missão da jovem: casar-se e alcançar a plenitude de seu amor e poder. No entanto, na vida real, pode-se desejar isso em vão. O problema não está apenas na falta de suficientes príncipes decentes que apreciem as mulheres, embora esse seja um problema de fato; nem está meramente no ideal romântico com seu conseqüente conflito interno de ficar suspensa entre os dois extremos, da borralheira e da princesa, e, portanto, incapaz de perceber uma série de opções reais. O problema é que primeiro você precisa encontrar dentro de si mesma um feminino que seja suficientemente positivo para superar o feminino negativo — para este estágio da feminilidade e para os posteriores.

Uma versão russa do conto da Cinderela refere-se mais diretamente ao medo atual de Lorraine de tornar-se uma mendiga e às suas preocupações arquetípicas com a meia-idade. O conto de fada russo "A Bela Wassilissa", conforme recontado por Marie-Louise von Franz,[11] ressalta a mesma parte crucial da história que faz o sonho de Lorraine: a necessária evocação da mãe boa para recuperar o *Self*, para suportar a heroína em seus esforços. E essa versão do conto expõe mais o quadro global do que a da Cinderela com seu ideal romântico da donzela obediente e desprotegida à espera de seu príncipe. Wassilissa é mais apropriada como heroína para a mulher de hoje. Primeiramente, ela passa por muitas provações para superar a mãe negativa, lida com seu sentimento de vingança e aprende lentamente a integrar os aspectos negativos e positivos do *Self*. Resumindo alguns aspectos pertinentes do conto:

> Ao morrer, a mãe boa de Wassilissa deu-lhe a bênção e uma boneca para que ela lembrasse sempre de seus conselhos sábios. Essa lembrança do amor de sua mãe, e símbolo do *Self* feminino, deu a Wassilissa conforto, resiliência e sabedoria para sobreviver. O pai de Wassilissa casou-se de novo e aban-

donou a família, de maneira que Wassilissa foi abandonada à madrasta e suas filhas. Uma noite, elas deixaram acabar todas as velas da casa e Wassilissa teve de ir buscar luz [fogo] na casa da grande bruxa Baba-Yaga. Wassilissa tinha medo de ir, porque quem se aproximava daquela bruxa era "devorado como um frango". A boneca mandou-a ir em frente, mas que não se esquecesse de levá-la consigo. De maneira que Wassilissa foi descobrir o mundo. Ela ficou apavorada quando chegou à casa de Baba-Yaga. Ela era circundada por uma cerca feita de ossos humanos e caveiras com olhos incandescentes. Baba-Yaga apareceu com pilão, almofariz e vassoura [símbolos dos grandes poderes da Mãe Terra] e ordenou que Wassilissa realizasse diversas tarefas para poder receber o fogo. Se não as concluísse, Baba-Yaga a devoraria. Mas a boneca ajudou-a a realizar, uma por uma, as tarefas aparentemente impossíveis.

Então, Baba-Yaga desafiou a menina a lhe fazer perguntas e, ao respondê-las, a grande bruxa revelou seus poderes especiais sobre a noite e o dia, sua verdadeira identidade como Mãe Natureza. Wassilissa conteve-se sabiamente de sondar muito profundamente os mistérios da morte, isto é, ela não se deixou devorar pela curiosidade, ou pela Baba-Yaga. Finalmente, Baba-Yaga fez à menina a pergunta: "Como você conseguiu realizar todas as tarefas que lhe impus?". Quando a menina respondeu: "A bênção de minha mãe ajudou-me", Baba-Yaga deixou-a ir embora com a luz: uma caveira com olhos flamejantes. Quando ela chegou em casa, os olhos incandescentes fixaram-se na madrasta e suas filhas e seguiram-nas onde quer que elas fossem até transformá-las em cinzas.

Wassilissa enterrou a caveira no solo e foi embora para a cidade. Hospedou-se na casa de uma velha que deu-lhe fios para tecer linho e por seu belo trabalho ela casou-se com o rei. O pai dela voltou para ficar perto dela no palácio e o mesmo aconteceu com a velha que a tinha hospedado. E ela guardou consigo a boneca até o fim de sua vida.

A história começa com a morte da boa mãe, que dá à filha um amuleto de grande poder e sabedoria, que é seguida imediatamente da partida do bom pai. Esse fato ressoa profunda e verdadeiramente como uma descrição do que há muito tempo tem sido a condição humana: a perda tanto da boa mãe quanto do bom pai. Não é de surpreender que esse conto de fadas tenha surgido no início da era patriarcal, quando o lado positivo da deusa foi eclipsado e, com ele, as qualidades femininas positivas e as qualidades paternas positivas. Quando isso ocorre, o que resta é o feminino negativo, representado aqui pela madrasta e suas filhas, que deliberadamente deixam apagar o fogo e perseguem Wassilissa, numa atitude de inveja destrutiva diante de quaisquer remanescentes da força mantenedora da vida que elas não eram capazes de entender. O que resta é também um tipo falso de feminino positivo. Esse é apresentado na figura de Wassilissa (ou Cinderela), cuja reação à perda precoce da mãe foi tornar-se excessivamente passiva e obediente, além de permanecer demasiadamente inocente. Para alcançar seu verdadeiro poder feminino, Wassilissa terá de confrontar-se com o feminino arquetípico, que no início aparece apenas em sua forma negativa apavorante, o lado da natureza que lida com a morte, a poderosa bruxa. É sua boneca como amuleto, uma antiga imagem do *Self* representando sua conexão profunda com o arquétipo da mãe positiva, que a auxilia a realizar as várias tarefas para que ela possa obter algo muito importante — o fogo — da bruxa.

Quando Wassilissa retornou com o fogo, a madrasta e suas filhas foram destruídas pelos olhos fulminantes da caveira — a própria culpa delas, bem como sua incapacidade de suportar a força arquetípica negativa que se voltou contra elas. É de importância crucial que Wassilissa tenha enterrado a caveira e ido embora. Dessa maneira, ela renunciou a esse poderoso instrumento de vingança e deixou o passado para trás. Como é difícil esquecer todos os erros que foram cometidos contra nós!

Então, Wassilissa tornou-se receptiva à velha positiva que deu a ela fios para tecer linho. Nesse aspecto, o conto apresenta uma semelhança notável com o sonho de Lorraine. A velha positiva abriu o armário e ofereceu à sonhadora belos tecidos. Psicologicamente isso faz sentido. As mulheres que foram crianças abandonadas, e em geral as que foram privadas do feminino positivo, não conseguem receber nada de graça, especialmente na meia-idade e velhice, mas precisam realizar algum esforço e aprender lentamente a deixar que essa capacidade tome forma para poderem integrá-la a suas vidas.

É importante notar que só depois desses esforços é que Wassilissa casou-se com o rei; e somente então o pai, o velho positivo, foi resgatado, juntamente com a velha positiva. Isso também faz sentido: a proteção parental positiva, a ajuda sensata, pode prevalecer tanto do lado masculino quanto do feminino após o resgate do feminino positivo. E o final da história deixa claro que o grande aliado da mulher é, sempre, o *Self* feminino positivo.

O que isso tem a ver com o medo de Lorraine de tornar-se uma bruxa velha ou mendiga? Assim como Wassilissa conteve-se sabiamente de olhar demasiadamente de perto a morte arquetípica, e assim como ela teve de realizar muitas tarefas para alcançar a segurança do palácio, também Lorraine terá de dar muitos passos antes. Ela precisará ter a velha para ensinar-lhe a tecer o tecido de uma boa vida para si mesma. Só assim ela poderá esperar ter segurança em sua velhice e capacidade para encarar a morte. Pois a menina abandonada em nós tem mais medo de morrer sozinha do que de morrer e precisa de alguém que a conforte no palácio.

Precavida contra o gato e a Velha Sábia

Uma impetuosa e ambiciosa jovem mulher, Joan, que era politicamente muito consciente, teve um sonho arquetípico provocado por um evento arquetípico na história dos Estados Unidos: a explosão da nave espacial *Challenger* em 1986, na qual a professora Christa McAuliffe morreu, deixando seus filhos pequenos. Por todo o país as pessoas chocadas começaram a questionar o risco de alguém ser levado a explodir no espaço. O fato de uma mulher e mãe ter sido morta nos levou a questionar se as autoridades estavam tão interessadas em criar heróis nacionais que tinham negligenciado os riscos pessoais. Talvez não devêssemos confiar muito nas autoridades, já que os heróis podiam ser "usados".

O incidente tinha abalado especialmente Joan, porque ela também tinha tomado um caminho heróico na vida. Ela sempre fora entusiasmada pelo mundo de competição e sucesso do pai. Ela tinha a sorte de ter tido uma boa base familiar e educação; era também talentosa e autoconfiante. Ela procurava desafios que poucos ousariam, no trabalho era uma máquina e parecia ser bem-sucedida nele. Ela adorava a sensação de intensidade que o sucesso lhe provia no trabalho, mas não percebia o preço que ele exigia e tampouco preocupava-se com buscar a remuneração que merecia.

Apesar de Joan ter desenvolvido seu lado extrovertido para ter sucesso no trabalho, ela havia até certo ponto negligenciado sua vida social. Introvertida por natureza, ela começou a fazer análise para cultivar seu mundo interior. Também sentia-se insatisfeita e um pouco deprimida com sua vida pessoal. Na verdade, o que a tinha levado a fazer análise foi um lamentável caso amoroso. Ela não tinha muita consciência de suas necessidades pessoais e, por isso, deixou-se dominar pelo seu "outro lado" inconsciente, que na vida real tomou a forma de um namorado muito dependente, que ela não conseguia abandonar, apesar de suspeitar que ele a traía com outras mulheres.

Joan teve dois sonhos, um alguns dias após o outro. No primeiro aparecia um gato numinoso, símbolo da sabedoria feminina; e no segundo, a Velha Sábia.

Um gato extraordinário. Eu tinha adormecido no meu apartamento. Estava chovendo e eu estava ciente do ruído constante da chuva que me proporcionava uma sensação confortável. Acordei subitamente com um sobressalto — ainda sonhando — e sentei-me na cama. Eu tinha ouvido um ruído vindo da cozinha. Não estava usando nada e senti-me nua enquanto caminhava lenta e cautelosamente para a cozinha. Tinha deixado a porta para a área de serviço entreaberta. E eis ali um gato extraordinário! Era de tamanho muito maior que o dos gatos reais. Marrom-escuro com listas horizontais cinzentas. E um pêlo espesso.

Não gosto de gatos e sou um pouco alérgica a eles, de maneira que a primeira coisa que pensei foi: Não quero este gato aqui! Pensei no que faria. Não poderia empurrá-lo da área de serviço, que está a uma grande altura do chão. Mas como podia bater a porta para ele chovendo do jeito que estava? Exatamente quando ia bater a porta, ele entrou correndo como se tivesse tomado sua decisão.

Ele parecia estar faminto. Saltou sobre a mesa da cozinha e começou a comer os restos do jantar. Fiquei intrigada, e a raiva que sentira dele deu lugar à compaixão. Perguntei-me se os gatos bebiam leite ou água? Coloquei uma tigela de leite sobre a mesa.

Então, sentei-me numa cadeira e ouvi tocar *Os Ritos de Primavera de Vivaldi*. Comecei a olhar para o gato. Ele levantou os olhos, que eram exatamente os meus! Comecei a chorar e peguei o gato no colo. Ele estava quente e lambeu minhas mãos e rosto.

Joan teve esse sonho logo após ter iniciado análise e começado a discutir o que ela mesma queria em vez de o que os outros esperavam dela. O sonho revela o trabalho interior sobre essa questão. No começo do sonho, Joan estava deitada na cama e foi despertada de seu sono, seu inconsciente, para investigar algo errado. Ela encaminhou-se nua, sem suas defesas usuais, para a cozinha, lugar da nutrição. O que ela encontrou foi um gato — suas próprias necessidades — abandonado na chuva.

Aquilo que não é satisfeito na vida consciente torna-se um pedinte inconsciente à porta. As pessoas procuram normalmente manter o controle rígido ou a ilusão para não perceberem tais carências em suas vidas. Algumas pessoas não querem escutar a verdade, mesmo quando outros lhes dizem ou as circunstâncias impõem-na sobre elas. Evitam novas experiências e novas possibilidades. Pode ser que, às vezes, essa seja uma escolha sensata, uma vez que não têm condições de suportar o peso da verdade. Se elas abrissem a porta, uma torrente de possibilidades e ansiedades poderia causar mais insatisfação ou então afogá-las.

Joan, porém, tinha iniciado terapia para abrir-se para outras partes de si mesma. Quando se deixa a porta aberta como ela deixou, as forças instintivas e arquetípicas sabem comumente o que fazer, como demonstra o sonho. Inicialmente, na cozinha, ela está dividida entre duas atitudes extremas: ou deixar o gato entrar ou deixá-lo na chuva. Parecia que seu ego tinha de, no sonho, tomar uma decisão consciente. Ela tentou decidir intelectualmente — entre defender-se e ser afável. Mas há decisões que não podem ser tomadas dessa maneira: *O gato entrou correndo!* Os instintos sabiam o que era necessário fazer!

O primeiro impulso da sonhadora foi livrar-se do gato. Joan sempre tinha gostado de cães porque achava que eram amigos. Provavelmente, ela identificava-se com os cães porque ela própria era generosa, amável e gostava de agradar. Considerava os gatos mais introvertidos, mais carentes e, ao mesmo tempo, mais independentes. Ela disse: "Talvez eu precise de meus instintos básicos — para demonstrar a meu namorado que também sou carente".

A raiva do início do sonho de Joan transformou-se em compaixão quando ela viu o quanto o gato estava faminto e ficou intrigada por ele ser tão atrevido, tomando o que queria. Comumente, a pessoa pode menosprezar essas necessidades dos outros ou de si mesma, a não ser que as veja claramente — e bem de perto —, ou seja, relaciona-se com elas. Foi isso o que ocorreu a seguir. Joan sentou-se e olhou realmente para o gato. Ele levantou os olhos e, segundo ela, ele tinha "exatamente meus olhos". Portanto, ela viu realmente "o outro". Joan viu-se no gato. Ela disse: "Sei que é uma parte básica de mim". Sua sensibilidade e agressividade foram sentidas como muito reais, mas talvez fossem ainda demasiadamente primitivas e inconscientes para poderem ajudá-la.

Então, no sonho vieram as lágrimas, a liquefação da nova consciência, a dissolução de suas defesas para que ela pudesse encontrar seu próprio centro terno — a compaixão pelo gato e por si mesma. Era como se a chuva que caía no início do sonho tivesse vindo a ela como seu próprio ato de chorar, de abandonar-se, molhar-se, tornar-se vulnerável — renovando-a, como renova a terra.

Ela tinha seguido seus impulsos, o que revelava o profundo instinto materno felino no interior de si mesma, bem como seu próprio desejo de calor e aconchego. As lágrimas podem também ter sido de alívio por ela ter podido ser atrevida e independente como o gato que não se importa muito com o que os outros pensam. Provavelmente, era tudo isso. Pois todos os instintos precisam manifestar-se, não por meios velados e inconscientes que colocam a pessoa à mercê de seus próprios instintos e dos outros, mas todos manifestos como no gato. Então, pode-se tentar negociar com eles ou lidar com eles de alguma maneira, por mais difícil que seja.

O "gato extraordinário" do sonho de Joan é mais que um gato comum. O gato é um símbolo arquetípico desde pelo menos os tempos da civilização egípcia, quando ele era tão sagrado que matá-lo era arriscar-se a morrer. Entretanto, o gato também foi visto com ambigüidade através da história. A mulher do sonho não gostava de gatos, mas gostava de cães, o que acontece com outras pessoas também. Em um estudo sobre o quanto as pessoas gostam dos diferentes animais,[12] os cães são os primeiros da lista, enquanto os gatos estão bem abaixo, depois dos cisnes, das borboletas, elefantes e tartarugas, só competindo com as joaninhas pelo décimo segundo lugar. Poderia esperar-se que os gatos estivessem no segundo ou terceiro lugar de preferência, já que muitas pessoas adoram gatos, mas algumas pessoas os *detestam* e isso os colocou abaixo na lista de preferências.

Por que as pessoas gostam ou detestam tanto os gatos? Embora haja às vezes motivos pessoais, motivos culturais inconscientes também estão presentes nas preferências das pessoas. Durante a Idade Média, os gatos eram torturados e mortos impiedosamente em larga escala, exatamente como hoje continuam sendo alvos ocasionais de perseguição sádica. Um motivo para essa violência em larga escala pode ser o fato de o gato ter sido em toda a história um símbolo arquetípico do feminino. Ele foi um importante bode expiatório da ira masculina contra a religião da deusa. Durante os séculos de perseguição às bruxas, os gatos eram muitas vezes queimados, crucificados ou estrangulados juntamente com as mulheres. Encontramos vestígios dessa negatividade cultural nas imagens de Halloween da bruxa feia e seu familiar gato preto com os pêlos eriçados, parecendo aterrorizado ou aterrorizante. Nos tempos modernos, o gato continuou sendo um alvo fácil para os homens projetarem seu medo e desdém pelas mulheres independentes, bem como sua antipatia pelas qualidades naturais ou femininas em si mesmos.

Que qualidades davam aos gatos tal numinosidade para eles serem sagrados para a deusa Ísis e serem venerados nos templos egípcios?[13] O que eles nos dizem sobre a essência do "feminino", que parece tão precioso e também tão perigoso? Uma qualidade que torna o gato especial é que ele representa a independência do inconsciente de nosso controle. O inconsciente é incontrolável, como o gato. Ele não obedece a nossas ordens e é indomável. À noite ele nos ataca de surpresa. O gato enxerga no escuro e seus olhos brilham com uma estranha luminosidade. Seus olhos são diferentes dos mansos olhos aveludados do cão. O olhar meditativo do gato sugere um discernimento incomensurável e ele pressente catástrofes iminentes, tais como terremotos. Como o gato é muito autêntico, desaparece e sempre volta para casa, ele nos parece muito misterioso, como "o outro", que parece estar tão perto e, ao mesmo tempo, tão longe.

O gato também representa os instintos, os aspectos negligenciados de nossa própria natureza feminina — positivos e negativos. O gato tem consciência corporal, exige o conforto de um lugar quente e seguro e comida à vontade. Ele detesta ser perturbado em seu sono ou langor meditativo. As fêmeas no cio miam para atrair os machos. O gato tortura suas vítimas — o único animal comumente conhecido, além do humano, que faz isso. Entretanto, ele também cuida de seus filhotes, é sensual e adora ser acariciado — quando lhe agrada.

Entre todos os animais, o gato se destaca, mantém sua individualidade e essência e é impenetrável aos desejos de seu dono. Esse foi um dos significados principais que o sonho com um gato que tinha seus próprios olhos teve para Joan: ser verdadeira com seu *Self* instintivo mais profundo, voltar a atenção para si mesma, ser atrevida — como o gato no sonho — para buscar o que queria e proteger-se da chuva.

Em conseqüência do sonho, Joan teve uma conversa pessoal com seu irmão, na qual ambos questionaram se eles próprios tinham escolhido suas profissões ambiciosas ou se elas tinham sido escolhidas por seus pais. Prosseguindo sua auto-análise, Joan decidiu que ela gostava realmente de seu trabalho, mas que queria ser melhor recompensada — o que ela conseguiu. E, como ela seria menos influenciada pelas exigências dos outros, traçou planos de carreira a longo prazo para si.

Na esfera pessoal, Joan aprendeu a cuidar melhor de si mesma. Abandonou o papel de "boazinha" que sempre salvava a relação. Questionou a infidelidade evidente de seu namorado. Despertou de seu longo sono de auto-enganos, que a tinham deixado vulnerável a outra decepção. Joan tinha precisado de seu próprio gato cauteloso e desconfiado e esse encontrou o rato. Não foi fácil descer de sua visão inflada de si mesma. Joan ficou deprimida ao descobrir o quanto tinha negligenciado a si mesma e se deixado "usar" tanto em sua relação quanto em seu trabalho.

No período subseqüente ao sonho, Joan aprendeu a proteger-se mais ousadamente. Ao prestar mais atenção em seu próprio valor, ela livrouse dos extremos de dar demasiadamente aos outros e depois recolher-se exaurida e ressentida. Ela ficou mais livre para ser generosa com as pessoas que davam valor a isso e mais reservada, como o gato que segue seu próprio rumo, quando maltratada. Conseguiu enxergar seu papel de herói salvador no trabalho, esquecida do preço que isso lhe custava. Aprendeu a lição do *Challenger*: Heroínas, tomem cuidado e escolham bem!

Muitos dias depois do sonho com o Gato Extraordinário, Joan recebeu outro emissário de sua sabedoria interior em uma forma mais avançada — a Velha Sábia.

A Velha Sábia acenando. Estou indo para a casa de meu namorado num carro conversível com a capota aberta ao sol e ao vento. Paro porque preciso ir ao banheiro. Num campo perto do estacionamento, vejo uma mulher saindo do capim alto. Ela olha para mim com um olhar acenante. Ela está usando uma saia longa e rodada, uma camisa preta e é velha e sábia. Vejo-a olhando para uma direção e sigo seu olhar: para os campos abertos na direção da floresta. Então, vejo-a andar na direção da floresta. Observo-a, sentindo-me confusa quanto a que deveria fazer.

Volto para o carro. Então, em uma milha, eu percebo. Perdi uma oportunidade! Espero não ser tarde demais para encontrá-la. Volto, mas ela não está mais lá. A floresta inteira desapareceu. Uma coisa que ela ia me dizer era sobre a morte.

Joan despertou furiosa consigo mesma por ter perdido uma oportunidade. "A Velha tinha uma cara marcada de quem tinha vivenciado os elementos. Ela não parecia americana. Eu estava extremamente curiosa: ela poderia ter me dito algo sobre a morte, o processo de morrer, abandonar, entregar-me a meu próprio caminho. Ela *sabe*."

Entretanto, o ego no sonho hesitou em seguir a velha. O fato de alguém ter acenado não significava que tinha de segui-lo! Como Joan tinha começado recentemente a fazer análise, talvez ela sentisse sua analista acenando para que ela entrasse na floresta, fosse mais fundo no inconsciente, quando ela ainda não tinha confiança na analista — e no seu próprio guia interior — como forças positivas. Joan pode ter desconfiado que a mulher, apesar de velha e sábia, fosse uma falsa guia ou ameaçadora demais. Ela não devia segui-la apenas porque a oportunidade lhe acenava ou porque ela achava que sua analista estava querendo isso. Com sua natureza intuitiva e aventureira, Joan costumava atirar-se às possibilidades e oportunidades no mundo exterior, mas precisava de mais cautela para penetrar nesse estranho mundo interior.

Além disso, a Velha Sábia vestindo uma saia comprida rodada e uma camisa preta sugeria-lhe uma bruxa — uma figura agourenta para nós hoje. Entretanto, se a bruxa interior é trazida à consciência, ela pode tornar-se uma fonte de independência, força e espiritualidade. Será que podemos confiar em nossa intuição e imaginação profundas, na nossa sabedoria feminina sobre os aspectos obscuros e misteriosos da vida? Alguém como Joan não iria necessariamente entregar-se, como se fosse uma criança inocente, a uma tal figura poderosa antes de poder manter-se por conta própria. Pois, nos contos de fadas, a menina inocente tem de saber — ou aprender — como abordar a bruxa: quando obedecer a sua curiosidade e fazer perguntas e quando calar-se, quando permanecer e quando fugir e voltar para casa.

O que esse sonho queria dizer especificamente sobre a vida atual de Joan? Seu significado não era tão evidente para ela como tornou-se mais tarde, em retrospecção, quando ela percebeu mais claramente como ele tinha descrito metaforicamente sua situação. O sonho começava com ela dirigindo um conversível, aberto ao sol e ao vento, ou seja, ela encontrava-se aparentemente num estado de ânimo aberto, receptiva à natureza e sua própria natureza. Ela teve de parar para urinar a caminho da casa de seu namorado: ela não podia mais refrear seus sentimentos negativos de desconfiança e, portanto, tinha que interromper a viagem para deixá-los fluir. Então, ela foi chamada a entrar na floresta das intuições negativas a respeito de seu namorado: suspeita, raiva e vingança. No fundo da floresta encontravam-se questões perturbadoras a respeito de sua própria fidelidade, sua própria indisposição para comprometer-se, conviver, casar. E ainda mais além, na floresta, encontrava-se a verdade que ela ocultava de si mesma a respeito de seu próprio lado exigente que ela negligenciava e que desejava tudo e acabava sozinha. Pois foram todas essas coisas que ela acabou encontrando em seu inconsciente quando prestou atenção em seus sonhos, quando fez as perguntas que temia fazer.

No ano que se seguiu Joan deu alguns passos no sentido de enfrentar esses problemas, depois recuou, prosseguindo com avanços e recuos. Por fim, ela terminou aquela relação destrutiva. Era sobre essa "morte" que a Velha Sábia entendia, no sonho, e à qual Joan sobreviveu, por fim muito aliviada.

Joan terminou a análise mais de um ano depois, quando começou uma relação mais promissora, com mais igualdade e compromisso de ambas as partes. Nessa altura, ela já era mais a Velha Sábia experiente e menos a mulher inocente com apenas vagas intuições obscuras. Ela teve de renunciar a alguns de seus grandiosos desejos de ter "tudo" e a negação de certas realidades que inevitavelmente os acompanham, pois seus sonhos mostraram-lhe o preço da ilusão: ser deixada do lado de fora como um gato molhado e perder a oportunidade de fazer escolhas difíceis, porém sensatas. Com o passar dos anos, ela continuou, passo a passo, a vislumbrar a Velha Sábia, às vezes rejeitando-a, porém tornando-se cada vez mais receptiva a ela, e, nesse processo, apropriando-se mais de sua própria força — e fraqueza —, que é o que constitui a sabedoria.

A coragem da Velha Sábia

Ao contrário da sonhadora anterior, que no início tinha muita cautela com a Velha Sábia, uma mulher mais velha começou muito afoita e,

263

em seguida, parou e tomou a firme decisão do fundo de seu coração de aceitar essa figura em sua vida.

A velha refugiada russa. Há alguns refugiados russos esfarrapados em cima de um caminhão. Estou ansiosa para vê-los, curiosa a respeito deles. Aproximo-me deles e ajudo uma velha senhora a descer do caminhão. Ela tem olhos escuros e brilhantes e parece ser frágil e sábia. Ela coloca sua mão sobre meu braço. Temos uma sensação de bom humor e sorrimos uma para a outra.

Acho que vou precisar de toda a minha força para apoiá-la! Então, percebo que meu sorriso é excessivamente radiante. Subitamente fico em dúvida, de medo e de minha falsa impetuosidade. Assim que percebo isso, porém, tenho uma força súbita: sinto-me responsável e sei que quero fazer isso! Não tenho mais medo.

Charlotte, uma mulher mais velha, teve esse sonho no dia anterior ao que teria de submeter-se a uma nova cirurgia — uma de uma série de tais provações em sua vida, e ele proporcionou-lhe a experiência interior de superação do medo. Ela havia tido uma infância difícil. Sua mãe estivera doente e depois a abandonara. Sua vida adulta foi repleta de adversidades, que ela tinha suportado com negação, humor e leveza de espírito. Sua velhice provavelmente também seria difícil porque os amigos haviam se mudado para longe ou morrido e ela enfrentava problemas de saúde cada vez mais graves.

O sonho sugeria que dessa vez Charlotte estava encarando as coisas de outra maneira. Ela não poderia continuar flutuando sobre as dificuldades, mas teria de entrar em acordo com sua fragilidade real e assumir algumas responsabilidades por si mesma. Ela precisava tomar a velha frágil pela mão. Isso era algo que ela, como filha, não pôde fazer por sua mãe. Era demasiadamente criança para assumir tal responsabilidade. Entretanto, na época do sonho, ela própria enfrentando uma grande dificuldade, não poderia fugir à responsabilidade, escapar dela por seus meios usuais, como ocupar-se freneticamente e manter uma postura filosófica e bem-humorada. Ela teria de parar para reunir sua coragem mais profunda. Isso aconteceu simbolicamente no sonho. A orientação veio da camada arquetípica do inconsciente, de sua compaixão e coragem. Recordando a sensação que tivera no sonho, ela disse: "Uma velha sábia não diz, nem faz. Ela *é*. Ela confia em sua intuição, em sua experiência, no conhecimento adquirido. Não existem atalhos. E isso basta. No sonho, a velha sábia e eu damos coragem uma à outra".

Em seguida ela recordou uma das poucas figuras femininas positivas de sua vida — uma freira que tinha conhecido quando pequena. "Ela era uma potência de sabedoria e amor. Eu era uma 'metida' e tirava D em comportamento, mas ela me botou nos eixos. Ela era corajosa em sua fé e seu olhar podia piscar, mas também penetrava no fundo da alma da gente. Existe um tipo de mulher que apenas *é*." E, ela acrescentou. "Você faz o que tem de fazer". Essa é a força da mulher mais velha.

O que esse sonho nos diz sobre entrar em contato com a Velha Sábia? O primeiro passo da sonhadora foi seguir seu impulso de compaixão, que exprimia sua simpatia profundamente reprimida por sua mãe e por si mesma nos momentos de adversidade e sofrimento. O ponto crucial foi o reconhecimento da "falsa impetuosidade". Por que esse reconhecimento dá-lhe uma força súbita? Nos assuntos importantes do coração, a mulher tem de ser verdadeira com seus sentimentos. Fingir que sente algo, ou agir de uma certa maneira, não ajuda nada, nem a ninguém. Perde-se o centro e desperdiça-se os recursos, além de soar falso para a outra pessoa. Quando menina, Charlotte teve de agir com muita coragem diante de sua mãe doente, uma outra agrura para ela. Esse sonho, portanto, ajudou-a a desfazer-se do fardo da falsa bravura.

O trabalho desse sonho ajudou Charlotte a criar coragem e força para juntar os verdadeiros fios de sua vida: sua bravata de menina, sua compaixão — e impotência — com respeito à fragilidade própria e de sua mãe. Ela encontrou sua própria "metida" e sua freira poderosa. Charlotte enfrentava uma grande provação na época do sonho e não lhe era possível usar uma falsa fachada, nem deixar de dar importância às coisas e nem retrair-se das agruras da vida. Sua psique está preparando-a para a velhice e a incapacitação, que exigiriam dela toda sua compaixão e determinação. E a Velha Sábia lhe ofereceria sua verdadeira força, talvez sem perder o brilho de seu olhar.

Um mês depois Charlotte teve um sonho em que afirmava sua força voltada para o interior e a diferenciava da força mais extrovertida de sua avó.

O espelho da bisavó. Olho para mim mesma num espelho ovalado. Olho para meu vestido: um vestido longo de cor cinza com uma gola branca — grande e larga como a usada pelas freiras. Minha avó está parada ao lado para ver se a quero. Posso tê-la se quiser. O significado disso é: posso ter minha própria força.

A avó real de Charlotte tinha parecido ser uma anciã negativa para ela: difícil e controladora. Em seu estilo extrovertido, a avó estava sempre disciplinando-a e dizendo-lhe o que devia fazer. Esse sonho, ao contrário, apresentou-lhe um tipo positivo de anciã e proporcionou-lhe a experiência que teria gostado de ter. Era como se o sonho estivesse refazendo sua história para dar-lhe o que tinha faltado. A psique faz isso muitas vezes para despertar na mulher os potenciais que não tiveram oportunidade de se manifestar na experiência exterior.

No sonho, a avó estava ao lado e respeitou a auto-afirmação da neta com respeito à sua própria visão interiorizada de si mesma. Essa experiência não veio apenas de fora, resgatada de alguma maneira da estrutura e disciplina da avó, mas sobretudo da própria visão da totalidade de Charlotte, vista no espelho de corpo inteiro. Charlotte disse que o espelho era ovalado — um detalhe interessante. O fato de ele não ser perfeitamente redondo, mas elíptico, sugere uma forma feminina idiossincrásica e individualizada. No espelho, portanto, Charlotte viu um reflexo de seu *Self* feminino básico.

O espelho é, em geral, um símbolo do reflexo próprio, do conhecimento e da verdade sobre si mesmo — separado do meio circundante. Ele representa a sabedoria mais resultante da contemplação do que da atividade. Ele reflete o sentido introvertido da pessoa, que ela conhece melhor pelo escrutínio de si mesma do que pelos atos — quem ela é, não o que faz. Nesse sonho, a avó estava parada ao lado e deixou que a neta escolhesse identificar-se com os modelos de força feminina que lhe fossem apropriados: freiras introvertidas que ela sabia que eram fortes. Eram algumas das poucas mulheres que ela conhecera então e das quais dizia: "eram donas de suas próprias vidas". O espelho também a fez lembrar de sua bisavó — outro modelo positivo para ela.

A psique da mulher encontra infalivelmente uma maneira de lembrá-la dos modelos do passado dos quais ela está precisando. O espelho tinha um significado especial para Charlotte porque pertencia a sua bisavó, que fora dona de um posto comercial nas Planícies do Oeste. O espelho, de 1,80 ou 2 metros de altura, ficava na sala de estar da casa da bisavó e como era o único espelho grande de todo o território, os índios da região costumavam entrar para verem-se em seus trajes cerimoniais. Esse espelho representava, portanto, a abertura, o caráter extrovertido, o aspecto positivo da idade de sua bisavó. A bisavó tinha interesse pelos outros e, com o verdadeiro espírito pioneiro do Oeste, ela mantinha sua casa aberta para os outros, por mais diferentes que fossem, e tinha se livrado das exigências e convenções sociais da época para criar suas próprias regras, ser ela mesma — e tornar-se um exemplo da força feminina para sua bisneta. De maneira que essa bisavó estava ali, apoiando-a, atrás da figura da avó. Eram ambas espelhos dela mesma, e quem ela poderia ser como mulher de idade.

Como a mãe severa e com autoridade, a Velha Sábia pode também ajudar a mulher a dizer "não" quando necessário. Por exemplo, uma mulher divorciada de meia-idade tinha decidido envolver-se com um homem muito semelhante a seu ex-marido, com quem tivera uma rela-

266

ção destrutiva. Nesse momento decisivo, ela teve um sonho em que sua analista surgia subitamente diante dela com os braços erguidos num gesto muito decidido, dizendo: *"Não. De maneira alguma".* Uma das funções da Velha Sábia, especialmente como Anciã, é ajudar a mulher a entender-se com suas limitações e com o desconhecido, como ajudou Charlotte a mobilizar-se interiormente para a sua operação. Em seu aspecto frio de quem faz ver a verdade, a Velha Sábia é uma testemunha inabalável que *sabe* e pode tornar-se aliada da mulher que tem de suportar agruras e sofrimentos inevitáveis, tais como cuidar do marido com a doença de Alzheimer, fazendo com que ela não se sinta tão sozinha. E no fim da vida, a Velha Sábia com sua bravura de coração dá à mulher a compaixão e a coragem para tomar decisões quanto a quando aquiescer com as medidas patriarcais de prolongamento da vida e quando contrariá-las para permitir que a morte venha naturalmente com menos sofrimento, indignidade e perda da integridade.

Mudanças arquetípicas

Ao contrário das mudanças graduais tratadas nos tópicos anteriores, no lento desenvolvimento da macieira e no processo de aproximação da Velha Sábia interior ocorrem às vezes mudanças importantes em conseqüência do contato com a dimensão arquetípica da vida. Eventos arquetípicos no mundo exterior provocam grande tumulto e exigem soluções arquetípicas no interior da pessoa. O mundo interior dos sonhos constitui uma arena para esse processo, às vezes de pesadelos recorrentes e, se a pessoa tiver sorte, de transformação. Uma vivência de sentimentos e símbolos transcendentes pode precipitar uma grande mudança na relação com o *Self.* A pessoa pode sentir como se houvesse a libertação de um peso ou uma "mudança de atitude" na relação com aqueles que ama. Ela pode sentir como uma dádiva acima da compaixão humana — um amor ou graça transpessoal. Às vezes, isso acontece em momentos de grande necessidade.

O círculo da abundância

Maxine estava sofrendo de um problema físico grave — um sangramento excessivo há vários meses que exigia tratamento médico. Esse distúrbio físico refletiu-se também em seus sonhos com figuras femininas e masculinas em dificuldades. Mais ou menos na mesma época, essas figuras interiores acalmaram-se e o sangramento excessivo parou. Assim, ficamos sabendo que ela estava passando por uma grande mobilização psíquica.

Nessa época, Maxine recebeu um importante auxílio financeiro que ela tinha solicitado para um projeto. Como a maioria das mulheres de sua família e também de seu local de trabalho, ela jamais tinha estado em tal posição de poder — de administradora de verbas. Ela ficou surpresa com a concessão da verba e tinha de decidir o que faria com ela. Um sonho ajudou-a:

O velho negro sábio e a divisão do bolo. Estou no metrô de uma cidade desconhecida, talvez Chicago ou Paris, mas o metrô de fato parece-se mais com o de Boston. Posso tomar um trem, já que se pode descer em qualquer estação e facilmente voltar a embarcar.

Estou ainda no subsolo e vou para uma parada na calçada onde alguém diz que há uma quantidade extra de bolo redondo extremamente grande. Eu corto um pedaço — um quarto do bolo — e ofereço-o a um velho negro. [Vejo cada pessoa no sonho e, no entanto, sou também cada uma das pessoas, de maneira que quando dou ao negro um pedaço de bolo, estou dando-o também a mim mesma e assim por diante.] Ele, por sua vez, corta-o em pedaços para mim e quatro outros negros — um total de quatro [sic] de nós.

O negro parece uma mistura de três negros que me vêm à mente: um velho serviçal de bordo da Ferrocarril; Paul, um velho amigo meu de confiança; e um homem ainda mais velho e sábio com têmporas grisalhas. Estou preocupada em saber se vai restar algo para o velho sábio, mas ele corta o último pedaço ao meio — para ele próprio e para mim. É uma espécie esponjosa de bolo, quase irreal. É bom — o modo como funcionou.

Todas essas figuras são partes de Maxine, mobilizadas num período de transição para uma nova vida, uma nova postura interna. Parece que ela está indo fundo no inconsciente para efetuar essa mudança. Em geral, as figuras dos sonhos que provêm de outro tempo, outro sexo, raça, idade, cultura ou de partes remotas do mundo sugerem partes mais distantes da psique. Essa é, entretanto, apenas uma afirmação genérica e as associações pessoais são as que realmente importam. O que os três negros significavam para essa sonhadora?

As associações de Maxine com respeito ao serviçal de bordo da Ferrocarril e à viagem de metrô retrocediam a um outro período de grandes mudanças para ela. Ela lembrou-se que quando era adolescente, imediatamente após a Segunda Guerra Mundial, tinha saído de casa e feito uma longa viagem de trem através do país para viver com parentes. Naquela

268

época de grandes mudanças internas e externas, os velhos serviçais de bordo da Ferrocarril representavam uma "passagem segura" para ela por seus cargos de protetores profissionais e com suas qualidades pessoais de gentileza para com ela. Maxine sentiu uma pontada aguda e repentina ao lembrar-se daquelas figuras de um tempo que ela fora obrigada a deixar para trás, porque não se ajustavam mais aos tempos modernos: a jovem inocente numa posição privilegiada e sua contraparte, o empregado que protege e serve os outros. No entanto, ela não precisava abandonar tudo o que valorizava daquela época. O sonho sugeria que ela podia resgatar e trazer para a sua vida um pouco da confiança da menina e um pouco das qualidades profissionais e pessoais de oferecer proteção, devoção e gentileza da serviçal de bordo interior.

A figura seguinte na formação do Velho Sábio era alguém que fazia parte de sua vida mais contemporânea. Paul era, na realidade, um amigo próximo um pouco mais velho. Ela sentia alguma afinidade com ele, em parte por causa da semelhança dos lugares que ocupavam em certo sentido nesta sociedade — ela como mulher e ele como negro. Ele tinha mais experiência do mundo e representava para ela um exemplo de alguém que tinha assumido sua autoridade com tranqüilidade e firmeza e tinha sabido lidar com o ato de dar e receber. Apesar das diferenças de origem, a relação deles era recíproca, de maneira que Paul representava uma posição diferente da do serviçal de bordo: uma posição comum e que equivalia mais a uma figura interior de reciprocidade, "alguém que é servido e que serve".

A terceira figura era a mais arquetípica de um Velho Sábio, estava acima de seu saber pessoal, mas que comunicou no sonho uma mensagem transformadora e ressaltou o fato de que não era possível entendê-lo racionalmente. A confusão no sonho era que ela e os negros eram a mesma pessoa; eram três e uma ou quatro numa mesma pessoa. A confusão para repartir o bolo redondo — símbolo do *Self* — era porque ele podia na verdade ser repartido e partilhado infinitamente. A suposta confusão para a mente racional de "dar é receber" não podia ser entendida racionalmente, apenas aceita como mistério. Aquele que dava e aquele que recebia eram o mesmo. Essa era a verdadeira sabedoria do coração.

O sonho fez Maxine — que tinha freqüentado a escola dominical — lembrar do Milagre da Multiplicação dos Pães da Bíblia (Mateus 15:32-39), quando Jesus partiu vários pedaços de pão diante da multidão e esses se multiplicaram e foram suficientes para todos. Uma explicação racional da parábola que Maxine tinha ouvido é que aqueles que tinham trazido pão tiveram medo de mostrá-lo para não ter de dividi-lo com outros, já que ninguém tinha nada para comer. Entretanto, quando Jesus repartiu os pedaços de pão, todo mundo seguiu o seu exemplo e assim houve pão para todos. A mensagem prática da parábola era, portanto, que existe o bastante para satisfazer a todos se cada um confia e partilha. Ao mesmo tempo, a história tocou fundo em Maxine como milagre, pois ela percebeu seu significado transcendente: o *Self* contém uma abundância inesgotável. Dar do *Self* não diminui a fonte. Ou, Deus é abundância. No sonho de Maxine também havia o suficiente para todos; e dar e receber eram a mesma coisa. Quer dizer, o que agrega algo a outra pessoa agrega a todos nós, exatamente como o que diminui a outra pessoa diminui a todos nós, porque somos todos uma mesma família. Isso vai além da concepção comum de propriedade e justiça que o ego conhece por estar restrito sobretudo às condições materiais.

O sonho, com as associações resultante, provocou em Maxine uma mudança de atitude interna com respeito à verba que ela tinha recebido. Ele dissolveu o sentimento inconsciente de "orgulho e poder" e também de posse — ou talvez mesmo de cobiça — que o dinheiro lhe proporcionava. Em lugar de sentir-se maravilhada por tornar-se uma administradora de fundos, ela mudou radicalmente de atitude — vendo toda a situação como simplesmente sendo a de uma pessoa "entre a multidão". Esses Velhos Sábios ajudaram-na a encontrar uma solução original. Ela podia ser alguém que serve e partilha e que também é servida. Essa mudança fundamental de postura — algo que ela nem mesmo podia expressar em palavras — manifestou-se meses depois na decisão surpreendente, porém confortável e apropriada, de passar a verba para outra pessoa. Maxine viu que um colega estava em bem melhores condições de administrar aquela verba e que aceitaria de bom grado a função. Maxine reteve uma fatia do bolo, para ser consultora, ficando livre para fazer o que preferia — seguir seu coração em empreendimentos mais ousados. Porque o mistério do *Self* — o bolo redondo — está sempre se renovando.

O homem interior com coração

Alguns sonhos já descritos neste capítulo apresentaram importantes figuras masculinas — um velho que inclinava-se para trás e um Velho Sábio de humanidade transcendente. Algumas figuras masculinas negativas de desumanidade arquetípica que aparecem em sonhos são o diabo, Hitler e outros homens extremamente cruéis e poderosos. A mulher que teve um passado difícil com os homens pode fixar-se nos aspectos negativos de uma determinada figura masculina de seus sonhos por muito tempo. É possível que ela se sinta à mercê do abuso de poder de Merlin, ou que sinta-se pressionada a seguir os julgamentos e ordens rígidas de uma figura interior como a de Moisés, até chegar aos poucos a conhecer também seus aspectos mais positivos. Que outras figuras masculinas podem trazer conhecimentos para a mulher de maneira a completar sua sabedoria feminina do coração? Embora as figuras femininas de poder e compaixão, das quais as mulheres sentem-se merecedoras, possam ser muito diretas, as figuras masculinas que aparecem nos sonhos, especialmente no início, podem ser heróis como D'Artagnan de *Os Três Mosqueteiros*, o Conde de Monte Cristo ou Robin Hood, que procuram corrigir as injustiças pela vingança, conspiração ou intriga. Ou ainda, a mulher pode ter uma figura como a de Percival, o jovem cavaleiro de coração e ideais puros, em busca do Graal. Outras figuras masculinas dos sonhos podem ser imagens arquetípicas de amor e sabedoria transcendentais como as de Buda, Gandhi, um sacerdote, uma voz masculina interior de autoridade.

A mulher pode sonhar com um homem comum com qualidades especiais, com seu pai, seu parceiro ou outro que ela conhece e que lhe traz o tipo de saber de que precisa. As figuras podem apresentar qualidades humanas consideradas tradicionalmente masculinas: justiça, reciprocidade, proteção, humanidade, perspectiva, cooperação — facilidade e objetividade para tolerar a sombra dos outros e trabalhar bem juntos. Elas podem também ter emoções especiais, empatia sincera ou qualidades maternais vistas normalmente como femininas, se a mulher não as tem, uma vez que as figuras interiores não são necessariamente estereotipadas.

As mulheres de mais idade sonham às vezes com figuras jovens cuja energia complementa a da Velha Sábia. Na véspera de embarcar numa nova aventura, uma mulher de idade sonhou com um homem envolvente de quarenta e poucos anos que ergueu-a em seus braços e transportou-a para o quarto. Uma mulher de meia-idade teve sonhos com um homem que associou com Pan, o deus-cabra terreno e despreocupado que toca flauta e regozija-se com a dança, a música, a sexualidade e a natureza. Nos sonhos, as mulheres podem encontrar vínculos com o masculino no interior de si mesmas de formas muito tradicionais — talvez através de um amante apaixonado — que podem revelar-se transcendentes para elas. Essas figuras de *animus* têm muitas vezes uma aura numinosa e causam grande impacto sobre as mulheres que estão curando-se. Uma das tarefas da velhice é rever a vida e chegar a um acordo com a vida e a morte. Isso envolve a aceitação do que foi e não foi realizado na vida, chegando a um acordo com as grandes lacunas e curando as velhas feridas. Às vezes pode-se preencher o que está faltando de forma externa — mas mais freqüentemente apenas de modo interno. Assim como a mulher envelhece biologicamente — através dos hormônios — e torna-se tanto mais feminina quanto mais masculina, o mesmo ocorre psicologicamente. Ela funde a força feminina com a masculina. Em seus sonhos, ela pode resgatar a menina sensível e caprichosa ou a jovem vigorosa e destemida, que deixou de ser há muito tempo, simplesmente por ter se tornado mulher em nosso contexto cultural. Essas figuras interiores podem envelhecer aos poucos no processo de seus sonhos até ela alcançar sua força feminina total. De maneira similar, as figuras masculinas podem constelar-se em sua psique, conforme o exemplo do sonho anterior, para que ela possa encontrar seu próprio lado masculino, bem como o lado masculino dos rapazes e homens que ela conheceu, e levá-lo a realizar-se tanto em sua vida interior como exterior.

Uma mulher de idade tinha trabalhado muitos anos em análise sobre o problema com seu pai. De todos os anos de infância e adolescência, ela não conseguia lembrar-se de uma única vez em que seu pai a chamara pelo nome. Ele era um homem extremamente intelectual e de origem cultural austera e tinha desejado ter um filho em vez de uma filha. Uma questão importante para ela tinha sido, portanto, superar essa rejeição básica e construir algum tipo de ponte positiva para os homens de sua vida e para o masculino interior. Nunca é tarde demais. Com setenta e tantos anos ela teve um sonho que abalou-a profundamente, como se a terra tivesse saído de seu eixo.

Com setenta e tantos anos: paixão por um homem de boa forma física. Eu estava com um homem que me era agradável em todos os sentidos. Seu corpo era másculo, de boa forma e vigoroso. Ele parecia calmo, inteligente e extremamente presente no momento. Estávamos nus e nossos corpos estavam em contato íntimo. Eu participava de nossa excitação passando minha mão lentamente por seu corpo. Quando toquei em seus testículos, nossa paixão mútua chegou ao clímax e acordei com um orgasmo. Tive uma maravilhosa sensação de plenitude e relaxamento.

Ela disse que foi totalmente surpreendente — ter aquele incrível orgasmo. Pois a mulher conhece verdadeiramente as coisas através da paixão. Ela não tinha relação íntima com homens fazia muito tempo, mas seu sonho proporcionou-lhe a experiência para a qual ela estava pronta. Essa experiência, tomada em conjunto com os acontecimentos recentes de sua vida, "foi vivenciada", ela confessou, "como a correção final do problema com meu pai".

Alguns dias antes do sonho, ela tinha tido uma conversa especialmente significativa com um colega durante o almoço. Ela tinha revelado a ele o que sentia com respeito a seus problemas pessoais e ele respondera-lhe com tanta emoção que ela ficara profundamente tocada. Numa sessão de terapia corporal naquele mesmo dia, o toque sensível e eficaz do competente terapeuta corporal ajudara-a muito. Ela disse: "A certa altura, como parte das manobras, eu firmei-me em seu braço e fiquei extremamente consciente do quanto ele era forte e firme. Após a sessão, eu tive um sentimento profundo de gratidão pelo que ele fez. Fui dar uma caminhada na natureza para permanecer próxima de meus sentimentos. Durante o passeio, lembrei-me do quanto meu pai me parecera desvinculado, de como eu me sentira desconsiderada sem nenhum afeto nem proximidade com aquele homem introvertido durante todo o tempo de meu crescimento".

As feridas mais profundas, aquilo que mais faltou na vida, podem estar no lugar da verdadeira intimidade, tanto emocional quanto física. Mas onde estão as feridas, também está a cura. Como é importante para a mulher poder abrir-se inteiramente — o corpo e a alma — para um homem que realmente a "satisfaz"! E como isso pode curar! Ao refletir sobre o sonho e os homens com quem tinha se sentido próxima alguns dias antes, ela disse: "Tive casos com homens e vivenciei uma profunda transferência para um analista, mas nunca tive a sensação *profunda* de intimidade e gratidão que vivenciei agora com esses homens". Ela tinha recuperado uma importante dimensão pessoal e arquetípica de sua vida: sua ponte para o masculino e os homens — que ela podia amar. No cerne mesmo da feminilidade, ela conhecera um homem de boa forma física que a tocara profundamente.

Às vezes quando o mundo exterior nos dá um soco e nos sentimos sem esperança e sem valor, como se tivéssemos perdido nosso centro e nossa resiliência vitais, algo inesperado acontece. Do âmago de nosso ser vem uma experiência transcendental de renovação que nos reconecta à corrente da vida e da esperança. Essa experiência de renovação é sentida como inesperada, impossível, como uma graça, uma dádiva divina. E ela vem "do além". Pois, por mais que a tenhamos desejado e por mais que tenhamos sido determinados, não somos capazes de fazer com que ela ocorra realmente. Podemos dar atenção consciente aos problemas de nossa vida exterior. E podemos preparar o terreno prestando atenção à vida interior — trabalho com os sonhos e fantasias e abertura a experiências de cura —, mas a força propulsora da vida ainda assim surge do nada. Muitas vezes, ela surge quando mais necessitamos dela. Então, a atitude apropriada não é a de ridicularizá-la, de acordo com a atitude atual de descrença, nem deixar-se ofuscar por ela, mas de gratidão.

Uma mulher de meia-idade, Shirley, foi alvo de uma crítica devastadora de outra mulher no trabalho, que pareceu tocar no mesmo ponto em que Shirley tinha sido ferida por sua mãe quando pequena. Shirley mal conseguiu manter a usual fachada de disposição necessária em seu trabalho. Ela estava ficando deprimida quando teve o seguinte "sonho significativo".

A quarta dimensão. Estou numa aula com um famoso mestre de Tai Chi. Na verdade, ele é o antigo mestre de meu próprio professor. É o mestre dos mestres. É uma sala de três lados, faltando a quarta parede. De repente, o mestre começa a saltar para cima e para fora — onde "não há" a quarta parede. Ele cai e entra na calçada e funde-se com ela, deixando uma mancha preta e amarela na calçada. Em seguida, ele volta a aparecer!

Todos estão surpresos com o fato de ele ter podido entrar na calçada e sair novamente. Ele aparece e retoma a aula e a postura, erguendo o joelho e girando enquanto todo mundo assiste encantado. Eu observo desinteressada, sem sentir nada, como se fizesse de conta que está tudo bem e nada de mais aconteceu, apesar de saber que aconteceu.

O mestre de Tai Chi vem sentar-se a meu lado. Sinto seu carinho, e existe carinho entre nós, e percebo que exigiu dele muito esforço fazer o que fez. Ele está se sentindo muito vulnerável, mas ninguém sabe disso a não ser eu.

Shirley sentiu que esse sonho foi como um salto impulsivo para a frente e percebeu o quanto tinha estado deprimida. Em sua vida urbana de muitas pressões, ela tinha perdido o contato com seus próprios sentimentos. Talvez tenha sido por isso que ela escolhera fazer Tai Chi, uma meditação em movimento, para sentir harmonia em seu corpo e talvez manter vivo o lado espiritual criativo de sua vida.

Shirley vinha sentindo-se bem até o golpe recente que recebera no trabalho, quando chocou-se novamente com as duras realidades. No sonho, esse choque é expresso pela imagem metafórica de estatelar-se na calçada. A calçada é uma metáfora própria da vida urbana com sua segmentação, uniformidade e sua dura barreira de cimento encobrindo a Mãe Terra. No entanto, em vez de estatelar-se nela, a figura interior do grande mestre de Tai Chi "fundiu-se com ela". Ele simbolizava a capacidade mais profunda da sonhadora de saltar impulsivamente para a frente, atravessar o cimento de suas defesas emocionais à dor e saltar de volta relativamente incólume. Ele também deixou evidências de que tinha ocorrido um verdadeiro milagre.

É evidente que a propensão natural de Shirley, conforme descrita no sonho, era enrijecer-se para não sentir nada e fingir indiferença, embora ela soubesse intelectualmente que algo milagroso tinha acontecido. No sonho, ela percebeu como todo mundo ficou surpreso, mas não quis juntar-se aos outros. Quer dizer que só a evidência — a demonstração de uma façanha especial — não bastava para atingi-la. O que ela precisava era de atenção pessoal. Quando o mestre dos mestres de Tai Chi sentou-se a seu lado, ela pôde perceber sua afeição e, então, pôde reconhecer e respeitar o que ele tinha feito.

Através do trabalho com suas associações, revelou-se que esse sonho também deu a Shirley uma nova esperança na relação com seu parceiro. Ela pode ir além das três paredes da realidade para alcançar uma totalidade ou inteireza, uma quarta dimensão, a dimensão que não pode ser vista, mas pode apenas ser imaginada e sentida: uma dimensão especial de conexão humana. Foi necessário um "tremendo esforço" para dar esse salto de confiança e encarar a vulnerabilidade, estabelecer um vínculo tácito com a figura do *Self* Maior, uma conexão com seu próprio centro emocional mais profundo e amoroso. Era ali que ela tinha sido ferida pela mãe crítica e pela crítica da colega de trabalho, que a tinha feito sentir-se desamada e desesperançada. Portanto, era ali que ela precisava ser curada. E Shirley compreendeu que em sua vida pessoal era isso que ela tinha de fazer com seu parceiro se quisesse realizar o amor que poderiam ter — arriscar-se a fazer algo dramático, dar o salto impulsivo para a frente, ousar ser inspirada sem ser presunçosa.

O sonho ilustra insistentemente o tema arquetípico das três dimensões da realidade e o salto de confiança para a quarta dimensão, o plano da imaginação e do espírito. Essas são imagens arquetípicas que existiram em toda a história da humanidade de diferentes formas — a queda e a ressurreição, a morte e o renascimento. É difícil abandonar o plano da nossa realidade cotidiana e dar um salto através da imaginação para conhecer outro plano de existência. E é perfeitamente humano sentir medo de fazer isso. A reação inicial de negação de Shirley reafirma uma verdade psicológica similar à contida na Bíblia. Até mesmo Pedro, o discípulo em quem Jesus mais confiava, teve uma crise de falta de coragem ou de fé.

Se você consultar a Bíblia, poderá constatar que durante o período de provações de Jesus antes da crucificação, Pedro teve medo de admitir que era seu discípulo, ou teve uma crise de fé. Conforme tinha sido profetizado, quando interrogado ele negou Cristo três vezes, dizendo que jamais O conhecera. (E da segunda vez, o galo cantou. E Pedro lembrou do que Jesus lhe havia dito: "Antes de o galo cantar duas vezes, tu terás me negado três vezes". E quando ele pensou nisso, chorou. — Marcos 14:72.) Quão profundamente humano é isso. Na verdade, é difícil aceitar a dimensão espiritual da vida, e nós dependemos da presença pessoal de alguém que amamos para superarmos nossas dúvidas, suportarmos as dúvidas de outrem e sustentarmos nossa fé em certos momentos.

Essa sonhadora há muito tempo tinha "colocado um freio" em sua espiritualidade e criatividade, mas elas emergiram espontaneamente para mexer com sua vida. E esse sonho ajudou-a a sair da depressão.

Trevas arquetípicas:
corações destroçados — e perseverantes

O modo comum de a mulher conhecer é "empatizando-se", aproximando-se e relacionando-se com algo ou alguém. Foi isso o que aconteceu com a sonhadora acima: a atenção dispensada por alguém no sonho suavizou-a e ela pôde ter acesso a seu centro. Entretanto, existem algumas forças que precisam ser abordadas em seus próprios termos. A existência das grandes forças arquetípicas negativas precisa ser reconhecida. É inútil tentar negá-las ou diminuí-las.

Na vida cotidiana, as pessoas de classe média no contexto da cultura ocidental evitam de todas as maneiras confrontar as profundas questões morais ou as questões relacionadas com a vida e a morte, mas às vezes nos encontramos pessoalmente diante de eventos arquetípicos que refletem questões importantes. Por exemplo, se uma mulher é pressionada a tomar uma decisão imediata no sentido de interromper uma gravidez inesperada, algo no fundo dela pode recusar-se a oferecer uma resposta rápida apenas pelo ego racional, trivializando e coonestando sua importância. Ela pode precisar ponderar atentamente as possíveis conseqüências reais que isso terá em sua vida. Esse tipo de decisão terá de vir do cerne emocional da mulher, de todo o seu ser, incluindo o lado escuro do *Self*. E isso requer uma preparação interna. Ela pode entrar em contato, através dos sonhos, não apenas com o lado nutritivo da natureza, mas também com o destrutivo — o aspecto Kali da natureza que pode dizer Não e às vezes deixar que a vida prossiga. A mulher pode precisar investigar profundamente em seu interior para tomar conhecimento de suas inquietações espirituais e relacionar-se devidamente com as terríveis forças arquetípicas da natureza — o poder de dar e de destruir a vida.

As decisões arquetípicas não podem ser tomadas de um modo racional e insensível, como se fosse uma resposta comum. Algumas culturas, que vivem mais próximas da natureza, oferecem imagens que sugerem outros modos. O caçador indígena americano faz uma pausa para fazer um ritual que reverencia a vida que ele precisa tirar. Os médicos voluntários nos campos de Thai para refugiados do Camboja viram uma mãe, que tinha dois bebês no colo, amamentar o mais saudável e deixar que o mais fraco morresse, para que pelo menos um pudesse viver. Essa mãe estava aceitando a realidade arquetípica impessoal com um saber profundamente instintivo de mãe. Nessa mesma imagem pode-se constatar as qualidades naturais de nutrição e de frieza. É terrível, porém compreensível. É lancinante e, ao mesmo tempo que parece sem sentimento, respeita o sentimento humano: é assim que tem de ser. Não há nada de fascinante nisso e nem lugar para elucubrações mentais ou manifestações histéricas. Essa atitude é diferente da maldade humana, onde existe um fascínio inconsciente pelo poder e intensidade das emoções que, entretanto, embota a sensibilidade. A maldade humana é algo pervertido, cruel, desumano e repete-se, como nas atrocidades da guerra ou nos abusos compulsivos. Evidentemente que, mesmo que nos relacionemos o mais adequadamente possível com elas, as forças arquetípicas negativas — como os terremotos ou tempestades no mundo físico — podem ainda assim destruir-nos. O mesmo acontece com as forças arquetípicas positivas. Sabemos disso instintivamente. Existem quadros pintados por artistas em que as pessoas ficam cegas quando vêem-se diante da força arquetípica dos anjos. Esses pintores reconheceram a força terrível presente no mistério das coisas e que está muito além de nossa capacidade de entender.

O que acontece com as mulheres que não têm escolha, mas são vítimas da destrutividade, como do abuso, do estupro, da violência urbana, da guerra ou do terrorismo? Elas podem ser perseguidas por pesadelos recorrentes em que revivem os acontecimentos que não são possíveis de serem integrados. Com o tempo, os pesadelos podem ajudar a curar as feridas. Entretanto, existem atos de desumanidade que não podem ser totalmente curados e nem transformados, mas apenas suportados.[14] O que acontece com as sobreviventes? Elas sofrem uma perda súbita da inocência, perdem a confiança no mundo e em si mesmas e reagem com sentimentos como medo, raiva, negação, evitação, desamparo, depressão, culpa, indecisão ou destruição de sua força física, mental ou espiritual. Em tais situações, o calor humano, ou a presença silenciosa de alguém próximo, pode ajudar a mulher a manter viva sua força vital contra as forças das trevas. Num nível mais profundo, os pesadelos indicam as feridas no cerne da mulher. Ter alguém que testemunhe os pesadelos é de grande ajuda — que escute e compartilhe um pouco do terror, da dor brutal. Mesmo pequenas mudanças nas imagens podem dar à mulher alguma esperança e a sensação de que o *Self* é seu aliado interno, procurando ajudá-la. As pessoas que sofreram tais traumas *sabem* realmente o que isso significa e são as que têm mais condições de curar.[15]

Ainda não é possível encontrar qualquer sinal de transformação nos pesadelos a seguir. Podemos apenas testemunhar as experiências destas mulheres, sermos "chacoalhadas" por elas e fazer o possível para que outras mulheres não sofram tragédias semelhantes. Uma solução para estas mulheres em particular — refugiadas salvadorenhas — está no suporte e na ação sociais. Elas são exemplos que demonstram para todos nós como o coração humano pode ser destruído e, ainda assim, perseverar. Os seguintes depoimentos são dessas mulheres, gravados pela jornalista Lonny Shavelson.[16]

Após o marido de Laura ter se recusado a aceitar um trabalho que temia estar associado com os esquadrões da morte, ele foi morto a tiros.

277

Os sonhos de Laura Montero. Tenho tanto medo desses sonhos que procuro não dormir. Todas as noites em meus sonhos eu viajo para ver meus filhos. Temo que eles estejam sofrendo, que estejam enfermos. Digo a eles que logo estaremos juntos. O mais velho fica muito feliz ao ouvir isso, mas o menor chora. E, às vezes, quando acordo, falo com ele por telefone e ouço essas mesmas palavras: "Mamãe, leva-me contigo".

Sonho que estamos todos juntos em nossa casa como costumávamos estar. Então, eles chegam e as crianças começam a gritar. Meu marido cai por cima de mim e eu caio no chão com ele nos braços. Olho para minha mão e vejo nela o sangue dele. E acordo aterrorizada. Porque esse sonho reproduz exatamente o que aconteceu na realidade.

Laura recebeu asilo político nos Estados Unidos e está tentando trazer seus filhos para a segurança.

Quando tinha oito anos, Gilma Cruz costumava ir à igreja ver o padre Rutílio alimentar os pombos. Os esquadrões da morte mataram o padre Rutílio e um garoto de quinze anos que estava indo com ele à missa. Ela lembra-se de seu semblante e do sangue. "É assim que as crianças crescem tão depressa em São Salvador", diz Gilma.

Os sonhos de Gilma Cruz. Depois de sonhar eu acordo com a lembrança das pessoas pedindo que eu as ajude, gritando de dor. "Vem me socorrer!" Nos meus sonhos, estou sempre ouvindo pés marchando. Posso ver os uniformes, mas não seus rostos. E então eles me pegam — e eu acordo.

Mas meus sonhos também ocorrem durante o dia. Quando vou à igreja e sinto o odor de velas, minha mente é tomada pelas sensações de quando eu era pequena. E estou diante da mesa com o corpo do padre Rutílio e todas as pessoas estão chorando e perguntando: "Por quê? Por quê?". E a mãe está abraçada a seu filho morto. Tudo isso volta à lembrança a cada vez que sinto o odor de velas na igreja.

Com quatorze anos, Gilma fugiu de São Salvador e três anos depois, nos Estados Unidos, ela iniciou uma greve de fome para que se concedesse asilo político a outros refugiados.

Quando o filho de Rosa e Antonio Alvarado "desapareceu", eles começaram a trabalhar pelas Famílias dos Desaparecidos e passaram a ser uma fonte de aborrecimento para o governo sempre que faziam denúncias nas conferências de direitos humanos — internacionalmente. Quando o corpo do irmão de Rosa foi encontrado, despido e queimado, eles deixaram o país. "Todo santo dia, algo me faz lembrar de meu filho", diz Rosa. "Criei feridas nos joelhos de tanto rezar." "E há esse pesadelo constante", diz Antonio, "de nunca se saber o que aconteceu."

Os sonhos de Rosa Alvarado. Na noite passada, eu estava cuidando do bebê de uma vizinha e adormeci. No meu sonho, a mãe veio a mim perguntando pelo filho. Mas no sonho, eu não sabia dizer se eles tinham levado o filho dela ou o meu. Fiquei confusa e acordei e saí correndo de medo para o outro quarto — e o bebê continuava ali.

Sonho que há uma grande festa diante de minha casa em São Salvador. Todos estão dançando e sinto-me muito feliz por estar ali. De repente, todos me vêem e acaba a festa. Fico com tanto medo das expressões de seus rostos que escondo-me dentro de minha casa. A necessidade de falar é como um peso sobre mim quando de repente vejo a sombra de um soldado dentro da casa. E acordo com a sensação de ameaça provocada pelo soldado. E não consigo voltar a dormir.

Sonho muito, mas nunca com meu filho. Nunca vejo seu rosto. Sonho sempre que eles estão me perseguindo e eu fugindo. Mas no instante em que vou ou ser capturada ou escapar, acordo. Nunca há uma resolução, um final.

Esses depoimentos nos mostram que as grandes adversidades também forjam um espírito forte. No primeiro deles, Laura continua a procurar por seu filho; Gilma realizou uma greve de fome em favor de outros; Rosa uniu-se a um grupo em defesa dos "desaparecidos". O espírito maternal e amoroso é uma força tão poderosa na vida das mulheres que as mães de crianças pequenas não podem se dar ao luxo de sucumbir e, de fato, raramente suicidam-se. Apesar de terem os corações dilacerados pelas terríveis perdas, elas mantêm acesa a chama humanitária, consolam e são consoladas e procuram poupar os outros da crueldade da raça humana para com as crianças, as mulheres e os homens.

Que não permaneçamos insensíveis ao sofrimento dessas mulheres, mas sim compartilhemos de seus fardos. Porque os pesadelos delas são também nossos. Elas representam a sombra escura do "heroísmo" da sociedade patriarcal com seu terrorismo, suas políticas de violência e seu comércio de armas.

Grace

Religião, comunidade religiosa, prática e imagens espirituais podem ajudar as pessoas em períodos de grandes dificuldades, como o da morte de uma pessoa querida. Mesmo que a pessoa não tenha tido uma formação religiosa, quando ocorre algo no plano do espírito, a psique pode recorrer a qualquer imagem religiosa que sirva. Muitas vezes a psique recorre às imagens religiosas da cultura predominante na sociedade — mesmo que a pessoa não tenha sido criada em sua crença, uma vez que é a linguagem particular que a cultura em geral utiliza para expressar certos eventos arquetípicos.

Uma mulher que tinha perdido seu marido encontrava-se nessa situação específica. Ela tivera uma formação cristã, mas não freqüentava a igreja. Era muito espiritualizada, mas desde a morte do marido tinha se afastado de sua fé e mal conseguia rezar, justamente naquele momento em que mais precisava. Tinha sempre confiado em sua própria prática e na orientação espiritual vinda de seu interior, a qual acabou reemergindo. A seguinte série de dois sonhos anunciou a ela o ressurgimento do espírito interior.

Sobre um precipício. Estou dirigindo meu carro. Aproximome do topo de um rochedo e continuo dirigindo. Bem na frente e diretamente abaixo de nós, vejo uma massa d'água. O carro prossegue sobre a beira do precipício, chacoalha por um momento e, em seguida, a gravidade o puxa para baixo e começa a cair. Isso ocorre em câmara lenta. Minha mente dispara. Preciso pedir socorro ao Espírito Santo! Preciso orar com devoção. A única possibilidade de me sair bem é concentrando-me inteiramente — apesar do dilema — no Espírito Santo. O carro bate na água antes de eu despertar. Estou rezando assim mesmo.

Ela lembrou que na semana anterior, quando estava dirigindo como costumava pela costa do Pacífico onde vivia, pegou-se guiando aceleradamente em uma curva. Ela tinha notado a placa que indica a redução da velocidade para 30 km por hora e tinha pensado: "De fato, é possível despencar. É muito fácil despencar". Ela não tinha reconhecido o potencial de gravidade de seus pensamentos fugazes sobre brincar com a morte antes de ter esse sonho. Ele alertou-a para dirigir com mais cuidado, pois havia uma tendência suicida em seu inconsciente que, em algum momento impulsivo, poderia assumir o controle.

O marido dela tinha morrido recentemente de câncer. Eles tinham tido um bom casamento, na verdade, uma união incomumente feliz. Havia um vínculo profundo entre eles e eram bons um para o outro. Gostavam realmente da companhia um do outro e esperavam viver juntos até ficarem bem velhinhos. De fato, ela teve de suportar uma grande perda. E numa relação de grande amor como essa, a mulher projeta às vezes o

Self para o marido e isso significa que ela também sofre a perda da alma, sua conexão com a própria vida e com o universo. Ela vinha escrevendo um diário, trabalhando com a perda em terapia e tinha acabado chegando ao que ela sentia como um "profundo, inerte e opressivo espaço de negligência". Ela tinha, então, tentado rezar, mas parecera-lhe em vão, uma vez que não conseguia chegar ao que ela chamava de "aquela grande orelha de metal no céu". Ela estava furiosa com Deus! Uma perda importante como essa pode causar sentimentos de abandono, de raiva, cinismo e, conforme sugeria o sonho, um desejo intenso ou "impulso" de seguir o amado, se não uma ressaca da morte arquetípica.

Ela vinha faltando casualmente a alguns compromissos com sua terapeuta, mas esse sonho alertou subitamente a ambas para o fato de que ela tinha de cumprir à risca todos os seus compromissos. Poderia ser uma questão de vida ou morte. Ela estava precisando de ajuda naquele momento crucial de sua vida.

O sonho mostrou a ela que estava abandonando-se a uma atitude de desespero. E sugeriu que ela própria tinha de procurar entrar em contato direto com o *Self* — o espírito curador — em vez de entregar-se passivamente à lei da gravidade para seguir seu marido. Ela disse: "Rezar foi a parte mais importante! Devo ser fervorosa para poder estabelecer uma conexão com a vida".

Dois meses depois, na noite anterior a uma pequena cirurgia, ela teve um sonho semelhante, porém diferente em aspectos importantes.

O Espírito Santo. Estou no carro dirigindo sobre o rochedo e, em seguida, caindo na direção da água. Penso: "É agora!". Sei que é de vital importância conectar-me com o Espírito Santo. Estou ciente de que estabeleci a conexão no momento exato, quando o carro cai na água.

Então, estou fora do carro, dentro d'água, perto da margem. Enquanto estou nadando, viro-me e olho para o céu que está lindo. Está totalmente azul e as árvores muito verdes. É como se um milagre tivesse acontecido e sinto-me ótima.

Quando despertou ela sentiu-se recuperada e reconectada com o *Self*. Ela saiu da água, pelo que disse, como se fosse uma guerreira que tivesse passado por uma provação e provado que era indestrutível. "Foi como se algo tivesse se curado." E acrescentou: "Posso ver agora o quanto tinha me tornado cínica; mas o cinismo não teria sido o caminho mais fácil". Através de seus sonhos, ela vislumbrara a beleza extraordinária da vida, que ela apenas não sabia apreciar.

O sonho descreve uma motorista que perdeu o controle do carro: o ego não comanda mais. Embora essa mulher tivesse um ego muito forte e sempre tivesse sido muito sensível, qualquer pessoa — por mais forte que seja — está sujeita a desequilibrar-se quando sofre uma grande perda. Ninguém está imune. A maioria das viúvas têm experiências similares e isso é normal. Eventos importantes afetam-nos profundamente. O ego dela tinha perdido seu chão e estava sucumbindo momentaneamente ao inconsciente, caindo em depressão, considerando a possibilidade de um acidente de carro. Entretanto, no sonho, a experiência com a proximidade da perda da vida provocou o seu oposto: a retomada do compromisso consciente com a vida. Que maravilha sentir o gosto da vida! Seu ego reconectara-se com a força vital. Assim como a dor física esgota a pessoa, também a tristeza prolongada o faz. Ela disse algo que só alguém que chegou ao esgotamento pelo sofrimento sabe realmente: "A fé requer *coragem*". E ela teve a coragem, essa mulher determinada, e com a ajuda do centro mais profundo de seu ser, nos anos seguintes, aos poucos, conseguiu recuperar a percepção de que a vida — embora nunca voltasse a ser a mesma — valia bastante a pena. O *Self* fora restabelecido em seu interior.

Notas

INTRODUÇÃO

1. Sobre a relação pai-filha, ver Leonard, *A mulher ferida*, 1985 (Editora Saraiva, 1990.)

2. Sobre abordagens atuais do *animus*, ver Mattoon, "Is the Animus Obsolete?" em Nicholson, *The Goddess Re-Awakening*, 1989; Wehr, *Jung and Feminism*, 1989; Young-Eisendrath, *Hags and Heroes*, 1984; Young-Eisendrath e Wiedemann, *Female Authority*, 1987.

3. Embora possa parecer que a terapia com essas mulheres se restringisse a trabalhar com seus sonhos, isso ocorre porque o livro centra-se sobre esse aspecto da terapia. Da terapia também fez parte trabalhar com as experiências da infância, a opressão internalizada e a transferência (a relação com o terapeuta), bem como com problemas de realização nas relações interpessoais, satisfação no trabalho, criatividade e a busca de sentido e de espaço significativo na comunidade e na sociedade mais ampla.

4. Cooper et al., "The Remarkable Rise of a Widow in Yellow", *Newsweek*, 10 março 1986, p. 34.

CAPÍTULO 1: ENTENDENDO OS SONHOS

1. Por exemplo, Bolen, *Goddesses in everywoman*, 1984; Downing, *The Goddess*, 1981; Harding, *Woman's Mysteries*, 1973 (*Os mistérios da mulher*, Edições Paulinas, 1985).

2. Por exemplo, ver Sjöö e Mor, *The great cosmic mother*, 1987; Gimbutas, *The language of the goddess*, 1989; Johnson, *Lady of the beasts*, 1988; Eisler, *The chalice and the blade*, 1987 (O cálice e a espada); Nicholson, *The Goddess Re-Awakening*, 1989. Ver também poetisas contemporâneas, por exemplo, a antologia de Canan, *She Rises Like the Sun*, 1989.

3. Johnson, *Inner Work*, 1986.

4. O *Self* é na realidade o centro da *personalidade como um todo*, que inclui o ego consciente, mas é mais fácil referir-se a ele em discussões informais como o centro do inconsciente.

5. Jung, *Memories, Dreams, Reflections*, 1963, pp. 158-161 (*Memórias, sonhos, reflexões*, Editora Nova Fronteira, 1975).

6. Neste livro, uso um dos outros nomes do inconsciente coletivo — o "inconsciente arquetípico" — para designar seus conteúdos e enfatizar o processo criativo simbólico que ali ocorre.

7. Devo a Louis Stewart por seus *insights* em sua formulação teórica preliminar, "A Brief Report: Affect and Archetype", *Journal of Analytical Psychology*, 1987; e a Joan Chodorow, "Dance and Movement as Active Imagination", tese para Ph.D., 1988. Ver também, Chodorow, *Dance Therapy and Depth Psychology — The Moving Imagination* (no prelo).

8. Agradeço a Frances Gilliam Slocumb por ter me chamado a atenção para a deusa Íris.

CAPÍTULO 3: LIDANDO COM A AGRESSIVIDADE

1. Walker, "Psychology and Violence Against Women", *American Psychologist*, 1989.

2. Brownmiller, *Against Our Will*, 1975.

3. Rutter, *Sex in the Forbidden Zone*, 1989.

4. Gilligan, *In a Different Voice*, 1982.

CAPÍTULO 4: A SOMBRA

1. Graves, *The White Goddess*, 1966, pp. 383-386.

2. Auel, *The Valley of Horses*, 1983.

CAPÍTULO 5: RELAÇÕES

1. Ver capítulo seguinte sobre sexo.

2. Para uma visão feminista dos significados das deusas e deuses gregos para as mulheres e homens atuais, ver Bolen, *Goddesses in Everywoman*, 1984, e *Gods in Everywoman*, 1989.

3. Bottigheimer, "Silenced Women in Grimms'Tales", *Fairy Tales and Society*, 1986, pp. 115-131.

4. Ver também Leonard, *On the Way to the Wedding*, 1987, pp. 39-60.

5. Gimbutas, "The Temples of Old Europe", *Archaeology, 33*, 1980, pp. 41-50; Gimbutas, *The Language of the Goddess*, 1989, pp. 147-148.

CAPÍTULO 6: SEXO

1. Bradley, *As brumas de Avalon*, Imago, 1984.

2. Auel, *The Clan of the Cave Bear*, 1981.

CAPÍTULO 7: O CORAÇÃO SÁBIO

1. Hickey, "Six O'Clock News", Poema inédito, 1988.

2. Estou em débito para com o discernimento criterioso e a erudição de Claire Douglas, "Christiana Morgan's Visions Reconsidered", *The San Francisco Institute Library Journal*, 8, 1989, pp. 5-27.

3. Dreyfus e Dreyfus com Athanasio, *Mind Over Machine*, 1986.

4. Na realidade, em tais sociedades, como a de Catal Huyuk, os arqueólogos não encontraram nenhum vestígio de guerra (nem de armamentos nem de fortificações) e tampouco nenhum vestígio de violência pessoal (nenhum esqueleto marcado por golpes), o que alterou nossas crenças comuns sobre a violência como parte da natureza humana e sobre a inevitabilidade da guerra. Ver Walker, *The Crone*, 1985; Eisler, *O cálice e a espada*, 1987.

5. LeGuin, "The Space Crone", *The CoEvolution Quarterly*, verão de 1976, pp. 108-110; ver também Downing, *Journey through Menopause*, 1987; Walker, *The Crone*, 1985.

6. Sun Bear e Wabun, *The Medicine Wheel*, 1980, pp. 146-149.

7. Johnson, *Lady of the Beasts*, 1988, pp. 337-345; Gimbutas, *The Goddesses and Gods of Old Europe*, 1982.

8. Auel, *The Clan of the Cave Bear*, 1981.

9. Graves, *The White Goddess*, 1966, pp. 251-258; Walker, *The Woman's Encyclopedia of Myths and Secrets*, 1983, pp. 48-50.

10. Ibid.

11. Devo grande parte do conto e da interpretação a Marie-Louise von Franz, *Shadow and Evil in Fairy Tales*, 1974 (*A sombra e o mal nos contos de fada*, Edições Paulinas), Parte II, Capítulo III, pp. 157-162.

12. Kellert e Berry, "Knowledge, Affection and Basic Attitudes Toward Animals in American Society — Fase 3." NTIS # PB81 — 173106, 1980, p. 34.

13. Dale-Green, *The Archetypal Cat*, 1983.

14. Irvine, "Untransformed Toads and Talking Frogs", *Psychological Perspectives*, 1984, pp. 9-26.

15. Ver relatos de analistas junguianos por Harry Wilmer, sobre trabalho com sonhos dos veteranos da guerra do Vietnã com estresse resultante de traumas, "Vombat Nightmares", *Quadrant*, 1986, pp. 120-139, e "The Healing Nightmare", *Spring*, 1986, pp. 47-62; e Randa Diamond, sobre trabalho com sonhos das sobreviventes de estupros, "Persephone Today", *Clinical Social Work*, 1983, pp. 78-86.

16. Depoimentos resumidos e extraídos de Shavelson, *California Tomorrrow*, 1989, pp. 22-29.

Referências

AUEL, Jean. *The clan of the cave bear.* Toronto, Bantam, 1981.

_____. *The valley of the horses.* Toronto, Bantam, 1983.

BEAR, Sun e Wabun. *The medicine Wheel.* Englewood Cliffs, N.J.: Prentice Hall, 1980.

BOLEN, Jean Shinoda. *As deusas e a mulher, nova psicologia das mulheres.* Edições Paulinas.

_____. *Gods in everyman: a new psychology of men's lives and loves.* San Francisco, Harper & Row, 1989.

BRADLEY, Marion Zimmer. *As brumas de Avalon.*

BOTTIGHEIMER, Ruth B. "Silenced Women in Grimms' Tales: The "Fit" Between Fairy Tales and Society in Their Historical Context". Em *Fairy tales and society.* Editado por Ruth B. Bottigheimer. Filadélfia, University of Pennsylvania Press, 1986, pp. 115-131.

BROWNMILLER, Susan. *Against our will: men, women, and rape.* Nova York, Simon & Schuster, 1975.

CANAN, Janine, editora. *She rises like the sun: invocations of the goddess by contemporary women poets.* Freedom, Califórnia, Crossing Press, 1989.

CHODOROW, Joan. "Dance/Movement as Active Imagination: Origins Theory, and Practice". Tese de Doutorado, Union Theological School, Berkeley, 1988.

_____. *Dance therapy and depth psychology — the moving imagination.* Londres/Nova York, Routledge (no prelo).

CIRLOT, J. E. *A dictionary of symbols.* Trad. J. Sage. Nova York, Philosophical Library, 1972.

COOPER, Nancy, et al. "The Remarkable Rise of a Widow in Yellow", *Newsweek.* 10 de março de 1986, p. 34.

DALE-GREEN, Patricia. *The archetypal cat.* Dallas, Spring Publications, 1983.

DIAMOND, Randa Carmen. "Persephone Today: Use of Dreams, Imagery, and Myth in the Treatment of Raped Women", *Clinical Social Work Journal*. 2, 1983, pp. 78-86.

DOUGLAS, Claire. "Christiana Morgan'sVisions Reconsidered: A Look Behind the Visions Seminars", *The San Francisco Jung Institute Library Journal*. 8, 1989, pp. 5-27.

DOWNING, Christine. *The goddess: mythological images of the feminine*. Nova York, Crossroad, 1981.

_____. *Journey through menopause: a personal rite of passage*. Nova York, Crossroad, 1987.

DREYFUS, Hubert L. e DREYFUS, Stuart E., com ATHANASIO, Tom. *Mind over machine: the power of human intuition and expertise in the era of the computer*. Nova York, The Free Press, 1986.

EISLER, Riane. *O cálice e a espada: nossa história, nosso futuro*. Imago.

FORDHAM, Frieda. *An introduction to Jung's psychology*. Nova York, Viking Penguin, 1983.

Funk and wagnalls standard dictionary of folklore and legend. Nova York, Funk & Wagnalls, 1972.

GADON, Elinor W. *The once and future goddess*. San Francisco, Harper & Row, 1989.

GILLIGAN, Carol. *In a different voice: psychological theory and women's development*. Cambridge, Harvard University Press, 1982.

GIMBUTAS, Marija. *The goddesses and gods of old europe 6500-3500 B.C.: myths and cult images*. Berkeley e Los Angeles, University of California Press, 1982.

_____. *The language of the goddess*. San Francisco, Harper & Row, 1989.

_____. "The temples of old Europe", *Archaeology. 33*, 1980, pp. 41-50.

GRAVES, Robert. *The white goddess*. Nova York, Farrar, Straus and Giroux, 1966.

HALL, James A. *Jungian dream interpretation*. Toronto, Inner City, 1983.

HARDING, Esther M. *Os mistérios da mulher*. São Paulo, Edições Paulinas, 1985.

HENDERSON, Hazel. *The politics of the solar age*. Nova York, Anchor/Doubleday, 1981.

The herder symbol dictionary. Trad. de B. Matthews. Wilmette, Ill., Chiron, 1986.

HICKEY, Evelyn. "Six O'Clock News". Poema Inédito. 1988.

IRVINE, Florence. "Untransformed Toads and Talking Frogs", *Psychological perspectives*. 15, 1984, pp. 9-26.

JOBES, Gertrude. *Dictionary of mythology, folklore and symbols*. Partes 1 e 2 (2 vols.). Nova York, Scarecrow Press, 1962.

JOHNSON, Buffie. *Lady of the beasts*. San Francisco, Harper & Row, 1988.

JOHNSON, Robert A. *Inner work*. Nova York, Harper & Row, 1986.

JUNG, Carl G. *Dreams*. Trad. de R. F. C. Hull. Bollingen Series XX, Princeton, N.J, Princeton University Press, 1974.

_____. *Memórias, sonhos, reflexões*. Reunidos e editados por Aniela Jaffé. Trad. para o português por Dora Ferreira da Silva, Editora Nova Fronteira.

KELLERT, Stephen R. e BERRY, Joyce K. "Knowledge, Affection and Basic Attitudes Toward Animals in American Society — Phase 3." NTIS Document # PB81 — 173106, U.S. Fish and Wildlife Service, Springfield, Va., National Technical Service, 1980.

LEGUIN, Ursula. "The Space Crone", *The coevolution quarterly*. Verão, 1976, pp. 108-110.

LEONARD, Linda Schierse. *On the way to the wedding: transforming the love relationship*. Boston, Shambhala, 1987.

LEONARD, Linda Schierse. *A mulher ferida: em busca de um relacionamento responsável entre homens e mulheres*. Trad. de Maria Silvia Mourão Netto, São Paulo, Saraiva, 1990.

MATTOON, Mary Ann. *Jungian psychology in perspective*. Nova York, The Free Press, 1981.

_____. *Understanding dreams*. Dallas, Spring Publications, 1984.

_____. "Is The Animus Obsolete?" *The goddess re-awakening: the feminine principle today*. Wheaton, IL., Theosophical Publishing House, 1989.

PASCAL, Blaise. *Pensées.IV.* Louis Lafuma, 1973.

ROBINSON, Edwin Arlington. *Tristram*. Nova York, Macmillan, 1927, p. 206.

RUTTER, Peter. *Sex in the forbidden zone*. Los Angeles, Tarcher, 1989.

SHAVELSON, Lonny. "Dreams From a Tortured Land", *California Tomorrow. 4*, 1989, 22-29.

SJÖÖ, Monica e MOR, Barbara. *The great cosmic mother*. San Francisco, Harper & Row, 1987.

STEWART, Louis H. "A Brief Report: Affect and Archetype", *Journal of Analytical Psychology. 32*, 1987, pp. 35-46.

VON FRANZ, Marie-Louise. *A sombra e o mal nos contos de fada*. São Paulo, Edições Paulinas.

WALKER, Barbara G. *The woman's encyclopedia of myths and secrets*. San Francisco, Harper & Row, 1983.

_____. *The woman's dictionary of symbols and sacred objects*. San Francisco, Harper & Row, 1988.

_____. *The crone: woman of age, wisdom, and power*. San Francisco, Harper & Row, 1985.

WALKER, Lenore E. A. "Psychology and Violence Against Women", *American Psychologist. 44*, 1989, pp. 695-702.

WEHR, Demaris S. *Jung and feminism: liberating archetypes*. Boston, Beacon Press, 1989.

WILMER, Harry A. "Combat Nightmares: Toward a Therapy of Violence". *Spring.* Dallas, Spring Publications, 1986, pp. 120-139.

_____. "The Healing Nightmare: A Study of the War Dreams of Vietnam Combat Veterans", *Quadrant. 19*, 1986, pp. 47-62.

YOUNG-EISENDRATH, Polly. *Hags and heroes: a feminist approach to Jungian psychology with couples*. Toronto, Inner City Books, 1984.

YOUNG-EISENDRATH, Polly e WIEDEMANN, Florence. *Female authority: empowering women through psychotherapy*. Nova York, Guilford Press, 1987.

Serviços

A Jungian Psychology Resource Guide. James e Tyra Arraj, Inner Growth Books, 1987, Box 520, Chiloquin, Oregon 97624.
Guia completo de material junguiano: catálogos para remessas postais, publicações, filmes. Inclui uma relação dos grupos junguianos locais e associações profissionais nos Estados Unidos e exterior como fontes para palestras, *workshops* e referências a analistas locais. Catálogo gratuito.

The Centerpoint Foundation. 33 Main Street, # 302, Nashua, New Hampshire 03060.
A fundação oferece cursos de psicologia junguiana para pequenos grupos informais e divulga uma brochura com os programas junguianos nos Estados Unidos e Canadá, além de oferecer desconto na venda de livros. Brochura disponível.

C. G. Jung Bookstore. 10349 West Pico Boulevard, Los Angeles, California 90064.
Uma vasta seleção de livros sobre temas junguianos, psicologia em geral, mitologia, contos de fadas, simbologia e religião. Catálogo para remessa postal à disposição.

Bibliografia recomendada*

Dicionários de símbolos

The Herder Symbol Dictionary, 1986.
Dicionário em tamanho de bolso que muitas vezes vai tocar no cerne do significado dos símbolos.

J. E. Cirlot, *A Dictionary of Symbols*, 1972.
De preço razoável para um guia geral excelente.

Gertrude Jobes, *Dictionary of Mythology, Folklore and Symbols*, 1962.
Vale seu preço alto por sua cobertura completa do significado dos símbolos.

Barbara G. Walker, *The Woman's Encyclopedia of Myths and Secrets*, 1983, e *The Woman's Dictionary of Symbols and Sacred Objects*, 1988. Os dois livros de Walker complementam os dicionários de símbolos acima por descreverem o que os símbolos significavam originalmente para as mulheres das culturas pré-patriarcais. A *Woman's Encyclopedia* é um livro de referência muito prático e abrangente sobre imagens de sonhos, por suas inúmeras ilustrações e sua organização pelo tipo de símbolos, tais como motivos Esféricos e Ovais, Animais e Sobrenaturais.

---

* Para informações completas sobre a fonte, ver Referências. Todos os livros recomendados já se encontram publicados e a maioria deles existe em capa dura e é acessível por pedido postal para C.G. Jung Bookstore em Los Angeles (ver Serviços).

Funk and Wagnalls Standard Dictionary of Folklore, Mythology, and Legend, 1972.
Especialmente útil pelas figuras de animais dos contos de fadas.

Trabalho junguiano com sonhos

Mary Ann Mattoon, *Understanding dreams*, 1984.
Um excelente livro, acessível e abrangente para o público leitor em geral e terapeutas.

C. G. Jung, *Dreams*, 1974.
Material rico extraído dos escritos de Jung. Inclui mais de cem ilustrações.

James A. Hall, *Jungian Dream Interpretation*, 1983.
Um guia simples e prático sobre os motivos comuns e técnicas para analisar os sonhos, organizado de acordo com temas básicos.

O feminino

Jean Shinoda Bolen, *As deusas e a mulher*, 1984.
Uma visão feminista das deusas gregas em nosso interior e como elas se relacionam com nossa vida cotidiana.

Janine Canan, editora, *She Rises Like the Sun*, 1989.
Poemas vívidos escritos por poetisas expressivas que evocam a presença do espírito feminino.

Christiane Downing, *Journey through Menopause*, 1987.
Um relato pessoal muito bem escrito sobre o rito de passagem de uma mulher que ressalta as dimensões míticas profundas do feminino.

Riane Eisler, *O cálice e a espada*, 1987.
Uma assimilação muito acessível dos conhecimentos eruditos sobre as antigas culturas da deusa e suas implicações em favor da paz mundial.

Elinor W. Gadon, *The Once and Future Goddess*, 1989.
Um livro fascinante, realista e ricamente ilustrado. Sua percepção é feminista ao discutir as culturas da deusa e o ressurgimento das imagens e valores femininos no contexto atual.

Buffie Johnson, *Lady of the Beasts*, 1988.
Belas ilustrações e descrições a fundo de certos animais nas culturas da deusa de todo o mundo, vistas pelos olhos de uma artista.

Shirley Nicholson, editora, *The Goddess Re-Awakening*, 1989.
Um fascinante tesouro de artigos escritos por uma série de autores sobre a essência do feminino. Inclui artigos sobre a Deusa Negra da África, Oya; a Mulher Mutante dos Navajos; e a Schechinah judaica.

Barbara G. Walker, *The Crone*, 1985.
Nesse livro acessível, Walker redime a Anciã como figura vital de força e sabedoria para as mulheres maduras, com importantes implicações nas questões mais abrangentes da sociedade atual.

Psicologia junguiana

Mary Ann Mattoon, *Jungian Psychology in Perspective*, 1981.
Uma discussão acadêmica e muito acessível sobre as idéias de Jung, oferecendo definições claras e comparações com o pensamento de Freud, bem como conclusões de pesquisas. Inclui como aplicar as percepções e métodos de Jung à vida pessoal, à psicoterapia e às questões sociais.

Frieda Fordham, *An Introduction to Jung's Psychology*, 1983.
Um pequeno volume que esboça os principais conceitos junguianos e inclui uma breve biografia da vida de Jung.

C. G. Jung, *Memórias, sonhos, reflexões*, 1974.
Autobiografia de Jung na qual ele narra sua jornada interior.

KAREN A. SIGNELL, é psicóloga clínica pelo Conselho dos Psicólogos Profissionais dos Estados Unidos e analista junguiana certificada, membro do corpo catedrático do Instituto C. G. Jung de San Francisco. Tem vários artigos publicados em órgãos profissionais e é co-autora de um livro sobre trabalho com caixas de areia.

Impresso pelo Depto Gráfico do
CENTRO DE ESTUDOS
VIDA E CONSCIÊNCIA EDITORA LTDA
R. Santo Irineu, 170 / F.: 549-8344